Auf den glückseligen Inseln

Volker Zotz

AUF DEN GLÜCKSELIGEN INSELN

Buddhismus in der deutschen Kultur

THESEUS

Theseus im Internet: http://www.Theseus-Verlag.de

Die Deutsche Bibliothek – CIP-Einheitsaufnahme
Zotz, Volker:
Auf den glückseligen Inseln : Buddhismus in der
deutschen Kultur / Volker Zotz. - Berlin : Theseus, 2000
ISBN 3-89620-151-4

Originalausgabe

Lektorat: Karlheinz Bernhard Grunwald
Gestaltung und Satz: Typografik & Design – Ingeburg Zoschke
Umschlaggestaltung: Morian & Bayer-Eynck, Coesfeld
Druck: Wiener Verlag, Himberg
Printed in Austria

ISBN 3-89620-151-4

Gedruckt auf alterungsbeständigem Papier mit chlorfrei gebleichtem Zellstoff

Inhalt

Einführung

BUDDHISMUS IN DEUTSCHLAND: »ERWACHEN DES WESTENS« ODER MODETORHEIT?

Die deutsche Kultur und der Buddhismus, ein Thema mit Geschichte und Aktualität: Seit Immanuel Kant in seinen Vorlesungen zur Geographie ein Bild des Denkens und Glaubens in Asien entwarf, Johann Gottfried Herder in den *Ideen zur Philosophie der Geschichte der Menschheit* eine erste Gesamtwürdigung des Buddhismus versuchte, Arthur Schopenhauer die indische Lehre als seiner eigenen identisch wertete und Richard Wagner an der unvollendeten Buddha-Oper *Die Sieger* arbeitete, zog die Auseinandersetzung mit dem Buddhismus im deutschen Sprachraum immer weitere Kreise.

Anfänglich ein elitärer Gegenstand des Wissens, erfaßt das Interesse am Buddhismus heute breite Schichten. Die populäre und wissenschaftliche Literatur zu seinen theoretischen und praktischen Aspekten, von der Philosophie und Meditation bis zur Kultur des Zen oder der Malerei Tibets, erreichte seit den sechziger Jahren des 20. Jahrhunderts fast unübersehbare Ausmaße. In Gestalt ihrer traditionellen Konfessionen oder als persönlicher Lebensstil findet die buddhistische Lehre zunehmend Anhänger, denen auch an sozialer Wirksamkeit liegt. Nach mehrjährigem Verfahren stellte ein Erlaß der österreichischen Regierung 1982 den Buddhismus den etablierten Kirchen rechtlich gleich.[1] In Deutschland verfolgt man bislang vergeblich ähnliche Ambitionen.[2] Westliche Buddhisten demonstrieren derart Selbstbewußtsein, nicht bloß eine Randgruppe, sondern sinnstiftendes Element der Gesellschaft zu sein. Wenn im Oktober 1998 zu einem Kurs des Dalai Lama über Buddhismus in einer Zeltstadt in Norddeutschland etwa zehntausend Menschen erschienen, zeigt dies etwas vom Ausmaß der Bewegung.

Das im deutschen Sprachraum Beobachtbare trifft insgesamt auf das alte Abendland und seine zivilisatorischen Ableger in Amerika und Australien zu. Kaum eine größere Stadt ist inzwischen ohne buddhistische Zentren oder organisierte Gruppen buddhistisch Meditierender. Printmedien, Fernsehen und Filmproduktionen tragen dem wachsenden Interesse Rechnung. Bernardo Bertoluccis *Little Buddha* oder die von den Anschauungen des Regisseurs geprägten Filme des Buddhisten Oliver Stone erreichten international ein Millionenpublikum. Buddhist-Sein ist auch bei Prominenten ›in‹. Bekannten sich dazu vor wenigen Jahrzehnten vor allem avantgardistische Intellektuelle wie der 1972 formell konvertierte Dichter Allen Ginsberg (1926–1997), hört man solches inzwischen zunehmend von Größen des Showgeschäfts. So weisen die Popsängerin Tina Turner oder der Schauspieler Richard Gere in Interviews gerne auf ihre buddhistische Konfession hin.

Wer dem Buddhismus weltanschaulich nahesteht, mag dieses wachsende Interesse emphatisch als »Erwachen des Westens«[3] deuten. Journalistische Beobachter sprechen nüchterner von der Modereligion des ausgehenden 20. Jahrhunderts, der sie doch erhebliche Wirkung zugestehen. Das US-Nachrichtenmagazin *Time* wählt jährlich 25 Persönlichkeiten, die auf den aktuellen Lebensstil in den Vereinigten Staaten wesentlichen Einfluß ausüben. 1997 galt der Buddhist und Gelehrte Robert Thurman als einer dieser Trendsetter.[4] Der Experte für den tibetischen Philosophen Tsongkapa (tson-kha-pa, 1357–1419) war noch vor einigen Jahren ein typischer Mann für den Elfenbeinturm, beachtet von einigen Fachkollegen und Angehörigen einer von Östlichem faszinierten alternativen Szene. Inzwischen gilt er Berühmtheiten des öffentlichen Lebens als Kultfigur.

Der von Thurman übersetzte Tsongkapa steht am Beginn der buddhistischen Gelugpa-Schule, der die Dalai Lamas angehören. Die Popularität des 14. Amtsträgers Tenzin Gyatso ist Symptom wie einer der vielen fördernden Faktoren des Buddhismus-Interesses. In seiner Persönlichkeit verbindet sich für die Bewunderer das, was als politische Forderung nach Menschenrechten und Selbstbestimmung aktuell scheint, mit dem, was ihnen als Weisheit Asiens gilt. Nicht erst seit Verleihung des Friedensnobelpreises eine medienwirksame Gestalt, darf man sich durch den Dalai Lama und Tibet, für das er unermüdlich wirbt, auch weltlichen Gewinn versprechen. Daß 1997 amerikanische Filmstudios sieben Spielfilme über ihn und sein Land vorbereiteten, kommentierte das Nachrichtenmagazin *Newsweek*: »Tibet is hip, and Buddhism is trendy, so Tibetan Buddhism is extra-cool. Particularly in Hollywood.«[5] Der Walt-Disney-Konzern produzierte mit *Kundun* einen aufwendigen Film über den Dalai Lama. Nach dieser Weihe kapitalistischer Kommerzkultur begleitet vielleicht bald ein lachender buddhistischer Mönch Donald Duck, Robin Hood und Peter Pan in den Prozessionen durch die Disney-Länder der Erde, um die Herzen der Kinder und Aktionäre zu erfreuen.[6]

Nimmt sogar die Unterhaltungsindustrie von den chinesischen Gegnern des Dalai Lama angedrohte Umsatzeinbußen auf dem menschenreichsten Markt in Kauf, stehen westliche Politiker nicht nach. Vermieden sie zuvor peinlichst die Begegnung mit dem tibetischen Würdenträger, der von der chinesischen Volksrepublik die Autonomie seines Landes fordert, zeigte sich in den achtziger und neunziger Jahren jeder gern mit ihm. Der Dalai Lama eröffnete die Salzburger Festspiele und sprach vor dem Deutschen Bundestag. Die Wirkung daheim wog jeweils die einkalkulierte Verstimmung in Beijing auf.

Hier wie bei der gegenwärtigen Buddhismus-Welle überhaupt sind politisches Kalkül, Mode, Geschäft und aufrichtiges Bekenntnis sogar bei genauem Hinsehen kaum zu trennen. Sie schließen einander auch nicht zwingend aus. Schon in einem Menschen können Mode und Geschäftssinn mit aufrichtiger Überzeugung verbunden sein. Um so mehr trifft dies für eine heterogene Bewegung zu, in der äußerer Glitter und Tiefe mit- und nebeneinander existieren.

Oft erwiesen sich Moden als Oberflächen ernsthafter Tendenzen: Die europäische Begeisterung für China geriet im 17. und 18. Jahrhundert sicher häufig zur exotistischen Posse, erschien Frankreichs Ludwig XIV. in chinesischer Kostümierung auf einem Ball oder trat Kaiserin Maria Theresia in einer Operette als Dame aus dem Reich der Mitte auf. Trotzdem waren dies Symptome jener Zeitströmung, in der sich Voltaire für Kongzi (Konfuzius) begeisterte und Preußenkönig Friedrich der Große sein aufgeklärtes politisches Programm mit Reflexionen auf den Konfuzianismus verband.[7] Der chinesische Pavillon im Park eines Aristokraten konnte reinen Exotismus, echte Gesinnung oder irgend etwas dazwischen ausdrücken.

CHINESISCHES HAUS, J. G. BÜHRING, 1754–1756

Abb. 1

Ebenso verhält es sich heute mit dem Hinwenden zu Buddhistischem. Hinter schillernden Fassaden aus Meditationskursen mit großer Laufkundschaft, Massenauflagen seichter Literatur als Leitfäden zur schnellen Erleuchtung und wandschmückenden tibetischen Rollbildern weisen, wie überall im Westen, gerade in Deutschland Stimmen aus verschiedensten Richtungen des Geisteslebens auf eine gleichermaßen tiefe wie breite Auseinandersetzung. Das Spektrum reicht von Ernst Jünger, der im Gespräch mit dem *Spiegel* zum Anlaß seines 100. Geburtstags den Buddhismus als die ihm inhaltlich am nächsten stehende Religion bezeichnete, über Herbert Achternbusch und seinen Film *Ab nach Tibet* bis hin zu Film- und Fernsehschauspielern wie Anja Kruse und Marie-Luise Marjan.

Die vielfältigen Aspekte der Begegnung ließen sich vom Standort und nach Methoden mancher Disziplin betrachten, der Religions- oder Literaturwissenschaft, der Soziologie, der Theologie- und Philosophiegeschichte, von der Warte eines Kulturhistorikers oder des Philologen, der die Aufnahme des Buddhismus mit Bezug auf asiatische Quellen untersucht. Manches wurde auf diesen Gebieten unternommen.[8]

Derartige Untersuchungen gestatten Erkenntnisse über literarische und philosophische Trends und Veränderungen in der religiösen Landschaft. Sie gewähren Aufschlüsse über Prozesse interkulturellen Dialogs am Beispiel weltanschaulicher Inhalte. Das Selbstverständnis von asiatischen Lehren und Formen angesprochener Europäer gibt Hinweise zur kulturellen Identität im Spannungsfeld von Xenophobie und Exotismus einerseits und Selbstfindung durch die Begegnung mit Fremdem andererseits. Zudem können buddhistische Lehren und Praktiken durch westliche Interpreten in neuem Licht erscheinen.

Jeder solche Ansatz trägt zum Erfassen und Einordnen des gegenwärtigen Buddhismus-Interesses bei. Doch übersieht die Beschränkung auf eine Disziplin leicht komplexere Zusammenhänge. Das Bekenntnis zum Buddhismus, seine Medienbeachtung, sein Einfluß auf Film und Literatur, philosophische Rezeption und Exotismus sind innigst miteinander verflochten.

Vorliegendes Buch präsentiert darum bewußt keine methodische Untersuchung, die sich nur einer Disziplin verpflichtet, sondern reflektiert die Rezeption des Buddhismus in Kunst, Literatur und Philosophie, religiöse Bekenntnisse zu ihm sowie die Begeisterung für Zen oder Tibet als Aspekte *eines* Gesamtphänomens. Nicht dessen gegenwärtiger Stand wird hier beschrieben, den erst ein zeitlicher Abstand zutreffend einordnen mag. Die Annäherung erfolgt über die Vorgeschichte und deren Hintergründe. Die erste intensive Begegnung mit dem Buddhismus wurde von der Mitte des 19. Jahrhunderts bis in die vierziger Jahre des zwanzigsten Jahrhunderts vollzogen. In dieser Zeit traten bereits Werturteile und Auffassungsweisen zutage, die das Bild vom Buddhismus bis heute prägen.[9]

Konzentriert sich diese Studie dabei auf den deutschen Sprachraum, dient dies nicht allein der besseren Überschaubarkeit einer begrenzten Sphäre der Begegnung des Westens mit dem Buddhismus, sondern trägt vor allem einer Sonderentwicklung Rechnung, die weit über den Buddhismus hinausgehend Indisches betrifft.[10] Die deutsche Situation wich zwar nicht immer und in jedem Aspekt von jener anderer europäischer Regionen ab, doch ist die Tatsache einer herausragenden Entwicklung bereits an vielen äußeren Faktoren abzulesen.

Obwohl für deutsche Länder im Unterschied zu den imperialistischen Mächten England und Frankreich wenig kolonialpolitischer Anlaß für die Beschäftigung mit Indischem und Buddhistischem bestand, reflektierte man es hier insgesamt tiefer, ließ es von stärkerem Einfluß auf Denken und Literatur werden, was über die Grenzen des eigenen Kulturraums ausstrahlte. Das Blicken nach Indien, das in der Auseinandersetzung mit dem Buddhismus einen Höhepunkt erreichte, findet sich schon in der deutschen Romantik. Übersetzungen umfangreicher Quellensammlungen buddhistischer Texte lagen am frühesten in deutscher Sprache vor. Für eine philosophische Auseinandersetzung mit dem Buddhismus stehen in der klassischen Zeit Namen wie Hegel, Schopenhauer und Nietzsche. Unter den neueren europäischen Denkern stellte schließlich Karl Jaspers als erster Gautama, den Stifter des Buddhismus, als »maßgebenden Menschen« neben Sokrates, Kongzi (Konfuzius) und Jesus, wie er auch den buddhistischen Meister Nagarjuna unter die großen Philosophen reihte.

Auch bezüglich der Anfangsphase einer weltanschaulichen buddhistischen Bewegung im Abendland ragt die deutsche Situation heraus: 1903 wurde in Leipzig die erste explizit buddhistische Gemeinschaft Europas als rechtliche Körperschaft gegründet, in Berlin und Bayern entstanden in den Zwischenkriegsjahren erste Interpretationsschulen eines westlichen Buddhismus, die den Vollzug einer Begegnung der philosophischen Tradition Europas mit buddhistischer Praxis dokumentieren. In jener Zeit und lange danach kamen die literarisch profiliertesten Persönlichkeiten unter jenen Europäern, die in Asien buddhistische Mönche wurden, aus Deutschland.

Das Reflektieren der Begegnung des Buddhismus mit der deutschen Kultur vermag vor diesem Hintergrund, vielleicht nicht nur zum Verständnis der Lehre aus neuer Perspektive beizutragen, sondern zugleich zu helfen, der Bedeutung des Deutschen innerhalb Eurasiens näherzukommen. Derart könnte sie manche Chance bergen, nicht zur Modetorheit zu verkommen, sondern zu einem Mosaikstein eines »Erwachens des Westens« zu größerer Bewußtheit seinerselbst zu werden.

Fünf Thesen zu Europa und Asien

Die Rezeption des Buddhismus in der deutschen Kultur ist Teil der komplexen Geschichte der Beziehung Europas zu Asien. Weil dies später nicht im einzelnen reflektiert wird, skizzieren folgende Thesen diesen Hintergrund. Die Reduktion verzweigter historischer Prozesse auf ein Modell führt zu starker Simplifizierung, und für jedes Beispiel ließe sich manch Relativierendes anführen. Doch zeigt das Vereinfachen wichtige Strukturen des Verhältnisses Europas zu Asien besonders klar, wie eben ein Schwarz-Weiß-Malen Konturen deutlich zu machen vermag. Aber es geht nicht darum, daß die Spannung Europas zu Asien »metaphysisch hypostasiert« wird, wovor schon Karl Jaspers warnte.[11] Die Einseitigkeit, mit der europäische Besonderheiten als Mängel dargestellt werden, erklärt sich aus dem Versuch einer selbstkritischen Perspektive, die aus bisherigen Strukturen der Beziehung zum Osten sowie vom realen Osten lernen möchte.[12]

These 1:
Die Grenze zu Asien ist ein konstituierendes Element europäischen Selbstverständnisses.

Weshalb trennt man überhaupt Asien und Europa? Faßt man den Begriff des Kontinents geographisch, erscheint die Grenze zwischen Morgen- und Abendland willkürlich. Ural und Bosporus bilden kleine Hürden gemessen an innerasiatischen wie dem Himalaja oder dem Meer zwischen China und Japan. Trotzdem blieb, was letztere scheiden, dem Europäer immer *ein* anderer Kontinent und als solcher fern wie Afrika, Amerika und Australien. Ebenso bemerkenswert wie seine Ferne ist angesichts der Realität dieses Bild von der Zusammengehörigkeit Asiens. Allein Indien oder China weisen in sich jeweils größere ethnische, kulturelle und sprachliche Differenzen auf als das gesamte Europa. Doch weder dies, noch das Entdecken Amerikas und des fernen Australien stellte dem Abendländer über Jahrhunderte das *eine* Asien in Frage oder integrierte gar Europa als Teil derselben Landmasse in deren ethnische und kulturelle Vielfalt.

Daß die Grenze zwischen Ost und West keine geographische, sondern eine solche des Bewußtseins ist, zeigt ihr mehrfaches Wandern. Zur Zeit des Römischen Imperiums lag sie lange am Euphrat, wo die parthische Reiterei einer Erweiterung des Westens Halt gebot. Sie verschob sich während der Kreuzzüge, in der Ausdehnung des mongolischen Reichs mit dem Fall von Moskau und Kiew (1238–40) sowie später mit dem Ende von Byzanz.

Jahrtausende umkämpft und gepflegt, klaffte dem Abendland der Abgrund zu Asien breiter und tiefer als der Abstand zu anderen Kontinenten, dem europäisch besiedelten Amerika und Australien, sowie zu Afrika, dessen Norden in der Antike mit der Geschichte des Westens verbunden war. Mit der alten afrikanischen Hochkultur Ägyptens ließ man in den Geschichtsbüchern, weil Griechen und Römer sie eroberten, in großzügiger Auslegung gern das eigene Altertum beginnen. Ansonsten kolonisierte man die in ihren Inhalten weitgehend ignorierte schwarze Kultur und versklavte ihre Menschen. Die deutlich vollzogene Distanzierung von Asien war und ist dagegen ein besonderer Aspekt europäischen Selbstverständnisses.

Schon der griechischen Antike schien das endlose Land im Osten, dessen Küste man besiedelte, zugleich gefährlich und geheimnisvoll anziehend. Man fürchtete die Perser als Bedrohung eigener Kultur und Lebensart, doch im Inneren der Landmasse, in Indien, sollen Weise wie Pythagoras ihr Wissen erlernt haben. *Asia ante portas* und *Ex oriente lux* galten seit dem Altertum gleichermaßen. Neben dem Licht der Weisheit barg der bedrohliche Kontinent materielle Schätze wie Gewürze, Seide und Porzellan. Auch dies bedeutete Gefahr, im ökonomischen Sinn Substanz zu verlieren. So floß im 4. und 5. Jahrhundert ein großer Teil des Goldes aus dem Osten des Römischen Reichs für die Einfuhr chinesischer Seide ab.

Vielfalt, Reichtum und Weisheit des unerschöpflichen Orients verlockten, doch bedrohten vor allem. Man fürchtete, durch einen Sieg der Perser, Hunnen, Mongolen, Araber oder Türken von diesem großen Anderen verschlungen zu werden. Der Westen bangte um seine Identität, um das Selbstverständnis einer Ordnung, deren erlebte Klarheit ihn von dem abhob, was ihn als das Andere, Fremde oder vielfältige Chaos des Ostens ängstigte.

Wie verankert diese geistige Grenze blieb, erwies bei den gewaltsamen Konflikten im Zerbrechen Jugoslawiens das lange Zögern des Westens, trotz verbaler Verurteilung ›ethnischer Säuberungen‹ die bosnischen Moslems als Opfer eines Genozids zu erkennen. Der Islam hat ungeachtet (oder gerade wegen) der wachsenden Moslem-Minderheit in Europa keinen Platz im Bewußtsein westlicher Identität.

Immer noch scheinen Religionen und Völker des Ostens weiten Kreisen als Gefahr. An die Stelle der Angst vor den türkischen Truppen vor Wien rückte jene vor einer ›Umvolkung‹ durch Zuwanderer aus dem islamischen Kulturraum, die Furcht vor den Heeren der ›gelben Gefahr‹ ersetzte jene vor deren Ökonomie. Die Medien aller Niveaustufen tragen wesentlich zum Erhalten und Aktualisieren der alten Muster bei, bietet etwa *Der Spiegel* Sätze wie: »Für die Japaner ist die Wirtschaft ein Kampf, in dem es darum geht, zu siegen«.[13]

Derart wurden elektronische Produkte und Autos aus Fernost für jüngere Jahrzehnte zu dem, was früheren Jahrhunderten die Seide bedeutete. Man beklagte den Devisenabfluß nach Osten und vergaß, wie die eigene Gier zum Kauf von dessen alten und neuen Schätzen führte. So fürchtete man auch den Strom der Zuwanderer und vergaß: Die eigene Gier im Machtrausch der Kolonialreiche oder im Gastarbeiter benötigenden Aufbau heimischer Wirtschaft löste diesen Zustrom aus.

Ebenso durchgängig wie die Angst vor der Vielfalt des Ostens hielt sich das Motiv der Hoffnung, sie berge ein erlösendes Element. Wie die griechische Antike von der Weisheit des Ostens sprach, die sich jenseits der persischen Gefahr fand, träumte das europäische Mittelalter vom christlichen Reich des Priesterkönigs Johannes östlich islamischer und mongolischer Bedroher, das sich zu deren Vernichtung mit dem Abendland verbinden würde. Immer barg Asien neben der Gefahr auch Erkenntnis und Befreiung. Karl Jaspers sprach vom Orient als einem »Raum des Lernens und der Verführung«.[14] Heute wirkt diese Sehnsucht in diversen Yoga- wie Guru-Wellen fort und zeigt sich deutlich im steigenden Interesse am Buddhismus.

So dienten Europa seine jeweiligen Asienbilder zur Definition seinerselbst, indem die Weite des Ostens real und in Projektionen die eigene Existenz bedrohte und zugleich etwas versprach, was Europa fehlte.

These 2:
Der Westen strebt in einer Tendenz zu klarer Identifikation, territorialer Vereinigung und Vereinheitlichung nach Versicherung seiner Situation.

Durch die Stationen ihrer Geschichte als griechische Welt, Imperium Romanum, christliches Abendland, freier Westen versus realer Sozialismus und europäische Integration versuchten Menschen im Abendland fortschreitend eine Kalkulierbarkeit der Entwicklung ihrer Lebenssphäre herzustellen, die Sicherheit garantiert. Daß man die eigene Berechenbarkeit von der empfundenen Unwägbarkeit Asiens abhob, heißt nicht, letztere sei die wesentliche Ursache des Werdens abendländischer Identität. Westliche Selbstbestimmung läßt sich nicht auf die Antithese ihres Bildes von Asien reduzieren.

Das Streben nach Kalkulierbarkeit zielte innerhalb der eigenen Sphäre auf das Minimieren von Unterschieden. Politisch und philosophisch, ökonomisch und religiös sollte die Wirklichkeit auf den Punkt gebracht werden, der Eindeutigkeit und Überblick erlaubt. Schon frühes griechisches Denken versuchte, die Vielfältigkeit des Wahrgenommenen auf einen Ursprung zurückzuführen. Fanden Thales und Anaximenes noch in materiellen Elementen wie dem Wasser und der Luft jenes eine Prinzip, in dem alles gründet, erkannte Platons metaphysische Perspektive jenseits des Sichtbaren im Demiurgen den Urheber der Ideen, die ihm das Eigentliche jenseits flüchtiger Erscheinung bedeuteten. Der Annahme *eines* Prinzips hinter der Vielheit folgte die von Aristoteles formulierte logische Haltung klarer Identifikation, nach der von zwei einander widersprechenden Aussagen nur eine wahr sein konnte. Der Wunsch nach Eindeutigkeit führt konsequent zum ausgrenzenden Entweder-Oder.

Hier reflektierte eine theoretische Ebene, wie man Differenzen zum eigenen Lebensstil, Empfinden und Denken als Widerspruch und Gefahr erlebte. Mit Aristoteles' Schüler Alexander dem Großen und seinem Streben nach Weltherrschaft begannen die systematischen Versuche des Westens, als ihm entgegengesetzt Erlebtes durch Unterwerfung und Vereinigung zu beseitigen. Die Massenhochzeiten der Soldaten Alexanders mit Frauen eroberter Gebiete waren ein frühes Experiment Europas zur Aufhebung ethnischer Differenz durch Vereinheitlichung.

Das Imperium Romanum vereinigte das Reich unter der Person des Kaisers, um die Differenzen der Provinzen weitgehend bestehen zu lassen. Als es am Programm physischer Ausdehnung und nicht zuletzt christlicher Verweigerung der Teilnahme am einenden Kult des Kaisers scheiterte, ermöglichte gerade das Christentum ein Weiterführen des Reichs, das nun unter einem Gott und dem Glauben an *ein* historisches Ereignis als Wendepunkt der Geschichte, des Todes und der Auferstehung Jesu, metaphysisch geeint war.

Das Christentum bot zudem auch einen tauglichen Ansatz zur Vereinheitlichung der Menschen, indem es der antiken Selbstverständlichkeit der Sklaverei die Alternative der Gleichheit jedes einzelnen vor dem Schöpfer entgegenhielt. Die Kehrseite der befreienden Gleichheit, die im Sinn des Entweder-Oder kein Abweichen duldete, zeigte sich im Ausmerzen des europäischen Heidentums und im unerbittlichen Umgang mit christlichen Häretikern. Das physische Vernichten des Abweichenden setzte sich in modernen Varianten des einen Reichs vereinheitlichter Menschen fort, den Versuchen der Verwirklichung der Utopie einer klassenlosen Gesellschaft oder der Idee vom einen Volk und Reich unter einem Führer.

Spielen in der zeitgenössischen säkularen Gesellschaft des Westens für Leistungseliten religiöser Glaube und in der Praxis gescheiterte politische Utopien kaum eine bewußte Rolle, wirkt die Tendenz der Vereinheitlichung und Vereinigung auf Ebenen weiter, die dem heutigen Bewußtsein und Wertgefühl angemessen sind. Die europäische Integration folgt vordergründig keiner mythischen Reichsidee und keinem idealen Sozialentwurf, sondern einer Metaphysik der Ökonomie und pragmatischen Norm: Ein Markt, eine Währung und das Angleichen der Vorschriften vereinheitlichen die vornehmlich auf Konsum orientierte Lebenssphäre. Wo immer weniger Menschen glauben, bedarf es zur Sicherheit keiner Normierung des Glaubens mehr, sondern der Gesetze des Konsums. Doch wie einst die Regulierung des Glaubens verlangt jene der Ökonomie ihre Opfer, seien es tausende Bauernhöfe oder den niederländischen Holzschuh.

Mit der wirtschaftlichen und politischen Integration zieht sich Europa nach den Abenteuern des Kolonialismus und der Erweiterung des Lebensraums wieder auf sich zurück, denn die Versuche der Ausweitung gefährdeten seine Identität. Es war einst angetreten, den ganzen Globus zum Abbild seinerselbst zu machen. Symptomatisch fragte man am höchsten Berg der Erde nicht dort Wohnende nach dessen Namen, sondern taufte ihn europäisch ›Everest‹. Man trug westliche Religion, Rechtsvorstellungen, Sprachen, Kleider und Sitten in die Welt.

Doch das damit geschaffene potemkinsche Europa gewährte nicht allein deshalb keine Sicherheit, weil hinter den Fassaden zu viele Unterschiede fortbestanden. Gerade wenn es gelang, Differenzen zu beseitigen, stand man vor eben jener Gefahr, die man vermeiden wollte: Mit dem Aufheben der Grenzen zum anderen wankte die eigene westliche Identität.

Kolonisierte Völker ließ man daher auch nach Christianisierung und Umerziehung in Sprache und Kultur nicht wirklich in die Sphäre des Westens eintreten. Sogar wenn europäische Mächte aus politischem Kalkül in neuerer Zeit eine Kolonie zum Teil des Mutterlandes erklärten, dienten einheimische Frauen im Unterschied zur antiken Vision Alexanders und zum ethnischen Pluralismus der Freien im Römischen Reich eher als Prostituierte oder Konkubinen.

Die Einheit des Westens verstand sich, als Naturwissenschaft und Materialismus über das Christentum zu siegen schienen, zunehmend als solche der Hautfarbe. Europäische Metaphysik entdeckte die Physis wieder und ersetzte Theorien von der Gleichwertigkeit der Seelen vor Gott durch solche der Ungleichwertigkeit der Rassen wie in der einflußreichen Lehre des Arthur Gobineau. Dieser Rassismus war der Rettungsanker für das Abgrenzen westlicher Identität. Er erlaubte, den Unterschied zu Menschen des Ostens und Südens aufrechtzuerhalten, auch wenn diese sich Werte Europas zu eigen machten.

Sogar wo die Theorie heute jeden Rassismus zurückwiese, blieb die Praxis rassistisch geprägt. Entsprechend gewährten die britischen Herrscher den Chinesen Hongkongs erst kurz vor der Rückgabe an die Volksrepublik (1997) echte demokratische Institutionen. Die Empörung westlicher Demokraten, daß die Regierung in Beijing die in letzter Minute geschaffene vollendete Tatsache ablehnte, überspielte den Umstand, daß die Chinesen Hongkongs unter britischer Herrschaft kein Selbstbestimmungsrecht besaßen und britische Bürger dritter Klasse waren. Der Westen fordert derart in Europa geltende Normen in Asien und Afrika oft erst wahrhaft ein, wenn daraus entspringende Gleichheiten sein von Grenzen abhängiges Sicherheitsempfinden nicht mehr tangieren.

Der Rückzug Europas auf seine Integration zeigt die Konsequenzen einer langen Entwicklung. Das vereinigte Reich freien Verkehrs von Waren und Dienstleistungen schottet seine Grenzen zum Osten wieder ab und perfektioniert im Inneren eine Sicherheit vermittelnde Einheitlichkeit.

These 3:
Was der nach Uniformität strebende Westen als beängstigendes Chaos Asiens erlebte, waren dessen Pluralismus und Selbstgenügsamkeit.

Entsprang die Idee der Vielfalt des Ostens, in die das Abendland unter Verlust seiner Identität und Klarheit zu versinken fürchtete, als Fiktion dem Zusammenfassen verschiedener Kulturkreise, oder entspricht sie einer Realität? Fraglos ist der als Asien bezeichnete Raum vom Vorderen Orient über Indien bis China, Japan, Indonesien und Malaysia insgesamt vielfältiger als das kleine Europa. Doch gemessen an der abendländischen Tendenz zur Uniformität sind oft einzelne Regionen Asiens pluralistischer als das Abendland. Dies beginnt bereits mit dem Nahen Osten.

Seit den Kreuzzügen pflegte Europa die Front zum islamischen Nachbarn sorgsam als Grenze zum Osten. Da der aus gleichen Wurzeln stammende Islam dem Christentum nicht nur räumlich, sondern auch inhaltlich nahesteht, war erheblicher Aufwand an Ignorieren zu leisten, um die Trennung zu rechtfertigen. So wurde weitgehend verdrängt, daß Europa wesentliche Anstöße zur Entwicklung der Wissenschaften und Theologie sowie das Bewahren der von den Christen ursprünglich verbotenen griechischen Philosophie der islamischen Welt verdankt. Nur langsam wichen zähe Vorurteile der historischen Realität. Eine demoskopische Untersuchung fragte 1994 in Frankreich, wo 2,2 Millionen Moslems lebten, welche Begriffe man mit Islam assoziiere. Befragte Moslems wählten aus einer Liste vor allem Demokratie, Gerechtigkeit und Freiheit. Nicht-Moslems entschieden sich für Fanatismus, Unterordnung und Ablehnung westlicher Werte.[15]

In Quellen und historischer Wirklichkeit entspricht der Islam mehr dem Selbstverständnis seiner Anhänger als im Westen gezüchteten Vorurteilen.

In der 109. Sure des *Koran* heißt es: »Im Namen Allahs des Erbarmers, des Barmherzigen! Sprich: O ihr Ungläubigen, ich diene nicht dem, dem ihr dienet, und ihr seid nicht Diener dessen, dem ich diene. Und ich bin nicht Diener dessen, dem ihr dientet, und ihr seid nicht Diener dessen, dem ich diene. *Euch euer Glaube und mir mein Glaube.*«[16] Wie dieses Wort Gottes anders als das christliche ›Buch der Bücher‹ unmißverständlich erlaubt, Unbekehrbare gewähren zu lassen, bestehen im islamischen Kulturkreis im Unterschied zum Abendland bis heute autochthone Religionen. Auch in der Missionierung Schwarzafrikas überflügelte der Islam durch größere Bereitschaft zur Duldung dortiger Traditionen bei weitem das Christentum.

Je weiter man nach Osten blickt, um so deutlicher wird die Pluralität der in Gesellschaft und Geistesleben wirkenden Kräfte und Tendenzen. In Indien bestand lange vor den islamischen und europäischen Invasionen eine Vielfalt an Kasten, ethnischen Gruppen mit unterschiedlichen Traditionen und Religionen. Das soziale Leben war in hohem Maß auf Unterschiede eingestellt, was die Integration von Neuem und das Zusammenwirken mit anderem erleichterte.

Noch lange nachdem man den jungen Mohandas Gandhi, den späteren Mahatma, in Südafrika als Farbigen aus dem Zug warf, glaubte er an das britische Imperium und seine Rechte als in England ausgebildeter Jurist. Es bereitete ihm wie den meisten Indern kein Problem, daß der Monarch seines Landes ein englischer Christ in London war, herrschte doch zuvor jahrhundertelang die aus Persien gekommene islamische Moghul-Dynastie über eine mehrheitlich hinduistische Bevölkerung. Erst die Erkenntnis des grundlegenden Unwillens der Briten, die Kolonien als gleich- und eigenwertige Teile des Reichs zu betrachten, entfremdete Gandhi der Idee des großen Imperiums der vielen Völker.

China wies in seiner Prägung durch unterschiedliche einheimische Lehren wie Daoismus und Konfuzianismus sowie verschiedene Formen des aus Indien übernommenen Buddhismus einen Pluralismus auf, der sein geistiges Leben in der Spannung hielt. Diese wirkte auch noch fort, nachdem mit der kommunistischen Revolution von 1949 in der Diktatur des Proletariats der westliche Totalitarismus an Einfluß gewann: Immer wieder erwies Mao Zedongs Leninismus im Unterschied zur russischen Variante eine Flexibilität, die, wenngleich in autoritären Strukturen, bereit war, eigene Positionen radikal zu hinterfragen. Dafür steht die Kampagne der Hundert Blumen, die eine Vielfalt der Schulen des Denkens im Land forderte, und trotz all ihrer entsetzlichen Auswüchse sogar die Kulturrevolution, die ein Aufsprengen des selbstgeschaffenen Systems versuchte. Keine Wahrheit konnte als endgültige stehenbleiben.

Das vom Pluralismus asiatischer Kulturen Gesagte verneint in keiner Weise dortige historische und aktuelle gewaltsame Auseinandersetzungen um ökonomische, politische und religiöse Macht. Eine Vielfalt fundamental unterschiedlicher Positionen und Entwürfe bietet entsprechendes Konfliktpotential. Doch waren es gar nicht die Konflikte, die das Abendland an Asien verwirrte. Von Beginn an erschreckten Vertreter Europas die Pluralitäten, die christliche Missionare als Ungleichheit der indischen Gesellschaft beklagten oder den chinesischen ›Irrtum‹, daß verschiedene Religionen nebeneinander bestehen dürfen. Und doch profitierte eigenes Wirken in Asien von jener Duldsamkeit, die man im Grunde für falsch hielt.

Der Sarazenen-Sultan Melek-el-Kamel erlaubte 1219 Franziskus von Assisi, in seinem Machtbereich im Heiligen Land zu wirken. Einen arabischen Sufi, der in jener Zeit in Deutschland oder Italien mit kaiserlicher oder päpstlicher Erlaubnis den Islam predigte, sucht man vergeblich. Das selbstverständliche Annehmen von durch andere gewährte Möglichkeiten, die man umgekehrt nie zugestand, dokumentiert jene große abendländische Unbescheidenheit, die in der Überzeugung des Besitzes der einzigen Wahrheit dazu führte, die nicht-europäische Welt als Missionsgebiete und Kolonien zu betrachten.

Auch in China, Indien und der islamischen Welt fühlten Menschen sich im Besitz von Wahrheit. Doch konnten sie oft leichter zurücktreten, um trotz vermeintlicher Sicherheit ihrer Erkenntnis dem Raum zu lassen, was anderen Wahrheit bedeutet.

Diese Bescheidenheit, die dem Standort anderer Berechtigung zugesteht, begleitete dort, wo sie am deutlichsten ausgeprägt war, eine Selbstgenügsamkeit in politischen und ökonomischen Bereichen, die nicht versuchte, die Sphäre eigenen Einflusses geographisch auszudehnen. Von Indien ging kein Bestreben aus, über den Subkontinent hinaus zu expandieren. Obwohl oft gebeten, sträubte sich China gegen intensivere ökonomische Beziehungen zur weiteren Welt. Preußens Friedrich der Große erfuhr von Kaiser Qianlong ebenso eine Absage auf den Vorschlag eines Wirtschaftsabkommens wie Englands König George III., der 1793 eine Handelsdelegation in seinem Land niederlassen wollte. Britische Waffen setzten schließlich den europäischen Opiumhandel in China und damit die Öffnung des Landes für die westliche Expansion durch. Die amerikanischen Kriegsschiffe des Matthew Perry erzwangen 1853 gegen den Willen von Regierung und Bevölkerung eine Öffnung Japans für den internationalen Verkehr.

Gerade jene Völker, die es nicht zur Ausweitung ihres Glaubens und Handels drängte, erwiesen sich in dieser Bescheidenheit durch die Geschichte prädestiniert zum interkulturellen Lernen: China nahm mit dem Einführen des Buddhismus indische Impulse auf. Japan konstituierte seine klassische Kultur im bewußten Assimilieren koreanischer, chinesischer und indischer Elemente. Dabei lud man indische Gelehrte nach China sowie indische und chinesische Meister nach Japan. In Europa hätte es entsprechend nahegelegen, daß Rabbiner als Träger der lebendigen Tradition des Alten Testaments darin zu Lehrern der Christen wurden. Wo die Bescheidenheit fehlte, anderer Wahrheit Raum zu geben, war die Realität freilich anders.

Die Hunnen verzichteten, von den Worten des ihnen entgegenziehenden Papstes bewegt, auf die Einnahme Roms und kehrten um. Wer hätte die westlichen Eroberer von Alexander ›dem Großen‹ über die Konquistadoren in Südamerika bis zu den britischen Heeren in Afrika jemals zur Umkehr bewegen können? Alexander begegnete in Indien einem Asketen, vielleicht einem Buddhisten, den die griechische Quelle Dandamos nennt. Dieser verstand nicht, weshalb der König aus fremdem Land einen solch weiten Feldzug unternahm: Sogar wenn einem theoretisch die ganze Erde gehörte, könnte man doch immer nur auf einem Fleckchen davon stehen, und eroberte man alle Flüsse, vermöchte man doch nicht mehr Wasser zu trinken als jeder andere, gab er zu bedenken. Nur wer nach nichts strebte, besäße alles.[17] Damit war die westliche Sphäre, die sich bis ans Ende der Welt weiten wollte, früh ins Herz jener anderen gestoßen, die mit dem, was sie war, genug hatte und sogar dies zuweilen noch als Bürde empfand.

These 4:
Im Buddha und seiner Lehre begegnete dem Westen die konsequenteste Gestalt der Selbstgenügsamkeit, die als Mitte Asiens und Antithese zum Abendland erlebt wurde.

Ein radikales Bescheiden, das nicht nach mehr verlangt und Gegebenes reduzieren oder gar aufgeben will, trat Europa drastisch im Buddhismus und dessen Stifter Gautama, dem Buddha, vor Augen. Die Geschichte vom indischen Königssohn, der das Erbe des Throns, Frau und Kind hinter sich ließ, um als besitz- und bindungsloser Asket nicht die ewige Seligkeit einer Himmelswelt, sondern das Erlöschen (Nirvana) seines Seins und Werdens zu finden, war besonders im Hinblick auf ihre Wirkung schwer faßbar. Ganz Süd- und Ostasien schien sich mit dem Buddhismus einem Ideal verschrieben zu haben, das ein Nicht-Sein dem Sein vorzieht. Dabei inspirierte die vorgeblich das Existieren verneinende Lehre Hochkulturen, deren Künste, Literaturen und Denken den Vergleich mit jenen des Abendlandes nicht scheuen mußten.

Vielleicht dauerte es wegen dieser dem Westen nur schwer faßbaren Spannung von Verneinung und Vielfalt trotz aller westlichen Unternehmungen in Asien relativ lang, bis man den Buddhismus in seiner Bedeutung und als verbindendes Element des Ostens von Indien über China bis Japan und den pazifischen Raum wahrnahm. Erst im 19. Jahrhundert begannen breitere Kenntnisnahme und tiefere Auseinandersetzung, wobei Europa den Buddhismus als äußerste und letzte Konsequenz dessen erleben konnte, was ihm Asien bedeutete. Hugo von Hofmannsthal kommentierte in diesem Sinn das Erscheinen deutscher Übersetzungen von Reden Gautamas als Vorstoß ins Zentrum des Ostens: »Bevor aber das Gewahrwerden des ganzen Asien geschah, konnte auch die Gestalt des Buddho nicht gewahrt werden, die in der Mitte dieses Ganzen ruht.«[18]

Der Hinweis auf das Ruhen des Buddha ist bedeutsam. Inmitten dessen, was dem Westen chaotisch bewegte Vielfalt schien, in der man leicht untergehen, Ordnung und Identität verlieren kann, saß unbewegt ein ›Erwachter‹, was Buddha wörtlich bedeutet. Das Erwachen im stillen Sitzen führte sein Erinnern nach dem Zeugnis der klassischen Texte in hunderttausend frühere Leben bis zum Beginn dieser Welt und noch darüber hinaus durch hunderttausend vormalige Welten. In jeder dieser Welten gab es zu dem, was er heute als Ich erlebte, hunderttausendfach verschiedenste Entsprechungen.[19] Was er jeweils als Selbst erfuhr, waren flüchtige Momente in einem anfanglosen Prozeß. Der Buddha konnte nicht anders, als sein hinfälliges, unbedeutendes Ich loszulassen, war es erst als frei von Substanz und Dauer erkannt. Aus dem Traum individueller Sonderheit erwacht, wurde er zum reinen Beobachter eines anfang- wie endlosen Werdens und Vergehens. Wünsche oder Interessen erloschen. Seine höchste Weisheit zeigte sich im Schweigen, und das Lehren, das ihn in der Welt berühmt machte, entsprang nicht eigenem Antrieb, sondern dem Wunsch der Götter, die dem Leid noch nicht entrannen und gleich dem Menschen der Führung des Buddha bedürfen.

Die Passivität des ruhenden Buddha ist somit ganz anderer Art als jene des Gekreuzigten, der großen Gestalt im Zentrum des Westens. Der Buddha weilt allem und vor allem sich selbst gegenüber in Gleichmut. Persönliches Wohl oder Wehe stören nicht den Frieden dessen, der sich nicht wichtiger fühlt als die Wolke über sich, den Regentropfen auf der Haut oder jede andere vorübergehende Erscheinung im großen Ozean des Werdens. Der Gekreuzigte nimmt seinen Schmerz bis zur letzten Konsequenz an, denn sein Leid ist zutiefst bedeutungsvoll, weil es den Menschen erlöst und seiner Bestimmung zuführt. Im geordneten Universum des Westens hat der Mensch unbedingt eine solche. Seine Geschichte drückt Heilsgeschichte aus, folgt sinnvoll göttlichem Plan oder objektiven Gesetzen der Dialektik zu einem Ziel, der Bestimmung des Menschen. Der Buddha dagegen kennt kein Ziel in der Geschichte. Alles, was als solches erscheint, durchschaute er als vergängliche Etappen in einem zweckfreien Auf und Ab, in dem Freuden wie Leiden frei von Sinn und dem Weisen erdrückende Last wie das Dasein selbst sind. Die verneinende Gestalt des Buddha im Zentrum des Ostens mußte erschüttern, schien sie alles abzulehnen, was dem Westen Wert und Würde des einzelnen ausmacht.

Gerade diese umfassende Verneinung erklärte die verwirrende Vielfalt, in deren Strudel westliche Klarheit zu versinken fürchtete. Ist alles gleich hinfällig, flüchtig, letztlich unwahr, fällt die eindeutige Trennung von richtig und falsch. Karl Jaspers weist darauf hin, daß »die radikale Freiheit von der Welt« eine »ebenso radikale Toleranz für die Welt zur Folge hatte«, in der letztlich alles zur gültigen Vorstufe der Wahrheit werden konnte. »Das Echo auf das Schweigen des Buddha ist nicht nur die Stille asiatischer Souveränität des Inneren, sondern auch der stimmenreiche und farbenprächtige Lärm der phantastischen religiösen Inhalte. Das zu Überwindende wurde faktisch zur Lebenssubstanz.«[20]

Dieses alles Verneinende und dadurch wieder alle Vielfalt und Widersprüchlichkeiten Bejahende schockierte den Westen in der Radikalität dessen, was es aufgibt und ermöglicht. Doch jenseits dessen, was es im Anderssein an Gefahren birgt, könnte es darin gerade zur Chance werden. In diese Richtung dachte Carl Friedrich von Weizsäcker, der schrieb, Europa wäre bislang »weder materiell noch geistig mit den Konsequenzen seines eigenen Ansatzes ins reine gekommen«. Deshalb sei »jeder Versuch, Europäern heute Buddhismus verständlich zu machen, zugleich ein Stück Arbeit an unserer unvollendeten Selbsterkenntnis«.[21]

These 5:
Asien, Europas irrationale Schattenseite, wurde als Feind der Vernunft bekämpft und zu deren Überwindung beschworen.

Carl Friedrich von Weizsäckers Wendung der »unvollendeten Selbsterkenntnis«, an welcher der Europäer in der Begegnung mit Asiatischem arbeitet, weist zumindest auf zwei Aspekte. Da ist die äußere Konfrontation mit der anderen Kultur und Lebensart, die durch ihr Anderssein herausfordert, in der Rezeption des Fremden bereichert oder seinem Zurückweisen eigene Standorte bestätigt. Doch weit über diesen Beitrag zur Selbsterkenntnis hinaus, kann die Begegnung mit Asien zur erhellenden Reise in die Nachtseite Europas werden, bei der Licht auf vom Westen Verdrängtes fällt.

Dieses Verdrängen hat vordergründig eine historische Komponente. Selten wird reflektiert, wie Europas Zivilisation in Östlichem wurzelt. Das Christentum ist im Ursprung etwas Orientalisches, die Theologie des Westens wurde stark von islamischer Seite inspiriert und naturwissenschaftliche Errungenschaften Europas basieren auf arabischer Gelehrsamkeit wie von dieser vermittelter indischer Mathematik. Doch alles, was der Westen nahm, ging in sein Eigentum über und verlor als Teil abendländischen Selbstverständnisses seinen Ursprung. Das Alte Testament wurde zum Besitz christlicher Völker, die den jüdischen Mythos ebenso anstandslos zu ihrem machten, wie sie Juden physisch verfolgten. Daß französische, deutsche oder polnische christliche Theologen die Bücher des Moses und die Psalmen Davids tiefer begriffen als der Rabbiner, der Träger ihrer lebendigen Tradition, galt über Jahrhunderte fraglos. Abenteuerliche doch einflußreiche Konstrukte wie jene des Houston Stewart Chamberlain sind die Spitze eines Eisbergs des Verdrängens der Wurzeln, auf denen man historisch aufbaute. Der von Kaiser Wilhelm II. wie den Nationalsozialisten geschätzte schreibende Schwiegersohn Richard Wagners wollte beweisen, daß Jesus, dessen Lehre arische Völker akzeptierten, kein Jude gewesen sei. Als man die Juden Europas hinmordete, traf es orientalische Eindringlinge, keine Verwandten dessen, der den Okzident erlöste.

Da die Grenze Europas zu Asien mehr eine solche des Bewußtseins als eine geographische ist, vermag sie östliches und westliches auch innerhalb des Abendlandes zu scheiden. Kulturelle Einflüsse zu verdrängen schien für das Abstecken eigener Identität unvermeidbar. Wer vor allem und eigentlich er selbst sein will, gerät als solcher ins Wanken, gesteht er Abhängigkeiten zu. Das Fremde muß fremd bleiben, ohne Übergang und Grauzone zur eigenen Domäne. In der Konsequenz geht es dann nicht mehr nur um ein Verdrängen asiatischer Herkunft von Elementen der eigenen Selbstverständlichkeit, sondern ungeachtet des Ursprungsortes all dessen, was als asiatisch empfunden wurde. Dionysos, den tollen Gott, und seinen Kult, der ebenso asketisch, also selbstgenügsam sein konnte wie er oft ausschweifend war, also von chaotischer Vielfalt, identifizierte man in der griechischen Sphäre mit Asien. Immer wieder wollte man ihn und das, wofür er stand, unterdrücken. 186 v. u. Z. bannte der römische Senat die dionysischen Bacchanalien. Noch das dritte ökumenische Konzil von Konstantinopel (680–81) mußte an der Front zum Osten die auf dem Balkan erhaltenen dionysischen Mysterien verdammen.

Es war ein langer entschiedener Weg durch Heidentum, Christentum und Aufklärung, der als gefährlich empfundenes Außersichsein, Ekstase, Verlust von Ich und Identität in fortschreitender Orientierung an der Vernunft überwand, die allein in der Lage ist, Identitäten klar zu unterscheiden. Hierin empfand sich der Westen im Kontrast zu Asien, herausgehoben aus dessen chaotischer Vielfalt.

In diesem Sinn liefert Martin Buber eine Erklärung für die Ganzheit Asiens, meint er doch, über dem Differenzieren verschiedener Kulturen sei »in unserer Zeit das Wissen vernachlässigt worden, daß der Orient eine natürliche, in seinen Werten und Werken geäußerte Einheit bildet: daß über seinen Volksgliedern sich eine Gemeinsamkeit erhebt, die ihn von Schicksal und Schöpfung des Abendlandes in unbedingter Klarheit sondert«.[22] Jeder Form von Kultur komme ursprünglich eine magische Absicht zu, die Vielheit der Natur zu bannen und zu ordnen. Einzig dem Abendland sei gelungen, sich aus diesem magischen Verhältnis zur Welt zu lösen, während ihm der Osten verhaftet blieb.

Immer wieder klang dieses Motiv an. Für Hegel ging die Sonne des Bewußtseins im Osten auf, um erst im Westen voll zu scheinen. Asiens Kulturen treten als dumpfe, der Magie verhaftete und im Traum versunkene Vorformen des im Abendland erst seinerselbst voll bewußten und vernünftigen Menschseins auf. Dem sich über diese Stufe erhebenden Westen wurde Asien quasi zur Schatten- oder Nachtseite. Europas Kampf wider innerhalb eigener Grenzen als ›asiatisch‹ Empfundenes, gegen Dionysisches in asketischer wie ekstatischer Gestalt, erweist sich als verzweifelter Versuch, nicht wieder der Nacht anheimzufallen oder im Strudel der Vorbewußtheit zu versinken. Man lokalisierte die Gefahr jenseits der Grenze zu Asien, doch spürte sie vor allem im eigenen Innersten. Die Ausrottung des Heidentums, der gnostischen Bewegungen des Mittelalters oder der Hexen richtete sich gegen Askese und Ekstase, mithin gegen das Überschreiten der Grenzen des Ich, der Identität. Die Dynamik des Vereinheitlichens ließ die Position mit jedem Sieg extremer werden und verschob die innere Front. Reformation und Aufklärung richteten sich schließlich gegen den vermeintlichen Aberglauben jenes katholischen Systems, das zuvor dem von außen und innen an die Pforten drängenden Asien Einhalt gebot.

Wie die Kämpfe gegen Europas inneres Asien verhindern sollten, daß dem Bewußtsein wieder die Nacht anbricht, wollten Expeditionen in den geographischen Osten Licht in dessen Dunkel bringen. Jenseits materieller Gier, war diese auch tragender Faktor, ging es immer auch aufrichtig darum, heidnischen Aberglauben und Zauber durch Hellenismus oder Christentum, geistigen und materiellen Dämmer durch Vernunft und Zivilisation zu überwinden. Für Alexander, das antike Rom, Kreuzfahrer, Konquistadoren, für die auch auf dem amerikanischen Kontinent im Westen Indien war, und Kolonialisten standen neben dem Streben nach Reichtum, Macht und Ruhm stets eine höhere Sendung.

Oft geriet die Fahrt nach Osten zugleich zur Reise in eigene Tiefen, bei welcher Projektion und Wahrnehmung verschmolzen. Antike und mittelalterliche Reisende trafen in Asien auf vielerlei Monster und manches Wunder. Noch in der Malerei des Symbolisten Gustave Moreau führt der Zug Alexanders nach Indien in die seelische Nacht eines asiatischen Traums.

Immer wieder blitzte in der Geschichte jenes komplementäre Motiv auf, aus den reichen Tiefen Asiens die Rettung für Europas Probleme zu erhoffen: Der Priesterkönig Johannes weit im Osten wird den Westen erlösen. Sogar die Mongolen durften kurzfristig als Verbündete gegen die islamische Bedrohung erscheinen.

Der Osten konnte zur Hoffnung jener werden, die den Westen von Grund auf reformieren oder umgestalten wollten. Martin Luther träumte sich vom Sultan der Türken verstanden. Leibniz erkannte etwas von der asiatischen Genügsamkeit, bat den russischen Zaren einen Kulturaustausch zwischen Europa und China zu vermitteln und wünschte »angesichts des ins Unermeßliche wachsenden moralischen Verfalls«, daß man »Missionare der Chinesen zu uns schickt, die uns Anwendung und Praxis einer natürlichen Theologie lehren könnten, in gleicher Weise, wie wir ihnen Leute senden, die sie die geoffenbarte Theologie lehren sollen«.[23]

Die Surrealisten, die das metaphysische, christliche wie rationale Europa überwinden wollten, beschworen Asien als Reich der Magie und Irrationalität. Sie erklärten den Papst und die Rektoren europäischer Universitäten für entlassen und wollten diese durch den Dalai Lama und seine Mönche ersetzen.[24] Friedrich Nietzsche, der radikale Kritiker abendländischer Wirklichkeit, der einen »europäischen Buddhismus« zur Überwindung des Christentums forderte, ließ sein letztes Werk *Ecce homo* mit den Worten enden: »Hat man mich verstanden? *Dionysos gegen den Gekreuzigten.*«

Asien barg aus dieser Perspektive etwas, das den Westen befreien konnte. In Deutschland erwartete man seit der Romantik aus dem rassisch und sprachlich als verwandt gewahrten Indien einen erlösenden Impuls. Eine eigentümliche Liebesgeschichte zu Indien begleitet seither die deutsche Kultur durch ihre Höhen und Abgründe.

Auch jene, die antraten, um Deutschland im »Tausendjährigen Reich« zu retten, beschworen die indogermanische Beziehung. Das Werk Alfred Rosenbergs, des führenden Ideologen des Nationalsozialismus, beruft sich immer wieder auf indische Quellen. Der Indologe Wilhelm Hauer, der Führer der »Deutschen Glaubensbewegung«, die auf religiösem Gebiet eine der nationalsozialistischen Revolution entsprechende Umwälzung erstrebte, suchte nach einer indoarischen Weltanschauung. Die Brücke nach Indien bestand sogar in den Naturwissenschaften. Philipp Lenards »Deutsche Physik« hielt gegen die ›jüdische‹ Relativitätstheorie Einsteins am Konzept des Äthers fest, das nach Houston Stewart Chamberlain als »altes indisches Erbgut« galt.[25] Als man im Judentum auch Asien, doch in Wahrheit den Rationalismus Europas bekämpfte, suchte man so nach Bestätigung im ferneren Osten. Carl Gustav Jung sah die Beziehung zum inneren Osten und sprach 1936 im Hinblick auf die beginnende nationalsozialistische Ära von einem »Wind, der aus Asiens Unendlichkeit und Anfänglichkeit, in breiter Front von Thrazien bis Germanien, nach Europa hineinbläst, bald von außen Völker zusammenweht wie dürre Blätter, bald von innen welterschütternde Gedanken inspiriert, ein elementarischer Dionysos, der apollinische Ordnung durchbricht«.[26]

Was heißt deutsche Kultur?

Während des Dritten Reichs in einem Bergwerk des Ruhrgebiets ergab sich folgender Dialog, den der Sozialist und Buddhist Wilhelm Müller (1912–1990) berichtet: »Eines Tages sagte ein Vorarbeiter auf der Zeche zu mir: ›Du kannst ja kein guter Deutscher sein.‹ ›Wieso denn nicht?‹, antwortete ich. ›Weil du Buddhist bist! Damit bist du Kosmopolit!‹ ›Aber hör mal, Schorsch, du bist doch Nationalsozialist, nicht wahr?‹ ›Jawohl!‹ ›Und du bist doch auch Presbyter der Evangelischen Kirche, ja?‹ ›Jawohl!‹ ›Komisch, du als Nationalsozialist bekennst dich zu einer Religion, die von einem Juden begründet worden ist. Ich bin nun kein Nationalsozialist und bekenne mich zu einer Religion, welche von einem Arier begründet worden ist. Sag, wer von uns beiden ist deutscher, du oder ich?‹ Der Nazi kam in große Verlegenheit, und ich hatte die Lacher auf meiner Seite.«[27]

Der Schlagabtausch zwischen dem braunen Christen und dem roten Buddhisten weist auf ein Dilemma allen Unterscheidens zwischen mehr oder weniger deutsch sowie deutsch oder nicht deutsch. Leicht lassen sich positive Definitionen aufstellen oder Kriterien, die Deutschsein hinterfragen. Entscheiden Rasse und Abstammung, religiöse Zugehörigkeit, das Befolgen von Sitten, die Sprache oder die Geburt innerhalb bestimmter geographischer Grenzen? Obwohl diese und weitere Faktoren eine Rolle spielen, läßt sich keiner als entscheidend oder auch nur notwendig bezeichnen, ohne in Widersprüche zu geraten. Man kann Konfessionen ohne Einfluß auf das Deutschsein wechseln. Der Gesetzgeber erachtet durch Abstammung Legitimierte ungeachtet ihrer Sprachkenntnis als Deutsche. Niemand bezweifelt, daß außerhalb deutscher Länder Deutsche und Deutsches existieren. Die ethnische Situation in deutschen Ländern unterlag Veränderungen und wandelt sich durch Faktoren wie die türkische Zuwanderung in Gegenwart und Zukunft. Verweigert man sich historischen Modellen, die eindeutige Grenzen ziehen und denen zufolge Heinrich Heine als Jude kein deutscher Dichter war, der Sohn zugewanderter Türken kein und der Buddhist mit germanischem Stammbaum allenfalls ein schlechter Deutscher wäre, entzieht sich das Deutsche der schnellen Definition.

Versagt sich die Antwort dem raschen Zugriff, folgt die Frage, ob die Suche nach ihr der Mühe wert sei. Man könnte sie mit Golo Mann überhaupt für überholt halten: »Die Frage, was Deutschland sei und was es mit sich anfangen sollte, war vor hundert Jahren eine unausweichliche. Aber die Zeit hat schnell gearbeitet, schneller, immer schneller als je zuvor, seit es Menschen gibt. In Zukunft wird die Frage nicht mehr sein, was der Deutsche sei und was er mit sich anfangen solle. Sie wird auch nicht, vor allem oder ausschließlich sein, was der Europäer sei und was der Europäer mit sich anfangen solle. Die europäische Nation kann die deutsche nicht ersetzen, die europäische Staatenpolitik sich nicht im Weltweiten wiederholen. Was der Mensch sei und was der Mensch mit sich anfangen solle: das ist die Frage der Zukunft.«[28]

So unverzichtbar eine weltweite humanistische Perspektive heute ist, so klar liegt die Bedeutung vor Augen, die nationalen Einheiten mit historischem, religiösem, mythischem oder ethnischem Selbstverständnis politisch nach wie vor zukommt. Erfahren Nationen zwar im Zuge der Globalisierung weitere Relativierung, scheint die Forderung nach dem allgemeinen Menschen nicht minder anspruchsvoll wie jene nach einem Übermenschen. Ist ihre Verwirklichung überhaupt wünschenswert? In ihrer Abstraktheit weist sie vor allem auf eine große Reduktion: Würde die Menschheit reicher, sprächen alle Völker dieselbe Sprache, wären alle in Glaube und Sitte so indifferent, daß deren Unterschiede keine Rolle mehr spielten? Ginge es aber nicht um ein Beseitigen solcher Verschiedenheiten, wodurch könnte sich ein allgemeines Menschsein, das die Frage nach dem Nationalen erledigt, auszeichnen?

Deutschsein für überholt zu erklären läßt sich als Versuch sehen, aus dem Schatten von Auschwitz zu treten, das Subjekt der Diskussion um kollektive Schuld oder Verantwortung durch dessen Aufgehen in einem Größeren zu überwinden. Doch der konkrete Deutsche als Erbe von Tätern oder Opfern einer Geschichte, der er durch physische Abstammung oder Zuwanderung angehört, entrinnt dieser Tradition, sei er sich ihrer bewußt oder nicht, keinesfalls durch programmatische oder administrative Integration in europäische oder globale Kontexte.

Wie aber ließe sich diese Tradition des Deutschen fassen? Soll der Begriff über eine Sprachgruppe hinaus sinnvoll verwendet sein, müßte er auf eine gemeinsame Mitte des so Apostrophierten deuten. Daß sich das Sprechen vom Deutschen in der Praxis bewährt, weist auf die Existenz einer solchen Mitte hin. Doch läßt sich diese nicht definieren oder in endgültiger abstrakter Begriffsbestimmung festschreiben. Ihr Ort bewegt sich in und mit der Praxis. Mehr als dem Punkt gleicht sie einem verschwommenen Feld. Obwohl im Vagen bleibend, besitzt sie in der Kommunikation starke Wirksamkeit. Immer nur deutet man in ihre Richtung, ohne jemals den Finger auf ein exaktes Zentrum der Bedeutung zu legen.

Es geht also nicht um ein statisches oder abgeschlossenes Phänomen. Wie jede Nation ist die deutsche ein Prozeß aus Kontinuitäten und Brüchen. Die Frage nach dem Wesen einer Nation zielt daher nicht nach absoluten Identitäten, sondern nach den Charakteristika eines Prozesses, in dem Gemeinsames und dessen Abgrenzen zu anderem wesentliche Faktoren sind.

Im Werden einzelner Nationen kommt dem Abgrenzen unterschiedlicher Stellenwert zu. Japan war durch seine Insellage bis ins 19. Jahrhundert weitgehend auf sich konzentriert. Gemeinsames besaß große Selbstverständlichkeit und entwickelte sich wenig in direkter Konfrontation mit anderem. Fremdes, das oft bewußt gewünscht vom asiatischen Festland kam, ließ sich als bereicherndes Element aufnehmen.

Auch viele Nationen Europas entwickelten sich wie England, Frankreich oder Italien innerhalb deutlicher natürlicher Grenzen. Das Siedlungsgebiet der Deutschen ist hingegen weniger durch solche definiert. Für Deutschland überwog das Abgrenzen bereits, als die Germanen noch ohne Bewußtsein eines Zusammengehörens mit der römischen Kultur konfrontiert waren. Das Empfinden der Gemeinsamkeit verschiedener germanischer Stämme stärkte sich ab dem 8. Jahrhundert wesentlich in der Auseinandersetzung mit anderen. Die Bedrohung des Eigenen und Gemeinsamen wurde zunächst durch Madjaren, Normannen und Slawen erlebt; später fühlte man sich zusammengehörig in der Bewährung gegen das Papsttum und Frankreich.

Intensivierte die Konfrontation mit Gegnern das Bewußtsein des Zusammengehörens, fanden die Deutschen doch nicht in der Art anderer europäischer Nationen zueinander. In einer Zeit, als Frankreich und England im Inneren für das ganze Volk wirksame staatliche Institutionen entwickelten, blieb Deutschland ein Reich kleiner Staaten, deren politische Einheit mehr projiziert als real war. Auch nach der Reichsgründung von 1871 behielten die Teilstaaten erhebliches Gewicht. War Italien lange politisch zerrissen, wirkte dort das einigende Band des Katholizismus. In Deutschland hingegen spaltete die Reformation die vielen Einzelstaaten auch im Glauben. Helmuth Plessner bezeichnete Deutschland treffend als »verspätete Nation«, die nicht aufholen konnte, was andere Völker an nationalstaatlicher Entwicklung im 16. und 17. Jahrhundert leisteten.[29]

So verblieb, was man unter einem Deutschland verstand, auf der Ebene ästhetischer, ethischer und kultureller Programme, die das Uneine in der Idee einten, indem sie physisch Zersplittertes metaphysisch überbauten. »Zerging im Dunst das Heilige Römische Reich, uns bliebe gleich die Heilige deutsche

Kunst«, ließ Richard Wagner prototypisch für den Traum vom eigentlichen und einen Deutschland seine *Meistersinger* enden. Die einzige Epoche jedoch, die im nationalstaatlichen Sinn territorial alles einte, was man unter Deutschland verstand, ging 1938–45 mit jenem Terror einher, der mit allem brach, was die Tradition der Programme an humanistischem und ästhetischem Potential barg.

Überhaupt ist Deutschland, verglichen mit den relativ kontinuierlichen Entwicklungen etwa Englands oder Frankreichs ein Land der Brüche. Die Reformation wurde nicht wie in England ein weitgehend einender Faktor, sondern entzweite das Land und ließ es im Dreißigjährigen Krieg ausbluten. Keine Revolution konnte wie in Frankreich die nationale Entwicklung dynamisieren. Allein in jüngerer Zeit brach 1918 die erste Republik mit dem Kaiserreich von 1871. Mit der Republik brach 1933 das Tausendjährige Reich, aus dessen Ruinen nach 1945 drei neue Republiken auferstanden, deren eine Anfang der neunziger Jahre wieder verschwand.

Durch seine Geschichte der Brüche kann man Deutsches an keiner Epoche festmachen. Zeigte Luthers Reformation Deutsches besonders deutlich, oder war das Land als im Glauben geeintes Reich deutscher? Welche vergangene Phase man zur Orientierung auch heranzöge, es ließe sich kaum schlüssig begründen, weshalb gerade diese das Deutsche besser repräsentiert. Jeder Status bedurfte zum Entstehen aller früheren, weshalb sich das Deutsche nur in der Gesamtheit seiner Geschichte finden kann.

So liegt es nahe, das Typische gerade in den Brüchen, in der Zersplitterung und Teilung zu erkennen, jenem Umstand, daß Deutschland nicht zu sich kam, und in den zahlreichen Versuchen, Einheit durch metaphysische Überbauten oder physische Gewaltakte herzustellen.

Diese Brüche bilden kein rein abstraktes Charakteristikum eines theoretischen Deutschseins. Sie prägen den konkreten Menschen, dem das Annehmen deutscher Entwicklung als Voraussetzung und Teil der persönlichen Geschichte schwerfällt. Nach dem Fall physischer Mauern beklagt man die Mauer in den Köpfen. Die Risse und Spaltungen finden sich wie der Wunsch nach ihrer Überwindung im Herzen der einzelnen. Die Frage nach deutscher Identität berührt sich derart mit jener unmittelbaren Daseins: Wer bin ich? Angehörige anderer europäischer Völker können hier leichter nationale Geschichte in ein individuelles Selbstfinden einbeziehen, darf sich ein Niederländer doch mit einer Dynastie identifizieren oder sich ein Franzose bei einer Militärparade ohne bitteren Beigeschmack patriotischen Empfindungen hingeben.

Dem Deutschen hingegen bereitet das Gewinnen positiver nationaler Symbole Probleme, schwebt er doch über dem Bodenlosen einer in Splitter aufgelösten Vergangenheit, einer Abfolge von Brüchen, den Grauen des Holocaust. Allein letztere scheinen nur die Wahl zu lassen, aus tiefster Scham für immer zu schweigen oder sich dafür zu entscheiden, man hätte mit dem herausragenden Ereignis jüngerer deutscher Geschichte nichts zu schaffen, wie die DDR vorgab, oder zumindest nichts mehr, wie dies 1998 bei Martin Walser anklang. Beides mißlingt regelmäßig, weil innerer wie äußerer Druck kein Schweigen zulassen und Distanzierung regelmäßig zur Demonstration des Verstricktseins gerät. Ob man der planmäßigen Vernichtung von Millionen wehrloser Menschen in der wiedererstehenden Hauptstadt Berlin ein Denkmal oder ein Museum baut, taugt zum politischen Streit. Es gibt keine unumstrittenen Monumente nationaler Identität, schon gar keine Triumphbögen.

Diese Lage der Dinge macht Versuche begreifbar, nach Auschwitz die Frage deutscher Identität zu umgehen oder sich von ihr zu distanzieren. Zu oft wurde sie leichtfertig gestellt und noch leichtfertiger beantwortet, um sie heute so unbefangen aufwerfen zu können wie einst Richard Wagner in seinem Aufsatz *Was ist deutsch?*. Aber Golo Manns zitierte Flucht ins Vorwärts einer allgemeinen Menschlichkeit hilft so wenig wie die Haltung des durchschnittlichen hedonistischen Bundesdeutschen, für den es in Karl Jaspers Worten »keinen politischen Ursprung und kein Ideal, kein Herkunftsbewußtsein und kein Zielbewußtsein, kaum eine andere Gegenwärtigkeit als den Willen zum Privaten, zum Wohlleben und zur Sicherheit«[30] gibt.

Das Wegschieben der deutschen Frage verhindert nicht, daß nach wie vor Zerrissensein und Suche nach dem Heil der Ganzheit die Geschichte beeinflußt. Es verhindert allenfalls, daß man der Aktualität dieses Leitmotivs gewahr wird. Germanen durchzogen das brüchig gewordene Reich der Römer, bis einer ihrer Könige römischer Kaiser wurde und sich der deutsche Führer als politischer Prinzipal des christlichen Abendlandes empfand. Seit jener

Zeit demonstrierten Deutschlands Regenten europäische Sendung. Die Kluft zwischen Ethos wie Motiv im europäischen Engagement zweier deutscher Kanzler, des antisemitischen Oberösterreichers Adolf Hitler und des christlichen Pfälzers Helmut Kohl, könnte breiter und tiefer nicht sein. Der Unterschied ist gewaltig, ob man sich wie das faschistische Deutschland über andere erheben, diese vernichten oder sich einverleiben will, oder ob man sich wie die Bundesrepublik der neunziger Jahre in ein größeres Europa integrieren möchte. Doch wirkt im Versuch des Erweiterns des eigenen Raums wie in jenem des Aufgehens in einem Größeren dieses Verlangen, eigene Zerrissenheit im Verwirklichen eines Umfassenderen zu überwinden.

Im Auslöschen des Heidentums, dem Kolonisieren des europäischen Ostens, im Versuch, das Heilige Land zu gewinnen, den Westen rassisch zu vereinheitlichen oder ihn in einen umfassenden Wirtschaftsraum mit einheitlicher Währung zu verwandeln, Deutschland und seine Exponenten erwiesen sich als ein Motor des Programms. Die abendländische Dynamik des Angleichens und Ausdehnens wurde seit der Spätantike in radikaler Weise zur Sache des zerrissenen Landes, Deutschsein damit zur extremen Gestalt des Europäischseins.

Das Streben nach dem Heil einer Ganzheit zeigt sich nicht allein in der politischen Geschichte. Es ist überhaupt Merkmal wesentlicher Äußerungen der Kultur in Deutschland. Die deutsche Mystik strebt nach Einheit des einzelnen mit Gott. Die deutsche Philosophie erklärt mit weiten metaphysischen Entwürfen die gesamte Welt. Der Marxismus zielt nach Auflösung ökonomischer Widersprüche. Die Psychoanalyse wollte dem Menschen über sich selbst Unbekanntes erschließen. In allen Varianten offenbart die Suche nach dem Heil einer Ganzheit stets auch Unbescheidenheit, sich mit dem Gegebenen zu begnügen, wofür Fausts Streben über sich selbst hinaus zum Sinnbild wurde.

Fraglos wirken in genannten Beispielen realer Politik wie theoretischer Entwürfe auch ökonomische und ideologische Faktoren, die bedeutender sein mögen als die Suche nach Erlösung aus dem Splitterhaften. Zu behaupten, Deutschlands Engagement für die europäische Integration sei stärker vom irrationalen Verlangen nach Heil als von rationalen Motiven bestimmt, wäre überzogen. Doch oft gibt sich Irrationales eine rationale Verpackung, die nicht immer so leicht erkennbar ist wie die Pseudowissenschaftlichkeit schädelvermessendender NS-Rassekundler.

Carl Gustav Jung bezeichnete Deutschland als »geistiges Katastrophenland, wo gewisse Naturtatsachen immer nur einen Scheinfrieden mit der Weltherrscherin Vernunft eingehen«.[31] Sogar das humanistische Ideal liegt in der Verzweiflung des Suchens nach dem Überwinden historischer, sozialer und seelischer Zerrissenheiten der Katastrophe oft unbemerkt nahe. Dies erweist die Rezeption indischen Denkens und des Buddhismus, wobei die Ambivalenz im einzelnen zutage treten kann.

So sieht Erich Fromm eine Verwandtschaft Sigmund Freuds und weiterer Vertreter deutscher Kultur zu Gautama: »Im Denken Buddhas, Eckharts, Marx' und Schweitzers sind bemerkenswerte Parallelen festzustellen.« Zwar geht es Fromm um einen radikalen Humanismus, um »Nächstenliebe und menschliche Solidarität.«[32] Doch Meister Eckhart, den mancher westliche Interpret des Buddhismus neben Gautama stellt, schätzen gleichfalls völkische Ideologen. Der deutsche Mystiker ist eine wichtige Quelle in Alfred Rosenbergs *Mythus des zwanzigsten Jahrhunderts*, dem auch wie Fromm der Blick nach Indien nahelag. Ist zwar Rosenberg alles andere als ein kongenialer Interpret mittelalterlicher Mystik, konnten doch durch diesen gemeinsamen Bezugspunkt unschwer strukturelle Ähnlichkeiten zwischen Erich Fromm und faschistischem Denken konstruiert werden.[33]

Die gleiche von der Suche nach Heil geleitete geistesgeschichtliche Tradition führte zu Albert Schweitzer wie zu Heinrich Himmler. Daß man nicht zu sich selbst fand, bedeutete stets Fluch wie Chance. Die Suche nach dem Ausweg aus dem Zerrissensein, nach Identität, konnte aufbauend sein, solange die Antwort offen blieb. Sobald man sie zu kennen glaubte, womit das Ziel des Heils festlag, schien die Katastrophe programmiert. Humanistische deutsche Kultur und der NS-Abgrund als zwei Seiten einer Medaille?

Die Analyse der Rezeption des Buddhismus in der deutschen Geistesgeschichte, kann diese Frage nicht beantworten, allenfalls einen kleinen Beitrag aus dem Abseits leisten. Doch verführte das Thema Buddhismus und deutsche Kultur zum müßigen Spielen im Elfenbeinturm, würde nicht zwischen den Zeilen ununterbrochen diese Frage mitschwingen.

1. Kapitel

VOM SCHRECKEN DES NICHTS

Ein Schatten des Buddha: Antike, Mittelalter und frühe Neuzeit

Lange bevor etwas existierte, das der Begriff des Deutschen sinnvoll bezeichnen könnte, hinterließ Indisches und Buddhistisches seine Spuren im antiken Europa. Frühestes verliert sich noch im Bereich der Legende und Spekulation über Möglichkeiten. Lernten, wie es im Altertum hieß, Demokrit von Abdera (ca. 460–400 v. u. Z.) und andere griechische Weise von indischem Denken? Von Demokrit, dem eine Indienreise zugeschrieben wird, ist eine Idee überliefert, die zwar im traditionellen Abendland keine Aufnahme fand, aber zu den Grundlagen indischer Kosmologien gehört, darunter der buddhistischen: Unendlich viele, teilweise belebte Weltsysteme entstehen und vergehen im Universum seit anfangloser Zeit.

Könnten etwa pythagoräische und platonische Lehren von der Wiedergeburt oder Wanderung der Seelen auf indische Quellen zurückgehen? Platon entwickelt im Dialog *Timaios* eine Lehre der Wiedergeburt: Nach der Schöpfung der Welt hat ungerechtes Verhalten der Menschen zur Folge, daß die Seelen der Männer je nach Schwere ihrer Verfehlungen als Frauen, Vögel, Vierbeiner oder Wassertiere wiedergeboren werden. Dies erinnert an die Buddhismus, Jainismus und Upanischaden gemeinsame Lehre von Karma und Wiedergeburt, nach der die Qualität der Taten ausschlaggebend für eine künftige Geburt sind. Die indische Vorstellung läßt ein Auf und Ab im Kreislauf der Wiedergeburten zu: Der Verstorbene mag zum Tier oder zum Gott werden, in die Hölle fallen oder wieder Mensch werden. Was sich bei Platon in absteigender Reihenfolge andeutet, wird spätestens der Neuplatonismus explizit umkehren: Die Wesen wandern von Geburt zu Geburt aufwärts, durchlaufen über tierische und menschliche Körper die Rangstufen der Natur, um schließlich frei vom Leib höchste Erkenntnis zu finden.

Diese Idee wiederholten Daseins erlangte zwar in Europa keine große Bedeutung, doch bereitet sich in antiken Wiedergeburtslehren ein Leitmotiv des Abendlandes vor, der Gedanke naturgesetzlicher Höherentwicklung. Lange vor biologischen Evolutionstheorien wie denen Lamarcks und Darwins, bestimmte dieser westliches Denken und Weltgefühl. Was sich in der Antike ankündigt, zeigt sich später in der christlichen Idee einer zielgerichteten Heilsgeschichte, in der marxistischen Idee einer gesetzmäßig eintretenden freien Gesellschaft und in gängigen Bildern von Technologie und Marktwirtschaft, die quasi automatisch zu Wachstum und breitem Wohlstand führen.

Wären griechische Wiedergeburtslehren tatsächlich indisch inspiriert, hätte ein wichtiges Element westlichen Selbstverständnisses mittelbar eine seiner Wurzeln im Osten. Europäische Philosophiehistoriker wandten sich Fragen wie dieser kaum zu. Meist verneinten sie Einflüsse von Ost nach West oder hielten sie für irrelevant. »Wie es mit der Entlehnung *einzelner* Kenntnisse aus dem Orient beschaffen gewesen ist, ist eine Frage, die den Philosophiehistoriker weniger interessiert«, heißt es symptomatisch in Karl Vorländers *Philosophie des Altertums* über die Rezeption außergriechischer Inhalte.[1] Warum es ihn nicht interessiert, bleibt unbeantwortet. Doch verbannten Gelehrte in der Tradition des imperialistischen Europa Anspielungen der antiken Literatur auf asiatische Einflüsse sicher auch deswegen ins Reich der Märchen oder des Uninteressanten, weil Grundlagen der eigenen Kultur nicht von jenen Völkern vorgedacht sein durften, die man durch Kolonisierung zu zivilisieren vorgab.

Abgesehen von derart ideologischen Ursprungsvorbehalten hat die Skepsis einiges für sich. Es ist berechtigt, dem Hinweis auf Demokrits Indienfahrt entgegenzuhalten, »solche Zuschreibungen waren nur allzusehr Mode«.[2] Biographien von Menschen mit besonderer Einsicht wurden nur zu gerne mit dem Element ihrer Reisen in ferne Gegenden angereichert. So läßt sich endgültig und im Detail über früheste Impulse kaum entscheiden.

Gleichgültig ob und in welcher Richtung hier Einflüsse verliefen, bleibt aufschlußreich, was in der europäischen und der buddhistischen Sphäre jeweils mit ähnlichen Motiven geschah. Während es der buddhistischen Welt zur Selbstverständlichkeit wurde, daß zahllose parallele Welten existieren, die wie die eigene entstanden und wieder vergehen, ließ der Westen die Einsicht Demokrits beiseite, um die Erde als Zentrum in eine durch Berechnen überschaubare und mithin sichere Welt zu setzen. Ging der Buddhismus davon aus, die Wesen erschienen nach dem Tod immer wieder in verschiedenster Gestalt, interpretierte der Westen die Idee der Wiederkehr als lineare Aufwärtsentwicklung und bevorzugte schließlich das eine Erdenleben des Menschen.

Dies verweist auf eine bedeutende Differenz. Zeigte der frühe Buddhismus die Verlorenheit in unendlichen Welten und zahllosen Formen des Daseins auf, die dem einzelnen nahelegen sein eigenes Werden zum Aufhören, zum Erlöschen (Nirvana) zu bringen, schlug griechisches Denken eine entgegengesetzte Richtung ein. Anaxagoras von Klazomenai (ca. 500–428 v. u. Z.) sprach als erster im Abendland vom Geist (Nous), der hinter den sichtbaren Dingen wirkt. Platon erkannte schließlich hinter der Welt das Reich des Seins, der unvergänglichen Ideen, die vom Schöpfer (Demiourgós) in Gestalt der vergänglichen Welt nachgeahmt wurde. Dort ein sinn- und zweckfreies Werden, dem es zu entrinnen gilt, hier eine Wirklichkeit, hinter der ein höherer Plan steht.

Ob und wie auch immer frühere Kontakte zwischen den beiden Sphären bestanden, seit dem Feldzug Alexanders nach Indien (326–323 v. u. Z.) stoßen sie verbürgt aufeinander. Chronisten des Unternehmens wie später der griechische Gesandte Megasthenes (ca. 300 v. u. Z.) in der indischen Metropole Pataliputra sowie die Historiker Bardesanes und Ktesias lieferten Berichte über Indien zur Zeit des frühen Buddhismus. Die Begegnung der griechischen mit der indischen Welt trug manche Frucht. Asien verdankt der Plastik Griechenlands den Gandhara-Stil, der wesentliche Impulse für die figürliche buddhistische Kunst von Indien bis Japan lieferte. Umgekehrt wirkte Indisches in den Westen, was sich in Sprache und Literatur niederschlug.[3]

Die Begegnung beider Welten hinterließ ihre Spuren auch in der indischen Literatur. Das Werk *Milindapañha* beschreibt die Diskussion des griechischen Königs Menandros mit dem buddhistischen Weisen Nagasena im 2. Jahrhundert v. u. Z.[4] Vor dem Hintergrund seiner Kultur, in der Sokrates die freie, ihrem Gewissen verpflichtete Person demonstrierte, Platon über die unsterbliche Seele schrieb und in den Dramen des Euripides Menschen als vielschichtige Charaktere handeln, muß sich der König als autonome Persönlichkeit in einer wirklichen Welt empfunden haben. Der Mönch Nagasena widersprach dieser griechischen Auffassung vom selbständigen Ich: Wie die Bestandteile Deichsel, Achse, Räder und Kasten zusammengefügt als Wagen bezeichnet werden, ohne daß der Wagen an sich existierte, ist auch der Mensch etwas Zusammengesetzes ohne eigentliche Wirklichkeit. Von Personen wie Nagasena und Menandros zu sprechen, so der buddhistische Standpunkt des Mönchs, sei bloße Konvention, der letztlich nichts Existierendes entspricht.

Bei allem, was der Westen wissentlich oder unbewußt bei solchen Kontakten aufnahm, scheinen in Europa trotz der viele Epochen währenden Dominanz der Tradition Gautamas in Indien weder er noch die von ihm ausgehende Lehre und historische Bewegung je benannt worden zu sein. Der Buddha und seine Wirkungen gewannen kein eigenes Profil innerhalb dessen, was man als Religion, Denken und Asketentum der indischen Welt insgesamt wahrnahm. So lassen sich Einflüsse auch in Phasen intensiveren Austauschs oft nur vermuten.

Ein Ort der Begegnung westlicher und buddhistischer Gedanken war spätestens in den ersten Jahrhunderten nach der Zeitenwende Alexandrien in Nordafrika. Die Lehre des gnostischen Christen Basilides, der hier in der Mitte des 2. Jahrhunderts wirkte, legt buddhistischen Einfluß nahe.[5] Der Gnostiker sprach von einem ursprünglich nichtseienden Gott, dessen negative Beschreibung an jene des Nirvana erinnert.[6] Auch weist die Idee des Basilides, in der Seele wirkten unterschiedliche Kräfte, Ähnlichkeiten zur buddhistischen Lehre auf, die im Menschen kein einheitliches Wesen, sondern einen Prozeß erkennt, auf den unausgesetzt zahlreiche Einflüsse verändernd wirken. In seiner Kritik an Basilides verglich der Kirchenvater Clemens von Alexandrien dessen Seelenbegriff dem trojanischen Pferd: Was äußerlich als Einheit erscheint, birgt in Wahrheit eine Vielheit. Schon im Entstehen widersprach das christliche Abendland in griechischer Tradition entschieden dem Verneinen von Substanz und Wesen, wie es in den Ideen eines am besten als nichtseiend charakterisierten Gottes und einer sich in Prozessen verlierenden Seele zum Ausdruck kam.

Ob Basilides tatsächlich von Buddhistischem inspiriert war, läßt sich nicht mit Bestimmtheit sagen. Sein Kritiker Clemens von Alexandrien bringt derartige Gedanken nicht mit der Lehre Gautamas in Verbindung, den er als erster westlicher Autor um 200 in seinen *Teppichen* erwähnt. Der Kirchenvater Clemens, der im Hinblick auf griechische Vorbehalte gegen den Juden Jesus zeigen wollte, daß auch außerhalb der hellenischen Sphäre bedeutende Lehrer auftraten, wies auf den Buddha hin, dem man wegen außergewöhnlicher Heiligkeit göttliche Ehren zuteil werden ließ.[7] Trotz solcher Nennungen vermochten die Gelehrten Gautamas Lehre und deren Wirkung noch nicht einzuordnen. Clemens Schüler Origenes nahm an, die britischen Inseln wären zur Aufnahme des Christentums geeignet, weil Druiden und Anhänger des Buddha die Menschen dort schon mit dem Glauben an einen Gott vertraut gemacht hätten. Der Kirchenvater Hieronymus (ca. 347–419) berichtet über die angeblich jungfräuliche Geburt des Buddha.[8] Die große Gestalt im Osten war derart zunächst nur mit seinem Titel und in biografischen Splittern gewahrt. Erregte sie als bedeutende Persönlichkeit einer alten Kultur auch die Aufmerksamkeit der Kirchenväter, mußten sie doch vielem widersprechen, was seiner Lehre entsprach.

Der Gnostiker Mani (214– ca. 274) wirkte in Babylon, das durch seine geographische Lage mehr noch als Alexandrien zum Schnittpunkt von Ost und West werden konnte. Mani waren buddhistische Lehren vertraut, wozu nicht zuletzt eine Reise nach Nordwestindien beitrug. Er betrachtete Gautama, Zarathustra und Jesus als seine Vorläufer und schuf eine Religion aus buddhistischen, persischen und christlichen Elementen, die in Indien und China ebenso Anhänger fand wie im Westen. Die manichäische Weltreligion ermöglichte durch ihr Verbreitungsgebiet die wechselseitige Beeinflussung Europas und Asiens. Der Kirchenvater Aurelius Augustinus war vor seiner Konversion zum Christentum Manichäer. Noch nach dem Erlöschen des institutionalisierten Manichäismus, wirkte dieser weiter. Möglicherweise zeigt sich sein Einfluß bei Dante, dessen Höllenschilderung in der *Göttlichen Komödie* über Manichäer vermittelte buddhistische Vorstellungen wiedergeben kann.[9] Manichäische Einflüsse blieben auch in den gnostischen Ketzerbewegungen des Mittelalters lebendig, und so mag sich in der Askese der Katharer mittelbar die Disziplin buddhistischer Mönche erhalten haben.

Derart indirekte Einflüsse wurden freilich ohne Bewußtsein aufgenommen, Elementen zu begegnen, die einer großen religiösen und philosophischen Tradition Asiens entstammen. Sogar als mit der Geschichte von *Barlaam und Josaphat* die Erzählung vom Leben Gautamas im mittelalterlichen Europa populär wurde, interpretierte man sie als Schilderung der Bekehrung Indiens zum Christentum. Im Namen Josaphat verbirgt sich der Sanskrit-Titel Bodhisattva (erwachendes Wesen), der einen werdenden Buddha bezeichnet. Klassische Biografien nennen Gautama vor seinem Erwachen im 35. Lebensjahr einen Bodhisattva. Tatsächlich liegt der Geschichte von Barlaam und Josaphat die Erzählung zugrunde, wie der Fürstensohn Gautama der Welt entsagte, um zum Buddha zu werden. Über Zentralasien, iranische, arabische und georgische Fassungen gelangte sie zum Berg Athos, wo eine griechische Version des Mönches Euthymius zur Wende des 2. Jahrtausends den Grundstein dazu legte, die Geschichte im ganzen Abendland zu verbreiten. Seit dem 16. Jahrhundert verehrte man Gautama, den Buddha, in Gestalt des Josaphat als Heiligen der Christenheit mit eigenem Festtag am 27. November. Als der portugiesische Gelehrte Diogo do Couto im frühen 17. Jahrhundert die Parallelen zur Überlieferung vom Buddha entdeckte, reagierte er als Abendländer und überzeugter Christ: Die Geschichte vom Buddha, schloß er, muß von der Vita des christlichen Heiligen inspiriert sein.

Die Frontstellung des Westens zum islamischen Orient erschwerte lange den Kontakt mit dem buddhistischen Süd- und Ostasien. Zudem erlosch in Indien nicht zuletzt in der Folge islamischer Eroberungen der Buddhismus bis zur Mitte des 13. Jahrhunderts fast gänzlich. So kam es zu ersten quellenmäßig faßbaren Begegnungen mit dem Buddhismus, als mit der Expansion ihres auch buddhistische Regionen umfassenden Weltreichs die Mongolen ins Bewußtsein des Westens traten. Da tibetische Buddhisten wie der Gelehrte Pakpa ('phags-pa, 1235–1280) politische Bedeutung als Ratgeber der Khane erlangten, schlossen Berührungen mit dem Machtzentrum der Mongolen auch die Begegnung mit dem Buddhismus ein.

Die Haltung des Abendlandes zu den Mongolen blieb ambivalent. Man erlebte sie als Bedrohung, doch zugleich schienen sie als potentielle Partner im Kampf gegen die Moslems. 1245 begab sich der Franziskaner Johannes von Plano Carpini an den mongolischen Hof, um zwei Schreiben des Papstes

Innozenz IV. zu überbringen, die den Herrscher der Mongolen zur Konversion zum Christentum aufforderten. Nachdem die Mongolen als Antwort ihrerseits die Unterwerfung des Papstes forderten, unternahm ein anderer Franziskaner 1253 einen neuen Bekehrungsversuch. Wilhelm von Rubruck besaß ein Begleitschreiben des französischen Königs Ludwig IX. In Karakorum wurde er zu einer religiösen Debatte vor dem Khan geladen, an der auch Buddhisten, Vertreter chinesischer Religion und Moslems teilnahmen. Wilhelms Bericht über diese Diskussion zeigt, wie man etwa der Frage nachging, ob nur ein Gott oder viele Götter existierten, ohne einander wahrhaft zu begreifen. Sein Beharren im alleinigen Besitz der Wahrheit zu sein, stieß auf das Unverständnis der Mongolen, die den religiösen Pluralismus in ihrem Reich bejahten, und führte nach einigen Monaten zur Ausweisung des Paters aus der Residenzstadt.[10]

Auch als 1274 Papst Gregor X. auf dem Konzil in Lyon den mongolischen Vorschlag eines Bündnisses gegen den Islam akzeptierte und in der Folge eine franziskanische Mission in Beijing eingerichtet werden durfte, blieb man dort auf das Verbreiten der eigenen Wahrheit konzentriert und kümmerte sich nicht wirklich um jene Lehren, mit denen das Christentum konfrontiert war. Bezeichnenderweise kam weder im Abendland noch bei den Mongolen die Idee auf, im Gegenzug eine buddhistische, daoistische oder konfuzianische Mission in Lyon oder Rom zu eröffnen. Vier Jahrhunderte sollten vergehen, bevor Leibniz seinen entsprechenden Vorschlag veröffentlichte, und mehr als zwei weitere, bevor tatsächlich Missionare aus Asien im christlichen Abendland auftreten konnten.

Mehr Fakten zum Buddhismus als die Franziskaner lieferte Marco Polo (1254–1323). In seinen 1298–1301 diktierten Erinnerungen finden sich im Bericht über seinen Besuch in Ceylon Angaben zur Biographie Gautamas. Er weist auf die Lehre der Wiedergeburt hin und spricht an anderer Stelle von ethischen und asketischen Bestrebungen sowie unterschiedlichen tibetischen Orden buddhistischen Mönchtums. Die Angaben Polos lassen sich zwar retrospektiv den inzwischen bekannten Fakten zuordnen, ermöglichten jedoch zu ihrer Zeit kein Verständnis buddhistischer Lehren.

Was Missionare und Händler des Mittelalters als von einem Königssohn gestifteten Kult von Götzenanbetern beschrieben, ließ das, was man heute

Buddhismus nennt, noch nicht hervortreten. Man war Jahrhunderte davon entfernt, einzelne Informationen aus verschiedenen Regionen Asiens so zu verknüpfen, daß man eine mehrere Kulturen umfassende Weltreligion mit bedeutender philosophischer Tradition gewahrte.

Um jenseits der Grenzen des Abendlandes geistige Wirklichkeiten wahrzunehmen, mußte zunächst die Uniformität im Inneren aufgebrochen werden. Erst nachdem der Humanismus die Vielfalt der eigenen Geschichte bewußter machte und der Erfolg der Reformation statt bloßem Ausmerzen die Auseinandersetzung mit Andersdenkenden forderte, wurden einzelne reif, sich dem, was fernen Kulturen als Wahrheit galt, zuzuwenden. Von der Gegenreformation geprägte Jesuiten, die sich ernsthaft mit dem Abweichenden in Europa auseinandersetzten, sollten sich auch als erste intensiv mit asiatischem Denken befassen. Sie versuchten die Kulturen, in denen sie missionierten, zu verstehen, um die christliche Botschaft durch dem Kontext angemessene Argumente zu vertreten. Obwohl dabei die anderen Anschauungen im Erwägen ernstgenommen wurden, regierten zunächst noch Mißverständnisse und Projektionen. Jesuiten schätzten Buddhisten als degenerierte Christen oder Pythagoräer ein, während japanische Buddhisten sich fragen konnten, ob die über Indien angereisten westlichen Missionare mit ihrem Christentum eine bis dahin unbekannte buddhistische Schule vertraten.

Franz Xaver, der sich von 1549 bis 1551 in Japan aufhielt und mit buddhistischen Meistern über Themen wie das Weiterleben der Seele oder den absoluten Gott diskutierte, konnte noch keine Klarheit darüber gewinnen, ob seine Gesprächspartner an ein unsterbliches Wesen des Menschen glaubten. Erst im späten 16. Jahrhundert fand der italienische Jesuit Matteo Ricci (1552–1610) zu einer deutlichen Position gegenüber dem Buddhismus.[11] Der vielseitige Ricci, der ein Cembalo nach China transportierte und darauf eigene Kompositionen vortrug, übersetzte als Mathematiker und Astronom während seines 28jährigen Aufenthalts Texte westlicher Wissenschaften ins Chinesische. Er schuf die Grundlage der jesuitischen Missionspolitik in China, die im Buddhismus eine gegnerische Lehre erkannte, während der Konfuzianismus analog zum antiken Denken Griechenlands als weltliche Disziplin gewertet wurde, die der Theologie zur Hilfswissenschaft taugt. Ricci erkannte, daß sein Christentum als Erlösungslehre in Konkurrenz zum Buddhismus stand. Bedeutender als die Rivalität zu einem anderen Erlösungsangebot, war jedoch die Tatsache, worin diese Erlösung für die Buddhisten bestand, im vollkommenen Erlöschen, der Erkenntnis der Hinfälligkeit des menschlichen Wesens. Durch seine Verneinung der unsterblichen Persönlichkeit, die dem Abendländer als höchstes Gut galt, begann den jesuitischen Missionaren der Buddhismus als Gegenpol der eigenen Wahrheit zu dämmern.

Auch nachdem so Inhalte gewahrt waren, boten Berichte von Missionsreisenden weitgehend oberflächliche Beschreibungen von Phänomenen, deren inhaltlichen Voraussetzungen man nicht nachging. Pater Johannes Grueber (1623–1680) berichtet von der Religion in der tibetischen Hauptstadt Lhasa: »Unter den Götzen nimmt ›Manipe‹ den ersten Platz ein, über dessen Kopf noch ein Konus von neun Köpfen zu sehen ist. Vor diesem Götzenbild wiederholen sie immer wieder die folgenden Worte: ›O Manipe mi hum, O Manipe mi hum‹, was so viel bedeutet wie Oh Manipe erlöse uns!‹«[12] Ikonographischer Hinweis und Formel erweisen, wie Grueber die Anrufung des Bodhisattva Avalokiteshvara beobachtete, der mit der Formel ›Om mani padme hum‹ als Verkörperung des Mitleids verehrt wird. Daß der Pater Mani (Juwel) und Padme (Lotos), die Attribute Avalokiteshvaras, als Göttername ›Manipe‹ versteht, zeigt beispielhaft, wie man nicht über den Augenschein hinaus nach Hintergründen beobachteter religiöser Phänomene forschte.

Und doch tauchen im 17. Jahrhundert Vermutungen über die Zusammengehörigkeit von Phänomenen und Lehren auf, die man in verschiedenen Regionen Asiens wahrnahm. 1693 legte Simon de la Loubère, als Diplomat des französischen Königs Ludwig XIV. unterwegs, seine Beschreibung Thailands (*Description du royaume de Siam*) vor. Hier formuliert er die Vermutung, die Chinesen könnten ihre Religion aus Thailand bekommen haben, nicht aus Indien wie von ihnen behauptet. Die historisch falsche Aussage zeigt doch, wie man Lehren zu identifizieren beginnt und Zusammenhänge herstellt. Die ersten Konturen dessen, was man Buddhismus nennen wird, erscheinen. 1697 veröffentlichte der Jesuit Louis LeComte seine Idee, man habe es in Thailand, der Mongolei, Japan und China mit der gleichen Lehre zu tun.[13]

Leicht hätte im frühen 18. Jahrhundert das Wirken des Italieners Hippolytus Desideri (1684–1733) zum Startpunkt einer echten Auseinandersetzung mit dem Buddhismus werden können. Das Mitglied der Societas Jesu, hielt sich ab 1713 in Indien auf, reiste nach Tibet, beschäftigte sich 1716 in Lhasa mit dem Studium des buddhistischen Kanons und verbrachte danach einige Jahre an der Kloster-Universität Sera. Desideri verfaßte apologetische Schriften in Tibetisch, in denen seine Darlegungen des Christentums auf buddhistische Inhalte, zum Beispiel die Lehre von der Wiedergeburt, Bezug nehmen. Von seiner Hand stammt in italienischer Sprache die erste westliche Zusammenfassung der Inhaltsangabe des buddhistischen Kanons tibetischer Version. Doch verschwanden Desideris Arbeiten in Archiven, um erst nach 200 Jahren veröffentlicht zu werden, als sie nur noch historischen Wert besaßen.

Johann Heinrich Zedlers *Grosses-vollständiges Universal-Lexicon aller Wissenschaften und Künste* von 1733 führte uns unter dem Stichwort »Buddou« vor Augen, welche Information dem gebildeten Europäer in der ersten Hälfte des 18. Jahrhunderts zugänglich waren:

»Buddou, ein Gott derer Einwohner auff der Insel Ceylon, welchen sie für einen Vorsteher des Friedens halten, und dem sie die Seeligkeit derer Seelen zuschreiben, auch deßentwegen sehr hoch ehren. Dieser soll ehemahls auff Erden kommen seyn, und so lange er auff Erden gewesen, hätte er meistentheils pflegen unter dem Baum Bogohah zu sitzen. Als er nun wiederum die Erde verlassen, so sey er auff den höchsten Berg der Insel Ceylon, welcher von ihnen Hamalella, von den Christen aber Pico de Adam genennet wird, gegangen, u. von dar gen Himmel gefahren. Auf diesem Berg soll er in einen Stein seinen Fußstapfen eingetrucket haben, welcher noch könne gesehen werden. Um ihn in stätigem Gedächtnis zu haben, so machen sie sich kleine Bilder von Silber, Ertz, Thon u. Stein, welche diesen vorstellen sollen, diesem opffern sie, u. erweisen ihnen alle ersinnliche Ehrerbietung (...)«[14]

Erst ein Jahrhundert später sollte man über derartige mythische Versatzstücke und spärliche Informationen von Reisenden hinausgelangen und in eine tiefe Auseinandersetzung mit buddhistischen Lehren eintreten.

Auch die einzige Gelegenheit zur Auseinandersetzung mit dem Buddhismus auf dem europäischen Kontinent, die seit dem 17. Jahrhundert bestand, blieb ungenutzt. Durch Wanderungen des mongolischen Stammes der Torguten (Kalmücken) vom dsungarischen Bergland bis zur unteren Wolga (1616–1632) gelangten buddhistische Lehre und Kultur in der Tradition der tibetischen Gelugpa-Schule nach Europa. Doch führte die geographische Nähe bis ins 19. Jahrhundert zu keiner inhaltlichen Beschäftigung. Erst ab 1802 nahm man die Chance zur Erforschung wahr: Benjamin Bergmann (1772–1856) beschrieb Gebräuche der Kalmücken und legte erste Übersetzungen aus ihren Texten vor.[15] In den Jahren 1804–1806 lebte Isaak Jakob Schmidt (1779–1847) im Gebiet der Kalmücken, dessen Arbeiten zur Grundlage der Tibetologie im russischen Reich wurden.[16]

Von der Antike über das Mittelalter bis weit in die Neuzeit war derart nur ein Schatten des Buddha ins Bewußtsein des Westens gefallen, unplastisch wie jedes Schattengebilde und dazu mit undeutlichen Konturen. In diesem Schatten ahnte man das Gegenbild all dessen, was dem Westen heilig war, die Verneinung von Welt und Person, das Nichts als Antwort auf die gegebene Welt.

Über dem Abgrund der Leere: Leibniz, Kant, Herder und Hegel

Auf Grundlage lateinischer Arbeiten der Jesuiten bezog sich Gottfried Wilhelm Leibniz (1646–1716) auf Buddhistisches. Bei seinem Aufenthalt in Rom, wo man dem Universalgenie das Amt eines Kustos der Vatikanischen Bibliothek antrug und ihm, sollte er zum Katholizismus konvertieren, die Kardinalswürde angeboten haben soll, hatte Leibniz 1689 Gelegenheit zur Begegnung mit Pater Claudio Filippo Grimaldi. Von diesem Jesuiten, der als Mathematiker am chinesischen Kaiserhof tätig war, erfuhr Leibniz auch aus erster Hand Einzelheiten über die jesuitische China-Mission seit Matteo Ricci.

In seinem 1697 erschienenen Buch *Novissima sinica* ist Leibniz hauptsächlich an der »natürlichen Theologie« der Konfuzianer interessiert, die ihm die geoffenbarte Theologie Europas zu ergänzen schien. Im Sinn seiner jesuitischen Informanten suchte er in Asien keine Erlösungslehre, die er im Christentum vollkommen offenbart fand. Schon im Vorwort des Werks wird der Buddha als »das unglückselige Götzenbild des Fo« genannt, das ein Gesandter aus Indien mitgebracht habe,[17] eine Anspielung auf den Philosophen Xuanzang (602–664), der aus Indien eine legendäre Fülle buddhistischer Texte und Bilder nach China einführte.

1710 ging Leibniz in der *Theodizee* auf die Lehre des Buddha ein, wobei verständlich wird, was an diesem »Götzen« so unglückselig schien. Das Werk geht auf Gespräche zurück, die der Philosoph in Hannover mit der späteren preußischen Königin Sophie Charlotte am Hof ihres Vaters Herzog Ernst August von Braunschweig-Lüneburg führte. Leibniz entwickelte dabei seine optimistische Sicht von der »besten aller möglichen Welten« und rechtfertigte den »guten, weisen und allmächtigen Gott« trotz der vielerlei Übel der Welt. Als wesentlichen Inhalt der Botschaft des Buddha mag der Philosoph in diesem Zusammenhang schon Prinzessin Sophie Charlotte dargelegt haben, alles sei »auf das Nichts als das erste Prinzip aller Dinge zurückzuführen«.[18]

Leibniz mußte die Annahme eines Nichts gänzlich inakzeptabel sein, stand für ihn doch fest, »die leeren Räume sind in die imaginären Regionen zu verweisen«.[19] In der Tradition des Platon und Aristoteles ging er davon aus, die Vollkommenheit des Demiurgen habe alle Möglichkeiten des Daseins ausgeschöpft. Monaden, unteilbare Substanzen ohne Ausdehnung, bildeten für ihn eine kontinuierliche Ordnung in Raum und Zeit. Gott, die höchste Monade, überschaut die gesamte Wirklichkeit. Seelenmonaden, die das Wesen der Menschen ausmachen, sind mit Bewußtsein und Gedächtnis begabt, »nackte Monaden« bilden die Grundelemente der belebten und unbelebten Natur. Alle Monaden, deren jede einzigartig ist, bringen insgesamt jede mögliche Gestalt hervor. Weil so alles ausgeschöpft ist, kennt der Reichtum der Natur keine Zwischenräume. Das Pflanzenreich umfaßt alle nur denkbaren Gewächse und geht stufenlos ins Reich der Tiere über, wo der Affe das Bindeglied zum Menschen darstellt. Dies wurde nicht im Sinn späterer Evolutionslehren als Entwicklung einer Form aus der anderen verstanden, sondern zeigte, wie Gottes Ideen ohne Brüche jede mögliche Form verwirklichen. Auf diese Weise gibt es keinen leeren Spalt im Existierenden, kein Nichts, kein Schlupfloch vom Sein zum Nichtsein. Behauptete der Buddha ein solches, leugnete er die Wahrheit über Gott und die Welt.

Wie berechtigt war die Auffassung, der Buddhismus führe alles auf das letzte Prinzip des Nichts zurück, die Leibniz den jesuitischen Quellen entnahm? Zunächst weist die Formulierung auf ein Problem interkultureller Kommunikation, denn sie verrät, wie man Antworten der chinesischen Gesprächspartner vor dem Hintergrund der eigenen Selbstverständlichkeiten verstand. Die buddhistische Lehre kennt kein erstes Prinzip, auf das alle Dinge zurückgingen. Das Entstehen und Vergehen der Welten sowie die Wiedergeburt der Wesen von Dasein zu Dasein gelten als anfang- und endlose Prozesse mit vielfältigen Bedingungen. Die Frage nach dem Ursprung entspricht westlichen Mustern, die Wirklichkeit auf eine Grundlage zurückzuführen: Im Anfang war der Schöpfer, der Wasserstoff oder ein anderes Element. Die Antwort chinesischer Gesprächspartner vom Nichts als höchstem Wert des Buddhismus wurde vor dem Hintergrund der eigenen Tradition als Ursprung ausgelegt.

Doch verstand Leibniz »das Nichts als das erste Prinzip« vielleicht nicht im Sinn eines Anfangs, sondern faßte die buddhistische Lehre parallel zu seiner eigenen Vorstellung vom Höchsten auf. Gott bedeutete ihm nicht erste Ursache der Kausalkette weltlicher Abläufe. Diese Annahme hätte zur konsequenten Frage nach der Ursache der Ursache und in der Folge zum unendlichen Regreß geführt. Leibniz sah Gott darum ganz außerhalb der Bedingungsabläufe der Welt. Gott stieß die Welt nicht einmal im Urbeginn an, sondern lag ihr insgesamt zugrunde. So der Beziehung von Ursache und Wirkung enthoben, war er von vollkommen anderer Art als die Welt.

Wandte Leibniz diese Struktur auf das Nichts als grundlegendes Prinzip an, verkehrte sich das gesamte Wertbewußtsein ins Gegenteil: Keine positive höchste Substanz trägt die Wesen und Dinge der Welt, gibt ihnen Sinn, Richtung und Zweck, sondern alles schwebt über leerem Abgrund. Der Mensch ist im Innersten keine unzerstörbare Seelenmonade vor dem Angesicht der tragenden Wirklichkeit Gottes, sondern sein Wesen läßt sich nirgends festmachen, zerrinnt ins Nichts. Die Welt wäre so nicht die beste und vollkommenste aller denkbaren Welten, als die Leibniz sie empfand, sondern ein letztlich sinnloses Treiben ohne vorgegebene Ordnung und Ethik, die aus dem Nichts kaum kommen könnte. Fo, wie der Buddha im Chinesischen heißt, mußte tatsächlich als unglückseliger Götze erscheinen, wenn er die Menschen so über den Abgrund der Leere stellte.

Der barocke Universalgelehrte Leibniz nahm in allen Bereichen an der

Welt teil, ersann Windradpumpen für die Entwässerung der Harzbergwerke und verhandelte in diplomatischer Mission mit dem Sonnenkönig Ludwig XIV. über einen Ägyptenfeldzug. Er bejahte das Dasein vorbehaltlos und erforschte es in allen seinen Bereichen, wovon seine Leistungen in der Mathematik, Jurisprudenz, Geschichte, Physik, Geologie, Theologie und Philosophie zeugen. Für ein Nichts war weder in seiner Philosophie noch in seiner Lebenspraxis Raum.

Im Verständnis chinesischer Buddhisten, die davon zu Leibniz' Informanten sprachen, war dieses Nichts wohl kaum auf diese Weise ein die Existenz entwertender Abgrund. Die Vorstellung, der Welt liege nichts Positives zugrunde, wird nur dem zum Schock, dessen Selbstverständnis darauf gründet, hinter der Welt bestehe ein göttliches und Sinn verleihendes Prinzip. In China hatte man schon vor der Einführung des Buddhismus aus Indien kaum derart nach dem Grund und Sinn der Existenz gefragt. Darum bedeutete die Abwesenheit des tragenden Prinzips im Buddhismus für die Chinesen, die ihn annahmen, kein Verneinen eines zuvor Bejahten. Wo kein Sinn behauptet wurde, kann die Welt nicht sinnlos werden; sie bleibt sinnfrei, ohne daß es hiervon überhaupt einen Begriff gäbe. Was dem Menschen einer von der Metaphysik bestimmten Kultur zum Schock wird, tut sich anderen als Problem gar nicht auf.

Sodann ist der Begriff des Nichts irreleitend. Was Buddhisten damit meinten, wird am besten mit dem Terminus der Leerheit (Shunyata) bezeichnet. Wartet auch die Vielzahl der Schulen mit unterschiedlichen Auslegungen der Leerheit auf, gibt es verbindende Grundmotive: Die Leerheit geht der Welt weder als erste Ursache voraus, noch liegt sie ihr – wie Gott für Leibniz – als Prinzip insgesamt zugrunde. Das Verhältnis ist eher umgekehrt: Die Analyse der Welt zeigt, wie alles Existierende nicht dauerhaft und ohne bleibende Substanz ist. Ihre Leerheit von Bleibendem ist kein überzeitlicher Grund und keine zeitliche Ursache, die der Welt vorausgeht. Die gegebene Welt ist Voraussetzung zum Feststellen ihres Leerseins. Wer in diesem Sinn alles, einschließlich seinerselbst leer von beharrender Substanz erkennt, haftet an nichts mehr und wird im höchsten Sinn ein freier Mensch.

Im Unterschied zum Begriff vom Erlöschen (Nirvana), den der frühere indische Buddhismus bevorzugte, liegt trotz des negativen Begriffs in der Leerheit (Shunyata) eine quasi positive Perspektive. Ein Licht, das erlosch, existiert nicht mehr und bedeutet so viel oder so wenig wie das Nichts. Wird ein Licht hingegen als leer bezeichnet, will dies sagen, daß nichts Dauerndes in ihm ist. Die Lehre von der Leerheit des Menschen leugnet zwar seinen bleibenden Kern, hebt aber nicht seine flüchtige Existenz auf. Statt diese zu verewigen, will sie zeigen, wie alle Dinge und Wesen im Innersten frei davon sind, notwendig auf einen bestimmten Zustand festgelegt zu sein.

Derart ist das Anliegen der Lehre von der Leerheit einem wichtigen Motiv, das der Gottesvorstellung bei Leibniz zugrunde liegt, nicht unverwandt: Es geht in beiden Fällen um die Suche nach einer Dimension der Freiheit jenseits der gestalteten Welt mit ihren zeitlichen, kausalen Abläufen. Sah das Abendland diese Dimension mit wenigen Ausnahmen als positiven Wert, bestimmte sie der Buddhismus in aller Regel negativ. Die Existenz eines Gottes, der als substantielles Wesen Ursache seinerselbst wäre und den Menschen mit einer unsterblichen Seele ausstattete, verstellte dem Buddhisten den Weg in die Freiheit. Umgekehrt raubten das Erlöschen oder die Leerheit als Wege aus der Kausalität dem traditionellen Abendländer den sicheren Boden.

Die gemeinsame Frage nach Freiheit konnte nicht verstanden werden, weil die Antworten der ewigen Substanz und der Leerheit so unterschiedlich waren. Doch hätte man bei allem Mißverstehen den Buddhismus am Anfang der Begegnung leicht unzutreffender charakterisieren können als durch die Idee des Nichts. Es dürfte für die jesuitischen Missionare nicht einfach gewesen sein, die zentrale Bedeutung der Lehre von der Leerheit für das buddhistische Denken überhaupt zu erkennen. Diese wurde in Kunst und Kultus des chinesischen Buddhismus unmittelbar ebensowenig deutlich wie einem Besucher aus dem Reich der Mitte in dieser Zeit im römischen Petersdom die Idee der ewigen Seele nähergekommen wäre.

Abgesehen von der sprachlichen Leistung, die sie erbrachten, mußten die Missionare sich bei der Diskussion mit Einheimischen über buddhistische Inhalte durch Konzepte arbeiten, die zunächst keinesfalls auf Leerheit oder Nichts deuteten. Im chinesischen Buddhismus jener Tage stand das *Avatamsakasutra* als philosophischer Text in höchstem Ansehen, in dem es vordergründig mehr um die Fülle der Wirklichkeit geht, in der alles miteinander verknüpft ist, als um die Leerheit. Für die religiöse Praxis waren Schriften wie

Wuliangshoujing maßgeblich, welche die nachtodliche Wiedergeburt im Land des Buddha Amitabha behandeln. Daß man im Land dieses Buddha die Erfahrung der Leerheit und das Erlöschen findet, geht in der ausführlichen Beschreibung seiner Wunder unter, und so wurde diese Idee nicht nur volkstümlich in China häufig als Unsterblichkeitsglaube aufgefaßt.

Erkannten die Jesuiten in der philosophisch zentralen, doch augenscheinlich peripheren Leerheit die wichtigste Lehre des Buddhismus, zeigt dies, wie sie genau über das Konzept stolperten, das ihrer abendländischen Haltung am meisten zuwiderlief. Mit Leibniz' Monadenlehren begegnete der buddhistische Standort der Nichtsubstantialität seinem schärfsten abendländischen Gegenbild. Leibniz' Worte über das Nichts als erstes Prinzip im Buddhismus gingen der weiteren Bewertung der indischen Lehre durch deutsche Denker voraus.

Zu den lateinischen Berichten der Missionare trat eine reiche Reiseliteratur in lebenden Sprachen, die im 18. Jahrhundert auch durch deutsche Serien wie die 21 Bände der *Allgemeine*[n] *Historie der Reisen oder Sammlung aller Reisebeschreibungen* und die 39 Bände des *Magazin*[s] *von merkwürdigen Reisebeschreibungen* enzyklopädische Formen annahm.[20]

Immanuel Kant (1724–1804) standen damit umfangreichere Quellen über Asien und den Buddhismus zur Verfügung als Leibniz. In seinen Vorlesungen über die *Physische Geographie*, die er von 1756 bis 1796 an der Königsberger Universität hielt[21], referierte der Philosoph, was seinem kritischen Abwägen der Quellen als Fakten erschien, ohne diese im Hinblick auf sein eigenes Denken zu interpretieren. Die Kunde ferner Länder und Kulturen war eine neue Wissenschaft, für die es an der Universität keine amtlich genehmigten Lehrbücher gab. Kant besaß die besondere Erlaubnis das wiederzugeben, was er aus eigener Lektüre gewann. Ließ er keine Urteile einfließen, mag dies damit zusammenhängen, daß solche, gerade wenn sie über außereuropäische Kulturen positiv ausgefallen wären, im universitären Betrieb nicht ungefährlich waren. Prägte zwar nach dem Regierungsantritt Friedrichs des Großen 1740 Toleranz das Klima für die Wissenschaften in Preußen, blieb doch der Fall des Mathematikers Christian Wolff in guter Erinnerung. Dieser stellte 1721 in einer Rede an der Universität Halle den Konfuzianismus als aufgeklärte Lehre dar, welche die eigene Wahl zwischen Gut und Böse gestattete.

Wolff verlor daraufhin seine Professur und mußte Preußen unter Androhung schlimmster Strafen verlassen.

Der wichtigere Grund für Kants Zurückhaltung mag jedoch seine Skepsis über die Verläßlichkeit der vielen Reisebeschreibungen gewesen sein, die beliebige Thesen über andere Kulturen gestatteten: »Jetzt aber kann man aus einer Menge von Länderbeschreibungen, wenn man will, beweisen, daß Amerikaner, Tibetaner und andere echte mongolische Völker keinen Bart haben, aber auch, wem es besser gefällt, daß sie insgesamt von Natur bartig sind und sich diesen nur ausrupfen.«[22]

Trotzdem besaß Kant klarere Vorstellungen vom Buddhismus als Leibniz. Er wußte, daß die Religion des Sommona Cadam, eine Verballhornung für Sramane Gautama, in mehrere Länder Asiens Eingang gefunden hatte. Auch die Grundlage des Buddhismus sah er deutlicher als Leibniz, an dessen Grundmotiv er anknüpfte. Die Buddhisten glaubten, »daß das Nichts der Ursprung und das Ende aller Dinge sei, daher eine Fühllosigkeit und Entsagung aller Arbeit auf einige Zeit gottselige Handlungen sind.«[23]

Das westlichem Denken entspringende Mißverständnis eines Ursprungs wird hier weitergetragen, aber der Hinweis auf das Nichts »als Ende aller Dinge« trifft die buddhistische Position vom Nirvana, dem Verlöschen als Ziel menschlichen Strebens. Zwar schwingt in der Formulierung von der »Entsagung aller Arbeit« eine unvorteilhafte Note, doch beschreibt der Rückzug von weltlicher Aktivität, in die man sich auf dem Weg zum Erlöschen nicht verstricken darf, ein originär buddhistisches Anliegen. Hier deutet sich als Konsequenz des vermeintlichen Ursprungs im Nichts eine Interpretation asiatischer Buddhisten als passive Menschen an, denen es letztlich um Weltflucht geht.

Kant erwähnte in seinen Vorlesungen weitere Grundlehren des Buddhismus, wie Karma, Wiedergeburt und die Abwesenheit eines höchsten Wesens im monotheistischen Sinn:

»Sie verwerfen die göttliche Vorsehung, lehren aber, daß durch die fatale Notwendigkeit Laster bestraft und Tugenden belohnt werden [...] Man verehrt bei ihnen nicht eigentlich ein höchstes Wesen, sondern den Sommona Cadam, [...] der sich nun in dem Zustande der größten Glückseligkeit befinden soll, zu welchem auch, wie sie glauben, die Menschen gewöhnlich nach

Abb. 2

vielen Wanderungen in andere Körper gelangen, indem sich ihre Seele mit der Seele der Welt vermengt und als ein Funke in dem Himmelsraume übrig ist. Sommona Cadam aber soll wegen seiner großen Heiligkeit dahin gelangt sein.«[24]

Die Diskrepanzen zwischen dem Erlösungsziel des Nichts, dem Vermengen der eigenen Seele mit jener der Welt und der Existenz als Funke im Raum zeigen wie drei sehr unterschiedliche indische Modelle über den Ausweg aus dem Kreislauf der Wiedergeburten vermengt wurden: Das buddhistische Nirvana, als Erlöschen zu Nichts, die jainistische Idee vom Jiva, der erlöst am höchsten Punkt des Universums fortbesteht, und die brahmanische Lehre vom Atman, der sich mit dem Weltgrund Brahman vereint.

Fiel Kant der Widerspruch zwischen Existenz und Nichtexistenz des Erlösten nicht auf, oder erwartete er von religiösen Vorstellungen außerhalb Europas gar keine Klarheit ihrer Konzepte? Er mag, was man später als tolerante Haltung des Buddhismus verstand, als Indifferenz empfunden haben, wofür ein anderes Zitat spricht: »Sie sagen, der Unterschied der Religion mache keinen erheblichen Unterschied, und dies ist ein Artikel ihrer Religion: daß Gott die Verschiedenheit der Religion liebe, daher sind sie auch sehr wohltätig gegen andere Religionsverwandte.«[25]

Kants Vorlesungen zeichneten in Umrissen ein Bild vom Buddhismus, das auf zutreffenden Fakten beruhte. Doch auch wenn er sich pointierter Wertung enthielt, dürften seine Hörer den buddhistischen Lehren kaum mit innerer Zustimmung begegnet sein. Das Nichts oder Aufgehen in der Weltseele als Erlösungsperspektive, Rückzug von der Arbeit und Indifferenz gegenüber Inhalten lagen dem Lebensentwurf und Geschmack des Europäers seiner Zeit fern.

Insgesamt waren Kants Informationen zu spärlich, als daß er seine Anschauungen mit jenen des Buddhismus konfrontieren konnte, auch wenn er sie inhaltlich ernst genommen hätte. Berührungspunkte buddhistischer Positionen mit jenen des Königsberger Philosophen bestehen durchaus. So wollte Kant nicht durch Spekulation den Bereich möglicher Erfahrung überschreiten, sondern sich mit dem Subjekt als Voraussetzung aller Erkenntnis beschäftigen. Dieses Anliegen ist dem Buddhismus verwandt, dem es mehr um eine Analyse des Subjekts als um metaphysische Aussagen über die objektive Wirklichkeit geht. Indem Kant jedoch an Gott und der Unsterblichkeit der Seele als »Postulaten der praktischen Vernunft« festhielt, verblieb er in der Tradition abendländischer Metaphysik.

Fragte Kant nach prinzipiellen Bedingungen für die Erkenntnis, dachte sein Zeitgenosse und Kritiker Johann Gottfried Herder (1744–1803) in den Kategorien geschichtlicher Entwicklung. Die Vernunft, die Kant in den Mittelpunkt seines Denkens stellte, galt Herder nicht als Prinzip, sondern als Produkt eines Entwicklungsprozesses, in dem es zunächst des Hervorkommens der Sprache bedurfte. Geschichte galt ihm als zweckgerichteter Prozeß, in dem sich die Menschlichkeit immer weiter entfaltet. In seinen *Ideen zur Philosophie der Geschichte der Menschheit* (1784–1791) wertete Herder den Buddhismus vor dem Hintergrund dieses Entwicklungsgedankens.[26]

Sein Studium der Reiseliteratur führte ihm die kulturelle Vielfalt des in vielen Ländern verbreiteten Buddhismus vor Augen, den er trotz aller Vorbehalte als höhere Religionsform einschätzt:

»Jedes Ding in der Natur, mithin auch die Philosophie des Buddha, ist gut und böse, nachdem sie gebraucht wird. Sie hat so hohe und schöne Gedanken, als sie auf der anderen Seite Betrug und Trägheit erwecken und nähren kann, wie sie es auch reichlich getan hat. In keinem Lande blieb sie ganz dieselbe, allenthalben aber wo sie ist, stehet sie immer noch eine Stufe über dem rohen Heidentum, die erste Dämmerung einer reinen Sittenlehre, der erste Kindestraum einer weltumfassenden Wahrheit.«

Derart um Differenzierung bemüht, anerkennt Herder einerseits, der Buddhismus habe dem zuvor unzivilisierten Bergvolk Tibets eine Schriftsprache gebracht, andererseits kritisiert der Protestant das »widerliche Regiment der Lamas«, dessen konkrete Erscheinung ihm zu nahe an der katholischen Papstkirche schien.

Daß der Buddhismus trotz seiner Erhabenheit über »rohes Heidentum« lediglich die Dämmerung reiner Sittenlehre und der Traum von universeller Wahrheit blieb, hing für Herder wohl nicht zuletzt damit zusammen, daß er vom Ort seines Entstehens geprägt blieb. Er »ist das Erzeugnis warmer Klimate, ein Geschöpf menschlicher Halbseelen, die die Wohllust der Gedankenlosigkeit in körperlicher Ruhe über alles lieben«. Was bei Kant als »Fühllosigkeit und Entsagung aller Arbeit« anklang, fand hier eine Begründung in den Temperaturen Indiens, die der Lehre ihren Stempel aufdrückten: »In Siam, Indostan, Tunkin usf. schläfert sie die Seelen ein, sie macht sie mitleidig und unkriegerisch, geduldig, sanft und träge.«

Es war keine geringe Leistung, den gerade erst gewahrten Buddhismus als historischen Entfaltungsprozeß zu deuten, der von Indien ausging und in verschiedenen Kulturkreisen Modifikationen erlebte. Daß Herder dabei das Leitmotiv der Lehre vom heißen Klima Indiens vorgegeben sah, entsprach einer verbreiteten Idee. So vertrat Christoph August Heumann 1715 die Theorie, in gemäßigten Klimaten Frankreichs und Deutschlands könne die Philosophie am besten gedeihen, während man in kalten Ländern bereits vorhandene Gedanken kompiliere und in heißen Temperaturen Mystik wie Aberglaube hervorkämen.[27] Tropische Temperaturen begünstigten demnach Passivität, Rückzug auf sich selbst und wirklichkeitsfremde Wachträume.

Entsprechend fanden für Herder körperliche Ruhe, Untätigkeit und die Sehnsucht nach dem Nichts als zentrale Inhalte eine nachvollziehbare materielle Erklärung, die zudem ermöglichte, buddhistische Argumente nicht ernst zu nehmen.

Daß auch in China, Tibet und Japan die Stille ein wesentliches Element der Lehre blieb, Buddhisten dort meditierten und von der Leerheit sprachen, brauchte derart nicht zu tieferen Fragen nach der Bedeutung solcher Elemente zu führen, sondern durfte als Beharren der indischen Klimaprägung gedeutet und damit abgetan werden. Friedrich Wilhelm Joseph von Schelling (1775–1854) formulierte in seiner *Philosophie der Mythologie* ganz in dieser Tradition des Denkens: »Verpflanzt in auswärtige Gegenden, für die man ihn nicht hätte gemacht halten sollen, schließt sich der Buddhismus doch von allen Seiten an sein ursprüngliches Vaterland an, und die verschiedenen Schicksale, die er erfahren, haben das ursprüngliche Gepräge des Landes und des Klimas nicht auslöschen können, in dem er zuerst entstanden war.«[28]

Das Vorurteil vom Buddhisten, der sich auf dem Weg zum Nichts von der Außenwelt abwendet, fand auch skurrile Beweise. Georg Friedrich Wilhelm Hegel (1770–1831) beschrieb das vermeintliche Bildnis eines Buddha, wahrscheinlich sah er die Illustration einer Position des Hatha-Yoga, als »in denkender Stellung Füße und Arme auseinandergelegt, so daß eine Zehe in den Mund geht – dies Zurückgehen in sich, dies an sich selbst Saugen«.[29] Hegels Mißverständnis bildete sich vor dem Hintergrund der zu seiner Zeit schon gut eingeführten Grundlehre: »Aus Nichts, heißt es, sei alles hervorgegangen, in Nichts gehe alles zurück. Unsere ersten Eltern sind von daher entstanden und dahin zurückgekehrt; das Nichts ist das Prinzip, der Anfang und das Ende von allem.«[30]

Hegels Philosophie gestaltete Herders Motiv geschichtlicher Entwicklung zum dialektischen System: Gott schuf die Welt, um sich im Menschen seinerselbst bewußt zu werden. Die Geschichte zeigt diesen Prozeß zum Selbstbewußtsein. Wie für Herder der Buddhismus ein erstes traumhaftes Aufflackern der Vernunft war, dämmerte für Hegel die Entwicklung der Menschheit dumpf und unbewußt in Asien, ging doch erst in Europa »die innere Sonne des Selbstbewußtseins auf« und der Mensch gelangte zur »subjektiven Freiheit«.[31]

Da er aus dieser Perspektive in Asien keine bewußten, mithin vernünftig und nüchtern denkenden Menschen erkennt, hat man sich in Indien »einer historischen Auffassung der Personen und Begebenheiten unfähig erwiesen, denn zur geschichtlichen Betrachtung gehört die Nüchternheit, das Geschehene für sich in seiner wirklichen Gestalt, seinen empirischen Vermittlungen, Gründen; Zwecken und Ursachen aufzunehmen und zu verstehen«.[32]

Hegels derartige Ideen lieferten das geistesgeschichtliche Pendant zur politischen und wirtschaftlichen Wirklichkeit, in der Europa sich zur Eroberung der Erde aufgemacht hatte. Im Unterschied zu Portugal, Spanien oder England vermochte das zersplitterte Deutschland in Asien, Afrika und Amerika zwar keine Kolonien zu nehmen. Doch lieferte Hegels geistiger Beitrag aus deutscher Warte eine Metaphysik des Kolonialismus: Was im Interesse des Kommerzes geschah, wurde als geschichtliche Notwendigkeit gedeutet, in welcher der Geist des Selbstbewußtseins die dämmernden asiatischen Traumwelten erleuchtete.

Im Grunde reflektiert Hegels Geschichtsbild auf naive Weise das Geschehen: Europäer setzten ihren Fuß auf entlegenste Winkel des Globus und entdeckten für ihr Bewußtsein neue Kontinente, brachten ihnen zuvor unbekannten Völkern mit dem Christentum zivilisatorische Vorstellungen des Abendlandes. Indem man in westlichen Büchern über Tibeter, Vietnamesen oder Japaner las, wurden diese Völker dem Europäer existent. Die Vorstellung, daß sie erst durch die Berührung mit dem Abendland wahrhaft in die Weltgeschichte eintraten und ihrer selbst bewußt geworden wären, setzt die eigene Perspektive absolut. Mit dem Christentum gab es nur eine Wahrheit und mit der christlichen Heilsgeschichte nur eine Bewegung dieser Wahrheit.

Solches Verabsolutieren der eigenen geschichtlichen Tradition führte zwingend zur problematischen Interpretation im Kern richtiger Beobachtungen. Hegel sah in Indien keine selbstbewußt handelnden Persönlichkeiten und schloß daraus die Abwesenheit von Geschichte. Damit reagierte er wohl auch auf Zeugnisse Reisender, die in Indien im Unterschied zu China eine europäischem Verständnis entsprechende Geschichtsschreibung vermißten. In China und Tibet, wo man Jahrhunderte zuvor den Buddhismus übernahm, schien man ähnlich empfunden zu haben. Da man im Ursprungsland keine systematischen Texte zur Geschichte des indischen Buddhismus fand, verfaßten chinesische und tibetische Autoren solche Darstellungen. Aus dem Mangel an einschlägigen Texten folgerten sie keine Geschichtslosigkeit, sondern rekonstruierten Gewesenes aus philosophischen und mythischen Quellen. In Europa schloß man aus dem Fehlen der vertrauten Literaturgattung, in Indien lebten die Menschen in einer mythischen Traumwelt.

Sicher trafen die frühen Urteile westlicher Philosophen über Buddhistisches nicht zu. Doch indem sie folgerichtig vor dem Hintergrund der eigenen Tradition darstellten und bewerteten, was in ihren Gesichtskreis trat, sind ihre Aussagen auch nicht grundlegend falsch. Schaudern vor dem Nichts, Abgrenzen eigener Weltbejahung von einer Haltung, die jede Wiedergeburt, also alles Dasein zum Erlöschen bringen will und Verständnislosigkeit für den Zweifel am Nutzen weltlicher Aktivität waren konsequente Reaktionen.

War der Buddhismus derart grundsätzlich suspekt, erhielt auch das ein negatives Vorzeichen, was doch leicht positiv zu werten gewesen wäre. Daß die zuvor kriegerischen mongolischen Völker unter dem Einfluß des Buddhismus friedfertig geworden seien, um sich statt dem Kampf dem Druck von Büchern zuzuwenden, schreibt Schelling am Ende des China-Kapitels seiner *Philosophie der Mythologie* »der entnervenden Wirkung« zu, »welche diese von Indien verbreitete, kontemplative, unspekulative, das untätige Leben begünstigende Religion überall hin mit sich bringt.«

Obwohl man im Buddhismus vor allem den Kontrapunkt zur eigenen Welt- und Lebensauffassung wahrnahm, dokumentieren diese frühen Auseinandersetzungen einen beachtlichen Schritt: Durch bloßes Darstellen von Bekanntwerdendem und schließlich durch Modelle historischer Entwicklung setzte man ein als ganz anders Erlebtes in Beziehung zur eigenen Sphäre. Für darüber hinausgehende Würdigungen eines Abweichenden war die Zeit nicht reif, bedenkt man allein, wie negativ das Verhältnis zum Judentum war, auf dessen Überlieferung das Christentum doch beruhte. Und noch erinnerte sich Europa gut daran, wie das Aufkommen einer zweiten christlichen Konfession in den Dreißigjährigen Krieg mündete.

Zusätzlich dazu, daß echte Offenheit für andere Kulturen noch zu wachsen hatte, litten diese Auseinandersetzungen unter einem unvermeidlichen Mangel. Subjektive Berichte von Reisenden und apologetisch gefärbte Auskünfte von Missionaren boten keine sicheren Quellen für ein fundiertes Erfassen des Buddhismus. Ein solches verlangte Kenntnisse vom Selbstverständnis der Lehre aus ihren textlichen Grundlagen, allen voran jenen aus Indien, dem Land ihres Entstehens.

Romantik und Philologie: Wurzeln deutscher Indologie

Zugang zur klassischen indischen Literatur hätte schon in der zweiten Hälfte des 17. Jahrhunderts bestehen können. Der deutsche Jesuit Heinrich Roth (1620–1668), der seit 1652 in Indien wirkte, verfaßte 1660–62 eine Sanskrit-Grammatik in Latein. Doch wie das buddhismuskundliche Werk des Hippolytus Desideri erst auftauchte, als es schon überholt war, verschwand Roths Arbeit im vatikanischen Archiv. Die Geschichte der Begegnung mit Asiens Kultur ist immer wieder auch eine solche verpaßter Gelegenheiten.

Wäre Roths Grammatik veröffentlicht und zur Grundlage früher Sanskrit-Studien geworden, hätte dies jedoch zu jener Zeit kaum die Beschäftigung mit dem Buddhismus gefördert. Dessen indischem Ursprung konnte man anfänglich nicht gerecht werden. Infolge der islamischen Expansion gingen bis etwa 1250 die letzten buddhistischen Königtümer in Indien nieder, worauf Handelsreisende, Missionare und Kolonisatoren dort auf keinen lebendigen Buddhismus stießen. Die ersten verwertbaren Informationen über die Lehre brachten Jesuiten aus China. Weiteres wurde aus Thailand oder Japan berichtet. Als Benjamin Bergmann und Isaak Jakob Schmidt schließlich die Ergebnisse ihrer Forschungen über die Kalmücken vorlegten, lernte man eine Schule des tibetischen Buddhismus kennen. So verwiesen die Quellen insgesamt eher auf Ost- als auf Südasien. Noch in der Mitte des 19. Jahrhunderts wertete Schopenhauer darum die Buddhismuskunde als Thema der »Sinologie«.[33]

Überhaupt blickte man von Europa und namentlich Deutschland zunächst mehr nach China als nach Indien. Begeisterte Berichte der Missionare zur dortigen Kultur hatten Leibniz und Wolff zur Beschäftigung mit dem

Konfuzianismus angeregt. Friedrich der Große von Preußen weilte nicht nur in seinem chinesischen Teehaus in Sanssouci, sondern verfaßte aus dem Geist der Aufklärung eine Kritik an der katholischen Kirche als fiktive Briefe des *Phihihu, Sendboten des Kaisers von China in Europa.*[34]

Doch das Bild vom vernunftregierten Reich der Mitte verschwand im Laufe des 18. Jahrhunderts. Rom unterband positive Berichte der Jesuiten und deren Näherungen an Konfuzianismus und chinesische Kultur. Zudem ließ die Weigerung Chinas, sich dem Welthandel zu öffnen, im vom Merkantilismus bestimmten Westen das Interesse in Verachtung umschlagen. Philosophie und Literatur spiegeln diesen Wandel. So kritisierte Christoph Meiner, Philosoph in Göttingen, 1778 das positive Chinabild der Jesuiten[35], und Georg Christoph Lichtenberg legte 1796 die China-Satire *Von den Kriegs- und Fast-Schulen der Schinesen, nebst einigen anderen Neuigkeiten von daher* vor. Um die Wende zum 19. Jahrhundert war das Land, aus dem sich einst Leibniz Missionare in Europa wünschte, zum Inbegriff der Rückständigkeit geworden.

Als Chinas Stern in Deutschland verblaßte, ging jener Indiens auf. Ein Anlaß waren die ersten indischen Klassiker, die im späten 18. Jahrhundert über England bekannt wurden. Der Gelehrte und Dichter William Jones, ab 1783 Richter in Kalkutta, gründete im Folgejahr die Asiatick Society of Bengal. Hier fanden sich Mitglieder der britischen Verwaltung, um Sprachen und Texte des kolonisierten Landes zu erforschen. Es ging vor allem um das praktische Anliegen, ein Volk auch durch Verständnis seiner Kultur zu beherrschen. Schon im Gründungsjahr ließ die Gesellschaft den ersten Sanskrittext in Englisch erscheinen, die *Bhagavadgita* in der Übersetzung von Charles Wilkins. Weitere Werke wie Kalidasas Drama *Shakuntala* und die religiöse Dichtung *Gita Govinda* folgten.

Die positiven Reaktionen in Deutschland hatten unterschiedliche Nuancen. Goethe freute sich zwar »Zeuge dieses Fortschreitens zu sein«, das »aus dem beschränkten hebräisch-rabbinischen Kreise bis zur Tiefe und Weite des Sanskrit« gelangte. Doch beklagte er in Indien »die Mängel einer seltsamen Verfassung und unglücklichen Religion«, um einzig die »Herrlichkeit der Poesie« gelten zu lassen, »in der sich reine Menschheit, edle Sitte, Heiterkeit und Liebe flüchtet, um uns über Kastenstreit, phantastische Religions-Ungeheuer und abstrusen Mystizismus zu trösten, und uns zu überzeugen, daß doch zuletzt in ihr das Heil der Menschheit aufbewahrt bleibe.«[36]

Schätzte Goethe derart einzig Indiens Literatur als poetischen Gegenentwurf einer abzulehnenden sozialen und religiösen Wirklichkeit, hielten sich die Romantiker in ihrer Bewertung an Herder. Dieser charakterisierte zwar den Buddhismus als »Erzeugnis warmer Klimate« und »Geschöpf menschlicher Halbseelen«, ließ das Indien der Hindus jedoch in positivem Licht erscheinen. In seiner Schilderung edler Menschen, die im Einklang mit der Natur lebten, flossen antike Vorstellungen mit Jean Jacques Rousseaus zivilisationskritischen Ideen zusammen, wodurch ein Kontrastbild zur aufgeklärten Wirklichkeit Europas entstand: Fern am Ganges lagen Natur, Kultur und Religion nicht im Konflikt miteinander. Eine im Westen zerbrochene Harmonie war noch intakt.

Die bekannt werdende indische Literatur bestätigte für die Romantiker Herders idyllische Darstellung. Ein Land mit solch bedeutender religiöser Poesie mußte auch in der Realität von diesem Geist geprägt sein. Besonders der Pantheismus, der aus den religiösen Texten deutlich wurde, kam den romantischen Anliegen entgegen.

Die romantischen Dichter wollten die Grenze überwinden, die der aufklärerische Rationalismus zog, indem er Mensch und Natur voneinander trennte. Sie verstanden die Natur in einem weiten Sinn, der die innere Wirklichkeit des Menschen und religiöse Dimensionen einschloß. Letztlich ging es um ein Überbrücken der Kluft, die sich zwischen dem Menschen und dem Göttlichen auftat. Kants Gott als Postulat der praktischen Vernunft oder deistische Vorstellungen, die zwar Gott annahmen, ihm aber keinen Einfluß auf Natur und Geschichte zugestand, stellten im Empfinden der Romantiker den Menschen einsam einer entseelten Natur gegenüber. Im indischen Pantheismus, dem jedes Wesen als Atman galt, der identisch mit dem universellen Brahman war, das auch die Natur hervorbrachte, bestand dieser Zwiespalt nicht.

Worin nach Hegel die Rückständigkeit Indiens bestand, daß der Mensch noch nicht zu Selbstbewußtsein und Vernunft erwachte, gab in den Augen der Romantiker den bedeutenden Vorzug des Landes ab. Man lebte im Mythos, und kein nüchterner Verstand unterschied Traum von Realität. Vorgebliche Abwesenheit geschichtlicher Entwicklung, die Hegel als Mangel sah, ließ Indien in einem heilen Urzustand verweilen. Diesen wollten romantische Dichter für Europa wieder herstellen, indem sie vereinten, was die Aufklärung zu Gegensätzen machte. Ihre literarischen Schöpfungen beseelten die Natur, indem sie alte Mythen beschworen und neue schufen. Das westliche Mittelalter faszinierte sie als vergangene Epoche, in der die Brüche der Neuzeit noch nicht existierten. Doch im Osten schien weiter etwas von dem lebendig, was sie für Europa wünschten.

Novalis (1772–1801) feierte Asien als eigentliches Vaterland der Menschheit. Friedrich Schlegel (1772–1829) riet, wie man um der Kunst willen nach Italien reise, müsse wer Religion sucht, nach Indien fahren, »wo er gewiß sein darf, wenigstens noch Bruchstücke von dem zu finden, wonach er sich in Europa zuverlässig vergeblich umsehen würde.«

Damit wurde das Erforschen indischer Literatur zur Sache der Romantiker, wobei den Gebrüdern Schlegel eine Schlüsselrolle zukam. Karl August, der älteste Bruder war in britischen Diensten nach Indien gezogen, arbeitete an einem nie erschienenen Werk über die Geographie des Subkontinents und starb 1789 in Madras. Friedrich Schlegel darf mit seinem 1808 erschienenen Buch *Ueber die Sprache und Weisheit der Indier. Ein Beitrag zur Begründung der Alterthumskunde* als Gründer der deutschen Indologie gelten.[37]

Von indischen Studien versprach sich Friedrich Schlegel nichts geringeres als eine neue Renaissance für Europa. Wie im Italien des 15. und 16. Jahrhunderts die Beschäftigung mit dem Griechischen die Welt veränderte, könnten Kenntnisse über die Sprache und Literatur Indiens solches wiederum bewirken, fänden sich nur geeignete Förderer.[38] Schlegel versucht erstmals die Lehre des Buddha, den er als vergöttlichten Menschen[39] erkennt, vor dem Hintergrund der weiteren indischen Tradition zu würdigen. Die Lehre vom Nichts wird dabei in Beziehung zum Pantheismus gesetzt. Dem Buddha würde »als seine eigentliche, wesentliche und esoterische Lehre, das deutlichste und entschiedenste Bekenntnis zugeschrieben, das Alles Nichts sey, wohin die Lehre, das Alles Eins sey, so natürlich führt; denn, wenn vor dem bloß abstracten und negativen Begriff des Unendlichen alles andere erst vernichtet und verschwunden ist, so entflieht er zuletzt selbst, und löst sich in Nichts auf, weil er ursprünglich leer und ohne Inhalt war.«[40]

Diese Erkenntnis, daß die Auflösung ins Nichts die andere Seite des positiven Pantheismus ist, darf als eine Schlüsselstelle in Schlegels Buch gelten. Der Autor, der seine Studien in der Erwartung begann, die wahre Religiosität zu finden, erkannte schließlich die Unvereinbarkeit des Indischen mit dem romantischen Entwurf der Dichterpersönlichkeit, die in schöpferischer Spannung die Ganzheit von Gott, Natur und Mensch in sich vereint, ohne hierdurch ausgelöscht zu werden. Ob man im Buddhismus das Verlöschen des einzelnen lehrt, oder den ewigen Atman des Wesens im universellen Brahman aufgehen läßt, beides hebt die Person auf und widerstreitet traditionellem westlichen Verständnis von ihrer Einmaligkeit und Unsterblichkeit als Einzelseele im Sinne Platons.

Das Werk, das die deutsche Indologie anstieß, ist zugleich ein Zeugnis der Distanzierung ihres Verfassers vom indischen Denken. Besonders negativ wird in diesem Lichte der Buddhismus bewertet. Er hat zwar mit dem Christentum »in einigen Stücken der Lehre und selbst der äusseren Einrichtung eine auffallende, aber dennoch falsche Ähnlichkeit. Das Einzelne stimmt oft sonderbar überein, aber es ist alles entstellt und verzerrt, alles hat ein anderes Verhältnis und einen anderen Sinn; es ist die Ähnlichkeit des Affen mit dem Menschen.«[41]

Der Protestant Friedrich Schlegel, der als Suchender nach Indien blickte, konvertierte schließlich wie manch anderer Romantiker zum Katholizismus. Schon Novalis, der zwar nicht äußerlich übertrat, fand zu einer katholischen Haltung und verherrlichte in ersten Sätzen seiner Schrift *Die Christenheit oder Europa* (1799) Kirche und Papsttum: »Es waren schöne glänzende Zeiten, wo Europa ein christliches Land war, wo *Eine* Christenheit diesen menschlich gestalteten Weltteil bewohnte; *Ein* großes gemeinschaftliches Interesse verband die entlegensten Provinzen dieses weiten geistlichen Reichs. – Ohne große weltliche Besitztümer lenkte und vereinigte *Ein* Oberhaupt, die großen politischen Kräfte.«

Auf der Suche nach Ganzheit als Ausflucht aus der ernüchterten Welt der Aufklärung führte der Umweg über Asien nicht in den erträumten heilen Urzustand, sondern zu den Schrecken des Nichts und vollkommenen Vergehens. Doch die Romantiker wollten das Subjekt nicht aufheben. Wie in vielen der programmatischen Bilder des Caspar David Friedrich (1774–1840) sollte der Mensch zwar klein werden in der Ganzheit einer beseelten und Ehrfurcht gebietenden Natur, doch nicht verschwinden. Die blaue Blume, das Symbol romantischer Sehnsucht, blühte letztlich nicht am Ufer des Ganges, sondern in einer verklärten Vergangenheit der umfassenden Kirche des christlichen Abendlandes.

Friedrich Schlegel setzte sich in der Folge in Diensten des Wiener Kongresses und als Leiter der konservativen katholischen Zeitschrift *Concordia* dafür ein, das Rad der Geschichte zurückzudrehen: Reformation, Aufklärung und von Napoleon über Europa gebrachte Errungenschaften der Französischen Revolution sollten in einem wiedergeborenen katholischen Abendland überwunden werden.

Schon 1835 befand Heinrich Heine in seinem Rückblick auf die Romantik, deren Interesse an Indien habe eigentlich nach Rom gezielt. Schlegels Buch sei »im Interesse des Katholizismus geschrieben«. Nicht bloß die Mysterien desselben, sondern »die ganze katholische Hierarchie und ihre Kämpfe mit der weltlichen Macht« hätten die Romantiker »in den indischen Gedichten wiedergefunden«.[42]

Erwartete Friedrich Schlegel aus Indien auch keine direkten religiösen Impulse zur Heilung des Abendlandes mehr, hoffte er doch weiterhin, das Studium des Sanskrit und der Literatur des indischen Altertums könne zur neuen Renaissance in Europa beitragen. Auch als für die Romantiker das Morgenland vom Katholizismus überschattet wurde, begründete ihr Blicken nach Indien neben einer entsprechenden Tradition in der weiteren deutschen Geistesgeschichte auch die indologische Wissenschaft in Deutschland.

Zum Inhaber des ersten Lehrstuhls, den man 1818 an der Universität Bonn einrichtete, wurde Friedrichs Bruder August Wilhelm Schlegel (1767–1845) berufen. Der bedeutende Romantiker, der für Friedrich Schillers Zeitschrift *Die Horen* geschrieben hatte und den man für seine achtbändige Shakespeare-Übersetzung (1797–1810) rühmte, lernte erst mit fast fünfzig Jahren Sanskrit. Sein jüngerer Lehrer Franz Bopp (1791–1867), der Arabisch und Persisch studiert hatte, arbeitete sich zuvor in Ermangelung von Lehr-, Grammatik- und Wörterbüchern durch bloße Lektüre einer indischen Ausgabe des *Ramayana* in das Sanskrit ein. August Wilhelm Schlegel ließ sich in Paris Buchstaben für den Satz des indischen Devanagari-Alphabets herstellen, um damit in Bonn die ersten Sanskrit-Texte in Europa zu drucken. Am Anfang stand die *Bhagavatgita* mit August Wilhelms lateinischer Übersetzung.

Obwohl der deutsche Sprachraum keine kolonialen Interessen in Indien wahrnahm, folgten dem Bonner Beispiel weitere Lehrstühle, etwa in Wien (1850), Tübingen (1856), Göttingen (1862) und München (1867). Bald besaß Deutschland die meisten Sanskrit-Professuren außerhalb Indiens, was bis zur Gegenwart gilt. Sogar in England, das Indien regierte, und doch weniger entsprechende Forschung betrieb, waren nicht selten deutsche Gelehrte aktiv: Theodor Aufrecht (1821–1907) und Julius Eggling (1842–1918) lehrten in Edinburgh, Theodor Goldstücker (1821–1872), wie Ernst Haas (1835–1882) Professor in London, beriet die britische Regierung in Fragen indischen Rechts, Reinhold Rost (1822–1896) lehrte in Canterbury. Max Friedrich Müller (1823–1900) wirkte in London und Oxford. Die Sanskritisten Gustav Oppert (1836–1908) und Georg Bühler (1837–1898) arbeiteten an der Bibliothek Königin Viktorias in Windsor Castle. Die Liste deutscher Indiengelehrter in britischen Diensten ließe sich um ein Vielfaches erweitern.[43]

Die britische Indienpolitik wurde vom Utilitarismus bestimmt, welcher hauptsächlich nach dem ökonomisch Nützlichen fragte. Das stagnierende Indien stand in dieser Hinsicht in keinem hohen Ansehen. Während in Deutschland die Wirkungen des positiven Indienbildes Herders und der Romantiker das negative Hegels überstrahlten, hatte in England das Werk *The History of British India* (1817) des Utilitaristen James Mill (1773–1836) bedeutenden Einfluß auf die öffentliche Meinung und das Wirken der Kolonialbeamten. Indien wurde darin als rückständiges Land gezeichnet, in dem Unterdrückung die Gesellschaft prägt und betrügerische Priester vielerlei Spielarten des Aberglaubens vertreten. Indien hatte viel von Europa zu lernen, doch umgekehrt westlichen Gelehrten nichts zu bieten.

Während man im England des 19. Jahrhunderts hauptsächlich daran dachte, das kolonisierte Land zivilisatorisch zu entwickeln oder zu christianisieren, wandten sich hervorragende deutsche Forscher der indischen Kultur zu.

Worin gründet diese besondere Liebesgeschichte Deutschlands zu Indien? Eine Ursache mag man darin sehen, daß das Land, das als staatliche Einheit nicht existierte und selbst keine kolonialistische Expansion unternehmen konnte, durch die Aneignung von Kulturgütern, also geistige Besitznahme, die konkrete Landnahme ersetzte. Die Pioniere der Indologie wären damit verhinderte Kolonialisten, die aus der politischen Not eine gelehrte Tugend machten.

Weitaus wichtiger als derartige Motive war jedoch das anhaltende Wirken romantischer Ideen. Die Romantiker hatten neben der Aufklärung auch den Utilitarismus kritisiert. Es ging nicht darum, andere Völker auf die Höhen europäischer Zivilisation und Ökonomie zu heben, sondern um das Gegenteil: Europa sollte vom Irrweg einer ernüchternden Vernunft, die letztlich nur das wirtschaftlich Nützliche gelten ließ, wieder zu einem heilen Urzustand finden. Nicht Entwicklung, sondern Rückkehr war das Programm.

Hier schien Indien gerade dem Deutschen eine einmalige Chance zu bieten, indem das Sanskrit als verwandte Sprache erkannt wurde. Franz Bopp verglich in diesem Sinn in mehreren Werken Sanskrit, Griechisch, Latein und Deutsch. Der Begriff der ›indogermanischen‹ Sprachen weist auf die empfundene Nähe. Wilhelm von Humboldt (1767–1835), der Bopp 1825 in Berlin zum Professor für Sanskrit ernennen ließ, trug wesentlich zu diesem Motiv bei. Für Humboldt drückten die unterschiedlichen Sprachen den jeweiligen Charakter verschiedener Völker aus. Sanskrit mit seinen umfassenden grammatischen Formen galt ihm als Gipfelpunkt der Sprachgeschichte.

Durch seine dem Sanskrit verwandte Sprache schien es, als partizipiere das deutsche Volk an der am höchst entwickelten Ausdrucksmöglichkeit. Die sprachliche Nähe des Deutschlands der Dichter und Denker zu Indien wurde bald als ›arische‹ Verwandtschaft empfunden. Der Sanskritbegriff des Arya, des Edlen, sollte auch den Germanen bezeichnen. Die Perspektive, die Indien bot, versprach nichts geringeres als eine neue Standortbestimmung des Deutschen. Ein folgenschwerer Aspekt klang schon bei Goethe an, der den Weg »aus dem beschränkten hebräisch-rabbinischen Kreise bis zur Tiefe und Weite des Sanskrit« begrüßte. Das mit dem Christentum tradierte jüdische Element in der Kultur wurde vielfach als fremd empfunden, ebenso das klassische Erbe der Mittelmeervölker. Doch mit dem Bekanntwerden der indischen Antike dämmerte quasi ein eigenes Altertum für Deutschland. Gelehrte entdeckten in der Ferne die Wurzeln einer Identität. Diese Adoption einer arischen Hochkultur jenseits der Welt des Alten Testaments und der welschen römischen Antike, wurde als Aufwertung des Germanischen erlebt. Insofern besitzt die deutsche Liebe zu Indien ein unverkennbares Element von Eigenliebe.

Daß Indien in dieser Weise unausweichlich und anhaltend die Aufmerksamkeit deutscher Gelehrter, Philosophen und Literaten in seinen Bann schlagen sollte, ist somit nicht von anderen Erscheinungen des Zeitgeistes im ausgehenden 18. und 19. Jahrhundert trennbar, nationalistischen Bestrebungen, dem Traum von der Einheit des Reichs und damit verbundenen völkischen und rassistischen Abgrenzungen wie des Antisemitismus.

Rassistische Argumente halfen gleichfalls, die arische Antike Indiens nicht durch das Bild des realen Landes stören zu lassen, dessen soziale Wirklichkeit nicht nur Goethe ablehnen mußte. Was von den Witwenverbrennungen über das Kastensystem bis zur Situation der Unberührbaren bekannt wurde, entsprach kaum dem Kulturideal bürgerlicher deutscher Gelehrter. Man fand zur Erklärung, der dem Deutschen verwandte alte Inder, der arische Schöpfer bedeutender Kulturleistungen, sei nach seiner Einwanderung durch Rassenmischung mit den dunkelhäutigen Ureinwohnern des Subkontinents verschwunden. Die Rassentheorie ermöglichte eine Aneignung indischer Kultur bei gleichzeitiger Verachtung des real existierenden Indien. Der Indologe Hermann Oldenberg (1854–1920), der wesentlich zur Erforschung des frühen Buddhismus beitrug, faßte in einer prägnanten Formel, wovon viele schon vor und weiter nach ihm ausgingen: »Die unausbleiblichen Mischungen mit der dunklen Urbevölkerung ergießen in die Adern und die Seelen« des arischen Inders »einen immer stärkeren Beisatz fremden Blutes, fremden Empfindens«, worauf »neben den Arier, schließlich an die Stelle des Ariers, des stolzen Verwandten des Griechen und Germanen, der Hindu tritt mit seiner Schwächlichkeit, biegsamen Gewandtheit, seiner Nervosität, seiner heißen Sinnlichkeit.«[44]

Das Aneignen des Sanskrit und der indischen Literatur ist unbezweifelbar eine der bedeutenden Kulturleistungen des 19. Jahrhunderts. Doch blieb bei aller Wissenschaftlichkeit, welche die philologische Disziplin erforderte, die Beschäftigung mit Indischem stark von ideologischen Motiven aus Romantik und Rassismus geprägt, was sich im Laufe der Entwicklung immer wieder erweisen wird.

Nachdem der Blick deutscher Gelehrter und Gebildeter sich zunehmend in die Richtung eines alten Indien wandte, das man als sprachlich und völkisch verwandt erlebte, konnte die intensive Begegnung mit der wirkungsgeschichtlich bedeutendsten Erscheinung des Subkontinents, dem Buddhismus, nicht ausbleiben. Dem Schrecken des Nichts zum Trotze, der ihrer bislang erst in Umrissen gewahrten Lehre in bisherigen Urteilen anhaftete, trat die Gestalt des Buddha aus dem Schatten, um zunächst Wissenschaftlern, Philosophen und Künstlern zur Herausforderung zu werden.

Abb. 3 Buddha-Statue in der Gartenanlage des »Buddhistischen Hauses«, Berlin-Frohnau

2. Kapitel

SEHNSUCHT NACH DEM LAND DES NICHT-MEHR-SEINS

Arthur Schopenhauer: Der erste deutsche »Buddhaist«

Weil die Pioniere der europäischen Sanskrit-Forschung in Indien nur auf spärliche Zeugnisse des längst erloschenen Buddhismus stießen, blieb das Bild zunächst nebulös. William Jones, der die indologischen Studien überhaupt angestoßen hatte, führte das Wort Buddha, das er *Boudh* schrieb, auf den Namen des germanischen Gottes Wotan zurück. Statuen des Buddha erinnerten ihn stilistisch an äthiopische Kunst, weshalb er eine westliche, nordafrikanische Herkunft der inzwischen vom Subkontinent verdrängten Lehre vermutete. Um jenseits obskurer Theorien die historische Bedeutung des Buddhismus in Indien zu erkennen und eine Erforschung seiner Inhalte einzuleiten, bedurfte es der Impulse von der Peripherie, aus Ladakh, Nepal und Ceylon, wo die buddhistische Tradition in verschiedener Gestalt lebendig blieb.

Der in Transsilvanien geborene Ungar Alexander Csoma de Körös (1784–1842) brachte seit 1822 neun Jahre in tibetischen Klöstern Ladakhs zu.[1] Die Motive seiner Reise nach Osten waren denen deutscher Romantiker nicht unverwandt. Er suchte nach den zentralasiatischen Ursprüngen des ungarischen Volkes, worüber er sich aus tibetischen Quellen Auskünfte erhoffte. Seine Forschungen ließen sich auch für die britischen Kolonialisten nutzbar machen. Während Csoma sich durch die kanonische Literatur des Buddhismus arbeitete, entstanden eine tibetische Grammatik und ein Wörterbuch Tibetisch-Englisch, welche die Asiatick Society of Bengal veröffentlichte. Nach seiner Zeit in Ladakh betreute Csoma in Kalkutta länger als ein Jahrzehnt eine entstehende Sammlung tibetischer Texte für die Gesellschaft. In ihrer Zeitschrift veröffentlichte er 1836 und 1839 eine Inhaltsanalyse des buddhistischen Kanons Tibets. 1842 nahm er seine ursprüngliche Absicht wieder auf, nach Chroniken zu suchen, die über die frühe Geschichte der Ungarn berichten. Er brach mit dem Ziel Lhasa auf, starb jedoch nach einigen Tagen der Reise, ohne Tibet erreicht zu haben. Sein Werk legte die Grundlage einer fundierten Auseinandersetzung mit den Quellen des tibetischen Buddhismus durch Europäer.

Der zweite wesentliche Impuls ging von Brian Houghton Hodgson aus, der 1818 als Verwaltungsbeamter nach Indien kam, sich aber auch mit Sanskrit beschäftigte.[2] Weil ihm das Klima in Kalkutta zu schaffen machte, zog er nach Nepal. Dort betrieb er eine systematische Sammlertätigkeit, um verschiedene Aspekte der Himalajaregion zu erforschen. Von ihm zusammengetragene buddhistische Sanskrittexte schickte er an Gelehrte nach London, Oxford und Paris. Hierdurch wurde der Westen erstmals auf die buddhistische Literatur in Sanskrit aufmerksam.

Schließlich wurden Pali-Texte, die Grundlage der Theravada-Tradition in Ceylon, Birma und Thailand, im Westen bekannt. Der Missionar Benjamin Cough veröffentlichte in Colombo 1824 eine erste Studie über die Sprache. Zwei Jahre später legten der gebürtige Norweger Christian Lassen (1800–1876), Schüler und Nachfolger August Wilhelm von Schlegels in Bonn, und der Franzose Eugène Burnouf (1801–1851) ihr *Essai sur le pali* (1826) vor, mit dem die Erforschung der Texte in Europa einsetzte. Wesentliches trug George Turnour (1799–1843) bei, der 1839 auf Ceylon mit einer englischen Fassung von 38 Kapiteln des *Mahavamsa* erstmals eine umfassende Übersetzung in einer westlichen Sprache publizierte. Der Deutsche Friedrich von Spiegel (1820–1905) gab 1841 die lateinische Übersetzung eines kleinen Pali-Werks heraus.[3]

Burnouf bereitete eine Übersetzung des *Lotos-Sutra* (Saddharmapundarikasutra) vor, dessen Manuskript er von Hodgson aus Nepal erhalten hatte. Als ihm bewußt wurde, wie der Inhalt des Textes in einer französischen Fassung ohne systematische Kenntnisse der Geschichte und Lehren des Buddhismus unverständlich bleiben mußte, nahm er eine entsprechende Arbeit in Angriff. Er faßte alles zusammen, was an Quellen über den indischen Buddhismus nach Europa gelangte. Auf Grundlage der Arbeiten von Csoma de

Körös, der von Hodgson erhaltenen Sanskrit-Manuskripte und seiner Pali-Studien ließ er ein umfassendes Bild der Geschichte des Buddhismus in Indien entstehen, das 1844 in Paris als *Introduction à l'histoire du Buddhisme indien* herauskam. Erstmals stand damit dem Interessierten eine Arbeit zur Verfügung, die nicht auf Beobachtungen und Einschätzungen von Missionaren oder Reisenden beruhte, sondern den Buddhismus aus dessen eigenen textlichen Quellen darstellte. Burnouf war sich bewußt, daß er auf ein komplexes Phänomen gestoßen war, das vielerlei Schulen, mythische und philosophische Systeme umfaßte. Er wollte seiner Einführung eine ausführliche Darstellung der Pali-Literatur folgen lassen sowie eine weitere Studie, welche die Pali- und Sanskrit-Überlieferungen miteinander vergleicht. Sein früher Tod vereitelte das Vorhaben.

Im Unterschied zu seinen britischen Kollegen, deren Forschung praktischen Zwecken des Kolonialismus diente, und zu romantischen Motiven deutscher Indologen, war Burnouf wohl vor allem der vom Erschließen einer Europa bislang unbekannten Welt des Geistes begeisterte Philologe. Ein überlieferter Ausspruch zeigt jedoch, wie sein Interesse weitere Facetten als rein akademische aufwies: »Ich bin ein Brahmane, ein Buddhist, ein Zarathustra-Anhänger; ich hasse die Jesuiten.«[4] Dies spricht für die Überzeugung, durch philologische Arbeit zur Erweiterung des europäischen Horizonts beizutragen. Durch Burnoufs Leistung stand in der Mitte des 19. Jahrhunderts der Buddhismus im europäischen Raum. Er ließ sich auf Dauer nicht mehr als nach dem Nichts zielende Lehre abtun, der seine Anhänger einschläfert und Völker in der Geschichtslosigkeit hält. Wenn diese einmal gefaßten Urteile auch nicht verschwanden, stand fest, daß der Buddhismus eine bedeutende Geschichte und Kultur im indischen Altertum hatte, verschiedene Schulen des Denkens und der Praxis hervorbrachte und weit in Asien verbreitet war.

Der erste Deutsche, der sich bewußt als »Buddhaist« bekannte, und eine Buddhastatue in seiner Wohnung nicht zur exotischen Zier aufstellte, sondern um zu zeigen, »wer in diesen ›heiligen Hallen‹ herrscht«,[5] war Arthur Schopenhauer (1788–1860). Der Philosoph versuchte es auch mit einer Form buddhistischer Praxis. So empfahl er »täglich viermal mit Bewußtsein« eine »buddhaistische Erinnerung dieser Art: ›Dies ist Samsara, die Welt des

Gelüsts und Verlangens und daher die Welt der Geburt, der Krankheit, des Alterns und Sterbens: es ist die Welt, welche nicht sein sollte. Und dies ist hier die Bevölkerung der Samsara. Was also könnt ihr Besseres erwarten?‹« Wie Schopenhauer meinte, sei dies dem »gelassenen Ertragen der Übel und der Menschen« zuträglich.[6]

Aufmerksam hatte der Philosoph die Fortschritte von Indologie und Sinologie verfolgt, wobei sein besonderes Interesse buddhistischen Quellen galt. Schon bevor Burnoufs bahnbrechendes Werk vorlag, sammelte und las er alles, was die frühen Vertreter der Forschung wie Isaac Jacob Schmidt, George Turnour und Alexander Csoma de Körös in Europa und Asien publizierten. Es ist aus jener Zeit kein zweites Zeugnis solchen Informiertseins bekannt. Schopenhauers Werk spiegelt den großen Sprung in der Kenntnis des Buddhismus um die Mitte des 19. Jahrhunderts. Kann er in der ersten Auflage von *Über den Willen in der Natur* (1836) nur drei Werke zum Studium des Buddhismus empfehlen, gibt die zweite Auflage 1854 bereits 23 Verweise.

Schopenhauers Bedeutung für das Entstehen des Bildes vom Buddhismus im deutschen Sprachraum und in ganz Europa kann kaum überschätzt werden. Befürworter wie Gegner seiner Ideen identifizierten diese lange inhaltlich mit buddhistischen Lehren. Seine Sprache und Terminologie beeinflußte Übersetzungen buddhistischer Texte durch Indologen, was wiederum dazu beitrug, den Buddhismus im Sinn des Philosophen zu verstehen. Ein bedeutender Teil jener, die am Anfang einer buddhistischen Bewegung in Deutschland standen, waren von Schopenhauer geprägt und fanden über sein Werk zur indischen Lehre.

Schopenhauer selbst faszinierte, daß sein eigenes Denken buddhistischen Inhalten zu entsprechen schien. »Diese Übereinstimmung muß mir aber um so erfreulicher sein, als ich bei meinem Philosophieren gewiß nicht unter ihrem Einfluß gestanden habe.«[7] Er betont, der Buddhismus sei die nach Anhängerzahl am meisten verbreitete Religion, ein damals häufiges Urteil, da man ganz Südost- und Ostasien inklusive China dem Buddhismus zurechnete. Daß die meisten Menschen ohnehin glaubten, was Schopenhauer in europäischer Isolation selbst herausfand, galt ihm, der sich im eigenen Land durch das allgemeine Akzeptieren des Kontrahenten Hegel als Außenseiter fühlen mußte, als besondere Bestätigung.

Zu welchen Inhalten war Schopenhauer gelangt, die er im Buddhismus wiederfand? Sein Denken folgte dem Programm der Romantiker, indem er einen Rückweg vom bloßen Rationalismus zur Metaphysik suchte. Doch warf er die Aufklärung nicht über Bord, indem er von Kant ausging, den er als Pforte zu seinem eigenen Denken betrachtete, aber mit der Metaphysik Platons zu versöhnen versuchte. Er wollte nicht zum vorkantischen Dogmatismus metaphysischer Behauptungen zurück, sondern die Metaphysik empirisch begründen. Mehr als um logische Folgerung ging es damit um die innere Erfahrung des Menschen.

In diesem Sinn übte Schopenhauer auch Kritik an Kant. Jener sprach vom Ding an sich, das als eigentliches Wesen hinter einer Erscheinung der Wahrnehmung verborgen bleibt. Zu dieser Annahme gelangte Kant durch einen Kausalschluß, womit er sich für Schopenhauer widersprach, galt doch die Kausalität nach Kant selbst nur auf der Ebene des Wahrnehmbaren, der Erscheinungen. Wie aber könnte man dann mittels Kausalschluß zu dem gelangen, was hinter der Erscheinung liegt?

Für Schopenhauer war das Ding an sich, das Wesen aller Erscheinungen, eine erfahrbare Kategorie: der Wille. Alles in Raum und Zeit Wahrnehmbare ist Manifestation des Willens. Auch der Körper des Menschen läßt sich als zum Objekt gewordener Wille erfahren. Scheinbar höhere Vermögen wie Denken, Bewußtsein oder Vernunft hängen letztlich vom Willen ab. Sahen die deutschen Philosophen vor Schopenhauer und seine Zeitgenossen das Wesen und den Grund der Welt im Geist, den Ideen oder der Vernunft, werden für Schopenhauer diese zu bloßen Begleiterscheinungen eines irrationalen und blinden Weltwillens, dem sie unterworfen bleiben. Wesen und Dinge sind keine objektiven Realitäten, sondern vom Willen erzeugte Vorstellungen.

Indem ausnahmslos alles Manifestation blinden Willens ist, den keine höhere Bestimmung leitet, gilt Leben grundsätzlich als Leiden. Zur äußeren Not der meisten Menschen und der Tatsache, daß die Natur keine Gerechtigkeit, sondern nur das Recht des Stärkeren kennt, tritt das Leid an der Vergänglichkeit des Lebens und beim erkennenden Menschen schließlich noch jenes der Einsicht in diese sinnlose Welt. Doch wäre Selbsttötung kein Ausweg, weil der Wille wie nach jedem Sterben sogleich ein neues Dasein erschafft.

Der Weg zur Erlösung aus dieser leidvollen Folge von Wiedergeburten umfaßte für Schopenhauer ästhetische und ethische Aspekte. In der reinen Betrachtung der Kunst erlebt man Dinge frei von der Kausalität und den Zwängen des Willens. Die Ethik fordert ein absichtliches Aufbrechen menschlicher Triebe und Wünsche in der Askese und im Mitleid. Der sich so selbst verneinende und damit aufhebende Wille erlöst vom Dasein.

Schopenhauers Ablehnung der Welt antwortet auf die großen Umbrüche, die sich in Europa vollzogen oder andeuteten. Die Errungenschaften von Aufklärung und französischer Revolution ließen sich trotz des Sieges über Napoleon Bonaparte, trotz aller romantischen Beschwörungen und Biedermeierträume nicht umkehren. Schon die rasch fortschreitende Industrialisierung verhinderte eine Rückkehr zum traditionellen Weltbild des christlichen Abendlandes oder zur zerbröckelnden feudalen Ordnung. 1848 flackerte die Revolution auch in Deutschland auf. Man tastete sich in der Paulskirche in Richtung Demokratie, und Karl Marx legte sein *Kommunistisches Manifest* vor. In England arbeitete Charles Darwin unterdessen an seiner Theorie über *Die Entstehung der Arten durch natürliche Zuchtwahl,* die in der Folge das angestammte Bild vom Menschen nachhaltig erschüttern sollte.

Die Romantiker hatten angesichts der Unsicherheiten durch die sozialen und geistigen Umbrüche den Rückzug in eine bessere Vergangenheit angetreten. Karl Marx suchte den Ausweg in der Zukunft einer freien Gesellschaftsordnung. Gemeinsam war diesen so verschiedenen Entwürfen, daß der Welt ein Sinn innewohnte. Die Romantiker fanden ihn im Christentum mit seiner Lehre von Gott, der die Welt trägt und den einzelnen erlöst, die Marxisten in Gesetzmäßigkeiten, die in Materie wie Geschichte wirken und der Menschheit eine gute Zukunft im Diesseits versprachen.

Schopenhauers Reaktion war radikal anders. Gleich den Romantikern war er zwar Metaphysiker, doch hinter der Welt der Erscheinungen stand nicht die Vollkommenheit Gottes, sondern mit dem blinden Weltwillen ein übles und leidbringendes Prinzip. Wie die Marxisten erkannte er zwar in der Welt wirkende Gesetze, doch er versprach sich daraus nichts für die Zukunft und betrachtete sie allein unter dem Gesichtspunkt, ihrem Zwang zu entrinnen. Die beste aller denkbaren Welten, von der Leibniz sprach, war bei Schopenhauer zur denkbar schlechtesten geworden. Indem nicht nur die Welt ein

Übel war, sondern auch das ihr zugrundeliegende Prinzip, wurde erstmals möglich, was zuvor undenkbar schien: Die asiatische Lehre vom Erlöschen als höchstem Ziel, vom Nichts, das dem Dasein vorzuziehen wäre, konnte als Alternative für das Abendland erscheinen.

Es liegt auf der Hand, daß Schopenhauer zentrale buddhistische Lehren als Bekräftigung eigener Positionen aufnehmen konnte. Die Idee vom Kreislauf des Daseins zeigte, wie sein Lebensgefühl wiederholter Geburten in größerer Perspektive kein Außenseitertum bedeutete. Europa erschien als »Weltteil, der gänzlich von dem unerhörten und unglaublichen Wahn besessen ist, daß die Geburt des Menschen sein absoluter Anfang und er aus dem Nichts hervorgegangen sei«.[8] Schopenhauer wußte dabei aus einer kritischen Darstellung des Missionars Robert Spence Hardy (1803–1868), daß der Buddhismus im Unterschied zum Brahmanismus keine Wiedergeburt eines konkreten Wesens lehrte, sondern einen Prozeß des Werdens, der »in großer Übereinstimmung steht mit meiner Lehre vom metaphysischen Bestande des Willens bei der bloß physischen Beschaffenheit und dieser entsprechenden Vergänglichkeit des Intellekts«.[9]

Auch die Bedeutung des Leidens, die pessimistische Haltung zur Welt und die Sehnsucht nach einer durch Askese und Mitleid geförderten Erlösung entsprach in Schopenhauers Denken schon einer buddhistischen Haltung, bevor der Philosoph mit aussagekräftigen Quellen aus Asien vertraut wurde. Schließlich konnte er die Bedeutung von Meditation und Kontemplation im Buddhismus als seiner Kunstbetrachtung verwandtes Bestreben empfinden, bei der die Versenkung in ein Objekt den Willen und die Kausalität überwinden soll.

Schopenhauers Bezugnahme auf Buddhistisches wandelte sich. War die Lehre Gautamas zunächst die willkommene Bestätigung eigener Anschauungen, zog sie der Philosoph mit zunehmender Kenntnis zur Illustration seines Denkens heran, was Schopenhauer unweigerlich zum Interpreten des Buddhismus werden ließ. Gerade weil an der Oberfläche soviel Ähnlichkeit besteht, ist die Betrachtung einiger Aspekte im Detail angebracht.

1819, in der ursprünglichen Ausgabe des ersten Bandes von *Die Welt als Wille und Vorstellung,* hielt Schopenhauer sein eigenes den verwandten indischen Systemen in der Formulierung für überlegen. Im Zusammenhang mit der zur Erlösung notwendigen Verneinung des Willens spricht er davon, den finsteren Eindruck des Nichts, »das als letztes Ziel hinter aller Tugend und Heiligkeit schwebt und das wir wie die Kinder das Finstere fürchten, zu verscheuchen« und es nicht zu »umgehen«. Dies versuchten die Inder durch »Mythen und bedeutungsleere Worte« wie der Vereinigung mit Brahma oder des buddhistischen Nirvana. Schopenhauer will es dagegen ungeschminkt ausdrücken: »Was nach gänzlicher Aufhebung des Willens übrigbleibt, ist für alle die, welche noch des Willens voll sind, allerdings nichts. Aber auch umgekehrt ist denen, in welchen der Wille sich gewendet und verneint hat, diese unsere sehr reale Welt mit allen ihren Sonnen und Milchstraßen – nichts.«[10]

Später hielt Schopenhauer das Nirvana zum Ausdruck der Willensverneinung geeignet. Es bedeutete ihm eine treffendere Charakterisierung der Erlösung als die Idee der Vereinigung mit Brahma. »Die Buddhaisten aber bezeichnen, mit voller Redlichkeit, die Sache bloß negativ, durch Nirwana, welches die Negation dieser Welt, oder des Sansara ist. Wenn Nirwana als das Nichts definiert wird; so will dies nur sagen, daß der Sansara kein einziges Element enthält, welches zur Definition, oder Konstruktion des Nirwana dienen könnte.«[11]

Nirvana wurde damit im Sinne klassischer Schulen des Buddhismus, die im Zusammenhang mit dem Erlöschen den Gedanken einer Vernichtung des Erlösten zurückweisen, treffend definiert. Indem Schopenhauer jedoch nicht klar zwischen den Traditionen Indiens differenzierte, kam es bezüglich des Nirvana auch zu einer groben Fehleinschätzung. Weil er glaubte, Vedanta und Buddhismus unterschieden einander lediglich in Formulierungen[12], verschwammen Brahma und Nirvana ineinander. Im pantheistischen Vedanta bringt Brahma die ganze Welt hervor, der Erlöste sinkt in Brahma zurück, und irgendwann nimmt Brahma die ganze Welt wieder in sich auf, um wieder eine neue hervorzubringen. Dies überträgt Schopenhauer auf den Buddhismus, demzufolge die Welt durch eine «nach langer Ruhe eintretenden unerklärlichen Trübung der Himmelsklarheit des durch Buße erlangten« Nirvana entstünde.[13] Das Nirvana derart als Station in den Kreislauf des Entstehens und Vergehens der Welten einzubeziehen, war niemals buddhistische Lehre, der Nirvana als das »Ungeborene, Ungewordene, Ungemachte, Ungeschaffene«[14] galt, zu welchem die bewegte Welt in keinerlei Abhängigkeit steht.

Auch Schopenhauers Lehre vom Willen, der als Ding an sich und metaphysisches Prinzip allem zugrunde liegt, unterscheidet sich trotz äußerer Ähnlichkeit vom Betonen der Relativität aller Gegebenheiten in der buddhistischen Philosophie. Obwohl letztere großes Gewicht auf die Motorik legt, die den Menschen leben und handeln läßt, ist ihr die Idee eines einzigen, letzten Prinzips fremd. So betrachtet die Lehre vom bedingten Entstehen, die den Prozeß der Wiedergeburt beschreibt, das, was mit dem Willen im Sinne Schopenhauers korrespondiert als zwei Faktoren, die Strebungen (Samskara) und den Durst (Trishna). Auch diese beiden sind von anderen Bedingungen abhängig. Der Durst wird vom Gefühl verursacht, das seinerseits durch Berührung der Sinne mit Objekten der Wahrnehmung hervorkommt.

Somit blieb Schopenhauer im Motiv eines letzten Prinzips, das er auch im Buddhismus mit dem Entstehen der Welten in Verbindung brachte, ganz in der abendländischen Tradition verwurzelt. Dies ändert jedoch wenig an der buddhistischen Grundstimmung seines Werks. Das von ihm vermittelte Lebensgefühl wurde zu *der* Voraussetzung des Interesses am Buddhismus und des Entstehens einer buddhistischen Bewegung. Schopenhauer läßt immer wieder die Vision eines buddhistischen Europas anklingen. Sein Programm erweist die enge Verwandtschaft zu den Romantikern: Indische »Urweisheit«, die nicht von den »Begebenheiten in Galiläa verdrängt« wurde, »strömt nach Europa zurück und wird eine Grundveränderung in unserem Wissen und Denken hervorbringen«.[15] Er hofft das Jahrhundert »herangerückt«, in dem »Europa von aller jüdischen Mythologie gereinigt sein wird«, um »die *heiligen Religionen der Heimat*« Indien, zu erhalten, denn die Völker des Abendlandes »sind nach langer Verirrung für dieselben wieder reif geworden«.[16] Der westliche Buddhismus würde im Unterschied zum Christentum zunächst bei den oberen Schichten der Gesellschaft beginnen, wodurch dieser »in gereinigter Gestalt und möglichst frei von mythischen Zutaten« auftritt.[17]

Die andere Seite der Medaille von Weltflucht und Willensverneinung ist somit ein religions- und kulturpolitisches Reformprogramm mit klarest antisemitischer Zielrichtung. Der Philosoph ist dabei nicht zimperlich. Er vergleicht die Haltung des Buddhismus, der das Tier durch die Wiedergeburtslehre eng mit dem Menschen verbindet, mit der jüdischen Schöpfungsgeschichte, welche die Tierwelt dem Menschen untertan macht, um auszurufen: »Heilige Ganga! Mutter unseres Geschlechts! Dergleichen Historien wirken auf mich wie Judenpech und ›foetor Iudaicus‹.« Das arische Selbstverständnis, das deutsche Denker in romantischer Tradition aus dem Blick nach Indien gewannen, hatte damit im Judentum ein deutliches Feindbild. Der neue arische Antisemitismus konnte auf dem jahrhundertealten christlichen Antijudaismus aufbauen und sich schon bei Schopenhauer mit diesem verbinden. Was ihm am Christentum als gut gilt, stammt für den Philosophen aus Indien, was er ablehnt, kommt aus dem Judentum. Es scheint ihm, als ob »das Christentum ein Abglanz indischen Urlichts von den Ruinen Ägyptens wäre, welcher aber leider auf jüdischen Boden fiel«.[18] Von dieser Idee wird eine ganze Tradition ihren Ausgang nehmen, die das Christentum indisch oder arisch herleiten und so vom Judentum befreien will. Ihr Bogen spannt sich von Schopenhauer über für den Nationalsozialismus wichtige Ideologen wie Houston Stewart Chamberlain bis zu neueren Autoren, die über eine Ausbildung Jesu in Indien, seine spätere Rückkehr und sein dortiges Grab spekulieren.

Das in der Lehre des ersten Deutschen, der sich ausdrücklich als Buddhist bekannte, angelegte rassistische Programm, wurde eines der konstituierenden Elemente deutscher Buddhismus-Rezeption. Unter all den widersprüchlichen Interpretationen der Person Gautamas ist jenes des arischen Geisteshelden ausgeprägt. Wäre auch die Behauptung heillos überzogen, die meisten Deutschen, die im Laufe der Geschichte zum Buddhismus fanden, wären arisch oder rassistisch bewegt gewesen, fordert die anhaltende Bedeutung Schopenhauers für das Interesse und Verständnis des Buddhismus in Deutschland doch zu einer weitreichenden Frage heraus.

War Schopenhauer einfach nur inkonsequent, wenn ihn im vermeintlichen Einklang mit dem Buddhismus etwa das angeblich jüdische Verhältnis zu den Tieren quasi aus Mitleid zu diesen zur Verachtung des Judentums führte? Oder ist diese Mischung aus Mitleid und Ablehnung eine folgerichtige Möglichkeit aus seiner mit dem Buddhismus identifizierten Lehre? Erlaubt ein Nihilismus, der das Erlöschen von Wille und Wesen dem Dasein vorzieht und der schlechten Welt keinen Wert ins sich zugesteht, Haß wie Mitleid gleichermaßen? Weil eine Linie von Schopenhauer zum Nationalsozialismus weist, der auf ganz praktischer Ebene eines arischen politischen

Programms Tierschutz- und antijüdische Rassegesetze zu vereinbaren verstand, ist diese Frage in der Tat von einiger Brisanz. Sie wird sich in der Folge deutscher Buddhismus-Rezeption wiederholt stellen.

Leidenschaft und Entsagung: Richard Wagner

Zu den bekannten Zeitgenossen, auf die Schopenhauer bedeutenden Einfluß gewann, zählte Richard Wagner (1813–1883). Der Komponist und Dichter begann nach Angaben seiner Autobiographie 1854 mit der Lektüre Schopenhauers, durch die er wohl auf den Buddhismus aufmerksam wurde. Neben der Tatsache, daß Schopenhauers Lehre seinem Lebensgefühl entsprach, dürfte Wagner die herausragende Rolle der Musik im System des Philosophen beeindruckt haben. Der Philosoph sah in der Musik einen direkten Selbstausdruck des Willens, also dessen, was die Welt trägt. Eine Versenkung in die Musik hat damit stärker als die Betrachtung anderer Kunstformen eine quasi erlösende Wirkung.

Für die folgenden Jahre läßt sich im Spiegel von Selbstzeugnissen von einer buddhistischen Phase Wagners sprechen: Im Juni 1855 kündet ein Brief an Franz Liszt von seiner Entdeckung der indischen Lehre. Wagner erwähnt buddhistische Heilige, »die durch vollständige Verneinung des Willens zum Leben in der einzig nur noch sie erfüllenden Sympathie für alles Leidende in das ›Nirwana‹, d. h. Land des Nicht-mehr-Seins, übergehen«.[19] 1856 skizziert er den Plan zur buddhistischen Oper *Die Sieger.* 1859 bekannte er der Freundin Mathilde Wesendonck: «Sie wissen, wie ich unwillkürlich zum Buddhisten geworden bin. Auch mit der buddhistischen Bettlermaxime habe ich's unbewußt immer gehalten. Und das ist eine sehr stolze Maxime.«[20]

Diese Anspielung auf das Wanderleben des buddhistischen Mönchs, spiegelt viel von Wagners damaliger Lebenssituation, die zur Erklärung seines Ergriffenseins vom Buddhismus beiträgt. Nachdem er 1848 an der gescheiterten Revolution teilnahm, war er ein steckbrieflich gesuchter Aufrührer. Ihm gelang zwar die Flucht von Dresden in die Schweiz, wo er in jener Zeit lebte.

Doch es war ihm nicht mehr möglich nach Deutschland zu reisen, um sein Werk dort zu vertreten. Wiederholt versuchte er erfolglos eine Begnadigung zu erwirken. Dazu kamen finanzielle Probleme, Bettelbriefe an Franz Liszt, die unglückliche Ehe mit der ersten Frau Minna, Verstrickungen seines amourösen Lebens und Krankheiten.

Angesichts dieser Misere eines schöpferischen Lebens scheint das Hinwenden zu Schopenhauer und die Sehnsucht nach dem »Land des Nicht-mehr-Seins« eine Folge der konkreten Umstände. Darüber hinaus zeigt Wagners Werk bereits vor der Begegnung mit Schopenhauer eine deutliche Tendenz, die konsequent zu seinem »unwillkürlichen« Buddhismus führte. Wie Schopenhauer den Buddhismus vor allem als eine Bestätigung seiner Weltsicht erlebte, fand Wagner bei Schopenhauer und im Buddhismus philosophische und mythische Formulierungen dessen, was bereits Motive seines Denkens und Werks bildete.

Schon Musikdramen vor der buddhistischen Phase, *Der Fliegende Holländer* (1843), *Tannhäuser* (1845) und *Lohengrin* (1850), lassen sich unschwer im Sinn eines schopenhauerschen Buddhismus deuten.

Der Fliegende Holländer irrt mit Schiff und Mannschaft über die Meere und darf nur alle sieben Jahre Land betreten. Der Freitod gelingt nicht, denn sein Schiff erweist sich als unsinkbar. Nur selbstlose Zuwendung einer Frau könnte ihn befreien. Weil er daran nicht mehr glaubt, will er am Jüngsten Tag bei der Auferstehung der Toten ins Nichts vergehen. Auf die strukturelle Ähnlichkeit dieses Motivs, das Wagner bei Heinrich Heine fand, mit den Lehren von Karma und Samsara, den Auswirkungen früherer Taten und der Wiedergeburt durch immer neue Existenzen, wurde berechtigt hingewiesen.[21]

Tannhäuser erlangt Erlösung durch Entsagung und Askese, wodurch er in den »ewigen Frieden« eingehen kann. Der Gralsritter Lohengrin, der vom anderen Ufer eines befreiten Daseins in die Welt kommt, um gegen die Ungerechtigkeit zu kämpfen, und der verschwindet, sobald die Menschen ihn erkennen, mag im Sinne eines Bodhisattva gedeutet werden.

Die mehr oder minder große Affinität der von Wagner gewählten Stoffe zu buddhistischen Themen, die auf die Verwurzelung des Komponisten in Motiven der Romantik zurückgeht, konnte ihrerseits dazu beitragen, daß Wagner den Buddhismus als ihm verwandtes System entdeckte. Wie für Schopenhauer rehabilitiert der Buddhismus dem Antisemiten Wagner zugleich das Christentum, wenn er meinte, »daß das reine, ungemischte Christentum nichts anderes als ein Zweig des ehrwürdigen Buddhaismus ist, der nach Alexanders indischem Zuge auch seinen Weg bis an die Küsten des Mittelmeeres fand. Wir sehen noch deutlich im ersten Christentum die Züge der vollkommenen Verneinung des Willens zum Leben und die Sehnsucht nach dem Untergange der Welt, d. h. nach dem Aufhören des Daseins.«[22]

1856 faßte der Komponist den Plan zum Musikdrama *Die Sieger*, das den Buddha auf die deutsche Opernbühne bringen sollte. Zur Handlung inspirierte ihn eine Episode aus dem Sanskritwerk *Divyavadana*, die er Eugène Burnoufs *Introduction à l'histoire du Buddhisme Indien* entnahm und interpretierte.

In Wagners geplanter Oper befindet sich Gautama, der Buddha, auf seiner letzten Wanderung. Ananda, sein Begleiter erhält von Prakriti, einem Mädchen der kastenlosen Unterschicht, Wasser gereicht. Zu Anandas Bestürzung verliebt sich Prakriti in ihn. Auch der Mönch wird schließlich von der Liebe des Mädchens tief berührt. Prakriti sucht den Buddha auf, um ihn zu bitten, ihrer Vereinigung mit Ananda zuzustimmen. Der Buddha fragt, ob sie die Bedingungen einer solchen Vereinigung annehmen möchte. Prakriti deutet seine Worte zunächst so, als hätte der Buddha keine Einwände gegen ihr sexuelles Begehren. Als sie aber hört, wie der Buddha zur Bedingung macht, daß sie das Enthaltsamkeitsgelöbnis des Mönchs teilt, fällt sie in tiefe Verzweiflung. Ananda und der Buddha werden unterdessen wegen ihres Verkehrs mit einer Kastenlosen von Brahmanen angegriffen. Der Buddha weist darauf jedes Kastendenken zurück und offenbart eine Geschichte aus Prakritis früherem Leben: Sie war die Tochter eines stolzen Brahmanen, die auf die Liebe eines Kastenlosen zu ihr hochmütig und voller Spott reagierte. Nun muß sie die Folgen ihrer Tat tragen und selbst die Qualen unerfüllter Leidenschaft erfahren. Ihre Chance zur Erlösung ist der Beitritt zur Gemeinschaft des Buddha. Freudig stimmt sie zu, worauf Ananda sie als Schwester willkommen heißt. Der Buddha erteilt seine letzte Unterweisung und geht dem Ort seines endgültigen Verlöschens entgegen.

Am 5. Oktober 1858 berichtete Wagner Mathilde Wesendonck von der Schwierigkeit, einen Buddha auf die Bühne zu bringen: Wie kann denn ein

Mensch, der frei von aller Leidenschaft ist, ausgerechnet im Musikdrama auftreten? Wagner glaubte an die Möglichkeit, dieses Problem durch seine besondere Deutung des Geschehens zu lösen. Der Gautama der Handlung sollte noch kein vollends Erwachter sein, sondern eines letzten Schritts zur Vollkommenheit bedürfen. Indem er die Liebe des kastenlosen Mädchens zu Ananda akzeptiert, ihnen erlaubt beieinander zu bleiben und so der Frau die Chance zur Erlösung gewährt, nimmt er die letzte Stufe zur vollkommenen Buddhaschaft.

Neben der formalen Notwendigkeit, daß der noch nicht gänzlich von Leidenschaften und Gefühlen freie Buddha singen könnte, ist Wagners Interpretation inhaltlich bedeutsam. Zentral in seinem Schaffen sind die Idee der romantischen Liebe und das erlösende Verhältnis der Geschlechter. Im früheren Werk bedurfte der unerlöste Mann der selbstlosen Hingabe einer Frau, um Befreiung zu finden: Der Fliegende Holländer wird durch die reine Liebe Sentas erlöst, Tannhäuser durch jene der Elisabeth von Thüringen. In *Die Sieger* sollte einerseits Prakriti durch ihre Liebe zu Ananda befreit werden, zugleich trägt sie ihrerseits zur vollständigen Erlösung des Buddha bei, indem dieser die Leidenschaft als einen Zugang zum Weg der Befreiung zuläßt, womit er diesen erst vollständig entdeckt hatte.

Am 1. 12. 1858 schrieb Wagner in diesem Zusammenhang an Mathilde Wesendonck, daß es ihm um einen bislang von niemandem entdeckten Weg zur Erlösung ginge, nämlich den Willen durch eine in der Geschlechtlichkeit gründenden Liebe zur Ruhe zu bringen. Der Komponist versucht, die Liebesidee der Romantik mit der Verneinung des Willens und dem Nirvana zu versöhnen. Statt eines Rückzugs von der Leidenschaft im Sinne Schopenhauers wird der begehrte Mensch angenommen, dem körperlichen und leidenschaftlichen Aspekt der Begierde jedoch entsagt.

Bei dem leidenschaftlichen Frauenfeind Schopenhauer findet sich in der Tat kein solcher Ansatz, doch kennt das Mahayana, ohne daß Wagner dies bekannt sein konnte, Konzepte, die Geschlechtlichkeit auf dem Weg zur Erlösung zuzulassen. Als Beispiel sei der Japaner Shinran (1172–1263) genannt, der sein Mönchtum nach einer Vision aufgegeben haben soll, die ihm sagte, in einer Frau, mit der er sexuell verkehre, verkörpere sich ein Bodhisattva, der im Leben Freude schenkt und im Tod zur Erlösung führt.[23] Auch Richtungen des tantrischen Buddhismus kennen das Akzeptieren oder Einsetzen der Geschlechtlichkeit auf dem Weg zur Befreiung.

Wagner ging es weder um ein solches Zulassen noch um ein Instrumentalisieren ausgeübter Sexualität. Im Einklang mit der asketischen Tendenz des alten Buddhismus scheint ihm die körperliche Liebe hinderlich. Mit Schopenhauer geht er davon aus, daß man sich in ihr der stärksten Ausdrucksform des Willens ergibt. Das Paar entsagt im gemeinsamen Erlösungsstreben körperlicher Befriedigung. Die während der buddhistischen Phase des Komponisten entstandene Oper *Tristan und Isolde* zeigt umgekehrt, wie Liebende auf einer physischen Ebene letztlich nicht zueinanderfinden.

Wagners Akzeptieren der Askese bei gleichzeitigem Rebellieren gegen die frauenfeindliche Tendenz, die ihm aus den Quellen des älteren Buddhismus entgegentrat, und sein Korrigieren des überlieferten Buddha, der erst ein wahrer Erwachter werden soll, indem er in seinem Erlösungswerk Frauen annimmt, dient der Rettung einer starken abendländischen Idee, der Monogamie. In der romantischen Liebe zwischen einem Mann und einer Frau, die einander unausweichlich bestimmt sind, hatte diese eine neue Rechtfertigung erfahren. Wagner, der im konkreten Leben weder dem Ideal der Monogamie, noch jenem der Askese genügte, suchte die Rettung in der Verschmelzung beider. Dies besitzt jedoch mehr als biographische Relevanz.

Wagner versuchte nicht als einziger, die Beziehung einer Frau und eines Mannes zueinander über die Umbrüche des 19. Jahrhunderts zu bewahren. Wie er als »Buddhist« in der Entsagung aller Leidenschaft daran festhielt, sollte dies auch der Marxist Friedrich Engels in seinen Untersuchungen zum *Ursprung der Familie, des Privateigentums und des Staates* (1884) tun. Nach Abschaffung ökonomischer Zwänge sieht er die Monogamie als höchste Form der Geschlechtsliebe erst wahrer Verwirklichung entgegengehen. Durch fast zweitausend Jahre christlichen Abendlands war die Liebe eines Mannes und einer Frau unanfechtbares religiöses Sakrament wie bevorzugtes Thema der Literatur und Phantasie. Sie widerstand dem Ziel des zum Nichts verneinten Willens ebenso wie der Freiheit der klassenlosen Gesellschaft.

Wagners romantisch-buddhistisches Motiv, nicht vor der leidenschaftlichen Geschlechteranziehung zu fliehen, sondern in ihrem Annehmen zu entsagen, taucht daher in der weiteren Geschichte wieder auf. Der Literatur-

Nobelpreisträger von 1917, Karl Gjellerup, widmete ihm 1907 das Drama *Das Weib des Vollendeten.* Ein früher Analytiker des Buddhismus in der deutschen Literatur sprach angesichts dieses Motivs von einem buddhistischen »Feminismus«.[24] Wagners geplantes Werk *Die Sieger* kam hingegen nie zur Ausführung. Dafür vorgesehene musikalische Elemente flossen wahrscheinlich in *Die Götterdämmerung, Tristan und Isolde* sowie *Parsifal* ein.

Wohl auch im Zusammenhang mit der romantischen Liebe war das Thema der Wiedergeburt reizvoll für Wagner. Beziehungen ließen sich durch verschiedene Leben verfolgen, um dann schließlich im Land des Nicht-mehr-Seins zur Einheit im Erlöschen zu finden. Mathilde Wesendonck gegenüber spricht er von der »schönen buddhistischen Annahme«, die ihm den »trostreichen Punkt« zeigte, »auf welchen endlich alles zur gleichen Höhe der Erlösung zusammenläuft, nachdem die verschiedenen Lebensläufe, welche in der Zeit getrennt nebeneinander laufen, außer der Zeit sich verständnisvoll berührt haben«.[25] Zugleich galt Wagner die Wiedergeburt als ein Weg der Läuterung. Wie er Franz Liszt mitteilte, würde nach Gautamas Lehre »jeder Lebende in der Gestalt desjenigen Wesens wiedergeboren, dem er auch sonst bei reinstem Lebenswandel, irgendeinen Schmerz zufügte, damit er selbst diesen Schmerz kennenlerne, und nicht eher hört diese leidvolle Wanderung für ihn auf, nicht eher wird er somit *nicht* wiedergeboren, als bis er nach einer Wiedergeburt in einem Lebenslauf keinem Wesen ein Leid mehr zufügte, sondern im Mitgefühl mit ihnen sich, seinen eigenen Lebenswillen, vollkommen verneinte«. Wagner ging davon aus, dass diese Lehre »die Wahrheit fast ganz bestimmt schon ausdrückt«.[26]

Im letzten Bühnenwerk *Parsifal,* 1882 uraufgeführt, wird entsprechend die in *Der Fliegende Holländer* noch symbolhaft angedeutete Idee von Karma und Wiedergeburt in der Gestalt der Kundry zum Thema, wenn es von ihr heißt:

Hier lebt sie heut, –
vielleicht erneut,
zu büßen Schuld aus früherm Leben,
die dorten ihr noch nicht vergeben.

An anderer Stelle werden frühere Erdenleben konkret benannt:

> Herodias warst du, und was noch?
> Gundryggia dort, Kundry hier –

Schließlich gibt Kundry eine Beschreibung ihrer Situation, die dem buddhistischen Erleben des Samsara entspricht:

> Kennst du den Fluch,
> der mich durch Schlaf und Wachen,
> durch Tod und Leben,
> Pein und Lachen,
> zu neuem Leiden neu gestählt,
> endlos durch das Dasein quält! –[27]

Offenbar floß vieles aus Wagners Lektüre der buddhistischen Phase und aus dem Themenkreis von *Die Sieger* in *Parsifal* ein. Dies gilt für inhaltliche Aspekte wie Handlungselemente. Parsifal, der Erlöser, ist »durch Mitleid wissend«, was den einander bedingenden Haupteigenschaften des Bodhisattva, Mitleid und Weisheit, entspricht. Zu Beginn der Handlung schießt er mit Pfeil und Bogen nach einem Schwan. Hier dürfte die buddhistische Legende Pate gestanden haben, nach der Gautamas Vetter Devadatta einen Schwan mit dem Pfeil verletzt, der dann von Gautama gesundgepflegt wurde.

Wenngleich Wagner nach der buddhistischen Phase wieder zu den Mythen des Abendlandes fand, trugen die skizzierten Aspekte seines dramatischen Werks, aber auch sein Eintreten für Tierliebe und Vegetarismus, erheblich zur Verstärkung einer buddhistischen Stimmung im Sinne Schopenhauers bei. Zudem kam der ausgeprägte Antijudaismus des Komponisten der entsprechenden Tendenz entgegen, die das Buddhismus-Interesse begleitete.

Für Wagner und Schopenhauer gilt hier in gleicher Weise: Den eben erst entdeckten Buddhismus aufzunehmen, das eigene Schaffen an indischen Konzepten und Mythen zu reflektieren, war in einer Zeit, in der eine Mehrheit gebildeter Europäer auf Asiatisches herabblickte, ein außergewöhnliches

Zeichen interkultureller Offenheit. Erheblich getrübt wurde diese, weil der Blick in die Ferne hauptsächlich das eigene Lebensgefühl bestätigen sollte: Der guten Lehre aus Indien stand in ihren Augen das böse jüdische Element in der christlich-abendländischen Kultur gegenüber. Dieses durch den arischen Buddhismus zu ersetzen, schien angesagt. So kommt es bei Wagner wie schon bei Schopenhauer, dem Tierliebe und Judenhaß eins waren, zu eigenartigen Verschmelzungen: *Parsifal* läßt sich ebenso im Sinne buddhistischer Mitleidsethik interpretieren wie als rassistische Metapher vom Sündenfall durch Blutvermischung. Beides findet Deckung in den theoretischen Arbeiten Wagners, der die Kritik des Buddha am Kastenwesen und die Thesen von der Ungleichwertigkeit der Rassen des Grafen Joseph Arthur Gobineau (1816–1882) gleichermaßen in seinem Weltbild unterbrachte.

Wie gerechtfertigt ist es, vom »Buddhismus« Schopenhauers und Wagners zu sprechen? Schließen Haß und Buddhismus einander nicht aus, wenn Gautama gebietet, allen Wesen unterschiedlos mit einer Haltung der Liebe zu begegnen, wie sie »eine Mutter dem einzigen Sohn« (*Mettasutta*) entgegenbringt? – Erhöbe man ursprüngliche ethische Maßstäbe zur Grundlage der Auswahl, was als Buddhismus gelten darf, wäre dessen Geschichte schon in Asien rasch abgeschlossen.

Auch inhaltliche Kriterien der unterschiedlichen Formen buddhistischer Orthodoxie können nicht zugrunde gelegt werden. Der Buddhismus ist zum großen Teil die Geschichte seiner Modifikationen. Die ersten Gelehrten Chinas, die ihn aufnahmen, verstanden ihn auf Basis des Daoismus. Obwohl vieles damit nicht mehr im Sinn der Ursprünge verstanden wurde, begründete dies die Geschichte des Buddhismus in der chinesischen Kultur und wirkte im Lauf seiner Entwicklung fort. Ebenso fing mit der Aufnahme der Lehre durch von der Romantik geprägte Menschen die Geschichte des Buddhismus in der deutschen Kultur an, wodurch Elemente wie die romantische Liebe oder ein arisches Selbstverständnis einflossen. Auch vermeintliche Mißverständnisse sind Verständnisweisen. Ob es sich um angemessene Neuinterpretationen in verändertem zeitlichen und kulturellen Kontext handelt oder um Degeneration ist jeweils nur eine Frage des Standorts.

So mag mancher westliche Buddhismus-Begeisterte Bedenken hegen, Schopenhauer und Wagner, die sich »Buddhisten« nannten, in sein subjektives Traditionsempfinden aufzunehmen, weil sie auch »Rassisten« waren, als die sie sich nicht bezeichneten. Doch neben dem subjektiven Erleben einer Tradition, das Unerwünschtes ausscheidet, gibt es objektive historische Traditionslinien, die jeden umfassen, dessen Denken oder Handeln auf den gleichen Quellen basiert. Wer in orthodoxer Manier als Abweichung abtut, was nicht seinen Definitionen genügt, übersieht leicht umfassendere Potentiale seiner Werte, womit die Gefahr einhergeht, selbst in anderer Weise dem zu erliegen, was man ablehnt.

Wirft der Rassismus, der die wissenschaftliche wie kulturelle Rezeption des Buddhismus in Deutschland begleitet, nur ein Licht auf eine starke Tendenz der deutschen Geistesgeschichte? Nicht nur im Land Schopenhauers und Wagners gingen Bekenntnisse zum Buddha mit rassistischen Gedanken einher, denkt man zum Beispiel an die moderne Feindseligkeit zwischen Singhalesen und Tamilen in Sri Lanka, wo auf singhalesischer Seite nicht wenige Propagandisten auf eine arisch-buddhistische Karte setzen. Die Frage, ob es im Buddhismus Elemente gibt, die rassistisches oder diskriminierendes Denken stützen, wird sich im Fortgang der Rezeptionsgeschichte nicht vermeiden lassen.

Der Buddha tritt auf: Karl Eugen Neumann

Der Indologe Karl Eugen Neumann (1865–1915), der sich in die Traditionslinie Schopenhauers und Wagners stellt, gewann durch seine Übersetzungen klassischer Pali-Texte großen buddhistischen Einfluß auf die deutschsprachige Geistesgeschichte. Neumanns Werk bedeutete lange Zeit nahezu allen Theoretikern und Kulturschaffenden, die sich für den Buddha interessierten, *die* Quelle.

Der Übersetzer stammte aus einer ursprünglich jüdischen Wiener Familie, doch sein Vater Angelo konvertierte zum katholischen Christentum. Angelo Neumann war zunächst Tenor an der Wiener Hofoper. 1878 inszenierte er in Leipzig Richard Wagners *Ring der Nibelungen*, worauf eine freundschaftliche

Abb. 4
Karl Eugen Neumann (1865–1915)

Beziehung zwischen dem Komponisten und ihm gründete.[28] Wie in Wagners Kreisen war in der Familie Neumann Indien ein Thema. Angelos Frau Paula interessierte sich für die Geschichten um Krishna, und Sohn Karl Eugen übersetzte für sie später *Krishnas Weltengesang. Ein indischer Mythos in 20 Andachten aus dem Visnupuranam.*[29]

Auch durch das Umfeld bedingt lag die Lektüre Schopenhauers nahe. Während Karl Eugen zunächst eine Banklehre in Berlin absolvierte, wurde sie ihm zum Schlüsselerlebnis: »Ich wurde so innig ergriffen, daß ich mit meinem ganzen bisherigen Leben brach, innerlich brach. Die romantische Jugendschwärmerei zerschmolz wie Blei auf der Opferplatte. Ich griff zu indischen Übersetzungen, und obzwar bei Tag in der Bank durch meinen Beruf völlig absorbirt, versenkte ich mich bei Nacht, oft bis um 3 Uhr Morgens und später, in philosophische Studien.«[30]

Neumann las das von Schopenhauer empfohlene Buch *Eastern Monachism* des Missionars Robert Spence Hardy über den Buddhismus Ceylons. Dies führte zum Entschluß, sein Leben dem Übersetzen buddhistischer Texte zu widmen und hierzu Indologie zu studieren. In Prag, wo sein Vater inzwischen Direktor des Deutschen Landestheaters war, holte er bis 1887 das Abitur nach. Dann ging er für indologische Studien nach Berlin, wo damals Hermann Oldenberg (1854–1920) lehrte, der bereits im Zusammenhang seiner rassistischen Theorien Erwähnung fand.

Oldenberg gebührt das Verdienst, der europäischen Wissenschaft Gautama als historische Persönlichkeit plausibel gemacht zu haben. Im Hinblick auf die Sanskrit-Texte, die viel mythisches Material enthalten, bestritten Gelehrte zunächst die Geschichtlichkeit des Buddha. Eine Rolle spielte dabei, daß manche Forscher in der Ära des Kolonialismus im Altertum Asiens keine Philosophen erkennen wollten, die neben den großen Geistern Griechenlands bestehen konnten. Der Franzose Émile Senart (1847–1928) deutete die Erzählung vom Leben des Buddha als Sonnenmythos. Der Niederländer Hendrik Kern (1833–1917) hielt sie für eine symbolhafte Dramatisierung astronomischer Gegebenheiten. Oldenberg gründete seine Arbeit einerseits auf den nüchterneren Pali-Texten. Andererseits schied er auch aus diesen mythische Elemente aus, um in seinem 1881 erschienenen Werk *Buddha* eine nachvollziehbare Biographie vorzustellen.

Wahrscheinlich bestärkte Oldenbergs Ansatz Neumann darin, sich ganz den Pali-Quellen zuzuwenden. Neumann studierte in Berlin auch bei Nietzsches Freund Paul Deussen (1845–1919), der die indische Philosophie ganz im Geiste Schopenhauers deutete. Da Neumann in Sachen der Geschlechtlichkeit wohl eher Wagner als Schopenhauer folgte, heiratete er 1889 die Wienerin Camilla Nordmann. Im folgenden Jahr legte er seine Dissertationsschrift vor, die Übersetzung des *Sarasangaho,* eines buddhistischen Kompendiums des 14. Jahrhunderts, aus dem Pali.

1891 folgte eine Studie über *Die innere Verwandtschaft buddhistischer und christlicher Lehren.* Neumann verglich darin zwei Reden des Buddha mit einem Traktat Meister Eckharts (ca.1260– ca.1328). Schon Schopenhauer hatte sich auf den Dominikanermönch berufen, dessen Thesen von der Kirche zum Teil als Ketzerei verurteilt wurden. Seit Neumanns Vergleich wurde Eckhart immer wieder als westliches Pendant zu buddhistischen Lehren bezeichnet. Dies ist angesichts der Terminologie des Meisters nicht verwunderlich. Mancher Satz läßt sich als Definition der Anatman-Lehre lesen: »Alle Kreaturen sind ein reines Nichts. Ich sage nicht, daß sie geringwertig oder überhaupt etwas seien: sie sind ein reines Nichts. Was kein Sein hat, das ist nichts.« Andererseits glaubt man, Schopenhauers Verständnis des Nirvana zu erkennen, wenn Eckhart sagt, Gott sei »ein Nicht-Gott, ein Nicht-Geist, eine Nicht-Person, ein Nicht-Bild, mehr noch: wie er ein lauteres, reines, klares Eines ist, abgesondert von aller Zweiheit. Und in diesem Einen sollen wir ewig versinken vom Etwas zum Nichts.«[31]

Daß Neumann sein Schaffen durch den Vergleich Buddhas mit Eckhart einleitete, wirft ein Licht auf das dem folgenden Übersetzungswerk zugrundeliegende Programm. Es ging um kein bloßes Übertragen indischer Texte. Neumann, der selbst zum Buddhisten im Sinn Schopenhauers und Wagners geworden war, wollte die Quellentexte der Lehre bewußt in der abendländischen Tradition verankern und suchte in dieser nach Anknüpfungspunkten.

Nachdem er 1892 eine Anthologie mit Lehrreden Gautamas und im folgenden Jahr eine Übersetzung der Spruchsammlung *Dhammapada* veröffentlichte,[32] ging er nach England und versuchte, eine Stellung in Indien zu finden. Als dies nicht gelang, unternahm er 1894 auf eigene Verantwortung eine Reise nach Indien und Ceylon. Anschließend erhielt er eine Stelle bei Georg Bühler, der aus britischen Diensten in England und Indien zurück in Europa eine Professur für Indologie an der Wiener Universität wahrnahm. Nach Bühlers Tod 1898 lebte Neumann als Privatgelehrter ohne Anstellung unter bescheidenen Umständen. Als 1906 die Bank in Konkurs ging, auf der seine Ersparnisse lagen, wurde Neumann mittellos. Um mit seiner Frau zu überleben, verkaufte er seine Bibliothek, darunter die siamesische Ausgabe der heiligen Schriften des Theravada-Buddhismus, die der Übersetzer als Geschenk des Königs von Thailand erhielt. Erst als er 1910 den Vater beerbte, konnte er diese Kostbarkeit zurückerwerben. Von Ende 1894 bis 1915, als er an seinem 50. Geburtstag an einer Lungenentzündung starb, schuf Neumann seine umfangreichen Übersetzungen aus dem Pali, darunter vollständig die umfangreichen Lehrreden Gautamas aus der *Mittleren Sammlung* (*Majjhimanikaya*) und der *Längeren Sammlung* (*Dighanikaya*).[33]

Die Kenntnisnahme Neumanns setzte mit wenigen Ausnahmen erst nach seinem Tod ein. Zu Lebzeiten erschienen die Übersetzungen in Kleinauflagen, von denen jeweils nur wenige Exemplare absetzbar waren. Für die Reden der *Mittleren Sammlung* wandte sich Neumann an mehr als 30 Verlage, bis 1896 der Leipziger Verlag Wilhelm Friedrich den ersten Band produzierte. Die 1899 in Berlin herausgegebene Übersetzung der *Lieder der Mönche und Nonnen Gotamo Buddhos* stieß auf kein Interesse. Am 15. April 1901 klagte Neumann in einem Brief an seinen Freund Giuseppe de Lorenzo, einen Geologen aus Neapel, der durch Neumanns Übersetzungen zum Buddhisten wurde: »O deutsches Publikum, du bist des Schweißes der Denker werth: 130 Exx. der Lieder in 2 1/3 Jahren abgesetzt; und nun auf den Tandelmarkt damit.«[34] Auch Neumanns 1905 in Leipzig erschienene *Sammlung der Bruchstücke* (*Sutta-Nipata*) fand nur etwa hundert Käufer, worauf der Verlag das Werk aufgab.

Daß Thomas Mann die Arbeit Neumanns später unter die »großen Übersetzungstaten der Weltliteratur« reihen und sie zur Grundlage berühmter literarischer Werke wie Hermann Hesses *Siddhartha* werden sollte, daß bedeutende Theoretiker und Philosophen von Max Weber bis Ernst Bloch die Übersetzungen konsultierten, war in Neumanns Tagen ebensowenig abzusehen wie die Tatsache, daß sie bald Ungezählten zur religiösen Orientierung dienten. Freilich dürfte Neumann sich als einen Pionier jenes Einzugs indischer Religionen in Europa gesehen haben, von dem Schopenhauer hier träumte.

1911 skizzierte Neumann den Weg des Buddhismus nach Europa, woraus die Traditionslinie, in der er sich selbst empfand, deutlich wird.[35] Robert Spence Hardys Bericht über das Theravada in Ceylon galt Neumann als erster verläßlicher Bericht über die Grundgedanken des Buddha, das »Beste«, was Schopenhauer in seiner Begegnung mit dem Buddhismus erfahren konnte. Diese Wertung zeigt seine Orientierung auf die Pali-Quellen im Unterschied zu Schopenhauer, der Zeugnisse der in Sanskrit, Pali, Chinesisch und Tibetisch überlieferten nördlichen Traditionen heranzog. Für Neumann besteht der Buddhismus außerhalb der Pali-Quellen aus Entstellungen: »Jene Zerrbilder zu bevorzugen ist neuerlich gelehrte Mode geworden: aber das ist eine Welle, die bald vorüber sein wird.« Die Arbeiten Isaak Jakob Schmidts und des »feinsinnigen« Burnouf werden erwähnt, »deren Forschungen vorwiegend der späteren nördlichen Tradition nachzuschürfen hatten: aber der antike Torso war vor lauter Schutt und Geröll kaum wahrzunehmen«.

Neumann mag hier Oldenberg folgen, dessen Konzentration auf die Pali-Überlieferung die geschichtliche Wirklichkeit des Buddha und seine ursprüngliche Lehre freilegen wollte. Indem seine Übersetzungen den Zugang zur ursprünglichen Lehre Gautamas suchten, entspricht ihre Absicht der metaphysischen Haltung Europas, die nach dem Wesen hinter der Erscheinung fragt und eine historische Wahrheit hinter dem Schein des Überlieferten befreien will. Doch im Fall des frühen Buddhismus zielt die Frage nach dem Ursprünglichen ins Fiktive. Sogar älteste Texte gelangten erst Jahrhunderte nach Gautama in die bekannte Fassung. Der Buddha und seine Lehre sind schon in frühest bekannten Schichten Produkte der Wirkungsgeschichte eines unzugänglichen Gewesenen.

Die Suche nach dem unverfälschten Buddhismus, die Neumann anspricht, wird eine umfangreiche wissenschaftliche und populäre Literatur hervorbringen, die den echten Gautama und seine authentische Lehre aus dem erhaltenen Material schälen oder als Fiktion bloßstellen will. Wissenschaftler bemühten sich, zum Ursprünglichen als dem Faktischen vorzustoßen, bekennenden Buddhisten wurde Ursprünglichkeit zum Kriterium für die Wahrheit eines Lehrinhalts. Spätere Formen des Buddhismus, die sich in China, Japan und Tibet entwickelten, waren vor diesem Hintergrund für viele Buddhisten in Deutschland als Verfälschung diskreditiert.

»Tiefer schauende Geister« konnten das »Geröll« der nördlichen Traditionen allerdings früh »mit ihrem Scharfblicke durchdringen und die edlen Umrisse schon deutlich sehen«. Neumann weist auf Richard Wagner hin, der sich vom alten Buddhismus Indiens und nicht von chinesischen Weiterentwicklungen angezogen fühlte. Doch erfolgt die Berufung mit Vorbehalt. Sie gilt jenem »damals noch unverhutzelten« Wagner der buddhistischen Phase. Unter »schwammigen muffigen Geistern während der verfilzenden frommtümelnden Bayreuther Patriarchenzeit« sei dieser »freigeborene Göttersohn« zum »Mediochristen und schließlich Deutschchristler« verkümmert.[36] Doch konnte auch der späte Wagner für Neumann zur Interpretation der Worte des Buddha inspirieren, da »noch gelegentlich, der urkräftige Feuergeist, doch nicht erstickt vom eingeschlürften christlichen Vergessenheitstrank, blitzend« durchschlägt.[37]

Schopenhauer besitzt für Neumann dagegen uneingeschränkten Wert zum Verständnis buddhistischer Lehren. In der Vorrede zu einer *Buddhistischen Anthologie* läßt er »sich Schopenhauer und Gotamo Buddha, über die Jahrtausende hinweg, die Hand reichen«, denn der Philosoph wie der indische Erwachte »hat *durch sich selbst* die Wahrheit erkannt«.[38] Der so als eine Art deutscher Erwachte gesehene Schopenhauer liefert auch den Schlüssel, wie der Übersetzer seine indischen Quellen formal und inhaltlich verstand.

Gautamas Reden enthielten für Neumann »wie die Philosophie Schopenhauer's, die Religion als Kunst und nicht als Wissenschaft.« Nach Schopenhauer befreit sich menschliches Bewußtsein im Erleben von Kunst, der reinen Betrachtung eines Dings losgelöst vom Willen, zeitweilig von dessen Herrschaft. Ästhetische Erfahrung wird zum Vorgeschmack der Erlösung. »Wie also der Künstler, z. B. der Bildhauer einen Apollo schafft und damit das Wesen der menschlichen Gestalt, der höchsten Jünglingsschönheit, vollkommen adäquat ausspricht, sein Kunstwerk also nicht ›historisch‹ sondern allein als Spiegel der Idee erklärt werden kann«, sind für Neumann die überlieferten Worte Gautamas »der vollendete Ausdruck der tiefsten Erkenntnis des Wesens der Welt«.

Die Kunst Gautamas kommt besonders in seinen Gleichnissen zum Ausdruck, »sei es, daß er Landschaften schildert wie Ruisdael, daß er Anatomien male wie Rembrandt oder daß er Schlachten entrolle wie Salvator Rosa oder aber uns Gesichter offenbare wie Luini oder Leonardo«. Die besondere Wirkung der Gleichnisse geht von ihrer »Ökonomie« aus, der »Beschränkung des Künstlers. Gotamo will nicht alles aufdecken, alles darstellen, alles geben. Es genügt ihm, sicher deutbare Typen in weiser Auswahl zu behandeln«.[39]

Die Bescheidung auf den Typus, für Neumann Kriterium vollendeter Kunst, deutete sein Lehrer Oldenberg als Mangel indischer Kultur. Indien galt ihm als »ein Land der Typen, nicht der mit ihrem eigenen Stempel geprägten Individualität. Leben entsteht dort, wie die Pflanze blüht und verwelkt, unter dem dumpfen Zwange von Naturkräften, und Naturkräfte können nur typische Gestaltungen hervorbringen.«[40] Der von Hegels Denken geprägte Oldenberg hielt es für eine durch ihr noch nicht zu geistiger Klarheit gelangtes Umfeld bedingte Schwäche buddhistischer Texte, daß sie keine Persönlichkeiten abbilden.

Für Neumann handelt es sich bei den Schilderungen Gautamas um »ein Bild mit wenigen Strichen, mit tiefen, satten rembrandtischen Farben entworfen, ohne Pathos, als schlichter Typus aufgestellt. Das genügt dem Meister.« Gerade die Knappheit des bloßen Typus weist in die Tiefe, wofür ihm folgender Beleg gilt:

»›Was ist Labsal des Körperlichen?‹ fragt der Meister seine Jünger, und er gibt ihnen die Antwort: ›Zum Beispiel eine Königstochter oder eine priesterliche Jungfrau oder ein Bürgermädchen in der Blüte des fünfzehnten oder sechzehnten Jahres, nicht zu groß, nicht zu klein, nicht zu schlank, nicht zu voll, nicht zu dunkel, nicht zu hell: erscheint nicht eine solche schimmernde Schönheit um diese Zeit am prächtigsten?‹ – Die Jünger bejahen die Frage, und der Meister fährt fort: ›Was da Wohl und Erwünschtes schimmernder Schönheit gemäß geht, ist Labsal des Körperlichen.‹ Und nun führt Gotamo eben diesen Typus menschlicher Erscheinung weiter aus: ›Was ist nun Elend des Körperlichen? Da sehe man nun diese Schwester zu anderer Zeit, im achtzigsten, neunzigsten oder hundertsten Lebensjahre, gebrochen, giebelförmig geknickt, abgezehrt, auf Krücken gestützt schlotternd dahinschleichen, siech, welk, zahnlos, mit gebleichten Strähnen, kahlem, wackelndem Kopfe, verrunzelt, die Haut voller Flecken; was meint ihr wohl, ist, was einst schimmernde Schönheit war, verschwunden und Elend ruchbar geworden?‹«

In jedem solchen Gleichnis, das er als verdichteten Hinweis auf das Wesen der Welt betrachtet, spürt Neumann die »Löwentatze« des Buddha. Mit der Pranke des Königs der Tiere vergleichen alte Texte die Wirkung der Worte Gautamas: Sie treffen gründlich. Der Übersetzer interpretiert den Typus im Sinn eines Urbilds, der platonischen Idee, deren Schau das Dasein erschüttert.

Indem Neumann die Buddha-Reden als Kunst wertet, die zur unmittelbaren Schau der Wahrheit verhilft, mußte ihm an mehr gelegen sein als dem philologisch korrekten Übersetzen der Inhalte vom Pali ins Deutsche. Es ging um das Neuschaffen eines Werks, das über die Aussagen hinaus formal ästhetisch eine Kunstbetrachtung im Sinne Schopenhauers ermöglichen soll.

Dabei gelangten die Pali-Quellen, deren Rhythmus Neumann als Kunstschöpfung des Buddha beibehalten wollte, die Sprache der Musikdramen

Richard Wagners, die er wohl als würdigstes deutsches Modell für die Wiedergabe des höchsten Lehrers ansah, und Begriffe der Lehre Schopenhauers, die ihm als identisch mit jener Gautamas galt, zu einer originellen Synthese. Die Kunstsprache dieses deutschen Buddha, für Neumann Frucht seines Bemühens, »Inhalt und Form in *einen* Guß zu schmelzen und als Ganzes wiederzugebären«, wurde wegen ihrer fremden Stimmung vielfach als kongeniale Nachdichtung der indischen Originale empfunden. »Wortbildungen, Wortanklänge, Wortspiele, Umdeutungen, Wendungen, Redeweisen und viel dergl., ferner die im Pali weit ausdrucksvoller als selbst bei Goethe und Bürger hervortretende Alliteration, die fast jeder Vers sehr schön aufweist, habe ich im Spiegel der deutschen Sprache reflektiert.«[41]

Derart klingt der Gedanke, daß man sich seiner Geistesinhalte bewußt werden soll, um nicht ins Grübeln zu verfallen, bei Neumanns Buddha wie folgt:

»Besonnenheit wahrt er sich als gründliche Wehr und Waffe des Gedenkens. Denn ließ' er, ihr Mönche, sein Gedenken wehrlos gewähren, so käme verstörendes, sehrendes Wähnen über ihn; doch das wehrlich gewahrte Gedenken hält das verstörende, sehrende Wähnen von ihm ab. Ließ' er sich also, ihr Mönche, wehrlos gehn, so käme verstörendes, sehrendes Wähnen über ihn; doch wehrlich gewahrt hält er das verstörende, sehrende Wähnen von sich ab.«[42]

Ein weiteres Charakteristikum Neumannscher Kunstsprache sind gestelzt anmutende »Wortbildungen«, die oft nicht zum besseren Verständnis beitragen. So läßt der Übersetzer in *Dighanikaya* 15 den Buddha gegenüber Ananda den »Hang zur Selbstbehauptung« kritisieren. Doch ist diese »Selbstbehauptung« keine Umschreibung der Durchsetzungskraft eines Menschen, wie der Begriff nahelegt, sondern die Übertragung des Pali-Wortes *Attavada* (Selbst-Lehre). Damit werden jene philosophischen Ansätze bezeichnet, die im Gegensatz zur buddhistischen Lehre das Vorhandensein eines Selbst, eines Wesens jenseits des Bedingt-Entstandenen annehmen. Es geht also um die Behauptung der absoluten Existenz eines Selbst.

Zahlreiche weitere Begriffswiedergaben verzerren die ursprüngliche Textaussage, wenn Neumann etwa den wichtigen Begriff *Cetana*, der das absichtsvolle im Unterschied zum unbewußten Wollen bezeichnet, mit »Denken«

übersetzt.[43] Neumanns deutsche Wortwahl ist weniger auf philologische Irrtümer zurückzuführen, als auf die Überzeugung, Gedanken Schopenhauers im Text zu finden.

So gibt er das Pali-Wort *Asava* mit dem von Schopenhauer und Wagner bevorzugten Begriff »Wahn« wieder. *Asava* bezeichnet im älteren Buddhismus menschliche Grundtriebe wie die Sinnlichkeit, den Drang nach Dasein, nach persönlichen Standpunkten und nach dem bequemen Verharren im Nichtwissen um die Wahrheit. Das Wort geht auf das Verb *Asavati* zurück, was »einfließen« oder »hinzufließen« heißt. Dies weist auf den dynamischen Charakter des Gemeinten als Trieb oder Strebung hin.

Neumann zeigt sich über diese Bedeutung informiert. Sollte man »eine rein mechanische Interlinearversion unserer Texte durchführen« wäre der Begriff Wahn »als ›Einfließen‹ wiederzugeben; wobei Kant dem Wort als Taufzeugen beistehn würde, kraft seiner Ansicht«, daß man sich der einfließenden Natur bewußt werden könne.[44] Der Übersetzer rechtfertigt die Wortwahl »Wahn« durch die gewagte Interpretation des »Einfließens der Natur als eines Wahns« in das Bewußtsein. Hier scheinen ihm Kant, der Buddha und die Jaina-Lehre übereinzustimmen. Die Jainas stellen sich vor, daß durch die Lebensprozesse Partikel der materiellen Außenwelt in ein dauerhaftes inneres Wesen (Jiva) einströmen, was dieses im Kreislauf der Wiedergeburten festhält. Eine derart statische Scheidung zwischen äußerer Natur und Innenwelt ist für Gautamas Lehre, die kein die Welt übersteigendes dauerhaftes Wesen kennt, nicht angebracht. Die Idee des Fließens verweist hier auf die dynamische Natur des Menschen und seiner Wirklichkeit.

Ein Leitmotiv in Neumanns Übersetzungen ist Schopenhauers Metaphysik des Willens. In seiner Fassung des 283. Spruchs des *Dhammapada* heißt es:

Den Willen fället, nicht den Wald,
im Willenswalde wohnet Graus;
Habt diesen Wald ihr ganz gefällt,
Dann, Jünger, seid ihr willenslos.[45]

Der Übersetzer Paul Dahlke gibt die gleiche Stelle folgendermaßen wieder:

Die Gier hackt ab und nicht den Baum!
Aus der Begierde wächst die Furcht.
Ist Gier, Begehren abgehackt,
Dann, Mönche, seid verloschen ihr.[46]

Das Pali-Wort *Nibbano* wird von Dahlke korrekt als »verloschen« wiedergegeben. Über den Erloschenen läßt sich im alten Buddhismus keine Aussage mehr treffen. Weder Sein, noch Nichtsein, noch beides, noch keines von beidem treffe auf ihn zu, lautet die diesbezügliche Formel der Texte. Neumann übersetzt in bewußter Anlehnung an Schopenhauers Nirvana-Definition[47] den Begriff als »willenslos«, was ein Subjekt der Willenslosigkeit impliziert und sich damit im Sinn des Seins ausspricht. Der Erloschene ist zwar nichts in Bezug auf die Welt, jedoch kein Nichts im absoluten Sinn.

In die gleiche Richtung geht Neumanns Praxis, das Wort *Atta* (Sanskrit: Atman) auch dann als Substantiv zu lesen, wenn es im Sinn eines Reflexivpronomens gebraucht wird. So heißt es im 157. Spruch des *Dhammapada*, wer sich (Atta) schätze, möge geflissentlich auf sich aufpassen. Neumann übersetzt:

Wem theuer ist das eigne Selbst,
Der hüte es in treuer Hut.

Derartige Übersetzungen suggerieren, Gautama habe die Existenz eines Wesens oder »eigenen Selbstes« vertreten, was seine Anatman-Lehre allerdings ins Gegenteil kehrt. Hier erweist sich, wie vor dem Hintergrund abendländischer Metaphysik das Land des Nicht-mehr-Seins zu einem nur relativen Nichts wird. Bereits Schopenhauer identifizierte das Nirvana mit Brahma, was ihm eine schöpferische Potenz zusprach. Die hier angelegte metaphysische Interpretation des Buddhismus und ihr Zurückweisen werden sich zu einem wichtigen Motiv in der deutschen Buddhismus-Rezeption entwickeln.

Neumann wurde schon zu Lebzeiten von Philologen stark kritisiert. So war der Indologe Richard Otto Franke (1862–1928), der 1913 selbst eine bewußt kühle und unpathetische sowie um terminologische Korrektheit bemühte deutsche Fassung von Buddha-Reden aus *Dighanikaya* vorlegte, polemisch geneigt, die »so ungeheuerliche Übersetzerei für einen beabsichtigten Scherz« zu halten.[48]

Doch wird man Neumanns Absichten und seiner Wirkung durch eine bloß philologische Kritik nicht gerecht. Der Übersetzer verstand sich in erster Linie nicht als Forscher, der mit objektiven Mitteln den Inhalt indischer Texte ergründet. Er war der Interpret eines westlichen Buddhismus, den er auf Grundlage Schopenhauers, Meister Eckharts und Wagners verstand. Sein Übersetzen war zugleich Kommentieren in diesem Sinn.

Zusätzlichen Kommentar lieferte der reiche Anmerkungsapparat zu den Übersetzungen. Dieser enthält Querverweise auf griechische Philosophen und Dramatiker, Kirchenväter und christliche Heilige, auf die klassische Literatur Europas und Vorkommnisse der Weltgeschichte. Neumanns Anmerkungen wirken oft willkürlich wie freie Assoziationen zum Thema, wenn auf einen Satz des Buddha der Hinweis auf Aristophanes, Platon, den heiligen Franziskus oder auf Goethe folgt. Bissig meinte der Philologe Franke, diese Anmerkungen sollten einzig demonstrieren, daß Neumann einen großen Zettelkasten besitze. Doch will der Kommentar die Reden Gautamas in den Kontext europäischer Geistesgeschichte stellen, will zeigen, daß der Buddha einen Platz im Denken des Westens einnehmen kann. Entsprechend fand der Literat größeren Gefallen an Neumanns Assoziationen als der Philologe. Als Hugo von Hofmannsthal nach Neumanns Tod das Werk entdeckte, war er von der Weite seiner Welt überwältigt: »Die Anknüpfungen sind immer bedeutend, das Herangezogene ist immer wichtig, und der Zusammenhang des Ganzen immer wunderbar.«[49]

Mit Karl Eugen Neumanns Lebenswerk war der Buddha endgültig in die deutsche Geisteswelt eingetreten. Er sprach Richard Wagners Sprache, lehrte Schopenhauers Lehre und paßte, wie die Anmerkungen zeigen sollten, in die abendländische Kulturtradition. Trotzdem reflektierte dieser deutsche Buddha auch den Gautama der indischen Quellen. Wie etwa 18 Jahrhunderte zuvor, als chinesische Übersetzungen einen Buddha rekonstruierten, der im Stil chinesischer Gelehrter sprach und Inhalte des Daoismus lehrte, durchdrangen kulturbedingte Verständnisweisen und Neues einander. Wieder hatte ein neuer Abschnitt in der Geschichte des Buddhismus begonnen.

3. Kapitel

BUDDHAS ANKUNFT ZU GOTTES TOD

Wider den Nihilismus: Karl Friedrich Köppen und Joseph Dahlmann

Als man den Buddha in Europa wahrnahm, war dort vieles in Bewegung geraten. Schon an der Schwelle zum 19. Jahrhundert standen die Fürsten von Gottes Gnaden in Zweifel, was mit der Französischen Revolution nur zu deutlich wurde. Fortschritte der Naturwissenschaften stellten zumindest implizit die Schöpfung als Werk Gottes in Frage, wenn etwa der Chevalier de Lamarck in seiner *Philosophie zoologique* (1809) das Leben auf chemischer und physikalischer Basis erklärte. Gewaltige soziale Umwälzungen brachte die Industrialisierung: Mit dem Takt der Dampfmaschine verschwanden die Rhythmen eines Lebens, das sich bis dahin für einen großen Teil der Bevölkerung seit dem Mittelalter nur mäßig geändert hatte. Mit diesem Aufbrechen einer von Gott geschaffenen Ordnung und dem Griff nach den Kronen von ihm begnadeter Herrscher geriet zunehmend die größte abendländische Selbstverständlichkeit ins Wanken, Gott selbst.

Zwar war die Frage nach der Existenz Gottes nicht neu. Schon die Scholastiker des Mittelalters beschäftigten sich im Rückgriff auf griechische Philosophen mit Gottesbeweisen. Doch richteten diese sich weniger gegen fundamentale Vorbehalte am Dasein Gottes als darauf, den Einklang dessen, was man im Herzen glaubte, mit dem Denken aufzuweisen. Als Leibniz seine *Theodizee* schrieb, war er bereits mit stärkeren Zweifeln konfrontiert, doch schien den meisten Denkenden ein funktionierendes menschliches Zusammenleben ohne Gott noch undenkbar. Daher Leibniz' berühmter Satz, wenn Gott nicht ohnehin existierte, müßte er erfunden werden. Sogar der Leibniz-

Kritiker Voltaire ging davon aus, die meisten könnten nicht ohne den Glauben an das höchste Wesen auskommen.

Derart bahnte sich die Entthronung Gottes schrittweise an. Der Gott der Aufklärung durfte im Deismus nach der Schöpfung fern der Welt, in die er nicht mehr eingriff, immerhin noch bestehen. Kants kategorischer Imperativ wies auf eine rein menschliche Ethik, die ohne Gottes Gebot auskommt. Der Mensch sollte nur nach derjenigen Maxime handeln, durch die er zugleich wollen könne, daß sie im Hinblick auf die Menschheit allgemeines Gesetz würde. Obwohl man so Gott für die Ethik nicht mehr benötigte, blieb es für Kant ein Gebot der Vernunft, von der Existenz Gottes auszugehen.

Für den Pantheismus der Romantiker verschwammen die Grenzen zwischen einem zuvor als absolutes, jenseitiges Transzendentes aufgefaßten Gottes mit dem Diesseits. Systematischer dachte Hegel in eine ähnliche Richtung, ließ er doch Gott als Geist die materielle Welt hervorbringen, um sich im Prozeß der Geschichte seinerselbst bewußt zu werden. War der einst Absolute so in verschiedener Weise relativiert oder auf die Welt bezogen, wagte ein Schüler Hegels schließlich den folgenschwersten Schritt zum Atheismus. 1841 erschien Ludwig Feuerbachs (1804–1872) Werk *Das Wesen des Christentums.* Feuerbach erklärte Gott als eine Projektion: Der Mensch überhöht seine eigene Unvollkommenheit, Endlichkeit und Ohnmacht, indem er ein vollkommenes, unendliches und allmächtiges Wesen schafft. Der Mensch schuf Gott nach seinem Bilde, als das, was er selbst sein will. Die Ungerechtigkeit auf Erden findet ihr Gegenbild in der himmlischen Gerechtigkeit. Leugnete Feuerbach das objektive Dasein Gottes, wollte er dies gerade nicht als Distanzierung von jenen Werten verstanden wissen, für die Gott steht. Alle positiven Eigenschaften, die sich in Gott verkörperten, sollten zum Programm des Menschen werden. Der Atheismus galt Feuerbach als Chance zu wahrem Humanismus, dem die Liebe zu Gott im Jenseits zur Liebe zum Menschen im Diesseits wurde. Indem er an die irdische Verwirklichung des zuvor in den Himmel Projizierten glaubte, ging Feuerbach vom Prinzip des Fortschritts aus, in dem das Gute im Menschen sich zunehmend verwirklicht.

Marx, der Feuerbachs Gedanken aufnahm und seinerseits von Einfluß auf Feuerbach wurde, ersetzte den Geist Hegels durch die Materie, die nun zum Absoluten wurde. Nicht länger brachte der Geist die materielle Welt hervor, um seinerselbst bewußt zu werden, sondern das menschliche Bewußtsein war von Gesetzen der Materie verursacht. Dieser Atheismus, der in der Materie weiterhin ein Absolutes erkannte, klare Gesetze in der Welt wirken sah, aus denen man moralische Forderungen ableitete und Werte verkündete, die es zu verwirklichen galt, bedeutete trotz seines Bruchs mit dem absoluten Transzendenten keinen Sturz ins Bodenlose, was die menschliche Praxis anbelangt.

Eine andere Linie des Atheismus vertrat Schopenhauer, dem auch kein höheres Wesen hinter dem blinden Willen stand, der die Welt und den Menschen hervorbringt. In diesem Sinn begrüßte er den Buddhismus als atheistische Religion.[1] Wie Feuerbach und Marx gewahrte Schopenhauer zwar gesetzmäßige Abläufe in der Welt, die an den einzelnen ethische Forderungen stellen. Bei ihm waren dies etwa die Wiedergeburt und das Karma. Der Buddhismus, notierte er, halte neben den subjektiven Anlagen, mit der ein Mensch geboren wird, die »objektiven, unter welchen jeder geboren wird«, für die »moralische Folge eines früheren Daseins«. Dies galt ihm als eine Notwendigkeit für Gerechtigkeit.[2] Doch im Unterschied zu Marx, bei dem die Gesetze der Natur und Geschichte den Zusammenschluß der Menschen zum Aufbau einer besseren Welt gebieten, gibt es für Schopenhauer letztlich keine positive Entwicklung, keinen echten Fortschritt in einer sinnlosen und leidvollen Welt.

Somit begegnete der Buddha in Europa zwei Gestalten des Atheismus. Eine, die keinen Wert in der Welt erkannte und nach Beendigung des Daseinsprozesses strebte, fühlte sich ihm verwandt. Die andere, die Welt und Leben bejahte und gestalten wollte, nahm ihn in der Tradition der Vorbehalte vor dem Nichts skeptisch bis ablehnend wahr. Der Unterschied in der Haltung zum Buddhismus gründete damit nicht in der Frage, ob man Gott bejahte oder ablehnte. Es standen einander zwei in der Wertorientierung gegensätzliche Lager gegenüber: Das eine bejahte mit, ohne oder gegen Gott das dem Menschen Gegebene: Es freute sich der Tatsache des Bewußtseins, wollte die bewußtwerdende Welt positiv gestalten oder sah sie als Ort der Bewährung für ein besseres jenseitiges Leben. Die andere, nihilistische und pessimistische Seite zog es zumindest verbal vor, wäre im Diesseits wie im Jenseits nichts existent.

Dieser pessimistischen Linie, in der Schopenhauer, Wagner und Neumann standen, galt das Leben zwar nicht als lebenswert, doch bot durch die Wiedergeburt die Selbsttötung keinen Ausweg, solange der Wille zum Dasein nicht ganz verneint wurde. Der einzelne, der sich mit einem Dasein abfinden mußte, das er im Grunde nicht wollte, zog sich von der realen Welt zurück und ließ durch sein Werk eine ästhetische Insel entstehen, die als Station auf der Reise ins Nicht-mehr-Sein galt. Der Sprung erfolgte so nicht direkt ins Nichts, sondern vom realen Universum in ein solches der Kunst, die man der gegebenen Welt vorzog. Da man nicht länger Teil der guten Schöpfung Gottes war, ersetzte man die sinnlose Wirklichkeit des Leidens durch eine bessere. Derart schlüpften nihilistische Künstler in die Rolle des entthronten Gottes, dessen Werk sie umkehrten. Wie er aus dem Nichts eine Welt hervorbrachte, schufen sie eine geistige Welt, die ins Nichts hinüberleitete.

Dabei teilten sie Gottes Einsamkeit. Schopenhauer, Wagner und Neumann schufen ihr Werk nicht nur unbeirrt von Mißachtung. Von der Masse im Wahn Befangener nicht anerkannt zu werden, bestätigte den eigenen Weg. Stolz ließ Schopenhauer auf die Titelseite eines Buchs drucken, daß er damit nicht den Preis gewann, um den er sich bewarb. Neumann übersetzte trotz weniger Leser unermüdlich bis an sein Lebensende. Das Ausbleiben des großen Echos gab seinem Werk recht, war doch der Buddhismus etwas für den »abseit gegründeten, ungeselligen, beharrlichen Erzgrübler«.[3]

So schloß die Sehnsucht nach Vernichtung ihren Widerspruch ein, den extremen Individualismus. Was sich selbst ablehnte, setzte sich zugleich gleichsam absolut. Für das mit dieser Spannung verbundene Lebensgefühl trifft das Klischeewort vom Weltschmerz, für den das Scheitern zum System gehört und das Leid die positivste Seite der Welt ausmacht. »Gesegnet sei dein Leiden,« sagt man Parsifal in Wagners »Bühnenweihefestspiel«.

Als der Buddhismus zur Mitte des Jahrhunderts bekannt wurde und Schopenhauer ihn öffentlich positiv wertete, erregte er auch das Interesse von Gegnern des Philosophen, die Pessimismus und Nihilismus ablehnten. Die Beschäftigung mit dem Buddhismus betraf nicht mehr nur eine Angelegenheit weiter Ferne, sondern hatte zugleich etwas mit dem Verstehen und der Kritik einer Tendenz der deutschen Geistesgeschichte zu tun. So kam die erste umfassende historische Darstellung des Buddhismus ausgerechnet aus der von Schopenhauer abgelehnten Schule Hegels. Der Berliner Historiker Karl

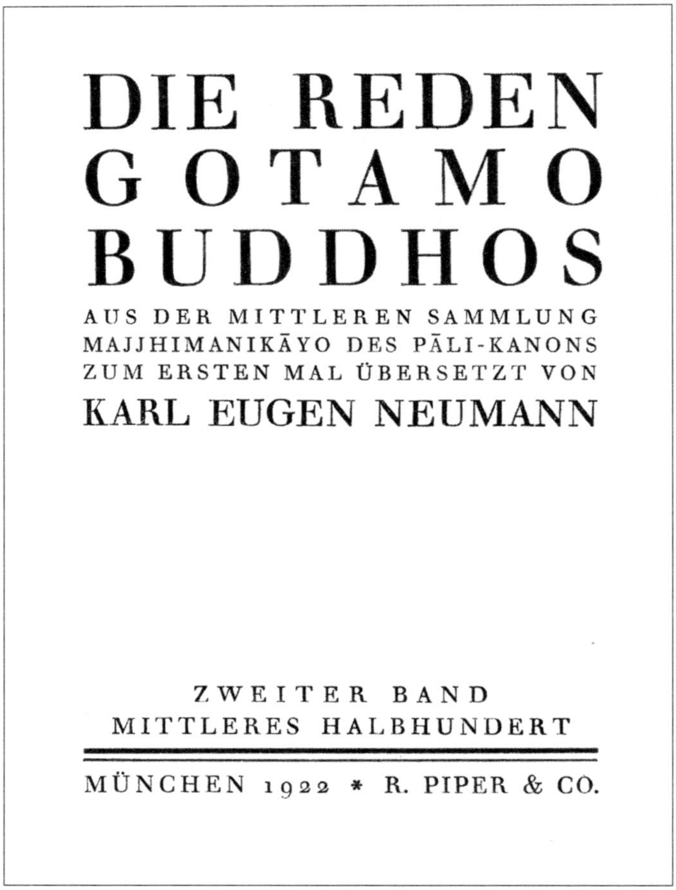

DIE REDEN
GOTAMO
BUDDHOS
AUS DER MITTLEREN SAMMLUNG
MAJJHIMANIKĀYO DES PĀLI-KANONS
ZUM ERSTEN MAL ÜBERSETZT VON
KARL EUGEN NEUMANN

ZWEITER BAND
MITTLERES HALBHUNDERT

MÜNCHEN 1922 * R. PIPER & CO.

Abb. 5

Friedrich Köppen (1808–1863) veröffentlichte 1857 *Die Religion des Buddha und ihre Entstehung*, gefolgt von einem zweiten Band *Die lamaistische Hierarchie und ihre Kirche* (1859).[4]

Köppen stand Karl Marx nahe, dem er ein Werk über Friedrich den Großen widmete. Die beiden kannten einander aus noch dem Berliner Kreis der Junghegelianer und blieben freundschaftlich verbunden. 1861 schrieb Marx an Friedrich Engels anläßlich eines Berlinbesuchs über Köppen: »Die zweimal, die ich allein mit ihm durchkneipte, waren eine wahre Wohltat für mich. Er hat mir seine zwei Bände ›Buddha‹, eine bedeutende Schrift, geschenkt.«[5]

Marx konnte mit seinem Freund in vielem übereinstimmen. Im Anschluß an Hegel sah er die asiatischen Völker durch die Berührung mit dem Westen in die Geschichte eintreten. Nicht daß er den Kolonialismus als Segen gepriesen hätte, doch lieferte erst die Industrialisierung die Voraussetzung für die sozialistische Revolution und die klassenlose Gesellschaft. Indien und China galten in diesem Sinn als dämmernde Territorien. Marx wertete sogar den von den Briten im Opiumkrieg erzwungenen Drogenhandel in China positiv, schien ihm doch, »als habe die Geschichte dieses ganze Volk erst trunken machen müssen, ehe sie es aus seinem ererbten Stumpfsinn aufrütteln konnte«.[6]

Neben Anschauungen über den Gang der Weltgeschichte einte Köppen und Marx die grundlegende religionskritische Einstellung. Köppen galt die Religion als »einflussreichste Erzieherin der Völker, solange diese noch ganz in der Sinnlichkeit und Phantasie leben, und Verstand und Wissen wenig entwickelt sind.«[7] Geht Marx jedoch davon aus, daß die Religionen im zunehmenden Befreiungsprozeß des Menschen absterben, betont Köppen, wie sie sich diesem entgegenstellen. Sie müssen den Fortschritt behindern, weil sie sich bereits »im Besitz der höchsten, irrthumsfreien, unfehlbaren Wahrheit« dünken. Auch wider besseres Wissen ziehen Religionen sich daher nicht von angestammten Machtpositionen zurück. So hält nach Köppen der Buddhismus Tibets die Menschen »zum Theil mit Bewußtsein und Absicht – in Unwissenheit, Leichtgläubigkeit und geistiger Unmündigkeit gefangen, ja sucht diese künstlich zu fördern. Und er wird sie noch lange so halten; denn der Statthalter des Buddha auf den drei Hügeln sitzt zur Zeit noch viel fester, als der Statthalter Christi auf den sieben, so fest, dass er zur Erhaltung und Stärkung des Glaubens noch nie eines jener terroristischen Mittel angewandt, die der letztere bereits sämmtlich erschöpft hat. Er wird daher voraussichtlich seine Scharlatanerien noch Jahrhunderte lang fortsetzen, während die Tage der geistlichen Scharlatane in Europa gezählt scheinen.«[8]

Köppens Werk ist vor diesem Hintergrund eine fundamentale Kritik des Buddhismus aus einer lebens- und fortschrittsbejahenden Perspektive. Wie er dabei seinem Gegenstand doch Gerechtigkeit widerfahren lassen will, zeigt obiges Zitat, daß beim Einsatz von Gewalt deutlich zwischen Papst und Dalai Lama unterscheidet. Bei aller Ablehnung des Buddhismus ist Köppens Darstellung eine um Objektivität bemühte, gründliche historische Arbeit, die jede zugängliche Quelle heranzog. Entsprechend wurde sie auch für jene zum wichtigen Referenzwerk, die sich zum Buddhismus hingezogen fühlten. Sogar der alte Schopenhauer begrüßte es als »ein mit großer Belesenheit, ernstlichem Verstand und Einsicht« gewonnenes, »vollständiges Kompendium des Buddhismus, welches alles Wesentliche enthält«.[9] Der Philosoph erwartete gar nicht, daß die Wertungen des Hegelianers seinen eigenen entsprächen. Er schätzte die Informationen und war bezüglich der Wertungen nicht verwöhnt, hatte er selbst den Buddhismus doch zum großen Teil aus ablehnenden Darstellungen christlicher Missionare kennengelernt. Auch Richard Wagner erfuhr manches von Köppen, wenngleich er bekannte, ihn ärgere »so vieles in dem Buche, weil« er immer daran denken müsse, »wie schwer anderen die reine Erkenntnis der Lehre Buddhas gemacht werden müßte«.[10]

Köppen spielt auf Schopenhauer an, indem er feststellt, »wir Deutsche, in so vielen Beziehungen den Hindu verwandt, haben eine quasi buddhistische Philosophie«.[11] Was jedoch bei gesunden Völkern und Charakteren eine durch äußere Widrigkeiten hervorgerufene vorübergehende Stimmung sei, der »tiefste Ekel an Welt und Daseyn, den einerseits der Anblick der Vergänglichkeit alles Individuellen, andrerseits der Druck sozialer Verhältnisse, die Tyrannei, Gemeinheit und Schlechtigkeit der Menschen erregt«, wurde »im Geiste des verweichlichten, abgeschwächten, brahmanisierten Inders zur fixen Idee, zum Brennpunkt aller Gedanken, aller theoretischen und sittlichen Bestrebungen«.

So sieht er den Buddhismus als Ergebnis jahrhundertelanger politischer und sozialer Repression, die in Indien »das Leben zur drückenden Bürde, Ruhe und Tod und Vernichtung zum höchsten Ziel der Wünsche machte.« Entmutigte Menschen, die wenig Annehmliches gewohnt sind, flüchten sich in die Lehre von der Leerheit, dem Nichts, die Köppen im Sinne Hegels auffaßt:

»Die Welt taucht aus der Leere empor. Alles ist leer, ohne Substanz und Wesenheit. Alles, was ist, oder doch zu seyn scheint, ist aus Nichts und im Nichts und wird wieder zu Nichts. Das Nichts ist der Anfang und das Ende, der Ausgang und das Ziel, die Wurzel und die Frucht; was dazwischen liegt, ist Täuschung. Der rechtgläubige Brahmane negiert die Welt und setzt die Gottheit; der Buddhist leugnet beide. Jenem ist alles wirkliche, existierende, individualisirte Daseyn Negation des Absoluten, diesem absolute Negation, Negation ohne Phrase. Beiden ist der Wechsel der Erscheinungen, der Strom des Entstehens und Vergehens nur ein Wahn, ein Act der Unwissenheit; doch der erstere sieht hinter demselben ein ewiges, unveränderliches unwandelbares Seyn, der andere sieht Nichts dahinter und weiss, dass nichts dahinter ist.«

Aus diesem Vergleich mit dem Brahmanismus schließt Köppen auf eine buddhistische »Inconsequenz«. Ohne ein maßgebendes Absolutes und ohne Subjekte, die sich in einem Verhältnis zu diesem befinden, verliert die Lehre von der Wiedergeburt ihre Berechtigung. Gibt es kein Göttliches, das sich zur Welt entfaltete, »so giebt es auch keinen Strom von Existenzen, der um so unreiner wird, je weiter er sich von seinem Urquell entfernt, keine mit der Entfernung von demselben stufenweise zunehmende Verschlechterung, kein Herabsinken, folglich auch keine Rangordnung höherer und niederer Geschöpfe, welche die Station der grösseren oder geringeren Entfernung und Entfremdung von dem reinen Urwesen bezeichnen, keine Stufenleiter mehr oder weniger geläuterter Seelen, mithin auch keine Rückkehr derselben in die Weltseele, keine Wanderung«, wodurch die Lehre von der Wiedergeburt jeder Grundlage entbehrt.

Dennoch war die nicht folgerichtige Annahme notwendig, »denn eine Religion, welche das Nichts für das Wesen aller Dinge und für das höchste Gut erklärt, hätte ohne die Lehre von der Seelenwanderung und Wiedergeburt ihren Bekennern kaum eine andere Pflicht auferlegen können, als die, sich selbst und Andere so schnell wie möglich in's Nichts zu befördern«.

Köppen kannte noch nicht die genauen Modelle, die statt von der Wiederkehr eines bleibenden Wesens von einem Prozeß des Wandels ausgehen, bei dem der Wiedergeborene nicht identisch mit einem zuvor Existierenden ist. Nach Buddhaghosa, dem autoritativen Kommentator des Theravada, entspricht schon das Entstehen und Vergehen in einem Dasein, in dem ein Mensch von einem Augenblick zum nächsten nie derselbe bleibt, dem Prozeß der Wiedergeburt, der nach dem Tod weitergeht.[12] Der tibetische Buddhismus entwickelte Vorstellungen, einem meditativ Verwirklichten sei es möglich, die große Wandlung des Todes zu steuern, indem er bewußt durch das

Sterben in die Wiedergeburt geht. Die mit solchen Ideen verbundenen Theorien erklären mehr oder weniger folgerichtig, wie eine Wiedergeburt ohne bleibendes Wesen denkbar sei. Auch wenn Köppen davon wenig wußte, trifft seine Kritik einen wunden Punkt des Buddhismus.

In den klassischen Formulierungen der Lehre ist die Annahme der Wiedergeburt der Ausgangspunkt zur Praxis: Weil man seit unerdenklicher Zeit von Dasein zu Dasein treibt und das Leiden so kein Ende findet, sucht man durch eine entsprechende Ethik und meditative Übung den Prozeß des Werdens zu beenden. Doch besaß nicht einmal Gautama in der Zeit seiner Suche nach Erlösung ein Gewahrsein früherer Leben. Erst mit seinem Erwachen, als er zum Buddha wurde, gewann er den Quellen zufolge die Einsicht in die Gesetze der Wiedergeburt und schaute konkrete frühere Dasein. Mit anderen Worten: Das, woraus man fliehen will, wurde sogar für den Gründer erst retrospektiv, als er die Flucht bereits vollzogen hatte, eine erlebte Wirklichkeit.

Besitzt aber der Wiedergeborene keine Erinnerung an frühere Leben, bleibt diese Lehre, die zum Gehen des Weges motivieren soll, eine theoretische Annahme, allenfalls ein Glaube, den die Philosophie des Buddhismus, nach welcher kein Bleibender wiedergeboren wird, nochmals relativiert. Köppens Kritik der Wiedergeburt als einer Inkonsequenz im Buddhismus weist auf den Mythencharakter dieser Idee. Sie erklärt nicht oder nur scheinbar rational, wie das Dasein funktioniert, sondern bringt ein spezifisches Weltgefühl zum Ausdruck: Es ist genug und zuviel des Daseins, denn Welten und Wesen wiederholen einander in leidvollen Varianten.

Durch das Streben nach dem Ende der Wiedergeburten, um aus dem Dasein jenes Nichtsein zu machen, auf dem es gründet, charakterisierte Köppen den Buddhismus als Lehre der Vernichtung. Sie will Geburt, Alter und Sterben hinter sich lassen, also alles, was dem »Individuum der Begriff der Existenz« bedeutet. Der »Buddha erlöst nicht bloss von den Schmerzen, Sorgen und Gefahren des Daseyns, sondern vom Daseyn selbst; seine Erlösung führt zum Nichts, zum Erlöschen der Ichheit (Nirvanam).«

Daß ein Erlöschen dem Sein vorzuziehen ist, war Köppens westlicher Perspektive nicht oder allenfalls als aus gesellschaftlicher Unterdrückung geborene Verirrung nachvollziehbar. Er legt Wert darauf, scheinbar positive Aussagen klassischer Texte zur Erlösung im rechten Licht der Vernichtung zu sehen. Sprechen Quellen vom »anderen Ufer«, der »Überfahrt«, dem »Hafen der Ruhe« oder einem Zustand, »wo es keinen Schmerz und keinen Tod giebt«, darf man nicht glauben, daß dies »irgend einer Art von Jenseits, von zukünftigem Leben, von Himmel oder Elysium im christlichen oder heidnischen Sinne entspreche«. All dies ist »schwülstige Umschreibung des seligen Nichts (Nirvana)« und kein Beweis »gegen die buddhistische Vernichtungstheorie«.

Da die Ethik somit auf keinem positiven Ursprung oder Ziel beruht, ist auch das Verhältnis zum anderen Wesen weniger auf Tugend als auf Indifferenz gegründet. Die »Nichtigkeit der Existenz« wird zum »Band, das Alles, was Odem hat, gleichmässig umschlingt, Alle vereint, Alle verbrüdert. Alle Lumpe, sagt man, sind Brüder, denn das Elend macht weich und gleich. So auch das buddhistische Nichts, die Leere, die Substanzlosigkeit, die das Wesen aller Dinge ist. Der Brahmane stösst jeden zurück, der nach seiner Theorie ein Quentchen Brahmaessenz weniger in sich hat, als er; der Buddhist betrachtet auch den geringsten Wurm als seinen Bruder im Nichts.«

Diese Interpretation des Buddhismus als Nihilismus gewann in der Folge erheblichen Einfluß. Der Jesuit Joseph Dahlmann (1861–1930) versuchte dies Ende des 19. Jahrhunderts zu untermauern, indem er positive Charakterisierungen des Nirvana, für Köppen die »schwülstige Umschreibung« des Nichts, als fremde Zutat wertete. Der Buddhist garniert seine Botschaft der Vernichtung und des Verlöschens mit Begriffen metaphysischer Erlösungslehren und seine Lehre »prunkt mit einem Gewande, das er einer fremden Schatzkammer entlehnt«.[13] Genuiner Buddhismus »ist der Erbfeind jedes höheren Geisteslebens. Es keimt und wuchert in ihm Zerstörung alles dessen, wodurch das alte Indien sich einen ruhmwürdigen Platz in der kulturellen Entwicklung des östlichen Asien erworben hat. In seinem chaotischen und widerspruchsvollen Wesen ist der Buddhismus nur das Siegeszeichen einer zerstörenden Macht, die Trophäe eines farb- und kraftlosen Indifferentismus, der nicht entwickelnd und weiterbildend, sondern verneinend und austilgend in ein reiches Geistesleben eingegriffen hat.«[14]

Das Mahayana kannte Dahlmann aus Textstudien und als lebendige Religion in Japan, wo er sich lange aufhielt und 1913 in päpstlichem Auftrag eine katholische Universität in Tokio gründete. Diese Ausprägung des Buddhismus, die von Mitempfinden sprach und das Verlöschen zu relativieren schien, konnte nicht aus den ursprünglichen Wurzeln erwachsen sein. 1912 veröffentlichte er eine Studie über *Die Thomaslegende und die ältesten Beziehungen des Christentums zum Fernen Osten im Lichte der indischen Altertumskunde*, worin er die christliche Mission im 1. Jahrhundert für das Entstehen des Mahayana verantwortlich macht.

Die Überzeugung von der Gefährlichkeit des Kerns des auf Vernichtung zielenden Buddhismus verband sonst getrennte Lager des deutschen Geisteslebens, den Karl Marx nahestehenden Historiker mit dem jesuitischen Apologeten und vielen, die in ihrer Nachfolge den wahren Buddhismus als Vernichtungsglauben hinter der Maske der Erlösungslehre bloßlegen wollten.

Mancher heutige Buddhist würde der Deutung des Buddhismus als nihilistisch entschieden widersprechen, um auf die Bedeutung des Mitempfindens oder den Weg des Bodhisattva zu verweisen, der den Leidenden hilft. Doch ist diese nihilistische Auffassung keine Erfindung deutscher Philosophen, Historiker und Theologen. Schon der frühe Buddhismus war in Indien mit dem Argument konfrontiert, er lehre »die Vernichtung des Wesens«. Gautama verteidigte sich: »Was ich nicht bin und sage, dessen bezichtigen mich diese Asketen und Brahmanen inkorrekt, fälschlich und unzutreffend: ›Als Verneiner lehrt der Asket Gautama das Zerstören, Aufhören, Vernichten des bestehenden Wesens.‹ Nur eins lehre ich, jetzt und vormals, das Leiden und das Aufheben des Leidens.«[15]

Da Gautama gar nicht von der Existenz eines Wesens ausging, konnte dieses auch nicht zerstört werden. Nicht um die Vernichtung eines Bestehenden ging es, sondern um die Erkenntnis, wie die Annahme eines solchen reine Illusion ist: Was nicht ist, kann nicht zerstört werden. Das Positive des gegebenen Daseins, das Köppen wie Dahlmann als Vertretern ihrer Traditionen so wichtig war, bestand nach Gautamas Anatman-Lehre von Beginn an nicht und war darum auch nicht zu vernichten.

Somit betonten Köppen und Dahlmann einen Aspekt des klassischen Buddhismus, dessen Bedeutung im Angesicht der Quellen kaum zu leugnen ist: Es geht um das Erlöschen des einzelnen. Nicht mehr bewußt zu sein, wird letztlich dem bewußten Sein vorgezogen. Die Entwicklung von wachem Dasein, das Üben der Achtsamkeit sind Vorstufen des Erlöschens (Nirvana). Sogar die Hilfe, die der Bodhisattva des Mahayana anderen gewährt, zielt am Ende auf die Befreiung vom Kreislauf der Wiedergeburten, also allen Formen des Daseins.

Die Einseitigkeit, mit der Köppen und Dahlmann diesen Aspekt zur absoluten Meßlatte für alles erhoben, was aus dem frühen Buddhismus wuchs, und ihr Unglaube, auf dem Fundament der Substanzlosigkeit könne Kultur entstehen, wurzelt in der europäischen Situation. Daß der Buddhismus trotz oder wegen seiner Lehre vom Nirvana erheblich zur kulturellen Entwicklung Asiens beitrug, steht außer Zweifel. Dahlmann, der China, Japan, Thailand, Kambodscha und Myanmar von ausgiebigen Aufenthalten her kannte, mußte sich buddhistische Kulturzeugnisse noch durch frühchristliche Einflüsse erklären. Seine Angst vor der sinnlosen Welt, für die der Buddhismus mit seinem Nichts hinter der Welt stand, gründete in der Heimat, wo Feuerbach Gott zum Geschöpf des Menschen und Schopenhauer die Welt und das Dasein als schlecht erklärte. Kritik am Buddhismus galt zugleich dem Atheismus, der die Grundfesten des christlichen Abendlandes wie nie zuvor erschütterte.

Arischer Christus – jüdischer Buddha: Houston Stewart Chamberlain

Die ursprünglich romantische Begeisterung für Indien hatte eine rassistische Tendenz angenommen, die nach der geistigen Heimat des deutschen Ariers suchte. Daß der Buddhismus als wirkungsgeschichtlich bedeutendste Tradition Indiens das Verlöschen lehrte, ließ zwei Schlüsse zu. Man konnte mit Schopenhauer annehmen, die Sehnsucht nach dem Nirvana oder Nichts sei die dem Arier angemessene Religiosität, die sich am reinsten im Buddha und Meister Eckhart zeigte. Die andere Möglichkeit klang bereits bei Oldenberg an: Der ursprünglich welt- und lebensbejahende Arier wurde erst durch Rassenvermischung mit der dunkelhäutigen indischen Urbevölkerung zum Pessimisten und Nihilisten. Der Buddhismus erscheint vor diesem Hintergrund als Endpunkt einer tragischen Abwärtsentwicklung. Leicht ließ sich dieser zweite rassistische Ansatz mit den Argumenten der Kritik Köppens und Dahlmanns kombinieren: »Rassenschande« bringt Menschen mit einer Lebenseinstellung hervor, die keine höhere Kultur zuläßt.

Der Indologe Leopold von Schroeder (1851–1920) war der Ideologe einer lebensbejahenden indo-arischen Weltanschauung, aus deren Perspektive er den Buddhismus kritisierte. Der in Estland geborene von Schroeder schrieb Bühnenwerke, beschäftigte sich mit vergleichender Sprach- und Kulturwissenschaft und übersetzte indische Texte, darunter des *Dhammapada* (1892). Einige Zeit verfolgte er das Projekt, die Lehren der Phytagoräer auf indische Quellen zurückzuführen. Auch wollte er den Ursprung griechischer und indischer Götter, etwa Apollo und Agni, in denselben prähistorischen Kulten erkennen. Als die russische Regierung 1895 deutschsprachige Vorlesungen an baltischen Universitäten verbot, lehrte von Schroeder in Innsbruck und folgte 1899 Karl Eugen Neumanns Gönner Georg Bühler in Wien als Professor für Indologie.

Von Schroeder, der als Bühnenautor und Bearbeiter indischer Dramen besonderes Interesse für die Beziehungen von Kult und Theater besaß, wurde zum begeisterten Anhänger der Werke Wagners. Er fand *Die Vollendung des arischen Mysteriums in Bayreuth*, wie der Titel eines seiner Bücher lautet. Der Indologe kämpfte in der Parsifal-Schutzbewegung dagegen, daß Wagners Bühnenweihefestspiel nach Ablauf der Urheberrechte außerhalb Bayreuths aufgeführt werden durfte. Im Sinne des Komponisten galt ihm *Parsifal* nicht als Oper, sondern als religiöser Ritus.

In vielen seiner Werke, systematisch in *Arische Religion*, das in zwei Bänden 1914 und 1916 erschien, arbeitete er die Verehrung der Natur, den Glauben an einen schaffenden Gott hinter der Erscheinungswelt und an eine unsterbliche Seele als Basis arischer Weltanschauung heraus. Der Buddhismus, der die gegebene Welt überwinden will, keinen göttlichen Schöpfer der Welt anerkennt und die Veränderlichkeit des menschlichen Wesens hervorhebt, dessen Ziel das Erlöschen sein sollte, entsprach diesen Kriterien von Schroeders nicht. Seine ablehnende Haltung gegenüber pessimistischen und nihilistischen Tendenzen des Buddhismus gewann Einfluß auf einen anderen prominenten Wagnerianer, Houston Stewart Chamberlain (1855–1927).

Der gebürtige Engländer Chamberlain, der zu einem einflußreichen Ideologen der deutschen Geistesgeschichte wurde, lernte früh eine weite europäische Perspektive kennen. Sohn eines britischen Generals, verbrachte er nach dem frühen Tod der Mutter die ersten zehn Lebensjahre bei einer Großmutter in Versailles. Nur wenige Jahre besuchte er dann eine englische Schule. Der Großteil seiner schulischen Bildung erfolgte im Privatunterricht durch einen deutschen Theologen. Dies dürfte ihn entscheidend geprägt haben.

Als Student der Naturwissenschaften in Genf besuchte er 1882 erstmals die Festspiele in Bayreuth. Chamberlain wurde zum Bewunderer der Bühnenwerke und Anhänger der Weltanschauung Wagners. 1905 heiratete er dessen Tochter Eva und übersiedelte von Wien, wo er damals als Schriftsteller lebte, nach Bayreuth. Er galt als führender Wagnerianer, den besonders der Antisemitismus des Komponisten begeisterte. Chamberlain betrachtete die Deutschen als die schöpferischsten Vertreter der arischen Rasse, was er in Büchern über Wagner, Kant und Goethe dokumentierte. Er war von »der überlegenen Bedeutung der aus dem Norden Europas stammenden Menschenart« überzeugt, wobei er dem »Deutschtum die Würde und die Verantwortlichkeit eines Hauptes des germanischen Rassegedankens« zukommen ließ, «weil es in seiner Mitte Hirn und Herz dieser besonderen Menschenart birgt«.[16]

Kaiser Wilhelm II. verehrte Chamberlain, mit dem er im Briefwechsel stand, und lud ihn wiederholt nach Berlin ein. Während des Ersten Weltkriegs schrieb Chamberlain begeisterte Aufsätze im Sinne der deutschen Kriegsziele und kritisierte Englands Kampf gegen Deutschland als Verrat an der arischen Rasse. 1916 nahm er die deutsche Staatsbürgerschaft an.

In den zwanziger Jahren begegnete Chamberlain einem anderen Wagnerianer, den er schätzen lernte und mit dem er korrespondierte. Viel erwartete er sich für Deutschland von ihm, den er für einen schöpferischen Gewaltmenschen hielt, Adolf Hitler. Chamberlains 1897/98 verfaßtes Hauptwerk *Grundlagen des neunzehnten Jahrhunderts* enthält eine antisemitische Theorie über die Entwicklung der europäischen Kultur, die dem schöpferischen Germanentum das zerstörerische Judentum gegenüberstellte. Hitler und seine Gesinnungsgenossen betrachteten den Autor als Vorläufer ihrer Bewegung. Die *Grundlagen des neunzehnten Jahrhunderts* gehen konsequent und harmonisch in den nationalsozialistischen *Mythus des zwanzigsten Jahrhunderts* über, das ideologische Hauptwerk des Nationalsozialismus, dessen Verfasser Alfred Rosenberg (1893–1946) Chamberlain als »verehrungswürdig« galt.[17]

Chamberlain wollte das Christentum, einen der Grundpfeiler abendländischen Selbstverständnisses, von jüdischen Einflüssen reinigen. Dabei stellte sich zunächst die grundsätzliche Frage, ob nicht das Christentum durch die Person seines Stifters Jesus jüdischen Ursprungs sei. Mit allerlei historischen Winkelzügen und Spekulationen über eine arische Enklave in Palästina will Chamberlain daher den Nachweis erbringen, daß Jesus kein Jude war. »Die Wahrscheinlichkeit, dass Christus kein Jude war, dass er keinen Tropfen echt jüdischen Blutes in den Adern hatte, ist so gross, dass sie einer Gewissheit fast gleichkommt.«[18]

Doch mehr noch als historische Wahrscheinlichkeiten sollten Inhalte für diese These sprechen, die Jesus am Vorabend des totalen Rassenwahns für das Germanentum retten wollte. Ein Vergleich des Christus mit dem Buddha erbrachte für Chamberlain den Beweis, daß Jesus der reinere Vertreter einer arischen Weltanschauung im Sinne von Schroeders war.

Chamberlain hebt die historische Bedeutung des Buddha hervor. Er »wüßte nicht, wen die Weltgeschichte ausser Buddha als geeignet zu einem Vergleich mit Christus bietet. Beiden gemeinsam ist der göttliche Ernst; beiden gemeinsam ist die Sehnsucht, der ganzen Menschheit den Weg zur Erlösung zu weisen; beiden ist eine unerhörte Macht der Persönlichkeit eigen.« Trotzdem lassen sie sich nur nebeneinander stellen, »um das Gegensätzliche in ihnen zu betonen. Christus und Buddha sind Gegensätze. Was sie einigt ist die Erhabenheit der Gesinnung; aus dieser ging ein Leben ohnegleichen hervor, und aus dem Leben eine weitreichende Wirkung, wie sie die Welt noch nicht erfahren hatte. Sonst aber trennt sie fast alles.«[19]

Leben und Lehre Gautamas stellt Chamberlain als lebensverneinenden Kontrast zur bejahenden Botschaft Christi dar. Die indische Kultur, die aus beschaulichem Hirtendasein hervorgegangen sei, unterwarf sich durch hohe Begabung ihrer Menschen zu schnell der Ausbildung einer verstandesmäßigen Vernunft, wobei die anschauliche Wahrnehmung der Umwelt zugunsten eines systematisch entwickelten Denkvermögens aufgegeben wurde. Sogar wenn er beim arischen Verwandten Fehlentwicklungen feststellt, scheint der Rassist diesem noch einen Hauch von Überlegenheit abzugewinnen. Doch ist das, was hier nach Indien projiziert wird, vor allem eine Variante des von den völkisch Bewegten Europas kritisierten jüdischen Intellektualismus: Ein Volk ohne lebendigen Kontakt zum Boden, ergibt sich blutleeren Spekulationen.

So markiert das Erscheinen Gautamas in Indien den »greisenhaften Ausgang einer an der Grenze ihres Könnens angelangten Kultur«, in der das Denken der Natur und dem Leben entfremdete. Abstrakte Vorstellungen ergriffen Besitz von den Menschen, worauf »das Auge und das Herz keine Rechte mehr« hatten. Religion und Philosophie verkomplizierten sich und gestatteten kein unmittelbares Erleben mehr.

Der Flucht in abstraktes Denken widerstritten »tropisch heisse Gelüste« der Menschen. Dieser Konflikt zwischen geistiger Abstraktion und Sinnlichkeit habe Gautama in tiefes Leid gestürzt und zur Lehre veranlaßt, daß Leben Leiden bedeute. Indem er Besitz und Bindungen aufgab, zog er mit einem absoluten Nein die Konsequenz aus dem nicht mehr lebenswerten Leben. Er mußte »hassen, was er liebte: Kinder, Eltern, Weib, alles Schöne und Freudenvolle, denn das waren lauter Schleier vor der Erkenntnis, Schlingen, die ihn an ein erträumtes, lügenhaftes Mayaleben ketteten«. Die Religion seiner Zeit konnte ihm nicht helfen, »Opferfeierlichkeiten, die kein Mensch verstand und die die Priester als lediglich symbolisch, für den Wissenden nichtig erklärten; dazu eine ›Erlösung durch Erkenntnis‹, die kaum einem in Hunderttausend« nachvollziehbar war. »So warf denn Buddha nicht allein sein Reich und sein Wissen von sich, alles riss er sich aus dem Herzen, was ihn noch als Menschen unter Menschen fesselte«, auch Liebe und Hoffnung. Damit zertrümmerte er den angestammten Glauben und entgötterte die Welt.

Da der Inder fraglos an die Seelenwanderung glaubte, Streben oder Selbsttötung also nicht gegen Neugeburt halfen, mußte schon im Leben alles abgeschnitten und vernichtet werden, was ans Dasein bindet. Der Buddhist macht »sich selbst zur wandelnden Leiche ehe er stirbt, dann erntet der Schnitter Tod keinen Samen zur Neugeburt. Lebend sterben: das ist der Kern des Buddhismus. Man kann Buddha's Leben als den *gelebten Selbstmord* bezeichnen. Es ist der Selbstmord in seiner denkbar höchsten Steigerung: denn der Buddha lebt einzig und allein, um zu *sterben*, um endgültig und ohne Widerruf tot zu sein, um einzugehen in das Nirwana, das Nichts.«

Dem hält Chamberlain Christus entgegen, der nicht den Tod sondern das Leben verkündete. Ihm ging es nicht um die Abwendung vom Dasein, sondern um eine Umkehrung der Lebensrichtung hin zum Reich Gottes. Leben und Tod erscheinen als einander widersprechende Ideale Christi und des Buddha. Verlassen die Schüler des Buddha Vater, Mutter, Frau und Kind, tun sie dies um des Todes willen; Jesu Jünger vollziehen diesen Schritt auf der Suche nach dem Leben. Christus fordert die »›Umkehr‹, von der gesagt wurde, sie führe ins Gottesreich, und sie ist durchaus keine äussere, sondern eine rein innere. Was Buddha lehrt, ist gewissermassen ein physischer Vorgang, es ist die tatsächliche Abtötung des leiblichen und geistigen Menschen.«

Vergleichbare ethische Aussagen bei Jesus und Gautama, etwa zur Geduld oder Feindesliebe, wertet Chamberlain vor diesem Hintergrund: Dem Buddha bedeute jedes erduldete Unrecht eine erwünschte Abtötung, bei Christus wird es zum Mittel, das eine neue Anschauung des Lebens fördert.

Daß Richard Wagner selbst eine buddhistische Phase durchlief, brauchte seinen Anhängern von Schroeder und Chamberlain keine Probleme zu bereiten. Kam Wagner zur Aufgabe des Projektes *Die Sieger* auch deshalb, weil er dem leidenschaftsfreien Buddha keine Singstimme verleihen konnte, mochte dies aus ihrer Perspektive nicht als Scheitern des Komponisten, sondern als Triumph des schöpferischen Ariers über den Vertreter des nihilistischen Irrwegs erscheinen. Wagner hatte schließlich mit der Gestalt des Parsifal einen arischen Erlöser entstehen lassen, der aus dem Buddhismus über das Sieger-Projekt aufnahm, was im Sinn einer arischen Religiosität an Indischem vertretbar war, und in den christlichen Mythos integriert. Auch Chamberlains Theorie vom arischen Jesus wurzelt in Spekulationen Wagners.

Karl Eugen Neumann, selbst jüdischer Herkunft, dessen Buddhismus – so weit ihm möglich – an Wagner festhielt, fragte sich doch, »wer lacht oder seufzt da nicht«, dachte er daran, wie Wagner »gerade am arischen Nazarener« seiner buddhistischen Phase »urvergeßlich« wurde.[20]

Chamberlain fühlte sich im Einklang mit Wagner, sah er den pessimistischen Buddha für die aufstrebenden europäischen Völker nicht als geeigneten Lehrer, sondern als Repräsentanten »einer ausgelebten, auf Irrwege geratenen Kultur: Christus dagegen bedeutet den Morgen eines neuen Tages; er gewann der alten Menschheit eine neue Jugend ab, und so wurde er auch der Gott der jungen, lebensfrischen Indoeuropäer, und unter dem Zeichen seines Kreuzes richtete sich auf den Trümmern der alten Welt eine neue Kultur langsam auf, an der wir noch lange zu arbeiten haben, soll sie einmal in einer fernen Zukunft den Namen ›christlich‹ verdienen.«[21]

Diese Sicht des Buddhismus als Antipode des christlichen Abendlands kam Chamberlains Bewunderer Wilhem II. entgegen. Des Kaisers tiefes Mißtrauen gegenüber Ostasien, das ihn 1900 anläßlich einer gemeinsamen China-Expedition europäischer Nationen unter Mißachtung des Reichstags zu einer privaten Kriegserklärung an den Osten veranlaßte, empfing hier ideologische Bestätigung. Nicht allein im Sinn der Volksmassen Asiens, die Europa überschwemmen könnten, stellte »die gelbe Gefahr« eine Bedrohung dar. Die Völker des Fernen Ostens hingen zudem einer lebens- und kulturfeindlichen Pseudoreligion an, die das Dasein von Welt und Menschheit in Frage stellte.

So gab der Monarch dem Maler und Akademieprofessor Hermann Knackfuß (1848–1915) den Auftrag, ein von ihm selbst entworfenes programmatisches Bild über »die gelbe Gefahr« auszuführen, das die Buddhismus-Kritik Dahlmanns und Chamberlains anschaulich illustriert: Der Erzengel Michael, Schützer des Deutschen Reichs, führt mit einem Flammenschwert die durch weibliche Gestalten allegorisch angetretenen abendländischen Nationen in den Kampf gegen einen meditierenden Buddha, der auf einer Wolke über europäischer Kulturlandschaft schwebt. Aus dem Rauch der Zerstörung, der den Buddha umgibt, werden gleich die Horden des Ostens brechen, um die westliche Kultur zu vernichten. »Völker Europas wahret eure heiligsten Güter«, betitelte Wilhelm II. das Bild, das er in deutschen Dampfern aufhängen ließ, die nach Fernost fuhren, und den Monarchen des Abendlandes schenkte. Dem Zaren Nikolaus legte er es als Mahnung besonders ans Herz: Rußlands Mission sei das Aufhalten der schädlichen Einflüsse des Ostens.

Die politischen Visionen des unseligen Kaisers, der für wenige Meter verbrannten Bodens seine Untertanen zu Tausenden in Verdun verbluten ließ, sind inzwischen ebenso ein Fall für die Psychopathologie der Geschichte wie sein Kunstgeschmack, der alles Zukunftsweisende, etwa das Werk Max Liebermanns, ablehnte. Auch Wilhelms bevorzugter Maler Knackfuß zählt im Licht der bedeutenden Neuerer der Malerei seiner Zeit äußerst wenig. Anton Springer (1825–1891), einer der Väter der wissenschaftlichen Kunstge-

Abb. 6
Hermann Knackfuß (1848–1915) »Völker Europas wahret eure heiligsten Güter«

schichte und Kämpfer gegen Zensur und politische Unterdrückung, brach den Stab über des Kaisers auch als Kunstwissenschaftler dilettierenden Propagandamaler: »Kennen Sie den berühmten Kunsthistoriker Knackfuß? Ich kenne ihn nicht.«

Dennoch bleibt das Bild nach dem Entwurf des Kaisers ein bedeutendes historisches Dokument für eine Reaktion in der Begegnung Europas mit dem Buddhismus. Mit heutigen Augen betrachtet, ist die Darstellung auf fast rührende Weise entlarvend: Der Engel mit dem Flammenschwert und die Völker Europas in Rüstung, mit Lanzen, Schwertern und Schildern wenden sich gegen ein Feindliches, in dessen Zentrum still ein waffenloser Buddha sitzt, der in keiner Weise in die Welt eingreift. Gerade seine Ruhe und Passivität soll die Völker Europas zittern lassen: Dieser Buddha repräsentiert das Nichts, die Vernichtung der höchsten abendländischen Werte, Gott und seine sinnvolle wie vollkommene Schöpfung, das Individuum und seine unsterbliche Seele.

Die Bedrohung, die hier in Gestalt des Buddha über Europa schwebt, hatte in Deutschland längst ihre Agenten, deren einflußreichster Schopenhauer war. Sein Schüler Philipp Mainländer, der ein Dramenfragment über den Buddha hinterließ, tötete sich 1876 im Alter von 35 Jahren am Tag, als sein Buch *Philosophie der Erlösung* erschien, weil er das Nichtsein dem Sein vorzog. Gegen diese Tendenz, die sich im Buddhismus aus dem Osten und dem Nihilismus im Westen zeigte, richtete sich des Kaisers Bild. Es dokumentiert die Angst führender Vertreter einer Zivilisation vor deren und ihrer Vernichtung.

Es gibt aus jener Epoche ein weiteres Kunstzeugnis, das die Begegnung mit dem Buddha zum Inhalt hat. Der französische Symbolist Paul Ranson (1864–1909) malte den gekreuzigten Jesus neben dem erwachten Gautama, – Christus und Buddha, beide Erlöser in Harmonie. Unter den Symbolisten Frankreichs pflegte man aus esoterischen Traditionen Europas genährte Lehren, denen die Vorstellung des Nichts hinter der Welt weniger bedrohlich schien. Der Dichter Stéphane Mallarmé schrieb in dieser Richtung, daß er »unpersönlich« geworden sei, »nicht mehr Stéphane, den Du kanntest, sondern einer der Wege, den das spirituelle Universum gefunden hat, um sich selbst zu sehen und voranzukommen – durch das hindurch, was mein Ich war«.[22] Fürchteten die Symbolisten den Verlust des Ich nicht, und mancher von ihnen stand inhaltlich Schopenhauer nahe, ließ sich der Buddha als Überwinder der Welt problemlos neben Christus setzen.

Blickt man auf die Wirkungsgeschichte Chamberlains, dem es vorgeblich um eine Verteidigung von Leben, Kultur und Individuum gegen zerstörerische Kräfte ging, mag sein Einfluß auf den Vernichter des Deutschen Reichs, Wilhelm II., und die ideologische Entwicklungslinie, die von Chamberlain zum Schlächter Hitler führte, grotesk anmuten. Doch waren es nur scheinbar Leben und Kultur, für die sich Chamberlain einsetzte. Wie in den Fällen des von ihm beeinflußten Kaisers und Führers existierten seine Werte nur im Gegensatz zu anderen. Die Größe seiner kreativen Germanen bedurfte der phantasierten Minderwertigkeit des unschöpferischen Judentums, die Lebensbejahung seiner arischen Christuskarikatur der Gefährlichkeit des die Welt und das Dasein verneinenden Buddha.

Diese Antithetik ist Ausdruck des Verfolgungswahns, in den zu viele sich im Deutschland jener verhängnisvollen Epoche verstiegen hatten. Um sich zu behaupten, glaubte man gegen andere schlagen zu müssen. War keine Bedrohung vorhanden, konstruierte man sie, als ob man sich nur durch den Feind der eigenen Existenz versichern konnte. Die Hinmordung von Millionen wehrloser Menschen in den Vernichtungslagern der Nazis, galt ihren Betreibern als legitime Verteidigung der eigenen Rasse. Kaiser Wilhelms Engel, der die Völker Europas gegen einen ruhig sitzenden Buddha führen will, wirkt wie ein Vorbote des arischen Grauens, dessen Wunden bis heute nicht verheilten.

Es war nicht die Lebensverneinung des Buddha, die Chamberlain ängstigen mußte, sondern die in dieser Verneinung implizit vorhandene umfassende Bejahung. Wer in Bezug auf die Welt keinen Anspruch auf Selbstbehauptung oder Macht mehr hat, dem kann alles im tiefsten Sinne des Wortes *gleich* sein. Es gibt keinen Platz für Diskriminierung, keinen Wert, für den sich zu kämpfen oder morden lohnte, keinen essentiellen Unterschied zwischen sogenannten Rassen. Köppens Analyse zur Ethik des Buddhisten, dem selbst der geringste Wurm ein Bruder im Nichts sei, charakterisiert den Kern der Angst vor dem Buddhismus: Die Verneinung von Individuum und Welt führt notwendig dazu, jeden Kampf gegen andere aufzugeben, jede der Eigendefinition dienende Antithese fallen zu lassen. Der weiterem Dasein entsagende Buddha läßt im Unterschied zum Kämpfer für die wahren Werte des Lebens den anderen existieren. Der paradoxe Fall tritt ein, daß der absolut Verneinende mehr bejaht, als der nur manches bejahende Antithetiker.

Die Kritik am verneinenden Buddha ist somit untergründig auch ein Festhalten der eigenen Überzeugung, auf der richtigen Seite zu stehen, um gegen jene zu schlagen, die sich am falschen Ort befinden. Es ist ein Beharren auf der Selbstbehauptung durch Abgrenzung, deren striktes Entweder-Oder es nicht erlaubt, gleich Ranson den Erwachten neben dem Gekreuzigten zu sehen.

Die Gegner des Buddhismus als Nihilismus erlebten diesen vor allem als Antithese dessen, was im Abendland galt. In der buddhistischen Welt wurde dies nicht so aufgefaßt. Zwar hatte der frühe Buddhismus in Indien als metaphysikkritische Lehre Spekulationen über ein ewiges Wesen und einen Schöpfergott zurückgewiesen. Doch waren derartige Lehren nicht *die* religiösen Grundlagen der Gesellschaft. Hier wie in anderen Ländern, in die er gelangte, traf der Buddhismus auf polytheistische und animistische Glaubensvorstellungen, die problemlos in sein Gebäude integrierbar waren. Enthronte dagegen Europa mit oder ohne Berufung auf den Buddhismus den Schöpfer, der die beste aller Welten getragen, ihr Sinn verliehen und durch seine Gesetze regiert hatte, verursachte dies mehr als nur eine schmerzliche Lücke. Es ließ den Boden unter den Füßen schwinden.

Die Gewalt und den Schock des Bruchs können Nachgeborene, die eine unhinterfragte und in sich selbstverständliche Welt nie kannten, kaum erahnen. Der Ebenbildlichkeit Gottes beraubt, nicht mehr in einem Universum geborgen, begann eine neue Einsamkeit des Menschen. Wurde auch nicht jeder Europäer zum bekennenden Atheisten, so durfte doch nach dem sich so mächtig aufbäumenden Zweifel Gott auch dem Gläubigen nicht länger das sein, was er nahezu zweitausend Jahre gewesen war: selbstverständlich.

Wie sollte sich der Mensch angesichts der neuen Einsamkeit verhalten? Theologen der etablierten Religion verwiesen auf die bewährten Werte, welche die Anfechtungen des Neuen überdauern würden. Marx setzte auf den solidarischen Zusammenschluß der Menschen aller Völker, die sich, nachdem Gott als Erfindung erkannt wurde, nun auch der Herrscher entledigen, die ihre Macht und Besitztümer mit dem Willen dieses Gottes legitimierten: Statt einer nach metaphysischen Leitsätzen begründeten Gesellschaft eine solche, die sich an den Gesetzen der Natur und der Geschichte orientiert. Chamberlain steht für jene völkische und faschistische Tendenz, die der Einsamkeit des Menschen durch die Geborgenheit einer umgrenzten Gruppe begegnen wollte, der Volksgemeinschaft und überlegenen Rasse, die sich im Kampf gegen das vermeintlich Minderwertige behauptet. Schopenhauer empfahl beim Wanken des Bodens den Sprung ins Leere, Nirvana durch Verneinung des Willens zum Dasein.

Keine der Antworten griff. Ihr Scheitern trat und tritt in Deutschland tragischer als in anderen Ländern Europas hervor. Das traditionelle Christentum der Kirchen verlor an Terrain. Inzwischen breitet sich mehr als bloßer Unglaube aus, denn immer weniger wissen, was da überhaupt zu glauben wäre. Verkommt das Christentum zum folkloristischen Aufputz wichtiger Lebensstationen? Der völkische Nationalsozialismus hinterließ aus der Asche verbrannter Menschen, Länder und Bücher ein Monument des Wahns, das alles Vergleichbare überragt. Der Marxismus, der nicht nur das Land teilte, sondern innerhalb beider Teile Menschen entzweite, scheint mit dem Fall der Mauer zerbröckelt, die jene bauten, die in seinem Namen zu herrschen vorgaben. Was Schopenhauers große Verweigerung gegenüber dem Dasein angeht, findet sich zwar der Nihilismus in vielerlei Gestalten, in wohl durchdachten wie in Ulrich Horstmanns »Philosophie der Menschenflucht«[23] mit dem Entwurf der Vermondung der Erde durch ein »nukleares Nirwana«, und in manch wenig reflektierten »no future«-Anschauung als Lebensgefühl, daß es im Grunde nicht wert sei zu existieren. Doch fehlt all dem der tiefe ethische Ernst, der Schopenhauers Philosophie des Mitleids und der Askese trotz seines widerlichen Antisemitismus prägte.

Der Entthronung Gottes folgte in Deutschland nach dem Versagen der zum Ersatz gebotenen Ansätze für die breite Gesellschaft schließlich das Streben nach möglichst genußvollem Dasein, der Kult des Autos und Urlaubs, des Körpers und Besitzes. Der Hedonismus verbindet, will man das Verb ›verbinden‹ denn für eine egoistische Haltung gebrauchen, heute nicht nur die vielen, die an ein Wohin und Warum ihres Daseins keinen Gedanken verschwenden, sondern auch die Lager und Bekenntnisse mit gegenteiliger Etikettierung. Die Sozialdemokratie vergaß ihre marxistischen Wurzeln und mit ihnen die Idee der internationalen Solidarität, um sich der Steigerung der Lebensqualität einer genußorientierten Gesellschaft zu widmen, als wären auf der Erde Hunger und Verelendung besiegt. Auch unter Anhängern des Buddhismus findet sich im Westen oft ein starker hedonistischer Zug, wenn sich die Praxis vor allem darauf richtet, zu einem angenehmen Dasein beizutragen, und der westliche Buddhist in seinem Umfeld jenen Individualismus lebt, den der frühe Buddhismus als Wahn entlarven wollte. Meditieren wird zum Sport, der wie andere Sportarten das körperliche und geistige Wohlbefinden steigern soll.

Daß aus dem Brodeln von Nihilismus, von Sozialismus und Faschismus schließlich die große Betäubung des Hedonismus hervorgehen sollte, war kaum absehbar, als der Mensch seinen Gott vom Thron stieß. Etwas nie Dagewesenes, sollte auf die Epoche Gottes folgen. Ein neues Menschentum schien greifbar.

Friedrich Nietzsche: Europas Buddha?

Nannte Schopenhauer sich als erster Deutscher einen Buddhisten, reklamierte Friedrich Nietzsche, der Prophet des »Übermenschen«, als erster quasi die Buddhaschaft für sich. Seine Seele, formulierte er, sei die »umfänglichste«, die je ein Europäer besaß. Deshalb könne er der Buddha Europas sein, obgleich er als solcher der Gegenpol zum indischen Buddha wäre.[24] Diese Selbsteinschätzung kann, auch wenn ihre Absicht eine andere war, zur Illustration der Beziehung Nietzsches zum Buddhismus dienen: Nähe bis zur Identifikation mit dem Rang des Stifters bei zugleich weitester Distanz. Entsprechend findet man in seinem Werk Aphorismen, die einen europäischen Buddhismus fordern neben solchen, die ihn als Religion, die ein kranker Wille hervorbrachte, ablehnen. Was zunächst wie ein Zwiespalt wirkt, gründet in Nietzsches philosophischem Weg.

Sein Denken ging ursprünglich von Schopenhauer aus, von dem er später inhaltlich ebenso abrückte wie vom einst bewunderten Freund Richard Wagner. Schon von diesem Ausgangspunkt her bestand ein Interesse für das Denken Indiens und den Buddhismus. Bezüglich der indischen Systeme lernte er manches von seinem Freund Paul Deussen. Zum Buddhismus informierte er sich über die Hinweise und Interpretationen Schopenhauers hinaus aus Standardwerken seiner Zeit, etwa der Arbeit Köppens, die er aus einer Bibliothek lieh, oder Oldenbergs Buch *Buddha*, das er besaß.

Der Boden, auf dem Nietzsches Denken und damit seine Perspektive zum Buddhismus gründet, ist der Atheismus. Der Tod Gottes, wie er den Ernst der abendländischen Situation bezeichnete, galt ihm als unumstößliche Tatsache. Daß Gott, wie Feuerbach feststellte, ein menschliches Produkt ist, bedurfte keiner weiteren Begründung. Nietzsche, der ein Geborgensein in Gott vorgezogen hätte, mußte daher nicht mehr gegen den Schöpfer kämpfen. Das Verlorensein des Menschen in einer ungeschaffenen und sinnlosen Welt war ihm erschütternde Gewißheit.

Die Lehre Schopenhauers, die auch gottlos in der abendländischen Tradition Platons an einer Metaphysik festhielt, war Nietzsche zunächst als Ausweg aus der Depression erschienen, die der Tod Gottes verursachte. Das menschliche Streben hatte in der Verneinung des Willens nach wie vor ein Ziel. War dies mit dem Nirvana auch ein negatives, galten doch weiterhin Regeln seiner Erreichung. Der Weg zum Nichts hatte seine Moral.

Doch schließlich erkannte Nietzsche, wie die Atheismen Feuerbachs und Schopenhauers nur Scheinlösungen boten und notwendige Konsequenzen aus dem Tod Gottes vermieden. Er akzeptierte Feuerbachs Folgerung nicht, der Mensch solle sich in die Richtung eines Vorbildes entwickeln, das letztlich ein Produkt menschlicher Unzulänglichkeit war. Schließlich glaubte er auch Schopenhauers Metaphysik nicht mehr, die an Mitleid und Askese festhielt, um zum Ende des Daseins zu gelangen.

Die Konsequenz aus dem Tod Gottes konnte für Nietzsche nur bedeuten, alles auf Gott Gegründete abzustreifen. Entstand Gott aus menschlicher Schwäche, galt dies für die Metaphysik, die seine Existenz plausibel machen sollte ebenso wie für die vorgeblich von ihm verfügte Ethik. Religiöse und weltliche Moralsysteme erschienen vor diesem Hintergrund als Instrumente der Schwachen zur Unterdrückung der Stärkeren. Mitleid und Liebe erfanden die im Lebenskampf weniger Tauglichen zur Versklavung der Starken, denen sie sonst physisch hilflos gegenüberstanden. Wollte der Mensch der Wahrheit vom Tod Gottes gemäß leben, bedurfte es einer »Umwertung der Werte«, eines Daseins jenseits des nur metaphysisch begründeten Dualismus von Gut und Böse. Statt der Zügelung oder Verneinung des Willens, wie ihn jede Moral fordert, wäre seine Befreiung angesagt.

Diese Kritik trifft das Christentum, dessen Gebote zu Gott führen wollen, ebenso wie den Buddhismus, dessen auf vorgeblichen universellen Gesetzen wie Karma und Wiedergeburt basierendes Regelwerk das Erlöschen unterstützen soll. Beide gehören als nihilistische Décadence-Religionen, die den Willen des einzelnen brechen wollen, ihrem Wesen nach zusammen.[25] Dennoch scheint Nietzsche der Buddhismus »hundertmal kälter, wahrhafter, objektiver«[26] als das Christentum, weshalb er zu dessen Kritik beitragen kann.

Während das Christentum in den ethischen Nachwirkungen seiner Metaphysik die abendländische Kultur weiterhin überschattete, hatte der Buddha durch seinen atheistischen und metaphysikkritischen Ausgangspunkt von Beginn an die realistischere Position. Die für Nietzsche gültige Relation geht aus dem Vergleich in *Die Fröhliche Wissenschaft* (§ 108) hervor: »Nachdem Buddha tot war, zeigte man noch Jahrhunderte lang seinen Schatten in einer Höhle – einen ungeheuren schauerlichen Schatten. Gott ist tot: aber so wie die Art der Menschen ist, wird es vielleicht noch Jahrtausende lang Höhlen geben, in denen man seinen Schatten zeigt. – Und wir – wir müssen auch noch seinen Schatten besiegen!«

Durch diese Distanz kann der Buddhismus in Europa zur Überwindung des Christentums beitragen. Im Unterschied zu diesem hat er »die Selbst-Betrügerei der Moral-Begriffe bereits hinter sich, er steht, in meiner Sprache geredet, jenseits von Gut und Böse«. Die historische Ursache für dessen bessere Position sah Nietzsche in zwei physiologischen Faktoren als Voraussetzungen des Buddhismus, »eine übergroße Reizbarkeit der Sensibilität, welche sich als raffinierte Schmerzfähigkeit ausdrückt, sodann eine Übergeistigung, ein allzulanges Leben in Begriffen und logischen Prozeduren, unter dem der Person-Instinkt zum Vorteil des ›Unpersönlichen‹ Schaden genommen hat«. Durch diese Bedingungen sei eine Depression entstanden, »gegen diese geht Buddha hygienisch vor.« Wie Nietzsche anmerkte, wären diese Zustände wenigstens einigen seiner Leser, den »›Objektiven‹, gleich mir selbst, aus Erfahrung« bekannt.[27] Nietzsches Buddha wendet sich damit gegen einen Mangel an Subjektivität bei einem Menschen, der sich unter das Diktat vorgeblich objektiver, allerdings nur erdachter Regelwerke begab. Er ruft den schlaffen Gelehrten aus staubiger Stube und abstrakter Metaphysik zurück zur Basis, zur physischen Wirklichkeit.

Die Idee, der Buddha begegne einer Verweichlichung und Übersensibilisierung im Körperlichen mit lebensfeindlicher Überbetonung begrifflichen Denkens im Geistigen, erinnert an Chamberlains These, die Lehre des Buddha reagiere auf ein Überbetonen abstrakten Denkens, das in Konflikt mit tropisch heißen Leidenschaften geraten sei. Ihre indologischen Quellen hatten beide zum Schluß geführt, daß das 19. Jahrhundert in Europa dem Indien zur Zeit des Buddha ähnelte: Der (jüdische) Geist der Abstraktheit dominierte über das wirkliche Leben, das es zurückzugewinnen galt.

Doch während Chamberlain den alles verneinenden Ausweg des Buddha ablehnen mußte, konnte ihm der Metaphysikkritiker Nietzsche mehr abgewinnen. Er deutete das von Bindungen freie Leben des buddhistischen Mönchs als Versuch, den Elfenbeinturm überzüchteter Geistigkeit zu verlassen, um übermäßiges Reflektieren einzustellen und zur Natur des Daseins zurückzufinden. Der Buddha wendet gegen die Herrschaft des Geistigen »das Leben im Freien an, das Wanderleben; die Mäßigung und Wahl der Kost; die Vorsicht gegen alle Spirituosa; die Vorsicht insgleichen gegen alle Affekte, die Galle machen, die das Blut erhitzen; keine Sorge, weder für sich noch für andere. Er fordert Vorstellungen, die entweder Ruhe geben oder erheitern – er erfindet Mittel, die anderen sich abzugewöhnen. Er versteht die Güte, das Gütig-sein als gesundheit-fördernd.«

Geht es buddhistischem Asketentum um die Beruhigung des eigenen Geistes, stehen ethische Motive wie die Güte, die Nietzsche dem Christentum nicht nachsah, im Buddhismus hinter anderem Vorzeichen. Das Gebot, Feindschaft nicht durch Feindschaft zu vergelten, wertet er gar nicht als ethische Maxime des Mitleids mit anderen, sondern als therapeutische Maßnahme. Affekte der Feindschaft wären für den Buddhisten »vollkommen ungesund im Hinblick auf die diätetische Hauptabsicht. Die geistige Ermüdung, die er vorfindet und die sich in einer allzugroßen ›Objektivität‹ (das heißt Schwächung des Individual-Interesses, Verlust an Schwergewicht, an ›Egoismus‹) ausdrückt, bekämpft er mit einer strengen Zurückführung auch der geistigen Interessen auf die Person.« In »der Lehre Buddhas wird der Egoismus Pflicht«.

Was Gautama als Hilfe zur Erkenntnis der Relativität des Ich verstand, deutete Nietzsche so gegenteilig als Versuch, zum eigenen Ich als Maß aller Dinge zurückzufinden. Was sicher eine Verzerrung des ursprünglichen Motivs darstellt, charakterisiert doch gut, wie der frühe Buddhismus auf westliche Leser wirken mußte. Daß der Buddhist auf sich allein gestellt ist und abgesehen von Lehrer und Lehre, die er selbst zu verwirklichen hat, auf keinen Beistand bauen darf, wurde im Vergleich zum Christentum als große Gnadenlosigkeit empfunden. Was für den Christen ein Schrecken war, galt Nietzsche als realistische Haltung. Dazu kam die Tatsache, daß der Buddhist sich auf der größten Strecke seines Weges mit sich selbst beschäftigt. In der Meditation macht er sich seine körperlichen Zustände, Gedankeninhalte und Gefühle bewußt. Seine Ethik läßt ihn üben, immer mehr von der Welt zu lassen und das Interesse an anderem und anderen aufzugeben. Vor diesem Hintergrund ließ sich der Buddhismus als Heilsegoismus interpretieren.

Nietzsche wird auf diese Weise zur wichtigen Stufe in einer Geschichte des Verschwindens der Religionen. Entsprechende Entwicklungen in Indien sieht er als vorbildhaft für Europa. Schon die alten Brahmanen hielten opferkundige Priester für mächtiger als die Götter, die sie zu erwünschtem Handeln bewegen konnten. Schließlich warfen sie die Götter beiseite, um später auch Priester als religiöse Vermittler abzuschaffen. Der Mensch nahm seine Erlösung in eigene Hände, »der Lehrer der *Religion der Selbsterlösung*, Buddha trat auf: – wie ferne ist Europa noch von dieser Stufe der Kultur! Wenn endlich auch alle Bräuche und Sitten vernichtet sind, auf welche die Macht der Götter, der Priester und Erlöser sich stützt, wenn also die Moral im alten Sinne gestorben sein wird: dann kommt – ja was kommt dann? Doch raten wir nicht herum, sondern sehen wir zunächst zu, daß Europa nachholt, was in Indien unter dem Volke der Denker schon vor einigen Jahrtausenden als Gebot des Denkens getan wurde!«[28]

Der »europäische Buddhismus«, von dessen Notwendigkeit Nietzsche sprach[29], wäre ein Schritt auf dem Weg zu jenem »dann kommt – ja, was kommt dann?« Der von Zwängen der Religion und Moral freie »Übermensch«, den Nietzsche hier als Ziel vor Augen hatte, erscheint in seinem Werk als wenig konkrete Vision. Im Abschnitt »Auf den glückseligen Inseln« in *Also sprach Zarathustra* heißt es: »Einst sagte man Gott, wenn man auf ferne Meere blickte; nun aber lehrte ich euch sagen: Übermensch.« Weiter verkündete Zarathustra: »Des Übermenschen Schönheit kam zu mir als Schatten.«

Erst spätere Generationen werden den Übermenschen verwirklichen, läßt Nietzsche seinen Zarathustra ferner lehren. Es bedarf also eines langen Weges. Vor diesem Hintergrund wird verständlich, daß ihm für die Gegenwart ein europäischer Buddhismus hilfreich schien, der ohne den unmöglichen radikalen Bruch mit den christlichen Prägungen diese zunächst relativiert. Am größeren Ziel gemessen, mit dem »überasiatischen Auge« betrachtet, steht auch der Buddha noch »im Bann und Wahne der Moral«.[30] Christentum wie Buddhismus »fanden durch Willens-Erkrankung ins Unsinnige aufgetürmtes, bis zur Verzweiflung gehendes Verlangen nach einem ›du sollst‹ vor, beide Religionen waren Lehrerinnen des Fanatismus in Zeiten der Willens-Erschlaffung und boten damit Unzähligen einen Halt, eine neue Möglichkeit zu wollen, einen Genuß am Wollen. Der Fanatismus ist nämlich die einzige ›Willensstärke‹, zu der auch die Schwachen und Unsichern gebracht werden können.«[31]

Worauf wird sich der vom Joch der Moral befreite Wille des Übermenschen richten? Auf die Macht über andere, die der von versklavenden Ideen des Mitleids und der Liebe unterdrückte Starke bislang nicht ausleben durfte? Was sich da auf fernen Meeren oder schattenhaft als ein neues Menschsein andeutet, fand vielerlei Interpreten, bis hin zu faschistischen: Mitten in »einer wahnsinnigen Welt« war Nietzsche, der »rassische Hochzucht« erstrebt habe, für Alfred Rosenberg »fast der einzige Weitschauende«.[32] Daß Nietzsche zu seiner Konkretisierung auf keine abgelehnten tradierten Werte zurückgreifen durfte, also seine Offenheit, machte den Übermenschen zur Projektionsfläche unterschiedlichster Zukunftserwartungen.

Schien es bei Nietzsche selbst zunächst, der Wille zur Macht charakterisiere den Übermenschen, wird dieser Wille durch die Lehre von der »ewigen Wiederkehr des Gleichen« grundlegend relativiert. Im vorletzten Aphorismus des vierten Buchs in *Die Fröhliche Wissenschaft* bringt ein Dämon dem Menschen die entsprechende Kunde: »Dieses Leben, wie du es jetzt lebst und gelebt hast, wirst du noch einmal und noch unzählige Male leben müssen; und es wird nichts Neues daran sein, sondern jeder Schmerz und jede Lust und jeder Gedanke und Seufzer und alles unsäglich Kleine und Große deines Lebens muß dir wiederkommen, und alles in derselben Reihe und Folge – und ebenso diese Spinne und dieses Mondlicht zwischen den Bäumen, und ebenso dieser Augenblick und ich selber. Die ewige Sanduhr des Daseins wird immer wieder umgedreht – und du mit ihr, Stäubchen vom Staube!«

Dieser Bote könnte Mara sein, der buddhistische Dämon des Todes, der das Rad des Lebens in seinen Klauen hält und die Wesen im Kreislauf der Wiedergeburten fängt. Der Buddhist will den Kreislauf beenden, dem Dämon entkommen. Nietzsche dagegen möchte ihn froh als einen Gott begrüßen, der ihm ewiges Leben verleiht. Er will die Wiederholungen annehmen und damit Welt und Leben vollkommen bejahen, Macht wie Ohnmacht, Freude wie Leid.

Dieser Gedanke würde einen Menschen »verwandeln und vielleicht zermalmen«, fragte er sich fortan jeden Augenblick: »›willst du dies noch einmal und noch unzählige Male?‹ als würde das größte Schwergewicht auf deinem Handeln liegen! Oder wie müßtest du dir selber und dem Leben gut werden, um nach nichts mehr zu verlangen als nach dieser letzten ewigen Bestätigung und Besiegelung? – «

Doch diese Verwandlung könnte in der ewigen Wiederkunft des Gleichen nur eine scheinbare sein. Da alles sich endlos wiederholt, kann nichts geändert werden. Auch die Wandlung eines Menschen durch diese Offenbarung und ihr Annehmen stünde seit Urzeiten fest, um mit jeder Drehung der Sanduhr wiederzukehren. Der Frage bei allem, ob man es noch unzählige Male wolle, unterliegt keine Freiheit, es auch anders zu tun.

Der Gedanke ewiger Wiederkehr mag Nietzsche ein Kunstgriff gewesen sein, eine Mahnung zu einem Leben ›als ob‹, um zu totaler Bejahung des Daseins anzuspornen. Doch vollkommenes Annehmen endet im Fatalismus. Der Übermensch kann nur noch Ja zu allem sagen, was war und ist. Es ist vor diesem Hintergund nicht mehr möglich, einen Weg zu gehen. Man ist immer am Ziel. Einzig »Amor fati« ist gefordert, die Ergebung in die Notwendigkeit, die Liebe zu dem, was einem Schicksal ist.

»Ich will immer mehr lernen, das Notwendige an den Dingen als das Schöne zu sehen: – so werde ich einer von denen sein, welche die Dinge schön machen. Amor fati: das sei von nun an meine Liebe! Ich will keinen Krieg gegen das Häßliche führen. Ich will nicht anklagen, ich will nicht einmal die Ankläger anklagen. Wegsehen sei meine einzige Verneinung! Und alles in allem und großen: ich will irgendwann einmal nur noch ein Jasager sein!«[33]

Daß Nietzsche der nihilistischen Versuchung des Ausstiegs aus der Welt widerstand und eine ewige Wiederkehr annahm, ließ ihn äußerlich einen Schritt vollziehen, den auch die Geschichte des Buddhismus nahm. Der frühen Idee des Erlöschens und Beendens des Kreislaufs der Wiedergeburten folgte der Weg des Bodhisattva, das Verbleiben in der Welt, das Wiederkehren. Der Bodhisattva weiß zwar, daß er die grundlegenden Gesetze des Daseins, etwa die Vergänglichkeit jeden Augenblicks, nicht ändern kann. Doch kehrt er absichtlich wieder, um Leid zu mindern. Obwohl er die Leerheit der Welt und ihrer Wesen erkennt, findet er sich nie mit deren Zustand ab. Der Übermensch hingegen akzeptiert die Welt, wie sie ist, stellt sich nicht gegen

Unrecht und Leid. Seine Liebe zu dem, was ist, läßt ihn alles Häßliche annehmen. Bedeutet die Botschaft Nietzsches, der sich in seiner umfänglichen Seele als möglicher Buddha Europas sah, daß auch der Holocaust und das Verdursten der Menschen in der Sahel-Zone notwendig sind und durch Jasagen »schön« werden?

Solche Fragen, die Nietzsches Denken in der Konsequenz aufwirft, weisen auf das Dilemma Europas nach dem Tod Gottes. Alles schien möglich: Als einzelner der Welt den Rücken zu kehren und aus dem Dasein auszusteigen; die Welt mit ihren Wundern und ihrem Grauen als unveränderliche, ewige Tatsache hinzunehmen und dadurch den tiefsten Abgründen Schönheit abzugewinnen; sich mit anderen zusammenzuschließen, um Unrecht und Leid abzuschaffen, das zuvor als gottgewollt galt.

Inmitten dieser Orientierungslosigkeit wurzelten die ersten buddhistischen Zirkel, die nun in Deutschland entstanden. Mit ihnen fing an, was Schopenhauer als Ankunft arischer Religiosität erwartete und Nietzsche für eine wünschenswerte Zwischenstufe auf dem Weg zum Übermenschen hielt, – ein europäischer Buddhismus.

4. Kapitel

DEUTSCHLANDS BUDDHISTEN

Die Sehnsucht nach der heilen Welt: Lebensreform und Theosophie

Schopenhauer, Wagner und Nietzsche hatten den Buddhismus zum Thema in den Salons des literarisch und weltanschaulich interessierten Bürgertums werden lassen. Wiedergeburt und Nirvana, Selbsterlösung und Nihilismus waren bewegende und erregende Themen. Sollte man die Welt fliehen, um im Nichts ewigen Frieden zu finden, oder die Verwirklichung des Übermenschen anstreben? Für beide Wege war der Buddhismus empfohlen.

Bezeichneten sich schon Schopenhauer und Wagner im Hinblick auf ihre Überzeugung als Buddhisten, kam es in den letzten beiden Jahrzehnten des 19. Jahrhunderts zur Bildung von Zirkeln, die sich mehr oder weniger an buddhistischen Inhalten orientierten. Das Bekenntnis zum Buddhismus gelangte auch in anderen Ländern Europas ins Spektrum des Denkbaren. In Gustave Flauberts Roman *Bouvard et Pécuchet*, der zu seinem Tod 1880 unvollendet blieb, erklärt ein Franzose zur allgemeinen Empörung seiner Gesprächspartner, er wolle Buddhist werden. Ein katholischer Priester, der dies hört, flüchtet sich in die Gebete seines Breviers.

Schon bevor sich 1903 die erste deutsche Gemeinschaft gründete, die explizit Buddhisten im Sinn einer Religionsgemeinschaft vereinen wollte, entstanden von buddhistischen Ideen inspirierte Gesellschaften. Diese müssen, wie die beginnende buddhistische Bewegung überhaupt, im Kontext einer breiteren Strömung gesehen werden.

Die fortschreitende Industrialisierung und Technisierung führte Ende des 19. Jahrhunderts zu einer Gegentendenz, die sich in verschiedenen Versuchen der Lebensreform ausdrückte. Vegetarismus und Ernährungslehren, Reformpädagogik und Freidenkertum, Naturheilverfahren und Abstinenzlertum, Frauenemanzipation und Freikörperkultur verfolgen äußerlich unterschiedliche Ziele. Doch weil die Reformer das Streben nach einem bewußten und selbstbestimmten Dasein einte, finden sich viele personelle Überschneidungen. Im Grundtenor setzte diese Subkultur den wachsenden Städten, deren Zivilisation ihr dekadent schien, die Harmonie mit der Natur entgegen, im Wandern, der Nacktheit oder im Tierschutz. Es war dies eine Strömung im Bürgertum, die sich gegen Konventionen seines Standes und den Muff seiner Behausungen wandte. Diese Einfachheit war ein Luxus, den man sich leisten können mußte. Anders als die Arbeiterbewegung, die Fortschritt und Technisierung positiv wertete, weil diese als Basis einer kommenden Freiheit in Wohlstand galt, setzten diese bürgerlichen Reformer auf die Schlichtheit einer Rückkehr zu natürlichen Lebensweisen. Sie bedienten sich oft eines wissenschaftlichen Argumentationsstils, während ihre Ziele in der Romantik wurzelten. Von einigem Einfluß waren verwandte Bestrebungen in den Vereinigten Staaten von Amerika. Ralph Waldo Emerson (1803–1882), Henry David Thoreau (1817–1862) und sein *Walden, or Life in the Woods* sowie Walt Whitmans (1819–1892) Naturlyrik und seine Botschaft von der Würde des einzelnen Menschen stießen auf großes Interesse bei deutschen Lebensreformern.

Die aufkommende buddhistische Bewegung war Teil dieser Subkultur. Eine wichtige Mittlerrolle spielten Deutsche, die nach Amerika auswanderten. Paul Carus (1852–1919), der 1880 wegen zu liberaler Überzeugungen seine Position als Lehrer an der Dresdener Militärakademie aufgeben mußte, lebte seit 1883 in den Vereinigten Staaten. Er wurde Verlagsleiter in Chicago, wo er zwei Zeitschriften und zahlreiche Bücher herausgab, denen geistige Reform im Sinne des Buddhismus ein Anliegen war. Carus arbeitete in Amerika mit dem jungen Daisetz Teitaro Suzuki zusammen, der später zum im Westen bekanntesten Interpreten des Zen werden sollte. Er veröffentlichte auch in Deutschland zahlreiche Bücher, die dem buddhistischen Interesse in seiner alten Heimat Impulse lieferten.[1] Der nach New York ausgewanderte Kaufmann Carl Theodor Strauss (1852–1937) konvertierte 1893 in Chicago als erster Deutscher formell, indem er in traditioneller Weise vor Vertretern des Buddhismus seine Zugehörigkeit bekannte und bestätigen ließ. Waren frühere Bekenntnisse wie jenes Schopenhauers einseitige Erklärungen einer philosophischen Überzeugung, suchten Deutsche nun Anschluß an den lebendigen Buddhismus Asiens. Strauss unternahm ausgedehnte Reisen nach Japan, Indien und Ceylon, bevor er aus den Vereinigten Staaten nach Deutschland zurückkehrte und sich beim Aufbau buddhistischer Kreise engagierte.

In der 1893 gegründeten Deutschen Gesellschaft für ethische Kultur[2] flossen Elemente aus Lebensreform und Buddhismus zusammen. Die Gesellschaft ging auf eine 1876 in New York gegründete Vereinigung zurück und erstrebte Charakterbildung auf Basis »gottfreier Ethik«. Sie propagierte eine auf Einsicht basierende Lebensreform, die in Tierschutz und Vegetarismus wichtige Aufgabenbereiche erkannte. In buddhistischen Aussagen zur ethischen Eigenverantwortlichkeit und der Achtung vor dem Leben fand man Inspiration wie Legitimation. Die Aktivitäten des Chemikers Arthur Pfungst (1864–1912),[3] der dem Zweig der Gesellschaft in Frankfurt am Main vorstand, zeigen den Zusammenhang verschiedener Reformbestrebungen. Neben seinem Wirken in der ethischen Bewegung war er Freidenker und Funktionär im Deutschen Monistenbund, der nach den Ideen des Darwinisten Ernst Haeckel (1834–1919) eine Religiosität erstrebte, die statt auf Metaphysik auf wissenschaftlichen Erkenntnissen und Achtung vor der Natur gründete. Durch die Lektüre Schopenhauers war Pfungst auf den Buddhismus aufmerksam geworden, als dessen Anhänger er sich schließlich betrachtete. Einen wichtigen Einfluß lieferte der Potsdamer Oberpräsidialrat Theodor Schultze (1824–1898), dessen Biographie Pfungst veröffentlichte.[4] Schultze betrachtete *Vedanta und Buddhismus als Fermente für eine künftige Regeneration des religiösen Bewußtseins innerhalb des europäischen Kulturkreises*[5] und sah den Buddhismus als »Religion der Zukunft«. Schon 1885 hatte er eine deutsche Fassung des *Dhammapada* vorgelegt.[6]

Schultze hob das höhere theoretische Niveau des Buddhismus im Vergleich zum Christentum hervor, das sein Zentrum im Kult um die Person Jesu findet. Den Buddhismus charakterisieren dagegen das Streben nach Erkenntnis und selbstverantwortete Sittlichkeit. Buddhistische Lehren sollten zum undogmatischen theoretischen Hintergrund lebensreformerischer Absichten werden. Entsprechend machte Schultze freien Gebrauch von buddhistischen Ideen. Obwohl er die Wiedergeburt annahm, wies er den Karma-Gedanken zurück. Auswirkungen von Taten vormaliger Leben hätten wohl seiner Idee vom ethisch selbstbestimmten Dasein widersprochen.

Zwar trat Schultze der Buddhismus-Kritik Leopold von Schroeders entgegen. Doch schwimmt seine Vision einer buddhistischen Zukunftsreligion für Europa in jenem antisemitischen Fahrwasser, in dem das Thema seit Beginn vorankam. Semiten galten Schultze als zur Innenschau in die Tiefen des Bewußtseins untauglich, während der indische Arier gerade in diesem Instrument wahren Problemlösens Meister wäre. Eine indisch inspirierte arische Religion wird darum die Alternative zur jüdisch-christlichen Tradition des Abendlandes, zum preußischen Staatsprotestantismus ebenso wie zu Katholizismus und Judentum. In diesem Sinn wandte Schultze sich gegen die öffentliche Unterstützung des Christentums.

Jeder empfundene Mangel westlicher Zivilisation ließ sich von Verfechtern solcher Ideen auf deren jüdisch-christliche Grundlagen zurückführen, Tierquälerei und Fleischgenuß, die Unterdrückung der Frau, Militarismus und Trunksucht. Dem hier entstehenden Ansatz eines europäischen Buddhismus lag zwar, wie Nietzsche von einem solchen forderte, an einer Überwindung des Christentums. Aber im deutlichen Unterschied zu Nietzsches Vorstellung war das Argument gegen das Christentum die überlegene Ethik des Buddhismus, deren umfassendes Mitleidsgebot über den Menschen hinaus auch das Tier einschließt. Doch wird dieser ethische Anspruch durch den impliziten Haß auf die Rasse, die den Arier angeblich nicht seiner edlen Disposition entsprechend leben läßt, in den Grundfesten erschüttert. Dies ist der grundlegende Widerspruch im frühen Buddhismus Deutschlands, daß er aus tiefem Mitleid alle Wesen umarmen will, aber jene ablehnt, denen er aus irrationalen Gründen die Verantwortung für den reformbedürftigen Zustand der Gesellschaft zuschiebt.

Chamberlain kritisierte den »Neobuddhismus, der sich in den letzten Jahren in gewissen Gesellschaftsschichten Europas« breitmache, als »Beweis von der weitverbreiteten Oberflächlichkeit im Denken«.[7] Allerdings sind viele frühe deutsche Buddhisten in ihrem grundlegenden Modell gar nicht weit von Chamberlain entfernt – der edle Arier im Kampf gegen den minderwertigen Semiten.

Buddhistische Reformbewegte trugen derart mit ihren Mitteln zum Kultivieren des Verfolgungswahns bei, unter dessen Einfluß Deutsche sich auf allen Ebenen geistig wie physisch im Krieg wähnten, gegen die gelbe Gefahr, das Weltjudentum, den französischen Erbfeind, den katholischen Ultramontanismus, den Kommunismus und ungezählte andere Gespenster. Auch als dieses Land der Bedrohungsängste 1871 endlich zur staatlichen Einheit kam, tobte der Krieg weiter, in Bismarcks Kulturkampf gegen den Katholizismus, seinem Verbot des Sozialismus oder später in Kaiser Wilhelms II. Asien- und Buddhismusphobie. Überall lauerte der Feind, schließlich sogar im eigenen Blut, das man von fremder Rasse »durchseucht« empfand. Jeder Kampf gegen vermeintliche Verfolger schuf neue Verfolgte und hielt so das Wahnsystem in Gang.

Es scheint nur konsequent, unterlagen deutsche Buddhisten diesem kollektiven Verfolgungswahn, der nicht selten ein Motor der Konversion gewesen sein dürfte, und instrumentalisierten sie doch ihre Lehre, deren Inhalt das Gegenteil gebietet, in seinem Sinn. Trotzdem stellt sich, wie im Zusammenhang mit Schopenhauer, die Frage, ob der Buddhismus Elemente birgt, die solch rassistischer Sicht entgegenkommen oder sie zumindest zulassen. Aus einem grundlegend schlechten Dasein, in dem die Grenze zwischen Gut und Böse nicht metaphysisch festgeschrieben war, galt das Erlöschen als Ziel. Versöhnte das von Schultze als realistischer Gegensatz zur kindischen Paradieserwartung der Christen gepriesene Nirvana letztlich Haß und Mitleid?

Immerhin trat trotz aller Bedenklichkeiten deutscher Ideologie ein konstruktives Element in den Entwürfen reformbewegter Buddhisten zutage. Der aus der Fremde gekommene Buddhismus, von anschaulichen Mißständen und Auswüchsen bodenständiger Religionen unbelastet, taugte zur Kritik an der angestammten Kultur und erschien als Mittel zur heilsamen Veränderung konkreter Lebensbedingungen. Das ethische Bemühen setzte beim einzelnen ein, der sich zu verbessern hatte, aber das Ziel war mit dem Beheben der zivilisatorischen Mängel auch ein gesellschaftliches. Der Nihilismus, der das Nichtsein dem Dasein vorzieht, verschwand nicht, doch er wurde von kulturkämpferischen Absichten überlagert.

Wesentliche inhaltliche und organisatorische Impulse erwuchsen dem Buddhismus in Deutschland durch die Theosophische Gesellschaft. Die 1875 in New York gegründete Vereinigung, die vier Jahre später ihren Sitz nach

Indien verlegte, nahm ein breites Spektrum an Gegenströmungen zur westlichen Zivilisation in sich auf, vom Spiritismus über den Vegetarismus bis zum Kampf gegen den Kolonialismus. In ihrer frühen Phase, unter den Gründern Helena Petrova Blavatsky (1831–1891), die zeitweilig in Deutschland lebte, und Henry Steel Olcott (1832–1907), läßt sie sich als Versuch charakterisieren, unter Anknüpfung an esoterische Lehren Europas den Buddhismus im Westen einzuführen. Erstmals trat damit im Abendland eine Organisation auf, die explizit buddhistische Inhalte verbreiten wollte.

Blavatsky, eine gebürtige Hahn von Rottenstern, stammte aus deutschrussischem Adel und gelangte nach dem Mythos der Gesellschaft im Alter von 24 Jahren »über Kaschmir und Ladakh nach Tibet«, wo sie bis 1858 in buddhistischen Klöstern eine systematische Schulung erhielt.[8] Sie gab vor, weiterhin in paranormalem Kontakt mit ihren dortigen Lehrern zu stehen, die die Übermittlung ihrer Lehren nach Europa lenkten. Ihre diesbezüglichen Darstellungen wurden häufig bestritten, zumal ihre Werke verraten, daß die Autorin offensichtlich nicht mit dem Tibetischen vertraut war.[9] Auch fußt ihre frühe Auffassung vom Buddhismus auf den auch vom späten Schopenhauer konsultierten Sekundärquellen.

Die Behauptung, aus Tibet stammendes Wissen zu vertreten, verlieh der Gesellschaft große Attraktivität, knüpfte sie doch auch für Deutschland an vielerlei Mythen über das ›Dach der Welt‹ an. Allein die geographische Isolation machte Reiseberichte rar, wodurch das Land ein ideales Projektionsfeld für Träume, Ängste und Spekulationen abgab. Berichte über den Dalai Lama ließen Deutungen vom Gegenpapst bis zum höchsten Eingeweihten zu.

Kant sammelte Zeugnisse über Tibet und wünschte in seinen Vorlesungen zur *Physischen Geographie* weitere Forschungen über die Gegend, wo er den Ursprung der Kultur vermutete: »Es ist dieses das höchste Land, wurde wahrscheinlich früher als irgend ein anderes bewohnt und mag sogar der Stammsitz aller Kultur und Wissenschaft sein. Die Gelehrsamkeit der Indier namentlich rührt mit ziemlicher Gewißheit aus Tibet her, so wie dagegen alle unsere Künste aus Indostan hergekommen zu sein scheinen, z. B. der Ackerbau, die Ziffern, das Schachspiel usw. Man glaubt, Abraham sei an den Grenzen von Indostan einheimisch gewesen.«[10] Neben der Wiedergeburt der Lamas beschäftigten Kant angenommene Einflüsse aus Tibet auf antike Mysterienkulte Europas. Die Manichäer hielt er für tibetisch inspiriert, was er mit dem Wort »Mani« in dem Mantra »Om mani padme hum« belegte.[11]

Literarischen Werken lieferte dieses Tibet der Gerüchte und weißen Flecken reiche Möglichkeit, fiktive Welten auf der Erdkugel anzusiedeln. 1833 erschien Karl Ferdinand Gutzkows (1811–1878) Roman *Maha Guru. Geschichte eines Gottes.* Der Autor, den man zwei Jahre später für *Wally die Zweiflerin* wegen Beleidigung christlicher Religion in Preußen zu Gefängnis und Schreibverbot verurteilte, projizierte seine Kritik am religiösen Dogmatismus Europas auf das ferne Hochland: Im Namen des Dalai Lama wird ein Statuengießer zum Tod verurteilt, der aus ästhetischen Erwägungen den Abstand zwischen Mund und Nase bei der Darstellung des Buddha veränderte. Auch negative Projektionen trugen zur Mystifizierung Tibets bei.

Schopenhauer hielt das Land für den Hauptsitz des Buddhismus und verfolgte die Forschungen des Alexander Csoma de Körös, »dieser beharrliche Ungar, der, um die Sprache und die heiligen Schriften des Buddhismus zu studieren, viele Jahre in Tibet und besonders in den Buddhaistischen Klöstern zugebracht hat«.[12] Der Ruf Tibets als Land größter Weisheit festigte sich so in der wachsenden buddhistischen Lesergemeinde Schopenhauers.

Der Theosophischen Gesellschaft kam diese Aura zunutze, leitete sie ihren Ursprung von Angehörigen der tibetischen Mönchshierarchie her, die sich in abgelegenen Tälern verbargen. Mit diesen Meistern, von Blavatsky »Mahatmas« genannt, wollte sie telepathisch oder durch Briefe, die sich materialisierten, eine Verbindung halten. Das Buch *Esoteric Buddhism* (1883) von Alfred Percy Sinnett (1840–1921) war eine Frucht solch übersinnlicher Korrespondenz. Sinnett, Chefredakteur der britisch-indischen Zeitung *The Pioneer*, empfing wie manch anderer im Umkreis Blavatskys Briefe der geheimnisvollen Meister. Sein Buch lag bereits 1884 in deutsch als *Die esoterische Lehre oder Geheim-Buddhismus* vor.[13]In den umfangreichen Briefen der Mahatmas, die sich als Buddhisten bezeichnen, wurden die Lehren der Gesellschaft entwickelt.[14]

Dieser Versuch buddhistischer Neuoffenbarung zog viele Anhänger an und erregte noch mehr Zweifel und Widerspruch. Bezüglich der mysteriösen Mahatma-Briefe kamen dieselben Vorwürfe des Betrugs auf[15] wie ein halbes Jahrhundert zuvor gegen die christliche Neuoffenbarung des Joseph Smith, der 1830 unter ähnlich geheimnisvollen Umständen das Buch *Mormon* empfing. Smiths Offenbarungen gaben, ungeachtet der Frage, ob und welcher heilige oder unheilige Schwindel vorliegt, vielen in die Neue Welt Gesiedelten eine Orientierung, indem sie vertraute christliche Motive mit der neuen amerikanischen Situation verbanden. In ähnlicher Weise wurde der theosophische Mythos für Angehörige des Bürgertums und Intellektuelle Europas attraktiv, deren religiöses Bedürfnis im Zeitalter des Todes Gottes und zunehmender wisssenschaftlicher Erkenntnisse nach neuer Ausrichtung verlangte. Gewaltige Brüche rufen nach neuen Mythen, wie immer sie zustandekommen. Nach den Umwälzungen des 19. Jahrhunderts gab es manchen Versuch, einen Mythos für das 20. Jahrhundert zu schreiben, etwa Nietzsches *Also sprach Zarathustra* mit der Botschaft des Übermenschen.

Der theosophische Mythos war im ausgehenden 19. Jahrhundert auch deshalb erfolgreich, weil er dem Rationalismus und Materialismus ein irrationales Element entgegensetzte, das man nach Modellen des wissenschaftlichen Weltbildes erklärte. Telepathie und Korrespondenz über sich materialisierende Briefe wiesen auf im Menschen angelegte Kräfte, die sich mit fortschreitender Evolution ausprägten. Blavatsky und Olcott lernten einander durch ihr Interesse an spiritistischen Phänomenen kennen.[16] Ihre Begeisterung für den Buddhismus war weniger vom Logos als vom Mythos inspiriert. Andere westliche Interpreten, die vornehmlich philosophisch ausgerichtet waren, vernachlässigten zumeist das Wunderbare.

Das Mahatma-Motiv verband Träume von höherem Menschentum mit dem Tibet-Geheimnis: Mächtige »ältere Brüder«, zu deren Stufe ein jeder sich entwickeln könnte, beobachten vom höchsten Ort der Erde aus deren Geschick. Zur rechten Zeit greifen sie durch Mitteilen buddhistischer Weisheit helfend ein und vermitteln geistig Fortgeschrittenen durch übersinnliche Kraft das Rüstzeug zur Höherentwicklung der Menschheit. Der Buddhismus der Mahatma-Briefe verband eine auf Karma und Wiedergeburt gegründete moralische Weltordnung mit Evolutionsideen, die Übereinstimmung der »uralten Weisheit« mit modernsten Erkenntnissen versprach. Auf dieser Basis wollte die theosophische Bewegung zugleich alles, was aus der abendländischen Tradition taugte, in ihr Weltbild übernehmen.

Blavatskys erstes umfangreiches Werk *Isis entschleiert* (1877)[17], das sie als

»Frucht einer etwas eingehenderen Bekanntschaft mit den Adepten des Ostens und dem Studium ihrer Wissenschaft«[18] bezeichnet, baut vornehmlich auf Spiritismus und okkulten Überlieferungen Europas auf.[19] Dabei versucht es, den Buddhismus als *die* Wurzel jeder wichtigen geistigen Tradition aufzuzeigen. Es war die »buddhistische Lehre«, auf welche »die Pythagoräer die Leitsätze ihrer Philosophie gründeten«.[20] Auch das Juden- und Christentum stammen aus »der einst universellen Religion, die dem Wedaischen Zeitalter voranging – jenem prähistorischen Buddhismus, der später in den Brahmanismus überging«.

Sprach Blavatsky von einem prähistorischen Buddhismus, so nahm sie eine buddhistische Überlieferung auf, die Gautama als letzten einer Reihe von Buddhas annimmt, die in der Frühzeit der Menschheit beginnt. Der Buddhismus, »wie er in seiner ursprünglichen Reinheit gelehrt und von dem letzten der Buddhas, Gautama, bis zur Vollkommenheit gebracht wurde, gründet seine Morallehre auf drei Fundamentalprinzipien. Er behauptet, dass 1) jedes natürliche Ding durch seine natürliche Umwelt besteht, 2) dass Tugend ihre eigene Belohnung bringt und Laster und Sünde ihre eigene Bestrafung; und 3) dass der Menschenzustand in dieser Welt der Erprobung dient.«[21]

Mit den beiden ersten Punkten des bedingten Entstehens und des Karma-Gedankens gründete Blavatsky ihr Untenehmen auf buddhistischen Kernlehren. Doch führte die Herleitung jeder bedeutenden religiösen Tradition vom (prähistorischen) Buddhismus zu einem komplizierten Gebäude, das Begriffe, Lehren und Symbole unterschiedlichster Herkunft einband. Strukturelle Ähnlichkeiten sprachen für historische Abhängigkeiten.

Schuf Blavatsky so ein synkretistisches System, ging es dem Juristen und Offizier des amerikanischen Bürgerkriegs Olcott mehr um die historisch greifbare und lebendige Form des Buddhismus, den er in Asien wiederbeleben und im Westen verbreiten wollte. Anläßlich einer Reise nach Ceylon nahmen Olcott und Blavatsky im Mai 1880 formell vor einem Mönch die ›Zuflucht‹ zum Buddha, seiner Lehre wie Gemeinschaft und gelobten das Beachten der buddhistischen Ethik. Das Signal dieser Konversion hatte bedeutende Auswirkungen auf den durch Kolonialismus und christliche Missionierung geschwächten Buddhismus Asiens. Auf dem zu Britisch-Indien gehörenden Ceylon gab es damals neben 805 christlichen Grundschulen ganze fünf buddhistische. Olcotts Gründung einer Buddhist Theosophical Society of Ceylon trug wesentlich dazu bei, die Situation zu verändern. Seine Reisen nach Japan, Birma und Ceylon dienten dem Versuch, eine Allianz asiatischer Buddhisten ins Leben zu rufen. Die offizielle buddhistische Fahne, die heute von Japan bis Südostasien vor vielen Tempeln weht, geht auf seine Initiative zur buddhistischen Einheit zurück.

Auf die Bewegung in Europa wirkte besonders Olcotts *Buddhistischer Katechismus* (1881), der nach dem Vorbild entsprechender christlicher Lehrbücher den Buddhismus in Form von Fragen und kurzen Antworten lehrt. Die Entstehungsgeschichte skizzierte er im Vorwort der zweiten deutschen Auflage (1902):

»Mein kleiner ›Katechismus‹ ist ursprünglich in Ceylon verfaßt worden, weil ich fand, daß dort unter der singhalesischen Bevölkerung eine gar zu große allgemeine Unwissenheit über ihre Religion herrsche. Ihre Kinder, die allenthalben in den von christlichen Missionären eröffneten Schulen erzogen waren, fand ich bei meinen Reisen von Ort zu Ort bekannter mit den Lehren des Christentums als mit denen ihrer eigenen Religion. Da jedoch weder sie noch ihre Eltern die geringste Neigung hatten, dem Buddhismus zu entsagen, um das Christentum anzunehmen, bat ich die buddhistische Geistlichkeit dringend, eine Darstellung des Buddhismus in Katechismusform zu unternehmen; aber keiner von ihnen fühlte sich dazu befähigt, und so wurde ich durch das Drängen der höheren Geistlichen fast gezwungen, dies selbst zu tun.«

Obwohl das formell an Darstellungsweisen des Theravada angelehnte Buch sich an Kinder eines buddhistischen Landes richtete, fand es in Europa weite Verbreitung. Zu Lebzeiten des Autors erschienen mindestens 36 Ausgaben, darunter drei deutsche Auflagen.

1884 unternahm Olcott eine Deutschlandreise, die erwies, wie seine Botschaft im besitzenden und gebildeten Bürgertum auf fruchtbaren Boden fiel. Anläßlich seines Besuchs konstituierte sich in Wuppertal die Theosophische Gesellschaft Germania. Die Initiative dazu ging auf die Fabrikanten- und Bankiersfamilie Gebhard zurück, die eine Seidenspinnerei in Elberfeld besaß. Die Leitung der Gesellschaft übernahm der Jurist und Kolonialpolitiker Wilhelm Hübbe-Schleiden (1846–1915).

Olcotts Reisetagebuch führt manche Querverbindung vor Augen.[22] Unter den Künstlern und Gelehrten, die er traf, findet sich der führende Wagnerianer Hans von Wolzogen (1848–1938), der die von Wagner gegründete Zeitschrift *Bayreuther Blätter* leitete. Von Wolzogens Linie stimmte nicht immer mit jener Chamberlains überein. So fand Olcott in seinem Besitz eine englische Ausgabe seines *Buddhistischen Katechismus,* und die beiden erörterten Richard Wagners Interesse am Buddhismus und buddhistische Motive im *Parsifal.*

Rasch entstanden an vielen der größeren Orte Deutschlands Gruppen der Theosophischen Gesellschaft. Mitglieder hielten in vegetarischen Restaurants und anderen Zentren der Lebensreformer Vorträge über Buddhismus, Karma und Wiedergeburt. Darüber hinaus entfaltete die Gesellschaft eine reiche Publikations- und Vortragstätigkeit. Auch viele Veröffentlichungen buddhistischer Autoren, die nicht der Interpretation der Gesellschaft folgten, wurden durch deren Verlage verbreitet. Lieferte Schopenhauer den grundlegenden Impuls für ein Interesse am Buddhismus, kam von den Theosophen die organisatorische Basis einer buddhistischen Bewegung.

Zentrale buddhistische Inhalte wurden in theosophischem Verständnis auf westliche Konzepte umgebogen. Ein Grundsatz des Geheimbuddhismus besagt, es gäbe für das Universum wie für einzelne Wesen nur Höherentwicklung und keine Rückfälle. Aufsteigen gilt als universelles Gesetz.[23] Dieses fortschreitende Prinzip steht im deutlichen Gegensatz zum traditionellen Buddhismus, der ein zyklisches Entstehen und Vergehen der Welten in sinnfreiem Prozeß lehrte. Der einzelne entsteht und vergeht hier bedingt durch seine Taten und Umstände, die ihn als Mensch, Gott, Gespenst, Höllenwesen oder Tier ins Dasein treten lassen.[24] Der Absturz in niedrigeres Dasein war selbstverständlich für Gautama, der in einer Rede die Leiden eines im Tierreich wiedergeborenen früheren Menschen beschrieb.[25]

Die notwendige Aufwärtsentwicklung, die Gautama nach theosophischer Auffassung nur fortgeschrittenen Schülern lehrte, ist in Wahrheit eine Neuinterpretation von Karma und Wiedergeburt vor dem Hintergrund der Evolutionslehre. Das pessimistisch-zyklische Weltbild wurde optimistisch und progressiv gedeutet. Statt des Rückzugs aus dem Wahn der Welt, wie in Schopenhauers und Wagners Buddhismus-Verständnis angesagt, wird der Mensch

Verbündeter ihrer gesetzmäßigen Besserung. Hübbe-Schleiden deutete bestehende geistesgeschichtliche Verbindungen an, nannte er sein Buch über *Die altindische Weltanschauung in neuzeitlicher Darstellung* doch einen »Beitrag zum Darwinismus«. Die Höherentwicklung in der Entstehung der Arten wurde zum materiellen Pendant einer geistigen Wirklichkeit. »Erst durch die Erkenntnis der Wiederverkörperung gewinnt der Darwinismus einen festen Boden auch für das menschliche Geistesleben.«[26]

War statt Flucht und Erlöschen die Mitarbeit am Aufbau einer heileren Welt angesagt, konnte die Theosophische Gesellschaft viele Anhänger aus den unterschiedlichen Strömungen der Lebensreform gewinnen. Dies betraf nicht nur Vegetarier, Pazifisten und Naturschützer. Die Gesellschaft, von Beginn an durch starke Frauenpersönlichkeiten bestimmt, wies unmittelbar eine politische Dimension auf. Ein Ziel war, einen »Kern der allgemeinen Bruderschaft der Menschheit zu bilden, ohne Unterschied von Rasse, Religion, Glauben, Kaste oder Farbe«. Dieses Programm bedeutete auch politische Aktivität. Olcott wandte sich offensiv gegen Auswüchse britischer Kolonialpolitik. Annie Besant (1847–1933), nach Blavatsky und Olcott dritte Präsidentin der Gesellschaft, beteiligte sich offen am indischen Kampf um Unabhängigkeit.

Das Mitglied durfte sich im Streben um edle Ziele als Teil einer Avantgarde fühlen, der uraltes Geheimwissen erschlossen wird. Fortschrittsglaube, Jenseitshoffnungen, schillernde paranormale Phänomene und das Streben nach einer heileren Welt im Diesseits gelangten in den Lehren und Mythen der Gesellschaft zu einer Synthese, die reizvoll für europäische Bildungsbürger war, die religiöse Bedürfnisse mit den weltanschaulichen Konsequenzen des beginnenden Zeitalters der Technologie in Einklang bringen wollten.

Das Buddhismus-Bild der Theosophen stieß allerdings auf den Widerstand derer, die sich orthodoxem Buddhismus verpflichtet fühlten. Karl Eugen Neumann kritisierte 1893 »die scheußliche Fratze des ›esoterischen‹ Buddhismus, wie unerhört frech tritt diese Phorkyas-Gestalt neuerdings bei uns auf, mit ihren Geister- und Gespenstergeschichten, mit ihrem spiritistischen Hokuspokus, hypnotischen Wunderkuren, telenergischem Zauberkram und anderem krausen Zeuge mehr, ein Stück Mittelalter in der Neuzeit, mit wissenschaftlichen Abfällen gedüngt«.[27]

Dennoch fanden viele, die sich später orthodoxeren Formen der Lehre zuwandten, durch die Theosophie zum Buddhismus. Unter Besants internationaler Führung rückte an die Stelle des Buddhismus ein stärkeres Interesse an den anderen Traditionen Indiens. In Deutschland versank die Gesellschaft allmählich in Bedeutungslosigkeit, nachdem Rudolf Steiner (1862–1925), der ab 1902 ihr Generalsekretär war, unter starker Rezeption theosophischer Elemente seine eigene Anthroposophie zu propagieren begann.

Buddhistische Vereinigungen: Karl Seidenstücker

Um einen reineren Buddhismus von theosophischen Vereinnahmungen abzugrenzen, hatte 1888 der Mathematiker Friedrich Zimmermann (1852–1917) unter dem Pseudonym Subhadra Bhikshu einen weiteren buddhistischen Katechismus veröffentlicht.[28] Dieser verstand sich als Gegengewicht zu Olcott, der in spätere Auflagen seines entsprechenden Werks zu den Therava-da-Lehren zunehmend Elemente einer Theosophie im Sinne Blavatskys einfließen ließ.

Zimmermann wollte eine nüchterne buddhistische Lehre präsentieren, die »frei von Dogmen und Formenwesen, im Einklang mit der Natur und ihren Gesetzen, die höchsten, Geist und Herz gleichermaßen befriedigenden Wahrheiten in so einfachem Gewande enthält, daß sie selbst dem bescheidenen Verstande faßbar sind, und dabei doch von einer Tiefe, die auch von dem philosophisch und wissenschaftlich gebildeten, mit allen geistigen Errungenschaften einer hochgesteigerten Kultur ausgerüsteten Europäer nicht leicht ergründet werden kann«.[29]

Das Buch, das den Buddha als einen Menschen präsentierte, »der aus eigener Kraft zur Vollendung und Befreiung gelangte«, erlebte zu Lebzeiten des Autors elf Auflagen und wurde in mehrere Sprachen übersetzt. Als echtes Pendant zu Olcotts Arbeit gewann es dem Buddhismus Anhänger unter solchen, die mit der Betonung des Wunderbaren im theosophischen Geheimbuddhismus wenig anfangen konnten.

Spätestens seit dem Erscheinen des Katechismus Zimmermanns lag die Gründung buddhistischer Vereinigungen im engeren Sinne in Deutschland in der Luft. Doch während des gesamten 19. Jahrhunderts sammelten sich die Sympathisanten noch in der ethischen oder der theosophischen Bewegung. In einer Zeit, in der Fürsten zugleich als Kirchenhäupter amtierten – so war der deutsche Kaiser und König von Preußen oberster Bischof des preußischen Staatsprotestantismus –, bedeutete es einen geradezu revolutionären Schritt, offiziell eine religiöse Gemeinschaft zu gründen, die den heidnischen Kult des Buddha pflegte und propagierte.

Inhaltliche Angriffe gegen die pessimistische und nihilistische Lehre der neuen deutschen Buddhisten gab es genug, sie kamen von Theologen wie Dahlmann oder dem Kaiser persönlich. Schließlich wurde öffentlich wirksam die Theorie vertreten, das Bekenntnis von Europäern zum Buddhismus könne nur Ausdruck einer schweren Nervenkrankheit sein.

Urheber dieser Theorie war der in Ungarn geborene Max Nordau (1849–1923). Der Sohn einer orthodoxen Rabbinerfamilie entfernte sich zunächst vom Judentum und arbeitete als Journalist und Arzt. Der wachsende Antisemitismus ließ ihn sich später wieder auf das Judentum besinnen und führte ihn zur zionistischen Bewegung, deren führender Vertreter er neben Theodor Herzl wurde.

Der produktive Schriftsteller brandmarkte in seinem Buch *Entartung*[30] (1892) Erscheinungen wie den Kult um Richard Wagner, Irrationalismus, Symbolismus und Nihilismus als Symptome einer Krankheit, die zu degenerierter Hirntätigkeit führt und sich in geistiger Trägheit und dem Glauben an geheimnisvolle Kräfte äußert. Die Krankheit bestehe darin, »daß gewisse organische Nervenzentren, namentlich die geschlechtlichen im Rücken- und verlängerten Mark bei Degenerierten häufig mißbildet oder krankhaft erregt sind«.[31] Wer sich für die buddhistische Idee des Nirvana begeistern kann, muß von dieser Krankheit befallen sein:

»Der thatenscheue, willenlose Entartete, der nicht ahnt, daß seine Unfähigkeit zum Handeln eine Folge seiner ererbten Gehirn-Mängel ist, macht sich selbst weis, daß er aus freier Entschließung das Handeln verachte und sich in Thatenlosigkeit gefalle, und um sich in den eigenen Augen zu rechtfertigen, baut er sich eine Philosophie der Entsagung, der Weltabkehr und

Menschenverachtung auf, gibt vor, er habe sich von der Vorzüglichkeit des Quietismus überzeugt, nennt sich voll Selbstbewußtsein einen Buddhisten und rühmt in dichterisch beredten Wendungen die Nirvana als das höchste und würdigste Ideal des Menschengeistes. Die Degenerierten und Irren sind die vorbestimmte Gemeinde von Schopenhauer und Hartmann und sie brauchen den Buddhismus nur kennenzulernen, um zu ihm bekehrt zu werden.«[32]

Derart polarisierte der Buddhismus die bürgerliche Gruppe jener, die ihn zur Kenntnis nahmen. Begeisterte Zustimmung und Hoffnung auf eine breite Lebensreform auf Basis der indischen Lehre standen einer radikalen Ablehnung der nihilistischen Lehre gegenüber, deren Anhänger sogar als krankhaft gelten konnten.

1903 wagten dennoch acht Männer in Leipzig unter Leitung Karl Bernhard Seidenstückers (1876–1936) den entscheidenden Schritt und gründeten den Buddhistischen Missionsverein für Deutschland. Die Gemeinschaft ließ von Beginn an alle nur denkbaren Vorsichtsmaßnahmen walten: Sie verstand sich satzungsgemäß nicht als Religionsgemeinschaft, und die Mitgliedschaft schloß die Zugehörigkeit zu Kirchen und Weltanschauungsgemeinschaften nicht aus. Zudem wurde betont, daß der Verein sich weder gegen etablierte Religionen richte, noch eine bestimmte buddhistische Konfession vertrete.

Mußte die Satzung des Missionsvereins schon im Hinblick auf die gesellschaftliche Situation moderat sein, offenbarte Seidenstücker unter dem Pseudonym Bruno Freydank seine tieferen Ambitionen. Im Gründungsjahr des Vereins erschien Freydanks *Buddha und Christus. Eine buddhistische Apologetik.*[33] Das Buch offenbart, daß Seidenstücker, dessen Vater protestantischer Geistlicher war, an einer Abrechnung mit der Religion seiner Väter lag. Im Alten Testament geschilderte Brutalitäten und unmoralische Motive kontrastiert er mit buddhistischer Ethik. Im Gegensatz zur christlichen Missionsstrategie des Schwerts malt er eine heile buddhistische Welt, die so in Asien nie existierte. Tatsächlich erwartet Freydank eine geistige Entscheidungsschlacht zwischen Christentum und Buddhismus. Christen, die sich gegen den Buddhismus wenden, wird es wie einem Narren ergehen, der Kot gegen die Sonne wirft. Die Sonne scheint ungetrübt, doch der Kot fällt auf ihn zurück.

Das Buch *Die Greuel der christlichen Zivilisation. Briefe eines buddhistischen Lama aus Tibet* (1903) kritisiert die abendländische Geschichte und Realität aus der Perspektive von Freydanks idealisiertem Osten: Das Christentum prägte die westliche Haltung gegenüber der Natur, die der Mensch als vermeintliches Haupt der Schöpfung wie eine Sache oder Ware behandelt. Schlachthäuser und Tierversuche, Stierkampf und Jagdleidenschaften gelten als Belege dieser Haltung. Das Benutzen der Natur mündet schließlich in der Mißachtung der Menschenwürde: Die christliche Zivilisation schreckt vor Experimenten an armen Frauen und Waisenkindern nicht zurück, wie sie in den Vereinigten Staaten von Amerika die Rechte der Schwarzen mit Füßen tritt. Obwohl die Monogamie grundsätzlich positiv zu bewerten sei, wurde die Ehe zum Instrument der Versklavung der Frau. In der von Haß geprägten Gesellschaft herrscht ein allgemeiner Lebenskampf, dessen Kehrseite die Todesfurcht ist. Gefühle ertränkt man im Alkohol.

Zweifellos spiegelt Seidenstückers Kritik einen Konflikt mit der Religion seiner Kindheit und andere sehr persönliche Erfahrungen. Der Protestantismus dürfte ihm, der aus frühen Jahren von paranormalen Erlebnissen berichtet, zu nüchtern gewesen sein.[34] Sein Medizinstudium brach er nach fünf Semestern ab, weil er keine Tierversuche ertrug, und wandte sich der Indologie zu. Trotzdem wäre es zu einfach, hier von einer bloßen Projektion persönlicher Probleme auf die gesellschaftliche Situation auszugehen. Das Bewußtsein Seidenstückers und seiner Mitstreiter, inmitten eines Kulturkampfes zu stehen, war zugleich Hilfe- und Mahnruf, mit sehr konkreten Bezügen zur Entwicklung der Gesellschaft. Die Naturfeindlichkeit des Zeitalters der Technik und Industrie sowie die Gewalttätigkeit und Menschenverachtung der kapitalistischen Ellbogenmentalität wurde in ihren Bedrohungen gerade von denen besonders deutlich gesehen, die nicht mit dem Strom schwammen und die Welt aus verfremdeter Perspektive beobachteten. Sie waren Opfer eines Systems, das sie, obgleich sie Zuflucht zu einer pazifistischen und dem Kampf entsagenden Lehre nahmen, doch nur wieder bekämpfen konnten. Auch Buddhismus-Widersacher Nordau schrieb aus der eigenen Erfahrung als Opfer eines Systems, in dem die Berechtigung des Jüdischen immer in Frage gestellt wurde. So kämpfte er gegen alles Moderne in Kunst und Literatur, gegen Nihilismus, Buddhismus und alle die anderen Strömungen, die mit dem

Antisemitismus an Bedeutung gewannen. Indem jeder Verfolgte wiederum verfolgte, wurde der Wahn aufrechterhalten.

In seinem Angriff auf das Abendland hoffte Seidenstücker zunächst auf eine breite buddhistische Bewegung, in der sechs Strömungen zusammenflossen.[35] Einmal gab es die Anhänger des »reinen Buddhismus« wie er in den Pali-Texten gelehrt würde. Als Vertreter dieser Gruppe galten ihm Karl Eugen Neumann und Friedrich Zimmermann. Sodann sah er die Anhänger eines »philosophischen Buddhismus«, für den Schopenhauer und Theodor Schultze stehen, die den Buddhismus an westlichem Denken reflektierten. Zum »ethischen Buddhismus« zählt Seidenstücker die Vertreter der Lebensreform, etwa die Vegetarier. Die Anhänger des »esoterischen Buddhismus«, das heißt der Lehren der Theosophie, wertete Seidenstücker als eine Form buddhistischer Mystik. »Buddhaisierte Christen« übernahmen Inhalte wie Karma und Wiedergeburt in ihren Glauben, wodurch sie Seidenstücker zu seiner Bewegung zählte, obgleich sie ihren konfessionellen Rahmen nicht verließen. Schließlich erkannte er die »Christus-Buddhisten«, die davon ausgingen, Jesus formulierte seine Lehre unter buddhistischem Einfluß.

Letztere Theorie hatte nicht wenige Anhänger. Schon Schopenhauer und Wagner hielten das Christentum für indisch inspiriert. Der Theologe Ernst von Bunsen (1819–1903) formulierte zunächst die Idee des buddhistischen Einflusses auf das entstehende Christentum, die Rudolf Seydel (1835–1892) dann systematisch begründete.[36] Auf eine weniger plump rassistische Weise wie bei Chamberlains Christus als Arier ließ sich dem Christentum so eine arische Basis geben, die zugleich romantische Gefühle über die Urheimat Indien ansprach. Bis heute erfuhr dieses Motiv regelmäßige Neubelebungen in Spekulationen über eine Lehrzeit Jesu in Indien. Den frühen deutschen Buddhisten war sie eine Möglichkeit, Jesus und das Neue Testament vor der verhaßten Kirche für ihr Reformwerk zu retten. Seidenstücker wußte sich hier mit Pfungst und vielen anderen einig, die ein von der Kirche verzerrtes Jesusbild dem vorgeblich aus indischem Blickwinkel erkennbaren wahren Christus gegenüberstellte.

Obwohl Seidenstücker durch sein weites Bild der Bewegung neben Buddhisten im engsten Sinn eine breite Schicht ansprach, Schopenhauerianer, theosophisch Orientierte, Reformbewegte und Christen, die eine arische

Grundlage ihrer Religion suchten, fanden sich nur zögernd Menschen zum Anschluß an seinen »Missionsverein« bereit. Dies änderte sich auch nicht, als man ihn nach drei Jahren in »Buddhistische Gesellschaft für Deutschland« umbenannte. Später erinnerte sich Seidenstücker der Gründungsphase: »Beitrittserklärungen aber erfolgten langsam und spärlich, stiegen aber allmählich auf 50.«[37]

Die Aktivitäten der ersten deutschen buddhistischen Vereinigung bestanden in Vortragsveranstaltungen im Leipziger vegetarischen Restaurant Manna, das auch Treffpunkt der Theosophen war. Man verteilte Flugschriften, gab Literatur, etwa von Paul Carus, und eine Zeitschrift heraus, die zu ihrer besten Zeit eine Auflage von 500 Exemplaren erreichte.

Daß es mit der jungen Bewegung trotz starken öffentlichen Interesses nicht voranging, begründete Seidenstücker unter anderem mit der ablehnenden Haltung des Kaisers, die sicher ein echtes Problem darstellte, den Buddhismus in führenden Kreisen zu verankern.[38] Doch erwiesen sich wohl eine Reihe interner Gegebenheiten von größerem Ausschlag für die Stagnation.

Einmal waren die Konturen des Missionsvereins nicht klar umrissen. Obwohl der Name eine religiöse Vereinigung nahelegte, konnten auch interessierte Nicht-Buddhisten Mitglieder werden. Die Offenheit gegenüber Theosophen und arisch denkenden Christen ließ ›reine Buddhisten‹ wie Karl Eugen Neumann sich von organisatorischen Bestrebungen fernhalten. Zwar grenzte sich der Missionsverein in der Folge immer wieder vom theosophischen Geheimbuddhismus ab, etwa weil dessen Lehren mit dem »Hauptprinzip des Buddha-Dharma«, der Nichtsubstantialität (Anatman), »in direktem Widerspruche stehen«.[39] Dies traf jedoch auch auf alle zum Beitritt eingeladenen Nicht-Buddhisten zu, die einzelne buddhistische Lehren und ethische Empfehlungen aufnahmen, um ansonsten an ihre unsterbliche Seele zu glauben. Abgrenzungen von den Theosophen stand eine weitgehende Zusammenarbeit mit ihnen im Publikationsbereich gegenüber, so erschienen die Schriften des Missionsvereins im Theosophischen Verlagshaus.

Neben diese undeutliche Gestalt der ersten buddhistischen Organisation trat die deutsche Vereinsmeierei als das Wachstum hemmender Faktor: Immer wieder entstanden und zerbrachen Gemeinschaften und Gruppen über Konflikten. Keine gemeinsame Praxis einte die frühen deutschen Buddhisten, und zahlreiche Kontroversen wurden um das rechte Verständnis der Lehre und ihr Umsetzen geführt. Wie sollte man Kontakte nach Asien pflegen? Sollte man in Deutschland einen buddhistischen Orden von Wandermönchen ins Leben rufen? Sollte man sich auf das Verbreiten von Lehrinhalten beschränken und an zentralen Stellen buddhistische Bibliotheken aufbauen? Es wurde heftig und viel darum gerungen, was man überhaupt tun sollte. Was mindestens ebenso stark einte wie die gemeinsame Basis, war das gemeinsam Abgelehnte, die christliche Zivilisation mit ihren Auswüchsen.

Allein an der Frage, ob man sich nur an die reine Lehre der Texte halten oder auch asiatische Lehrer einladen sollte, schieden sich die Geister. Während es Seidenstücker natürlich schien, neben den Texten die lebendige Tradition zu konsultieren, also »unter gewissenhafter Leitung orientalischer Buddhisten Einführungen in die meditative Praxis gegeben werden sollen«[40], erhoben andere strikte Einwände dagegen: »Jeder Import asiatischer Lebensform und Mönchsregel, geistlicher Exercitien usw. sowie brauner Brüder ist gänzlich unstatthaft, dem sich zu widersetzen für jeden Pflicht wird, der es mit der Verbreitung reformatorischer, buddhistischer Ideen ehrlich meint und Einsicht genug hat, die Wirkung solch' verkehrten Beginnens vorauszusehen.«[41]

Seidenstücker suchte zunächst die Legitimation aus Asien. Sein Verein ging 1907/08 in die Mahabodhi-Centrale über, die 1911 zu einem Zweig der Mahabodhi-Gesellschaft wurde, die Anagarika Dharmapala (1864–1933) in Ceylon zur Wiedergeburt des Buddhismus gegründet hatte.

1909 riefen Seidenstücker, der Buchhändler Walter Markgraf (gefallen 1915) sowie die Ärzte Wolfgang Bohn (geb. 1871) und Carl Strünckmann (1872–1953) die Deutsche Pali-Gesellschaft ins Leben, die Buddhismus auch durch Herausgabe von Quellentexten verbreiten sollte.

Markgraf, zuvor in Birma Anwärter auf die Mönchsweihe, pflegte das Ideal des zölibatären und besitzlosen Asketen. Dem Kneippanhänger Bohn, der oft unter seinem buddhistischen Pseudonym Vasettho schrieb, galt der *Buddhismus als Reformgedanke für unsere Zeit*, wie der Titel seines 1910 erschienenen Buches lautete. Strünckmann, eine schillernde Persönlichkeit, propagierte das Naturheilverfahren wie die Abstinenz und blieb aktiver Sozialdemokrat als er über Schopenhauer zur Lehre des Buddha fand. Immer wieder kam es im Kreise derart ausgeprägter Persönlichkeiten, die mit dem Buddhismus unterschiedliche Erwartungen verbanden, zu schweren Streitigkeiten um Inhalte, Ämter und wirtschaftliche Fragen.

Seidenstücker, der sich nur seinen buddhistischen Aktivitäten und dem Übersetzen aus dem Pali widmete, befand sich persönlich und bezüglich seiner Projekte permanent in finanziellen Schwierigkeiten. Strünckmann, der 1911 nach einem halben Jahr als Vorsitzender der Pali-Gesellschaft wegen Differenzen mit Seidenstücker zurücktrat, hatte diesem 600 Mark zur Verfügung gestellt. Als er das Geld zurückforderte und Seidenstücker nicht zahlen konnte, verlangte Strünckmann es von der Mahabodhi-Gesellschaft. Als diese Seidenstücker zur Rede stellte, trat er aus seiner eigenen Schöpfung aus. Auch Strünckmann wurde aus der Gesellschaft ausgeschlossen, nachdem er wegen dieser Ereignisse mit einem öffentlichen Skandal drohte.

Seidenstückers Verhältnis zu Markgraf war gleichfalls spannungsreich. Markgraf beabsichtigte in Europa die Gründung eines buddhistischen Klosters der Theravada-Tradition. Seidenstücker, der heiratete und drei Kinder hatte, erstrebte für den Westen einen nicht mönchischen Buddhismus nach japanischem Muster und war neben dem Theravada auch für das Mahayana offen. Damit trat neben der Differenz zwischen mythisch orientierter Theosophie und philosophisch ausgerichteten Anhängern ein weiterer Gegensatz in der Bewegung auf. Wegen des schwelenden Konflikts um das buddhistische Mönchtum für Europa stellte die Pali-Gesellschaft 1913 ihre Arbeit ein, nachdem Seidenstücker sie schon 1911 verlassen hatte.

Eine organisatorische Spaltung trat in der Bewegung ein, als Mitglieder der Deutschen Pali-Gesellschaft sich 1912 um Wolfgang Bohn in Halle zu einem Bund für Buddhistisches Leben formierten. Im Unterschied zur Pali-Gesellschaft wollte dieser Bund über bloße Disputation gelehrter Herren hinauskommen und sich auf praktische Verwirklichung buddhistischer Ethik konzentrieren. Er entfaltete eine rege Öffentlichkeitsarbeit: 1913 wurden 6000 Exemplare des ersten Heftes seiner Zeitschrift *Der Buddhist* verteilt. 1921 vereinigten sich der Bund und die Mahabodhi-Gesellschaft.

Die Geschichte der Gründungen und Spaltungen, Zerwürfnisse und Versöhnungen ließe sich fortsetzen. Ohne verbindende Praxis konkurrierten unterschiedliche Interpretationen der Lehre und vielerlei Entwürfe, wie die entsprechend empfundener Erfordernisse idealisierte Lehre aus dem Osten die Leiden des Abendlandes lindern sollte.

Bohn resümierte 1922 ernüchtert: »Der Buddhismus hat mit seiner Mission in Europa gar keinen Erfolg gehabt. Er hat nicht einmal die Mehrzahl der wenigen, die sich an ihn hingen, sittlich und asketisch beeinflussen können, hat sich sofort in mehrere Schulen gespalten, die einander zum Teil gehässig und lieblos bekämpften – und die große Masse geht an seiner Predigt überhaupt vorbei.«[42]

Zu diesem Zeitpunkt war Bohn seit einem Jahr als praktizierender Katholik zum Christentum zurückgekehrt. Auch Strünckmann hatte sich schon 1912 nach seinem Zerwürfnis mit Seidenstücker Jesus zugewandt. Er begründete eine Christ-revolutionäre Bewegung, trat 1917 der Deutschen Vaterlandspartei bei und entwickelte völkische Tendenzen. Seidenstücker wurde Mitte der zwanziger Jahre zum Katholiken.

Warum fanden jene, die den organisierten Buddhismus in Deutschland maßgeblich anstießen, zum Christentum zurück? Eine Ursache besteht in den Machtkämpfen und persönlichen Animositäten, die in einer kleinen Bewegung verheerend wirkten. Man wünschte sich im Streben nach umfassender Reform des Lebens eine starke und breit in der Gesellschaft verankerte Gemeinschaft, schuf jedoch nur eine zerstrittene Außenseitertruppe, die dem einzelnen nicht im entferntesten jene Sicherheit und Geborgenheit der christlichen Kirche gewährte, gegen die man zum Kulturkampf angetreten war.

Doch der wesentliche Grund liegt darin, daß die frühen deutschen Buddhisten sich zu nahe ans Nichts gewagt hatten. Nun wiederholten sie den Weg der Romantiker, die über Indien, wo ihnen die Auflösung des Ich drohte, zum Katholizismus fanden, der ihnen das ewige Leben verhieß. Noch ein Jahr, bevor er sich der katholischen Kirche zuwandte, kritisierte Bohn das Christentum und betonte die Bedeutung der Lehre vom vollkommenen Verlöschen: »Denn wem der Erlösungsgedanke in seiner ganzen Tiefe und Wahrheit sich erschlossen hat, für den wird am Ende jedes Sein, auch in der höchsten Transzendenz, – zur Qual.«[43] Dann vollzog er abrupt die Umkehr, die ihn den Buddhismus nurmehr als Durchgangsstation auf der Suche nach jener wahren Mystik akzeptieren ließ, die »sich an die Kirche angeschlossen« hat.[44]

Abb. 7

Seidenstückers Entwicklung zum Christentum vollzog sich in zwei Stufen. Zunächst wandte er sich einer neuen Interpretation der Lehre des Buddha zu, die ihm erlaubte, die Unsterblichkeit mit seinem buddhistischen Selbstverständnis zu versöhnen. Dies kommt durch einen Wandel der Terminologie seiner indologischen Arbeit zum Ausdruck. Als er 1911 die Pali-Tradition durch systematisch angeordnete Quellen darstellte[45], gab er Anatta inhaltlich treffend mit »nicht wesenhaft« wieder: Von allem am Menschen Erfahrbaren gilt, daß es kein substantielles, unveränderliches Wesen enthält. In der Neuauflage von 1923 übersetzt er Anatta als »nicht das Ich«, weil er nun ein wahres Ich jenseits des Erfahrbaren annahm. Sagte er früher vom sterbenden Erlösten, daß er »verschwindet« (Atthamgata), hieß es später, daß er »heimgeht«. An die Stelle des Verlöschens (Nirvana) rückte allmählich das Himmelreich. Ab 1924 setzte dann der Weg zum Katholizismus ein, den er von 1928 bis zu seinem Tod 1936 praktizierte.[46] Ein Beweggrund findet sich in einer Rezension, in der Seidenstücker bezüglich des Aufkommens des Mahayana-Buddhismus der Auffassung eines Theologen zustimmt, »daß auf die Dauer eine Religion es sich einfach nicht leisten kann, ohne Gott zu sein«.[47] Die Transzendenz Gottes und des wahren Ich hatten über das Nichts gesiegt. Doch auch nach seiner Konversion zum Katholizismus schrieb der Indologe Seidenstücker über buddhistische Themen und leitete als verantwortlicher Redakteur die *Zeitschrift für Buddhismus*, bis diese 1931 »infolge der schlechten wirtschaftlichen Lage« eingestellt wurde.

Bohns katholische Umkehr wurde vom Bund für Buddhistisches Leben offiziell nicht zum Thema erhoben. Man erklärte das Verschwinden des Vorsitzenden mit »schwerwiegenden Gründen privater Natur«.[48] Der Tod Seidenstückers, der den organisierten Buddhismus Deutschlands anstieß, wurde von keiner der vier damals im Reich erschienen buddhistischen Zeitschriften gemeldet. Daß ihre maßgeblichen Gründer sich wieder dem Christentum zuwandten, scheint in der buddhistischen Bewegung des deutschen Sprachraums, soweit sie überhaupt die eigene Geschichte reflektiert, bis heute ein ebensolches Tabu-Thema zu sein wie der Rassismus, der sich leitmotivisch als konstituierendes Element durch die Anfangszeit zieht. Auch die wissenschaftliche Literatur, die sich des deutschen Buddhismus ausführlicher annahm, weist derartige blinde Flecken auf.[49] Die Frage nach den Ursachen wird in weiterer Folge zu stellen sein.

Die deutsche Buddhologie: Paul Dahlke und Georg Grimm

Durch das Wirken des Arztes Paul Dahlke (1865–1928) in Berlin und des Juristen Georg Grimm (1868–1945) in Bayern entstanden in Deutschland eigenständige Interpretationsschulen des Buddhismus. Diese übten bedeutende Anziehungskraft auf Interessierte aus, wodurch der Bund für buddhistisches Leben um 1928 seine Arbeit einstellte.

Der in Bayern geborene Grimm[50] studierte zunächst katholische Theologie und strebte auf Wunsch seiner Eltern das Priesteramt an. Nachdem er aus Zweifeln an der Existenz Gottes dieses Vorhaben nach den niederen Weihen aufgegeben hatte, studierte er Recht, wurde zunächst Anwalt und bekleidete dann ein Richteramt. Der Anhänger Schopenhauers erhielt von seiner Frau zum 40. Geburtstag Neumanns Übersetzung der *Mittleren Sammlung* der Reden Gautamas. Er trat mit Neumann in mehrjährigen Briefwechsel und eignete sich autodidaktisch Palikenntnisse an. Seine Auseinandersetzung mit den Quellen führte zu einem schriftstellerischen Schaffen, als dessen Hauptwerke *Die Lehre des Buddha, die Religion der Vernunft* und *Die Wissenschaft des Buddhismus* erschienen.[51] 1919 wurde Grimm aus Gesundheitsgründen pensioniert und konnte sich fortan ganz seinen buddhistischen Aktivitäten widmen.

Es war Grimms in *Die Lehre des Buddha* vorgetragene Interpretation eines transzendenten Wesens, eines wahren und unzerstörbaren Selbst oder Ich, die Seidenstücker zur Zwischenstation auf dem Weg zum Christentum wurde. Grimm und Seidenstücker gründeten 1921 die Buddhistische Gemeinde für Deutschland, die sich drei Jahre später Buddhistische Loge zu den Drei Juwelen nannte. Die Bezeichnung der Loge deutete auf einen geschlossenen Kreis, in dem es den Brüdern und Schwestern möglich sein sollte, offener über ihren buddhistischen Weg zu sprechen, als dies in einer unverbindlichen Gesellschaft der Fall sein kann. Nach dem nationalsozialistischen Logenverbot trat die Gemeinschaft unter dem Namen Altbuddhistische Gemeinde auf, den sie bis zur Gegenwart führt. Der Begriff Altbuddhismus deutet auf Grimms Anspruch, die Lehre des frühen Buddhismus wiederentdeckt zu haben, nachdem diese mehr als zweitausend Jahre unter falschen Interpretationen verschüttet war.

Den in seinen Augen unkorrekten nihilistischen Interpretationen sämtlicher historischer und lebendiger Schulen des Buddhismus in Asien setzte Grimm ein »Ich bin« entgegen, das ihm als »der sicherste Satz, den es gibt«, gilt.[52] Wenn der frühe Buddhismus von der Vergänglichkeit aller Erscheinungen spricht, also auch allem an der Persönlichkeit des Menschen, folgte daraus für Grimm kein Verlöschen ins Nichts, sondern: »Wenn ich nicht aus meiner Persönlichkeit bestehe, dann bin ich eben etwas Anderes.«[53]

Dieses andere wollte Grimm jenseits der Wandlungen des Daseins ausfindig machen, wobei er sich entsprechend seiner Idee vom Buddhismus als einer Religion der Vernunft des logischen Schlusses bediente. Wie ein Goldsucher wenigstens ein sicheres Merkmal des Goldes kennen muß, um seinen Fund sicher zu beurteilen, »muß also auch von meinem eigentlichen Ich, von dem, worin ich letzen Endes aufgehe, wenigstens ein untrügliches Merkmal bereits bekannt sein, wenn ich nicht riskieren will, etwas für mein Ich zu halten, was in Wirklichkeit nicht mein Ich ist, sei es, daß es überhaupt nichts mit meinem Ich zu tun hat, sei es, daß es nur eine unwesentliche Eigenschaft von mir ist.

Als dieses untrügliche Merkmal zur Erkenntnis meines wahren Ich gibt der Buddho folgendes an:

›Was ich entstehen und vergehen und infolge dieser seiner Vergänglichkeit mir Leiden bringen sehe, das kann nicht ich selbst sein.‹«[54]

Vergängliche körperliche, psychische und mentale Prozesse, die den Menschen ausmachen, interpretiert Grimm als bloße »Beilegungen« des unvergänglichen und unerkennbaren transzendenten Selbst. Läßt man den mit fremden Beilegungen ausgestatteten Willensprozeß versiegen, kommt es zum »Rückzuge auf uns selber, auf unseren transzendenten, dem Tode entrückten Kerne«.[55] So wird im Aufhören des Wollens der höchste Zustand des Seins verwirklicht:

»Damit steht fest: Wer allen Willen, jeden Wunsch, jeden Durst nach dem Vergänglichen, vor allem auch nach seinem eigenen Körper und Geist aus sich herausgerissen hat und damit schlechterdings willenlos, wunschlos, durstfrei geworden ist – nur Vergängliches kann man ja als ein uns Fremdes,

Abb. 8 Detail der Eingangstür zum »Buddhistischen Haus« in Berlin-Frohnau

Abb. 9 Sicht auf das »Buddhistische Haus« vom Eingangstor aus

was man nicht schon hat, begehren – und wer sich in dieser absoluten Wunschlosigkeit gegenüber allem Fremden auf sich selber zurückgezogen hat, in dem herrscht eben infolge dieser absoluten Wunschlosigkeit die höchste Selbstzufriedenheit und damit grenzenloser innerer Friede und damit der vollkommen angemessene Zustand und damit das vollkommene Wohlbefinden.«[56]

Anders als bei Schopenhauer, von dem Grimm ausgegangen war, führt bei ihm die Verneinung des Willens nicht zum Nichts, sondern zu einem positiven höchsten Gut. Erwies sich in Schopenhauers Metaphysik das innerste Wesen der Welt und des Menschen als schlecht, fragt jene Grimms im Sinne Platons nach der unsterblichen Seele. Schon in Neumanns Übersetzung hatte sich diese Interpretation angedeutet, wenn aus dem Reflexivpronomen ›selber‹ das ›Selbst‹ wurde. Grimms Lehre ermöglichte nun, das Praktizieren buddhistischer Ethik als Alternative zum westlichen Weg mit der vertrauten

Idee der Transzendenz zu verbinden. An die Stelle des nicht mehr glaubbaren Himmelreichs des toten Gottes sollte ein durch die Vernunft bewiesenes Höchstes als Heimat des wahren Wesens eines jeden treten.

Diese Ideen erlaubten zugleich, den Buddha für jene völkisch Bewegten zu retten, die im Nihilismus eine zutiefst unarische Haltung sahen. In der Tat steht auch Grimms Argumentation auf dem Boden des Rassismus. Die Einführung in sein erstes Hauptwerk[57] bildet ein Manifest, das die indischen Arier, mit denen Iraner, Griechen, Italiener, Slawen, Germanen und Kelten verwandt sind, als das »religiöseste Volk der Erde überhaupt« preist. Der Buddha wird vor allem zum Arier, der »arische Wahrheiten« verkündete. Daß der Buddhismus zu einer Anschauung verkam, die das Erlöschen ohne ein bleibendes Transzendentes propagierte, findet eine Erklärung in der Rassentheorie, indem die dafür verantwortlichen klassischen »Kommentatoren gar keine reinen Arier, sondern Dravidas (Ureinwohner Indiens) waren«. Nach dieser Verzerrung durch das religiös minderbegabte Volk mußte der nun für Arier untaugliche Buddhismus aus Indien verschwinden. Zum Abschluß der Einführung zitiert Grimm Schopenhauers Hoffnung auf ein von jüdischer Mythologie gereinigtes Europa, in das indische Religionen Einzug halten. Doch ob dies sich erfüllt, darf dem Leser des Buches »dann gleichgültig sein«, wenn er von der vorgetragenen Lehre betroffen wird.

Grimms ganz auf das ewige Wesen des Menschen konzentrierte Lehre hat mit dem reformbewegten Buddhismus der frühen Zeit, dem es mittelbar auch um eine Heilung der Gesellschaft ging, kaum mehr etwas zu tun. Der »Auszug aus der Welt« ist angesagt. Man will der dem wahren Wesen beigelegten »Persönlichkeit und in ihr der ganzen Welt in vollendeter Gleichgültigkeit« gegenüberstehen. »Der erlöste Heilige hat das Leben überwunden. Das Nächstliegende wäre, daß er, nachdem er sich innerlich völlig von ihm losgesagt hat, ihm auch äußerlich durch Freitod ein Ende machte. Indessen wird er das regelmäßig gerade deshalb nicht tun, weil ihm das Leben gleichgültig geworden ist, so gleichgültig, daß er lächelnd seinem Mörder die Brust zum tödlichen Stich darbieten würde.«

Der Weg zu diesem vollendet gleichgültigen Zustand ist durch vollkommenes Entwerten der physischen Welt gekennzeichnet. Die Persönlichkeit wird als »Produkt eines aus Kot aufgebauten Mechanismus« erkannt. Da der menschliche Körper »überhaupt nur durch fortwährende Vernichtung fremden Lebens erhalten werden kann«, ist »im Grunde schon diese Erhaltung unmoralisch«.

Wie dem Einsichtigen die aus »Pflanzen und Tierleichen« bestehende Nahrung nicht mehr schmecken darf, verhält es sich mit jeder Form sinnlichen Genusses. Entsprechend verläßt Grimm den Ästhetizismus Schopenhauers. Im Lichte des Echten hinter der schlechten Physis wird alles Gegenständliche bedeutungslos. Kunst und Musik können kein Mittel der Befreiung mehr sein, sondern müssen als das erkannt werden, was sie »objektiv« sind. Die »Musik züchtet geradezu durch Aufwühlung des im Lebensdurste wurzelnden Gemütslebens absichtlich den Unfrieden hoch«. Doch sind ihre Ausdrucksmittel »nichts weiter als künstlich erregte Luftschwingungen«, die »sogar bei den Streichinstrumenten in Saiten gedehnte Schafdärme, also Teile von Tierleichen«, verwenden.

Auch der Sehsinn wird in dieser Weise ›objektiviert‹. Man gewahrt bei einem Menschen »keine zierlichen Hände, kein verführerisches Lächeln mehr, das bisher unsere Leidenschaft entfachte, sondern lediglich zu dieser Gestalt zusammengeballten, organisierten Kot«, der sich wieder in diese ursprüngliche Form zurückverwandeln wird.[58]

War auch Gleichgültigkeit gegenüber allem Weltlichen angesagt, galt Grimm in der Welt doch mit dem Karmagesetz eine strikte Ordnung, die keine sozialen Veränderungen zuließ. Sozialistische Programme einer Änderung von Besitzverhältnissen hielt er für einen Angriff auf das Karmagesetz.

Die Attraktivität, die Grimms weltverneinende Lehre, der alles Gegebene als »Kot« gilt, für buddhistisch bewegte Deutsche ausstrahlte, wird auch im Licht des Ersten Weltkriegs und der Probleme der Nachkriegszeit verständlich. Fronterfahrungen, der Zusammenbruch des Kaiserreichs, soziale Wirren und Wirtschaftskrisen machten empfänglich für ein Entwerten und gleichgültiges Betrachten der Wirklichkeit, um auf ein dahinterliegendes Unwandelbares zu hoffen. Seidenstücker, der stets in elenden Verhältnissen lebte, hatte unter seinem Kriegsdienst sehr gelitten. Der Medizinprofessor Hans Much (1880–1932), der später mit Grimm zusammenarbeitete und dem Vorstand des Bundes für buddhistisches Leben angehörte, beschäftigte sich mit Grimms *Lehre des Buddha* 1917, als er in der Ukraine als Militärarzt stationiert war: »Mit solchem Genuß habe ich seit langem kein Buch gelesen. Was ist das für ein Tröster.«[59]

Den Zeichner Alfred Kubin (1877–1959) führte das Buch in eine »buddhistische Krise«: »Ich las in jenen Tagen gerade das sehr eindringlich abgefaßte Werk über die Lehre Buddhas von Georg Grimm. Meine seelische Erschütterung stürzte sich nun, lawinenartig anwachsend, auf das Nächste, auf den Buddhismus.«[60] Kubin versuchte die propagierte Entsagung konsequent durchzuführen, zog sich zurück, arbeitete zeitweilig nicht mehr und meditierte, um sich nach Grimms Vorgaben von der Welt zu lösen.

Grimms Überzeugung, als einziger in Ost und West die wahre Lehre des frühen Buddhismus zu vertreten, spiegelt sich in scharfer Polemik, die jene traf, die an seiner Interpretation zweifelten, und wenig von der Gleichgültigkeit spüren ließ, die er predigte. Eine Rezension des später als Lama Anagarika Govinda in buddhistischen Kreisen bekannten Ernst Lothar Hoffmanns (1898–1985), die sachlich auf Diskrepanzen zwischen Grimms Lehre und überlieferten Aussagen Gautamas hinwies[61], kommentierte Grimm zum Beispiel folgendermaßen: »Fürwahr, da möchte einem der Verstande stille stehen, wenn man nicht ohne weiteres erkännte, daß hier des Herrn Hoffmann Verstand stille gestanden ist.«[62] Hauptsächliches Ziel der Polemik Grimms waren Paul Dahlke und sein Neubuddhismus.

Paul Dahlke wollte zunächst evangelische Theologie studieren und hatte im Hinblick darauf Hebräisch gelernt. Doch schließlich wandte er sich der Medizin zu und führte eine erfolgreiche homöopathische Praxis. Er las Schopenhauer, interessierte sich aber nicht weiter für dessen Darstellung des Buddhismus. Auf einer Weltreise kam er 1898 nach Ceylon, das er zwei Jahre später erneut besuchte, um sich tiefer mit dem Buddhismus auseinanderzusetzen und Pali zu lernen. Weitere Aufenthalte führten ihn nach Indien, Thailand, Japan, Birma und China. Von 1903 bis zu seinem Tod zeugen vielfältige theoretische wie erzählerische Werke sowie Übersetzungen aus dem Pali von seiner Auseinandersetzung mit der Lehre.

Ein buddhistisches Haus als Wohngemeinschaft für Anhänger, die ernsthaft an sich arbeiten, sollte zunächst als größere Anlage auf Sylt entstehen. Wohl auch weil die Inflation an Dahlkes Vermögen gezehrt hatte, kam es in kleinerer Form 1924 in Berlin zur Verwirklichung. Die Architektur des Gebäudes bedient sich indischer und japanischer Stilelemente, was programmatisch zum Ausdruck bringt, daß Dahlke dem traditionellen Buddhismus Asiens folgen wollte. Für die »Insassen«, wie er die Mitglieder seiner Hausgemeinschaft nannte, galten strenge Regeln. Obgleich sie sich nicht als Mönche verstanden und Berufen nachgehen konnten, waren Gespräche über Politik, Zeitungslektüre und das Führen von Prozessen ebenso verboten wie der Besitz von Luxusartikeln wie Parfüm, Musikinstrumente, Polstersessel oder große Spiegel. Desgleichen war sexuelle Betätigung untersagt. »Zur Unkeuschheit rechnen wir auch das Eheleben im weltlichen oder kirchlichen Sinne. Ehegatten dürfen im Hause wohnen, aber sie dürfen kein eheliches Leben in diesem Sinne führen, dürfen auch nicht den gleichen Raum bewohnen.«[63] Wie Grimms Versuch der Loge offenbart Dahlkes Wohngemeinschaft ein nach dem Ersten Weltkrieg erkennbares Bedürfnis mancher Anhänger des Buddhismus, zur Verwirklichung der Lehre näher zusammenzurücken.

Dahlke sprach nicht deshalb von Neubuddhismus, weil er von Inhalten des traditionellen Buddhismus abrücken wollte. Vielmehr ging es ihm um eine Neuformulierung im Licht moderner Naturwissenschaft. Sein Buch *Buddhismus als Weltanschauung* (1912) konfrontiert zu diesem Zweck die Lehre mit Theorien der Physik, Physiologie, Biologie und Kosmologie. Zugleich erstrebte Dahlke damit einen neuen Ansatz für die Naturwissenschaft, die mit der Subjektivität verbundene Probleme noch nicht klar faßte. »Das Ich ist der naturgemäße Einsatz jeder Weltanschauung, weil objektiver sowohl wie subjektiver Einsatz.« Scheiterte die Philosophie, einzig aus dem subjektiven Denken ein taugliches Weltbild zu gewinnen, ignoriert die Naturwissenschaft, welche die moderne Weltanschauung bestimmt, im Streben nach Objektivität die Bedeutung des Subjektiven. Aus diesem Grund besitzt die Moderne keine glaubhafte Philosophie mehr und noch keine »Naturwissenschaft, die uns wirklich helfen könnte«.[64]

Dahlke versucht den Ausweg aus dem Dilemma durch Objektivieren der Subjektivität, wie es die buddhistische Analyse des Ich erlaubt. Das Subjekt ist als energetischer Prozeß zu begreifen. Es gibt »keine Persönlichkeiten im vulgären Sinne«, sondern »nur wandelnde, wirkende, immer wieder neu sich verwirklichende Lebenstriebe, die gleich einer Flamme sich dadurch unterhalten, daß sie die Außenwelt an sich reißen, verarbeiten, assimilieren«.[65]

Subjektivität ist in diesem Sinn das Produkt eines energetischen Prozesses: »Wie die magnetische Kraft, die wir nicht kennen, eine Masse von Eisenteilchen zu einem in bestimmten Spannungszustand gehaltenen Körper formt, so formt die Ichkraft, die ein jeder unmittelbar als sein Wollen erleben kann, das von ihm beschlagnahmte und verarbeitete Lebensmaterial. Und wie diese magnetische Kraft überall innerhalb dieses magnetischen Gebildes ist und doch nirgends als ›Etwas‹ ist, sondern nichts als der eigenartige Spannungszustand, der dem Ganzen den Halt und die Daseinsmöglichkeit gibt, so ist auch die Ichkraft überall innerhalb der Körperlichkeit und ist doch nirgends als ›Etwas‹, sondern ist nur dieser eigenartige Spannungszustand, der dem Lebewesen Halt und Daseinsmöglichkeit gibt und es zur Persönlichkeit macht.«

Der Mensch ist nur innerhalb der Wandlungen dieses energetischen Prozesses wirklich, der sich in der Kraft des Wollens zeigt: »Kraft, wie der Buddha sie lehrt, ist weder sinnlich, d. h. Beweisgegenstand, noch übersinnlich, d. h. Glaubensgegenstand. Sie ist dieser eigenartige Spannungszustand, wie jeder ihn als sein Wollen unmittelbar erlebt.« Da sich das Dasein hierin erschöpft, ergeben sich für den Menschen keine weiteren Probleme oder Fragestellungen bezüglich einer Transzendenz: »Die beglückende Gewißheit, sich im Einklang mit der Wirklichkeit zu befinden, wird ihn auf das Glück transcendenter Perspektiven leicht verzichten lassen, mag im übrigen seine neue Gewißheit auch noch so nüchtern sein.« Freilich sah Dahlke diese Perspektive nur für wenige reife und erkenntnisbegabte Menschen als akzeptabel an und wandte sich elitär an »die wenigen, die viel sind«.[66] Dennoch fanden er wie auch Grimm eine jeweils breitere Basis als jeder frühere buddhistische Versuch im Land.

Dahlkes religiöser und medizinischer Ansatz standen in engem Zusammenhang. Wie er als Buddhist »einen reinen Dynamismus vertritt, huldigt er ihm auch in der Homöopathie«.[67] In seinem Werk *Heilkunde und Weltanschauung*[68] deutet Dahlke das physische wie das geistige Leben als Stoffwechselvorgang. »Ernährung ist alles, es ist nichts am Ich, das nicht Ernährung ist und der Ernährung unterliegt.« Essen, Trinken und Atmung sind nur ihre gröbsten Formen. Auch Wahrnehmungen und Empfindungen gelten als durch die Sinnesorgane aufgenommene Nahrung. Entsprechend werden Begriffe und Bewußtseinsakte durch das Denken aufgenommen. »Denken ist

GRAF HERMANN KEYSERLING

DAS REISETAGEBUCH EINES PHILOSOPHEN

Der kürzeste Weg zu sich selbst führt um die Welt herum.

ERSTER BAND

FÜNFTE AUFLAGE
MIT DEM BILDNIS DES VERFASSERS

1 9 2 1

OTTO REICHL VERLAG, DARMSTADT

Abb. 10

geradezu Essen; darüber muß man sich durchaus klar werden, wenn man Ernährung richtig und weit genug fassen will.«[69]

Im Maßhalten beim physischen wie geistigen Assimilieren von anderem in das eigene offene System liegt der Schlüssel zur Gesundheit wie zur Erlösung im buddhistischen Sinn. Die Bewohner des buddhistischen Hauses in Berlin sollten das Essen in Gemeinschaft vermeiden, denn: wer »sich seine Nahrung selber zubereitet, hat zwei Vorzüge: er ist unabhängig und er wird sich not-

Abb. 11 Hermann Graf Keyserling (1880–1946)

wendig auf ein gewisses Mindestmaß beschränken. Keiner, der für sich selber kochen muß, hat Lust zu schlemmen; ja er wird das Kochen nach Möglichkeit überhaupt meiden.«[70] Das Einführen des Feuers, das dem Menschen Gelegenheit gab, von der Rohkost zum Fleischgenuß überzugehen, galt für Dahlke als Sündenfall in der Ernährung, denn der dadurch mit Harnsäure belastete Körper verliert »das Gefühl der wirklichen Gesundheit«. Im Hinblick auf das Fleischessen »tritt der die ganze wirkliche Heilkunde letzten Endes beherrschende Gedanke von der Krankheit als Schuld und vom Symptom als Sühne in das Gesichtsfeld des denkenden Arztes«, und Genesung erfolgt duch Reinigung.[71]

Stand Dahlkes Denken somit in der Tradition der Lebensreformer, gründeten sein Asketismus und seine strenge Weltabkehr auch in der Erfahrung des Ersten Weltkrieges. Seine Buddhismus-Interpretation strebt danach, sich

»mit der Not und dem Drang dieser schrecklichen Zeit abzufinden. Der zwischen Menschentum und Vaterland hin und her gezerrte Geist verlangt gebieterisch den Ausgleich dieses Zwiespalts von einer höheren, rein gedanklichen Warte aus, hoch genug, um von dem beständigen Schwanken der Gefühle nicht mehr in Mitleidenschaft gezogen zu werden.«[72] Das Ablösen von Welt wie Dasein wie das schließliche Auflösen des Ich, zu dem körperliche Heilung eine Vorstufe bilden konnte, war nicht zuletzt Flucht aus dem Dilemma der Zeit.

Doch wie der Polemiker Grimm erscheint auch Dahlke nicht als abgeklärter, von Weltlichem gelöster Charakter. Graf Hermann von Keyserling (1880–1946), der in seinem *Reisetagebuch eines Philosophen* (1918) sympathisierende Worte für den Buddhismus Asiens fand, urteilte nach einem Vortrag Dahlkes, dieser »wirkt nicht als überlegen toleranter Geist, sondern als fanatischer Sektierer, nicht als weitherzig, sondern als im äußersten Grade eng; nicht als jenseits von Wissenschaft und Glauben fußend, wie dies den Buddhisten gemäß Dahlkes eigener richtiger Lehre ziemt, sondern als Urbild des Gläubigen«. Was in Indien »nur eine Königsseele erster Größe vertreten konnte, findet hier ihren bestmöglichen Vertreter an einem Sektierergeist«.[73] Dahlkes Neubuddhismus und Grimms Altbuddhismus lieferten einander heftige Fehden. Zwischen der Lehre des verhinderten katholischen Priesters aus Bayern von der ewigen Seligkeit des wahren Wesens und jener des verhinderten evangelischen Pastors aus Preußen von der endgültigen Auflösung des Daseins schien zumindest unter Zeitgenossen kein Brückenschlag möglich. Vielleicht waren die beiden in ihrem Herangehen an den Buddhismus auch professionell geprägt: Dem Mediziner Dahlke galt der Mensch als veränderliches Produkt des Stoffwechsels, das der Auflösung entgegenging. Dem Juristen Grimm lag die Frage nach einem bleibenden Subjekt der Verantwortung nahe, denn er mußte als Richter ein solches vor sich sehen, wollte er urteilen. Veränderlichkeit und Ewigkeit prallten aufeinander. Doch obwohl der Metaphysikkritiker Dahlke und der Metaphysiker Grimm sich in der Theorie unversöhnbar voneinander entfernten, überschneiden sich ihre Auffassungen von der Praxis als rigoroser Entsagung und Abkehr von der Welt.

Die buddhistische Bewegung Deutschlands begann, indem sie der abendländischen Zivilisation ein heiles Bild einer östlich geprägten Kultur entgegensetzte. Sie trat zum Kampf um Reform und ethische Besserung an. Doch nach dem Krieg siegte die Resignation. Man stritt nicht mehr mit der Welt, die man verlassen wollte. Doch schafften es die Leitgestalten trotz ihres geforderten Gleichmuts nicht, dem allgemeinen Verfolgungswahn zu entkommen. Man sah die jeweils reine Lehre von falschen Interpreten verfolgt. Der Rückzug auf die glückselige Insel einer Loge oder klosterartigen Wohngemeinschaft schloß den geistigen Krieg nicht aus und mit ihm die Bestätigung, auf der rechten Seite zu stehen. Das Beharren des Ich und die Sehnsucht nach seiner Überwindung oder Befreiung gehörten zusammen und hielten einander aufrecht. Wie viele von der Front Gekommene während der Weimarer Republik physisch in ihren Freikorps weiterkämpften, dauerte im deutschen Buddhismus der Streit um die Wahrheit an, deren Relativität die Lehre eigentlich zeigen wollte.

Der Bund für radikale Ethik, e. V., (früher: Gesellschaft zur Förderung des Tierschutzes uud verwandter Bestrebungen) fördert vornehmlich solche Bestrebungen, denen auch der Anhänger der buddhistischen Ethik die höchste Bedeutung zuerkennen muß.

Er sucht das Mitleid mit allem Lebenden, auch das mit den Tieren, zu wecken und die Erkenntnis zu verbreiten, daß das, den Egoismus brechende Mitleid die Quelle der Sittlichkeit ist.

Er fördert besonders die radikalen Tierschutzbestrebungen (Vegetarismus, Bekämpfung der Vivisektion und des Jagdvergnügens usw.) und den Pazifismus.

Er arbeitet auch mit an der Schaffung einer gerechteren Gesellschaftsordnung, tritt aber dem Wahn entgegen, daß das Heil der Menschheit hauptsächlich von sozialen und politischen Reformen zu erwarten sei, und betrachtet als seine Hauptaufgabe die Förderung der Individual-Ethik, das heißt: des sittlichen Strebens des einzelnen Menschen, der Veredelung der individuellen Lebensführung.

Alle Mitglieder erhalten zahlreiche Broschüren und Flugblätter. Mitglieds-Beitrag mindestens 5 Mark jährlich.

Das Flugblatt Programm und Satzung und einige andere Blätter versendet der Bund kostenfrei; die Broschüre „Radikalismus und Idealismus“ (32 Seiten) und 8 Flugblätter und Prospekte gegen vorherige Einsendung von 1 Mark.

Bund für radikale Ethik, e. V.
Berlin W. 15, Düsseldorferstr. 23, Gh., Postscheckkonto Nr. 56771, Berlin N.W. 7.

Hauptschriftleiter Dr. Wolfg. Bohn, Dölau b. Halle. Schriftleiter Ludw. Ankenbrand, Stuttgart
Herausgeber: „Bund für buddhistisches Leben“, Verlag der Zeitschrift für Buddhismus
Oskar Schloß, München-Neubiberg. Druck von Knorr & Hirth in München.

Abb. 12 Anzeige aus der »Zeitschrift für Buddhismus« (1920)

5. Kapitel

VON DEN MORGENLANDFAHRERN

Polgasduwa: Auf der glückseligen Insel?

Das Bild von den historischen Heimatländern des Buddhismus zeigte sich bei jenen, die sich mit seiner Erforschung und Praxis beschäftigten alles andere als einheitlich. Ein Verklären asiatischer Kulturen und die Ablehnung des degenerierten oder nie erwachten Ostens waren die Pole, zwischen denen sich buddhistisch Interessierte Deutschlands fanden. Als Kinder ihrer Zeit standen sie im Spannungsfeld einer romantischen Haltung zum Osten und Überlegenheitsgefühlen moderner Abendländer gegenüber kolonisierten und technisch weniger entwickelten Völkern.

Mancher gelangte vom Verherrlichen zum Realismus. So nahm der späte Seidenstücker »ein früher auch von mir weitererzähltes Märchen« zurück, nach dem »die Geschichte des Buddhismus durch kein Blutvergießen befleckt worden sei«.[1] Daß der viel gerühmte Friedenskaiser und Buddhismus-Förderer Asoka (gest. 231 v. u. Z.) sein indisches Großreich durch brutale Feldzüge schuf, konnte intensiverer Beschäftigung ebenso wenig verborgen bleiben, wie die unrühmliche Rolle japanischer Zen-Mönche bei der inquisitorischen Folter christlicher Konvertiten. Die Realität des Ostens stand jener der Machtkämpfe und Brutalitäten des Abendlandes nur wenig nach. Allein Oberflächlichkeit oder absichtliche Blindheit erlaubten bei fortschreitender Kenntnis das Aufrechterhalten früher Idealbilder. Wer zunächst im buddhistischen Asien seinen Traum von friedfertigen Gesellschaften verwirklicht sah, fand sich im Lauf der Jahre leicht in der Rolle des enttäuschten Liebhabers.

Abgesehen vom Berufen auf Asiatisches als Gegenbild zur maroden westlichen Zivilisation stellte sich in diesem Zusammenhang eine wichtige Frage:

Genügten klassische Texte, um die Lehre durch Eigeninterpretationen für den Westen nutzbar zu machen? Oder waren Kontakte zu lebendigen Traditionen Asiens unerläßlich, um den Weg wirklich verstehen und gehen zu können?

Dahlke klärte seine Fragen mit Mönchen in Ceylon. Für den nur an den Pali-Quellen der Reden Gautamas interessierten Grimm, den es nicht nach Osten zog, wären solche Singhalesen, von denen er anmerkte, sie »bestehen aus arischen und dravidischen Elementen«[2], wegen ihrer durch Rassemischung verzerrten Interpretation gänzlich ungeeignete Meister gewesen. Sollte man von den »braunen Brüdern« lernen oder die reine Lehre vor deren exotischen Entstellungen ins vernünftige Europa retten?

Gelehrte, die sich mit den klassischen Texten Asiens beschäftigten, fühlten sich oft in der Situation des Altphilologen, den das Reisen ins zeitgenössische Griechenland oder Italien den Quellen Platons und Ovids nicht nähergebracht hätte. Zwar gab es im Unterschied zu Europa im Osten eine lebendige Überlieferung der Interpretation und Praxis der Lehren des Altertums. Doch wollten viele die Ursprünge des Buddhismus nicht durch den Filter dessen erfahren, was nach mehr als zwei Jahrtausenden in den Kulturen des Ostens daraus geworden war. Der Beginn der Forschung fiel in die Zeit wissenschaftlicher Kritik am Christentum und dem Umgang der Kirche mit ihren Quellen. Das Mißtrauen gegenüber der Überlieferung der eigenen Kultur übertrug sich auf das Wahrnehmen anderer.

Diese Haltung hat manches für sich, ermöglicht sie doch theoretisch den unvoreingenommenen Blick auf den Text, ohne Interpretationen verpflichtet zu sein, die den Inhalt nach späteren sozialen und kulturellen Maßgaben zurechtbiegen. In diesem Sinn kann eine von ihr unabhängige Forschung auch der lebendigen Tradition zum erweiterten Verständnis ihrer Grundlagen dienen.

In der Praxis schützt aber weder der Abstand vor gravierenden Fehlurteilen, noch darf man unbesehen davon ausgehen, Traditionen oder direkt Betroffene lieferten grundsätzlich eine verzerrte Perspektive. Andererseits bietet die direkte Berührung mit der Tradition keine Gewähr für fundierte Urteile. Oldenberg strich seine Ideen vom durch Rassenmischung schwächlichen, nervösen und von heißer Sinnlichkeit getriebenen Hindu, die er aus der Textlektüre gewann, nach einer späteren Indienreise 1912/13 nicht aus seinem Werk.

Die Frage nach Distanz oder Nähe zu Asien galt für Deutschlands Buddhisten wie für den Forscher. War ein grundlegender Neubeginn auf Basis der reinen Lehre angesagt, oder mußte deren Umsetzen bei darin Erfahrenen gelernt werden?

Der Buddhismusforscher Edward (Eberhard) Conze (1904–1979), der sich als Buddhist verstand, offenbarte etwas von den vielschichtigen Motiven, die Abstand gebieten können. Er hatte »nie den leisesten Wunsch, nach Ceylon, Birma oder Japan zu gehen, um selbst zu sehen, wie Buddhisten sind«, womit er in einschlägigen Kreisen auf Unverständnis stieß. Dies begründet er zum Teil »mit der Tradition einer bestimmten Art deutscher Gelehrsamkeit. Max Müller ging nie nach Indien, sondern wartete in Oxford, daß die Inder zu ihm kommen.« Darüber hinaus sei der Buddhismus Asiens auf dem Rückzug. Seine literarischen Überlieferungen müßte der Westen bewahren, damit sie später auch Asien wieder nützten, hörten dort erst imperialistische Einflüsse auf. Hier geht es um eine Distanz des Forschers zum Untersuchten, die sich als Objektivität wie Arroganz auslegen läßt und wohl beides einschließt.

Conze gab einen weiteren Grund seines physischen Abstands von Asien an, der wohl den Kern trifft: »Ich fürchtete, die tatsächlich existierenden Buddhisten würden mich wahrscheinlich gegen den Buddhismus wenden, so wie mich die tatsächlich existierenden Christen gegen das Christentum wandten.«[3] Er war sich bewußt, daß seine Ideale kaum der Realität jener Länder standhielten, in denen man sich offiziell zu ihnen bekennt. So verglich er sich mit Don Quichote, der das beim Testen zerstörte Pappvisier seines Helms keinem weiteren Versuch mehr aussetzte: Bewahren, was einem viel bedeutet, und es nicht auf die Probe stellen!

Was Conze mit Ironie anspricht, galt für viele frühere deutsche Buddhisten: Sie wollten die Essenz der Lehre übernehmen und in ihrem Umfeld leben, ohne sich durch gewachsene konkrete Ausdrucksformen stören zu lassen. Man suchte nicht nach dem Tatsächlichen, sondern hielt sich an ein Ideal, auch wenn die Gegend seiner Herkunft dieses so gar nicht kannte.

Die Haltung derer, die nur Text und Lehre sehen wollten, entspricht jener des Metaphysikers, der das Eigentliche hinter dem Faktischen sucht, die

Wahrheit hinter der täuschenden wirklichen Welt. Andere verlangten nach physischer Begegnung und Praxis. Diese ließ sich nur im Tatsächlichen finden, doch ihre Weitergabe kann sich nur in konkreten Lebensformen vollziehen, im Beispiel der wahrnehmbaren Gestalt als Trägerin und Verkörperung sonst nur abstrakter Worte.

Der erste Deutsche, der sich in diesem Sinn als Mönch der Tradition anschloß, war Anton Walter Florus Gueth (1878–1957), der unter dem Namen Nyanatiloka bekannt wurde.[4] Er stammte aus dem katholischen Bürgertum Wiesbadens, wo sein Vater Gymnasialdirektor war. Im Jahr nach dem Abitur 1896 trat der tief religiöse Gueth bei den Benediktinern ein. »Aber ich blieb nur kurze Zeit im Kloster. Ich fand, daß eine solche Art von Abhängigkeit und Freiheitsmangel nicht nach meinem Geschmack war.«[5] Neben einer kontemplativen Neigung liebte er Musik. So studierte er am Frankfurter Konservatorium und in Paris Violine und Komposition. Während der Frankfurter Studienzeit hörte er in einem vegetarischen Restaurant einen Vortrag des jungen Theosophen Edwin Böhm (1877–1906), der ihn vom Buddhismus überzeugte. Ein gleichgesinnter Musikprofessor gab ihm darauf den Katechismus Zimmermanns und empfahl ein Buch Pfungsts zur Lektüre. So erwachte der starke Wunsch, buddhistischer Mönch zu werden.

Gueth beschloß, in Richtung Indien aufzubrechen, indem er Engagements als Geiger annahm, die ihn immer weiter nach Osten führten. 1902 war er in Saloniki, um im folgenden Jahr Bombay zu erreichen. Dort erst wurde er der Tatsache gewahr, daß Indien kein buddhistisches Land mehr war und er besser nach Ceylon reisen sollte. Dort erfuhr er von einem britischen Mönch in Birma, der ihm sprachlich hilfreich beim Eintritt in den Orden sein könnte. So suchte Gueth in Rangun Ananda Metteyya auf, der mit bürgerlichem Namen Allan Bennett (1872–1923) hieß.

Bennett, der 1901 als zweiter Europäer buddhistischer Mönch wurde, praktizierte zuvor den Okkultismus Aleister Crowleys (1875–1947). Seine Interessen dürften sich von jenen Gueths, der die Quellen ergründen und sich der Kontemplation widmen wollte, unterschieden haben. Bennett riet Gueth von Pali-Studien ab, was jener allerdings nicht beachtete.

1903 empfing Gueth in Birma die Ordination als Novize. Da Seidenstücker im gleichen Jahr den Missionsverein gründete, markiert es in Ost und

West den Beginn eines sich institutionalisierenden deutschen Buddhismus. Nach der Weihe zog er in ein abseits gelegenes Kloster, um Pali zu lernen. Bereits nach einem halben Jahr diskutierte Gueth mit anderen Mönchen in dieser toten Sprache. Auch eignete er sich zur Verständigung taugliches Birmesisch an. 1904, dem Jahr seiner Mönchsweihe, begann er ein intensives meditatives Training. Er lebte in einer Berghöhle und übte »unter Anweisung eines als heilig geltenden Mönchs Konzentration und Hellblick«[6], die unmittelbare Einsicht in die Nichtdauer, das Leid und die Nichtsubstantialität (Anatman) alles Gegebenen.

1906 begab sich Nyanatiloka nach Ceylon, um systematische Pali-Studien aufzunehmen. Schon im gleichen Jahr erschien als erste Frucht die kleine Anthologie *Das Wort des Buddha*, das die Theravada-Lehre in prägnanter Weise darstellt. Von seiner mehrbändigen Übersetzung der Reden Gautamas aus der Sammlung *Anguttaranikaya*, die Neumann nicht übertrug, kam 1907 in Deutschland der erste Band heraus.

Der deutsche Mönch wohnte mit einem thailändischen Bruder in einer Einsiedelei aus Kokosblättern, meditierte, studierte und übersetzte. Doch schon bevor sich sein Ruf durch Veröffentlichungen im Westen begründete, verbreitete sich die Fama vom deutschen Asketen. So kamen 1905 Schüler aus Europa. Zu den ersten Novizen Nyanatilokas gehörte der Postbeamte Fritz Stange (1874–1910), der auf einen typischen Weg zurückblickte.[7]

Der begeisterte Wagnerianer fühlte sich seit der Jugend von Asien angezogen, lebte vegetarisch und fand zum Geheimbuddhismus der Theosophischen Gesellschaft. Schließlich entdeckte er Neumanns Übersetzungen. Obwohl im Vorjahr Vater geworden, entschied er sich 1905 für das buddhistische Mönchtum. Nur einmal kehrte er 1906 schwer krank kurz nach Deutschland zurück. Dann unterwarf er sich in Ceylon auf dem Weg ins Land des Nicht-mehr-Seins, nach dem sich sein Idol Wagner gesehnt hatte, rigoroser Askese. Als Stange, der als Mönch Sumano hieß, nach fünf Jahren des Strebens starb, strömten hunderte Ceylonesen, denen er als Heiliger galt, zur Einäscherung. Eine christliche Missionsgesellschaft soll seine Hütte zu überhöhtem Preis ersteigert haben, um eine Kultstätte zu verhindern. Der konsequente deutsche Asket stellte wohl für bekehrte Neuchristen eine Versuchung zum buddhistischen Rückfall dar.

Nyanatiloka reiste Ende 1906 nach Birma, um an seiner Übersetzung von *Anguttaranikaya* zu arbeiten. Dort stießen der Schotte I. F. McKechnie und Walter Markgraf zu ihm, um Novizen zu werden. Mehr als vierzig Mönchschüler nahm Nyanatiloka im Lauf seines Wirkens als Novizen an. Dazu kamen weitere Mönche, denen nicht er die Weihe erteilte, sowie Laienschüler, die nicht die vollen Gelübde ablegten, aber unter seiner Weisung asketisch lebten.

Das Auftauchen europäischer Anhänger ermutigte Nyanatiloka, über literarische Tätigkeit hinaus zum Aufbau des Buddhismus im Westen beizutragen. Von Markgraf stammte die Idee einer buddhistischen Klostergründung in Europa.[8] Wegen der antibuddhistischen Haltung des deutschen Kaisers war ein solches Unternehmen im Reichsgebiet nicht angesagt. Nyanatiloka wandte sich an Enrico Bignami (1844–1921), der ihm ein potentieller Förderer des Vorhabens schien. Der frühere Mitstreiter des italienischen Freiheitshelden Giuseppe Garibaldi (1807–1882) lebte seit 1898 in Lugano. Bignami, Freimaurer und Sozialist, rief 1868 das linke Periodikum *La Plebe* ins Leben, das er fünfzehn Jahre leitete. Nyanatiloka kannte seine 1906 gegründete Zeitschrift *Coenobium*, die Pazifismus propagierte und vielem Neuem aufgeschlossen war. Leider blieb Bignamis politischer Vorstoß, 1914 eine Allianz neutraler Länder zu schaffen, ohne politische Wirkung und konnte die folgenden Katastrophen nicht verhindern.

Von der Idee eines Klosters des friedliebenden Buddhismus in Europa angetan, fanden Bignami und sein Freundeskreis unweit von Lugano ein geeignetes Grundstück. Dort sollten Klausen für vornehmlich deutsche Mönche entstehen, die sich mit Pali-Studien wie dem Übersetzen heiliger Schriften befaßten und als Missionare bei Reisen ins Reich ihre Lehre in Vorträgen verkündeten. Buddhistische Laien sollten durch Unternehmen wie Gemüsebau und Bienenzucht dem Projekt am Ort eine wirtschaftliche Grundlage verschaffen.

Um finanzielle Unterstützung für dieses Projekt zu erbitten, wandte sich Nyanatiloka an asiatische Förderer und führende Persönlichkeiten des deutschen Buddhismus wie Seidenstücker und Pfungst. Als Folge entbrannte einer der vielen Dispute in der jungen Bewegung.

Seidenstücker wog ab, hieß das Projekt grundsätzlich gut, relativierte dies aber durch schwerwiegende Vorbehalte, die einem Nein gleichkamen. Er fürchtete, ein solcher Ort würde attraktiv »für diese unsauberen und unlauteren Charaktere«, welche »häufig in theosophischen und anderen Gesellschaften und Konvertikeln ihr Unwesen treiben«. Sie könnten dort »ihrer Trägheit einen Tempel bauen« und sich süßem Nichtstun hingeben. Dann forderte er eine fundierte Ausbildung in Naturwissenschaften und westlicher Philosophie für Mönche, die durchs Land ziehen, um jeder Kritik gewachsen zu sein. Sodann müßten in Deutschland wirkende Mönche »nicht nur Deutsche, sondern sogar deutsche Reichsangehörige sein«, könnte doch »sonst, namentlich in Preußen, gar leicht der Ausweisungs-Apparat in Funktion treten«. Seidenstückers Überlegungen liefen darauf hinaus, die Zeit für ein Kloster in Europa sei noch nicht reif, bis »in Deutschland eine leidlich erstarkte buddhistische Laien-Gemeinde« bestünde, die unter die staatlich anerkannten Religionsgemeinschaften zähle.[9] Damals ein wahrhaft utopischer Traum in einem Land, dessen Zweite Republik den Buddhisten auch nach fast einem Jahrhundert den Status einer Körperschaft öffentlichen Rechts verweigerte.[10]

Ein weiterer Diskussionsbeitrag sah die Klostergründung als verfrüht, solange sich nicht die führenden Köpfe des europäischen Buddhismus auf einen für den Westen tauglichen Kanon einigten, der auch die Lebensweise der Mönche im Abendland neu regelt. Er weist jedes Wirken von Asiaten zurück, weil so der Buddhismus im Westen »auf den Rang einer exotischen Merkwürdigkeit herabgedrückt würde, die man sich ansieht, wie die Zulukarawane«.[11] Wolfgang Bohn konnte sich dagegen neben Mönchen »unseres Volkes auch Brüder von dunklerer oder gelber Hautfarbe« in Deutschland vorstellen. Wenn man etwa Japaner in Medizin und Naturwissenschaften inzwischen als »durchaus gleichwertige Arbeiter« schätzte, biete gerade der Buddhismus keinen Grund, jene zu verschmähen, »die diese Lehre durch treue Überlieferung durch den Lauf der Jahrtausende am besten kennen gelernt haben«.[12]

Während man im Reich noch das Für und Wider diskutierte, kam Nyanatiloka 1910 in die Schweiz, um das Projekt vorzubereiten. Bevor Bignami dem Mönch eine zur Meditation und literarischen Arbeit geeignete einsame Sennhütte besorgte, nahm er ihn bei sich auf. Dort besuchte ihn Friedrich Zimmermann, der die Initiative ergriff und alle deutschen Buddhisten zur Spende für die Klostergründung aufrief.

Zimmermann wandte sich auch an die »liberale Tagespresse«, die jedoch »durchgängig der an sie gerichteten Bitte um Unterstützung unserer Bestrebungen nicht entsprochen hat«.[13] Die seriösen Pläne des ersten deutschen Buddha-Mönches taugten wohl nicht zur Berichterstattung, doch seine bloße Existenz lieferte der Presse Sensation genug. Von »allen möglichen Reportern für die Schweiz, Italien, Deutschland« und anderen Ländern »wurde ich aufgesucht und photographiert«. Die Berichterstattung lenkte die Aufmerksamkeit »von Medien, Psychopathen und dergleichen mehr« auf den Mönch. Unter den vielen, die Nyanatiloka mit Absonderlichem bedrängten, fanden sich ein zwölfjähriger Gymnasiast, »der von zu Hause ausgekniffen war«, und eine Lehrerin, die den Mönch bat, ihr durch Vermittlung der Götter »ein Zahngebiß zu verschaffen«.[14]

Jene, die Nyanatiloka hier besuchten, wie Seidenstückers Angst vor »unsauberen und unlauteren« Charakteren verraten etwas über das Publikum, das sich in dieser Zeit vom Begriff des Buddhismus angezogen fühlte. Häufig versprachen sich sozial oder psychisch schwer Leidende von der Religion aus der Ferne eine Hilfe. Dies traf nicht nur auf durch Zeitungsmeldungen Angelockte zu. Im Rückblick meinte Nyanatiloka bezüglich von ihm betreuter westlicher Mönche: Über »pathologische Fälle unter meinen Schülern möchte ich lieber schweigen, obwohl diese ein gutes Feld für einen Psychiater bieten mögen«.[15]

Soweit es die Besucher zuließen, die seine Sennhütte bestürmten, bereitete Nyanatiloka seine *Systematische Pali Grammatik,* die 1911 erschien, für den Druck vor und übersetzte das scholastische Werk *Puggalapaññati.* Unterdessen entschied die deutsche buddhistische Bewegung sich durch klarstes Votum gegen das Kloster: Obwohl mit Zimmermann einer der Prominentesten der Szene aufrief, spendeten lediglich neun deutsche Buddhisten insgesamt 570 Mark. Zimmermann fand es unbegreiflich, daß jene, »die sich zur buddhistischen Weltanschauung bekennen, zum größten Teile gänzlich versagt haben«.[16]

Über die Gründe des Scheiterns läßt sich nur spekulieren. Eine Antwort kam von Dahlke, der mehr als ein Jahrzehnt später für sein Haus bewußt die Form einer Wohngemeinschaft arbeitender Laien und nicht jene des Klosters wählte. Die Ordensregeln verbieten dem Mönch im weltlichen Sinne produktives Arbeiten. Doch im traditionellen buddhistischen Asien danken nicht die Mönche, sondern jener, der sie unterstützt, für diese Möglichkeit, durch Spenden Verdienst zu erwerben. Im Europa seiner Zeit erkannte Dahlke »die Anschauungen vom Wert der Arbeit so, daß der Geber sich auch als den Schenker und Gönner ansieht, was den Sangha, den Orden, zum Gegenstand öffentlicher Mildtätigkeit und den Bhikkhu, den Bettelmönch, zum Almosenempfänger machen würde. Nur wo der Geber sich als den Beschenkten ansieht, ist der Sangha das, was er sein soll: ›Das unvergleichliche Feld der Verdienste in der Welt‹ und der Bhikkhu der unersetzliche Wohltäter der Menschen.«[17]

Vielleicht ging Nyanatiloka davon aus, deutsche Laienbuddhisten nähmen ihre Rolle ebenso ernst wie er die seine als Mönch. Doch er erfuhr, wie nur wenige das buddhistische Prinzip verstanden, daß man durch materielle Gaben keine Ansprüche erwirbt. Einer von ihnen war der Ingenieur R. A. Bergier, den der Mönch seinen »Schutzengel« nannte, weil er ihn immer wieder unterstützte. Bergier hatte bei Lausanne den kleinen Tempel Caritas-Vihara errichtet, wohl der erste nicht von Kalmücken gegründete buddhistische Tempel Europas. Hier wohnte Nyanatiloka einige Zeit während seines Aufenthalts in Europa. »Allsonntaglich pilgern hier viele Menschen vorbei und bewundern dieses exotisch anzuschauende zweistöckige Häuschen mit flachem Dach und vergoldeten Buddhas, auf dessen Wänden sie die in Rot und Gold geschriebenen Lehren des Buddha studieren.«[18]

Nyanatiloka suchte nach anderen Möglichkeiten, sein Kloster im Westen zu verwirklichen. Ein italienischer Anwalt schlug vor, Mönche als Helfer in einer Harmoniumfabrik oder Holzmühle unterzubringen. Eine »deutsche Dame« wollte ihre Obstplantage bei Perugia in eine Klosteranlage verwandeln, wobei jeder Mönch täglich zehn Stunden arbeiten sollte. »Solche Pläne hätten wohl in jedem Unbefangenen schweren Verdacht auf ganz niedrige Ausbeutung hervorrufen müssen.« Nyanatiloka erkannte, ein buddhistisches Kloster war in Europa nicht zu verwirklichen und kehrte 1911 nach Ceylon zurück.

Dort entdeckte Bartel Bauer (1887–1940) im gleichen Jahr die glückselige Insel der deutschen Mönche. Der Glasmaler Bauer hatte Nyanatiloka, dessen Büchlein *Das Wort des Buddha* ihn erschütterte, nach den Presseberichten in

Italien und der Schweiz gesucht, bis er ihn endlich im Caritas-Vihara fand. Nyanatiloka nahm ihn dort als Novizen mit dem Namen Kondañña an, die wohl erste buddhistische Weihe eines Europäers auf Heimatboden. Dann reiste Bauer nach Ceylon weiter.

Bei einer Bootsfahrt im Ratgama-See gelangte Kondañña auf Polgasduwa, die »Kokosinsel«. Der Ort schien ihm für eine buddhistische Einsiedelei geeignet, was er Nyanatiloka erzählte. Als dieser die unbewohnte und von undurchdringlichem Hochwald bewachsene Insel sah, entschloß er sich, hier unter Kobras und Vipern, Riesenleguanen und anderen Tieren zu leben. Ohne die Eigentumsfrage zu klären, nahmen die deutschen Mönche die Insel in Besitz. Am See ansässige Ceylonesen, denen im Sinn des »unvergleichlichen Feldes der Verdienste in der Welt« eine solche Einsiedelei heiliger Männer in ihrer Nähe gefiel, schlugen eine Lichtung und errichteten fünf Holzhütten. So entstand das erste deutsche buddhistische Kloster im Juli 1911 nicht im gemäßigten Klima der Schweiz, sondern in einer Wildnis im Süden Ceylons. Es übte größere Anziehungskraft auf Buddhisten der Heimat aus als das Lugano-Projekt, an dem nach langer Diskussion nur neun Anhängern etwas lag.

Die Einsiedelei bestand drei Monate, als Anwärter aus Deutschland eintrafen, der theosophisch orientierte Maler Karl Hilliges und der Apotheker Victor Stomps (1864–1939). Hilliges verließ die Insel nach einigen Wochen, nicht ohne zu behaupten, die vier Stufen der Vertiefung buddhistischer Meditation gemeistert zu haben. Auch Stomps ergriff zunächst die Flucht in Richtung Deutschland, doch kehrte er in Italien um und widmete sein Leben fortan in Ceylon dem Mönchtum. So kamen und gingen viele, doch einige blieben.

Das Inselkloster war kein Jahr alt, als Carl Theodor Strauss, der erste Deutsche, der formell Laienbuddhist geworden war, seinen Besuch abstattete. 1914 erwarb Bergier die Insel vom rechtmäßigen Grundeigentümer, um der wachsenden Gemeinschaft von Mönchen, Novizen und asketisch lebenden Laien um Nyanatiloka diesen Ort zu sichern. Anwärter erfuhren von diesem die Bedingungen der Aufnahme:

»Wenn Sie mit dem hier gegebenen Essen zufrieden sein wollen, den hier getragenen Kleidern und der Ihnen zugewiesenen Unterkunft, mit der Ordnung für Ihre hiesigen Studien; wenn Sie Pali lernen und meiner Unterweisung in der so wichtigen Anatta-Lehre folgen wollen, können Sie Ihr Kommen vorbereiten, mit einem gültigen Reisepaß, einer Fahrkarte für den Rückweg und etwas Geld, das Sie brauchen, um die besonderen Kleider des Kandidaten und andere Dinge zu erwerben, bevor Sie Mönch werden. Einmal ordiniert, wird die buddhistische Gemeinschaft sich um Ihre Bedürfnisse kümmern, und Geld wird nicht erforderlich sein.«[19]

Das Zitat weist prägnant auf die drei Nyanatiloka wichtigen Punkte. Das simple Dasein des Asketen bildete die Basis, den physischen Versuch, die Lehre zu leben: Wer dies nicht schaffte, mußte auf die Rückfahrkarte zurückgreifen. Pali-Studien waren verpflichtend: Wer ernst mit dem Buddhismus machen wollte, durfte nicht auf Übersetzungen angewiesen sein, sondern hatte die Urtexte zu konsultieren. Darüber hinaus hoffte Nyanatiloka, aus dem Schülerkreis gingen Nachfolger hervor, die wie er als Übersetzer dem Westen die klassische Literatur des Buddhismus erschlössen. Doch keiner außer seinem späteren Hauptschüler Siegmund Feniger (1901–1994), der den Ordensnamen Nyanaponika trug, erreichte seine philologische Meisterschaft. Im Alter sollte Nyanatiloka, der nie an einer Universität studierte, von der deutschen Indologie eine hohe Würdigung empfangen. Für seine Übersetzungsarbeiten und Leistungen bei der Erforschung des Pali wurde der Außenseiter 1955 zum Ehrenmitglied der Deutschen Morgenländischen Gesellschaft ernannt, der alle renommierten deutschen Asienforscher angehörten.

Als drittes ging es um das rechte Verständnis des Anatman. Wie der inhaltliche Konflikt zwischen Grimm und Dahlke zeigte, war dies der am meisten umstrittene Aspekt des Buddhismus. Nyanatiloka betonte, es handle sich dabei um die »einzige wirklich spezifisch buddhistische Lehre, mit der das ganze buddhistische Lehrgebäude steht und fällt. Alle anderen buddhistischen Lehren mögen mehr oder weniger auch in anderen Philosophien und Religionen anzutreffen sein.« Doch die Anatman-Lehre wurde vollkommen klar einzig vom Buddha, dem »Verkünder der Unpersönlichkeit« dargelegt.

Wer die »Unpersönlichkeit des ganzen Daseins« durchschaut, erkennt, »daß es in Wirklichkeit nur diesen beständig sich verzehrenden Prozeß des Entstehens und Vergehens geistiger und körperlicher Daseinsphänomene gibt, aber keine Ich-Wesenheit in oder hinter diesen Daseinserscheinungen«. Gerne zitierte Nyanatiloka aus dem klassischen Kommentarwerk *Visuddhimagga*:

> Das Leiden gibt es, doch kein Leidender ist da.
> Die Taten gibt es, doch kein Täter findet sich.
> Erlösung gibt es, doch nicht den erlösten Mann.
> Den Pfad gibt es, doch keinen Wandrer sieht man da.

Nur wer zum Verständnis und Erlebnis der Unpersönlichkeit findet, erlangt das von Nyanatiloka im wagnerianischen Stil als »Nirwahn« eingedeutschte Nirvana. Ohne Einsicht »in die Wahrheit von der Unpersönlichkeit« mißversteht man das Nirvana »notwendigerweise entweder als Vernichtung einer Persönlichkeit« oder aber »als einen ewigen Daseinszustand, in den das Ich eingeht«.[20]

Nyanatiloka pflegte und lehrte weniger die traditionellen Meditationsformen des Theravada, die über eine erlebnishafte Analyse des Körpers, der Gedanken und Gefühle zur Erfahrung der Unpersönlichkeit führen sollten. Vielmehr setzte er auf das Verständnis aus dem Studium der Texte und auf innere Prozesse, die ein Beachten der Ordensregeln auslösen. In dieser Hinsicht gab es auf der Insel zahlreiche Möglichkeiten zur Übung der Unpersönlichkeit. Der Umgang mit den oft exzentrischen Mitstrebenden, die am Überwinden ihres Ich arbeiteten, war keineswegs einfach. Ein erhebliches Maß an Geduld forderte das Zusammenleben mit der Natur. Peinigenden Insekten mußte der Mönch wie allem Lebenden mit liebender Güte begegnen. Wer die Unpersönlichkeit erstrebt, ist immer auf den Tod gefaßt. »Einstmals kam unter dem Stuhl, auf dem ich saß, eine gewaltige Kobra hervor, die ich mindestens zehn Minuten lang mit erhobenem Hals und aufgeblähter Haube ruhig in ihrer Defensivstellung um mich kreisen ließ.«[21]

Was trieb Deutsche als Mönche auf jene Insel? Ging es um »gelebten Selbstmord«, nach Chamberlain das konsequente Dasein des Buddhisten in seiner Sehnsucht nach dem Aufhören? War es Flucht aus der Welt? Sicher bedeutete es manchen Beteiligten am Vorabend des Ersten Weltkriegs ein Ausbrechen aus der Zivilisation, die sich allen Reformbewegungen zum Trotze nicht nachbessern ließ. Doch die Wirklichkeit, gegen die man seine frühere tauschte, war nicht minder von Widrigkeiten erfüllt. Die deutsche Großstadt wich tropischer Natur, das Steinhaus der Hütte, das bequeme Bett dem Lager am Boden, die gewohnte Kost dem, was Spender übrig hatten. Nichts schien auf Polgasduwa einfacher zu sein als dort, woher man kam. Man studierte in dieser Atmosphäre eine tote Sprache, um Texte zu verstehen, die vermittelten, daß man unpersönlich ist, kein Täter, der etwas vollbringt, sondern bloß ein »sich verzehrender Prozeß«. Wer auf dieser glückseligen Insel lebte, die ein Sprungbrett zum Nirvana werden sollte, wollte sich selbst als Traum sehen lernen, wie zuvor schon das Dasein in Deutschland eine tragische Illusion war. Floh, wer so dachte, mehr vor dem Land, aus dem er kam, oder mehr vor sich selbst?

Wo immer die Beweggründe einzelner lagen, auf Polgasduwa schufen sie den diametralen Gegenentwurf zur deutschen Realität. Daheim wurde zum Kampf getrommelt, Kaiser Wilhelm II. kannte »keine Parteien mehr, sondern nur noch Deutsche«, worauf sogar die meisten Sozialdemokraten im Reichstag, ihre Gesinnung vergessend, für den Wahnsinn des Krieges stimmten. Schüler wie reife Männer strömten freiwillig aufs Schlachtfeld. Im vollkommenen Kontrast zum nationalen Hurra, dem Erobern und Gewinnen, unterwarf man sich auf der Insel einer Disziplin vollkommenen Entsagens: Kein Besitz, keine Macht über Menschen oder die Natur, kein Wille, wonach auch immer, und vor allem kein Ich. Auch die Mönche mußten stets auf den Tod gefaßt sein. Doch dieser drohte nicht auf dem Feld der Ehre, sondern durch schlechte Ernährung oder einen Schlangenbiß.

Nyanatilokas Nirwahn war in gelebter Konkretisierung auf Polgasduwa und der literarischen Übermittlung in den Westen, auch unbeabsichtigt, zu jener Zeit eine eminent politische Botschaft. Vernommen werden konnte sie allerdings nur von wenigen empfänglichen Buddhisten, Reformbewegten und Pazifisten. Für die Masse jener, die sich dem Taumel nationalen Größenwahns ergaben oder simples Überleben versuchten, wäre die Lehre von der Unpersönlichkeit ihrerselbst eine zu radikale Kur gewesen. Überhaupt bleibt die Frage, ob das Ich als Illusion in breiter Wirkung tatsächlich als Arznei gegen die Unmenschlichkeiten taugte, die im 20. Jahrhundert so gewaltig aus der zivilisierten Kruste hervorbrachen.

Der Rückzug auf die Insel währte etwa drei Jahre, bis der Wahn der Heimat die Einsiedler einholte. Im Sommer 1914 unternahm Nyanatiloka eine Reise nach Sikkim, wo sich ihm zwei Tibeter anschlossen, die unter ihm in Polgasduwa den alten Buddhismus studieren wollten. Dann brach der Erste Weltkrieg aus.

Als alle Deutschen in Britisch Indien interniert wurden, holte die Polizei auch die Mönche aus ihrer Einsiedelei. Als so der lange Arm der Zivilisation wieder nach ihnen griff, meinten einige, »daß man sich von nun ab nicht mehr um die Ordensregeln zu kümmern brauchte, besonders diejenigen, die es sonst immer sehr genau nehmen wollten«. Weltliche Themen beherrschten ihre Gespräche, »Politik, Krieg, Militär, Lektüre von Maupassant«.[22] Ein von Interessen und Parteinahme freies Leben der Unpersönlichkeit ließ sich außerhalb des geeigneten physischen Rahmens nicht aufrechterhalten.

Nyanatiloka stand in allen Widrigkeiten seiner folgenden Odyssee zum Mönchsein. Vom ceylonesischen Auffanglager kam er in die Internierung nach Australien. 1916 als Geistlicher vor Kriegsende entlassen, ging es über Hawaii auf eine abenteuerliche Chinareise, immer auf der Suche nach einem geeigneten Kloster und stets in Arbeit am Übersetzen klassischer Texte. 1919 nach Deutschland abgeschoben, wollte er raschestmöglich nach Ceylon zurück. Doch die Briten ließen keine deutschen Mönche mehr ins Land. Polgasduwa, als Feindeigentum beschlagnahmt, war verkauft. Der Krieg bot einen guten Vorwand, einen Schandfleck im Kolonialsystem zu beseitigen, die Enklave von Weißen, die sich dem Kult der Eingeborenen ergaben.

Erst 1926 ließ man deutsche Mönche wieder nach Ceylon einreisen. Polgasduwa, von ceylonesischen Verehrern Nyanatilokas zurückgekauft, gewährte den Mönchen ein paar Jahre der Ruhe, bis das nationalsozialistische Reich sie wieder einholte. 1920 hielt es Nyanatiloka nicht mehr in Deutschland. Durfte er nicht auf Polgasduwa, zog es ihn auf die buddhistischen Inseln Japans.

Samurai und Humanist: Eugen Herrigel und Bruno Petzold

Im japanischen Exil blieb Nyanatiloka ganz Theravada-Mönch. Schon bei seinen Wanderungen durch China fühlte er sich dem dortigen Mahayana zwar näher als nichtbuddhistischen Traditionen. Doch lag ihm nicht am Ergründen dieser Richtungen. Allenfalls suchte er nach Entsprechungen zu dem, was ihm aus Pali-Quellen als jene authentische Lehre galt, in der er seinen Weg fand. Auch in Japan, wo er an Universitäten europäische Sprachen und Pali lehrte, drang er nicht tiefer in den Buddhismus des Landes. Schon Äußerlichkeiten wie Geistliche, die heirateten und Alkohol genossen, waren ihm als Abweichen von der ursprünglichen Linie suspekt, die eine asketische Lebensform einschloß. Doch anerkannte er die grundlegende buddhistische Prägung des Landes, stellte er als Zeuge des Erdbebens, das 1923 Tokyo zerstörte, doch fest, »mit welch äußerster Selbstbeherrschung der Japaner solche Schicksalsschläge erträgt und dabei noch lächeln kann«. Auch wenn der Japaner nicht mehr religiös sei, habe er diese Fähigkeit »dem in ihm noch schlummernden Buddhismus zu verdanken«.[23]

Der Abstand zum Mahayana als nicht mehr reinem Buddhismus vereinte Nyanatiloka mit dem Großteil jener frühen deutschen Anhänger, die nicht in der theosophischen Bewegung standen. Seidenstücker, der sich für japanischen Buddhismus interessierte und eine breitere Laienbewegung im Auge hatte, bildete eher die Ausnahme unter denen, die sich dem Theravada verbunden fühlten. Die größte Distanz empfand man zum Buddhismus Tibets. Zu weit gingen manchen, denen die buddhistische Lehre als Alternative zur Wunderwelt des Katholizismus erschien, die Mythen der theosophischen Gesellschaft. Zum anderen erschreckte der Kult des Mahayana, der Buddhas und Bodhisattvas gleich Gottheiten verehrte, jene, die im Buddhismus die nüchterne Lehre der Selbsterlösung suchten. So distanzierte sich 1911 die Zeitschrift der Deutschen Pali-Gesellschaft anläßlich der Einweihung eines Tempels in St. Petersburg: »Er ist für tibetanische und mongolische Buddhisten, die den Weisen aus dem Sakyastamm [Gautama] gerade so als Gott anbeten, wie die Christen den Nazarener. Also nichts für uns! Doch wir sind ja

Abb. 13 Nyanatiloka (Mitte) zusammen mit seinen Schülern

Buddhisten und demgemäß tolerant gegen alle Lehren, auch wenn sie mit unserer eigenen Anschauung nicht ganz übereinstimmen.«[24]

Zur gleichen Zeit, als Nyanatiloka dem japanischen Buddhismus in dessen Heimatland keine tiefere Beachtung schenkte, setzte eine solche in Deutschland ein. Der erste intensivere Kontakt mit dem authentischen Mahayana galt hier dem Zen, der zunächst von Theologen untersucht wurde.

Der evangelische Religionswissenschaftler Friedrich Heiler (1892–1967), dessen Bild vom Buddhismus Oldenberg prägte, setzte sich schon in seiner Habilitationsschrift *Die buddhistische Versenkung* (1918) mit der Meditation in der Theravada-Überlieferung auseinander, die er mit dem Gebet der abendländischen Mystik verglich. Im Mahayana sah er hingegen eine degenerierte Praxis, herabgesunken »zu einem bloßen Mittel der selbstsüchtigen Magie«. Im Zen »wird die Meditation zum ›Nichtdenken‹, die Versenkung zur nackten gedanken- und gefühllosen Konzentration«. So galt Heiler die Übung des stillen Sitzens (Zazen) als »Profanierung des ›Heiligen‹ durch die entseelende Mechanisierung«, zum »geistlosen, stumpfen Vorsichhinstarren«, kein religiöser Vollzug, sondern bestenfalls »nervenstärkendes, psychotherapeutisches Mittel«.[25]

Viele europäische Buddhisten der Frühzeit mögen das ähnlich gesehen haben. Sie schätzten die analytische Philosophie, die das Meditieren im Theravada reflektierte. Die Forderung des reinen gedankenfreien Sitzens ohne Fundament oder Frucht in der Theorie erinnerte jedoch an Unbewußtheit und Stumpfsinn. Zen erschien in seinem Reduzieren ebenso überzogen wie der tibetische Buddhismus mit seiner Inflation an Bildern und Riten.

Rudolf Otto (1869–1937), gleichfalls protestantischer Religionswissenschaftler, setzte Heiler 1923 eine andere Sicht entgegen, die »Zen als das Irrationale im Extrem« wertet, das von Rationalem »fast losgerissen« sei.[26] Zazen wird als konsequenter Versuch der Begegnung mit dem Heiligen gedeutet. Ebenfalls 1923 berichtete der protestantische Theologe Karl Heim (1874–1958) von persönlichen Beobachtungen in Japan, die Zen betrafen.[27]

Auch bei Philosophen und buddhistisch Bewegten erwachte in der Folge ein Interesse an Zen. Die Tatsache, daß viele Japaner an deutschen Universitäten studierten, erlaubte den Kontakt zu Menschen mit Kenntnis der lebendigen Zen-Tradition wie der deutschen Sprache. Wie Martin Heidegger (1889–1976) das Gespräch mit japanischen Studenten suchte[28], bemühte sich auch der Philosoph Eugen Herrigel (1884–1955) in Heidelberg um solche Kontakte. Einer seiner Bekannten, Shuei Ohasama, brachte 1925 gemeinsam mit Herrigels Fachkollegen August Faust (1895–1945) das erste Buch über Zen in Deutschland heraus, zu dem Rudolf Otto das Geleitwort beisteuerte.[29]

Über seine japanischen Freunde erlangte Herrigel 1924 eine Stelle als Universitätsdozent für Philosophiegeschichte in Japan. Seit seiner Jugend suchte er nach mystischer Erfahrung, die er dort durch Zen-Praxis zu erlangen hoffte. Doch keiner ließ ihn zur Meditation zu. Niemand in Japan ahnte, daß ein halbes Jahrhundert später eine Zen-Welle über das Abendland hereinbrechen sollte, und Herrigel wurde belehrt, »daß es für den Europäer aussichtslos sei, in diesen für ihn wohl fremdesten Bereich ostasiatischen Geisteslebens einzudringen«.[30] Auf den Vorschlag, eine der traditionellen japanischen Künste als Vorhof zum Zen zu erlernen, entschied er sich für das Bogenschießen (Kyudo), weil er annahm, seine Erfahrungen im Zielen mit Gewehr und Pistole könnten ihm dabei nutzen.

Doch sein Meister führte ihn durch einen Lernprozeß, der ihn erfahren ließ, daß es nicht um das willentliche Anvisieren und Erreichen eines Ziels geht. Das Ich steht der Verwirklichung dessen, was man will, im Wege. Erst was man nicht mehr will, wird erreichbar.

»Die rechte Kunst«, erfuhr Herrigel von seinem Lehrer, »ist zwecklos, absichtslos! Je hartnäckiger Sie dabei bleiben, das Abschießen des Pfeiles erlernen zu wollen, damit sie das Ziel sicher treffen, um so weniger wird das eine gelingen, um so ferner wird das andere rücken. Es steht Ihnen im Wege, daß Sie einen viel zu willigen Willen haben. Was Sie nicht tun, das, meinen Sie, geschehe nicht.«[31]

Was Nyanatiloka im Theravada erlebte, »die Taten gibt es, doch kein Täter findet sich«, erfuhr Herrigel in der Kunst des Bogenschießens, die Freiheit menschlicher Praxis vom berechnenden Ich, das Abweichungen von seinen Absichten als Leid empfindet. Doch besteht zwischen beiden ein bedeutender Unterschied: Nyanatiloka beschränkte sich mit dem Theravada auf die Analyse, wie im Geschehen letztlich kein Ich als bleibende Entität existiert, und empfand diese Erfahrung als eine Befreiung, die keine Ziele mehr in Bezug auf die Welt kennt. Der Bogenschütze Herrigel nahm zwar sein Ich aus dem Vollzug des Schießens, um nicht mehr willentlich das Ziel zu erreichen. Dennoch existierte ein Ziel, das ohne störendes Subjekt leichter erlangt werden sollte. Es ging um die »Mühelosigkeit eines kraftvollen Geschehens«.[32] Herrigel sah dies in Beziehung zu den japanischen Kriegskünsten, zum »Weg des Ritters«, des Samurai, der »für das Zen überaus charakteristisch« gern in der Welt lebt, »aber jederzeit dazu bereit, aus ihr zu scheiden, ohne sich durch den Gedanken an den Tod beirren zu lassen«. Den deutschen Philosophen der Zwischenkriegszeit interessierte so an der Subjektfreiheit, die der japanische Buddhismus versprach, deren Wirkung auf den Kämpfer, »der gar nicht mehr nachzuerleben vermag, wie Furcht sich fühlt«.

Herrigels furchtlose Freiheit vom Ich macht den einzelnen zum effektiven Krieger, der »aus hoher Achtung für seinen Gegner auf einem Kampfe besteht, der diesem nichts anderes als ehrenvollen Tod bringen wird«.[33] Dieser aktiven Ichfreiheit, die zum Instrument des Krieges werden kann, widerspricht Nyanatilokas passive Ichfreiheit, deren Furchtlosigkeit ihn gelassen der Kobra ins Auge blicken und beim großen Erdbeben, während ein Schüler in Panik geriet, ruhig sitzenbleiben ließ, um dem Ende ins Auge zu sehen, während er in Pali rezitierte: »Alle Gebilde sind vergänglich, alle Gebilde sind dem Leiden unterworfen, alles ist leer, wesenlos, unpersönlich, ohne einen Kern.«[34]

Während Nyanatiloka in Japan offenbar nicht mit Herrigel verkehrte, der ein so anderes Interesse am Buddhismus verfolgte, zählte er einen anderen deutschen Buddhisten zu seinen Freunden, Bruno Petzold (1873–1949)[35]. Dieser war nach dem Studium der Philosophie, Psychologie und Ökonomie journalistisch und schriftstellerisch tätig. Er hatte ein Jahrzehnt als Korrespondent deutscher Zeitschriften und Zeitungen in Europa gearbeitet, als ihn die Kolonialpolitik Kaiser Wilhelms II. nach Ostasien führte, wo er ab 1908 für das *Tagblatt für Nord China* schrieb. Als seine norwegische Ehefrau, die Pianistin und Sängerin Hanka Schjelderup, den Ruf einer Musikakademie in Tokyo erhielt, folgte er ihr 1910. Er berichtete für die *Kölnische Zeitung* aus Japan, bis der Erste Weltkrieg journalistische Korrespondenz unterband. Dann lehrte er Deutsch an japanischen Universitäten.

Durch einen Besuch auf dem Tempelberg Hiei bei Kyoto, dem Hauptsitz der Tendai-Schule, rückte der Buddhismus ins Zentrum seiner Interessen, den Petzold dann seit den frühen zwanziger Jahren systematisch studierte. Schon etwa vierzig Jahren alt, glaubte er spät zu beginnen. So widmete er sich anders als Nyanatiloka bewußt nicht der Philologie, sondern vertraute zum Erschließen der Quellen auf japanische Mitarbeiter. Er wollte »die für das Studium des Japanischen nötige Energie zum Denken verwenden. Verläßliche japanische Gelehrte werden mir helfen können, indem sie die notwendigen Materialien aus der japanischen und chinesischen Literatur liefern. Meine Mission besteht darin, das Material im Licht europäischen Denkstils zu ordnen.« Petzold sah sich dabei in der Tradition chinesischer Meister, die den Buddhismus »auf Basis verläßlicher Übersetzungen« aus dem Sanskrit zu einem Gebäude ordneten, obwohl sie die indischen Texte nicht lesen konnten.[36]

1923 wurde Petzold mit dem Namen Tokusho in die Tendai-Schule aufgenommen, die ihm 1928 einen geistlichen Rang verlieh. Tendai strebte seit den chinesischen Ursprüngen der Richtung im 6. Jahrhundert danach, abweichende philosophische und praktische Aussagen innerhalb des Buddhismus zu harmonisieren. Die Schule brachte einander widersprechende Lehren in Einklang, indem sie diese idealen Wirkensphasen Gautamas zuordnete, der in Berücksichtigung abweichender Kapazitäten seiner Hörer die Wahrheit schrittweise und in unterschiedlicher Gestalt enthüllt habe.

Unmittelbar nach seinem Erwachen zum Buddha lehrte Gautama das *Avatamsakasutra*, demzufolge alles miteinander so in Beziehung steht, daß jedes Ding oder Wesen in jedem anderen enthalten ist. Weil seine Schüler diese radikale Wahrheit der Relativität der ganzen Welt einschließlich ihrerselbst nur schwer begriffen, legte er in der zweiten Phase von zwölf Jahren jene Inhalte dar, die dem alten Befreiungsweg und damit in Struktur und wesentlichen Punkten dem Theravada entsprechen. In den acht folgenden Jahren sprach er von den Buddhas und Bodhisattvas, die das Mahayana als Helfer auf dem Weg zur Befreiung anruft. Die vierte Phase umfaßt die grundlegende Philosophie des Mahayana von der Leerheit der gestalteten Wirklichkeit. In der letzten Periode offenbarte Gautama mit dem *Saddharmapundarikasutra* die Lehre, alle die einzelnen Inhalte wären geschickte Mittel, um Schüler mit verschiedensten Voraussetzungen zur Erkenntnis und Erlösung zu führen.

Vor diesem Hintergrund sah die Tendai-Tradition alle buddhistischen Entwicklungen in ein umfassendes System eingebettet. Widersprüche in Theorie und Praxis waren als unterschiedliche Ausdrucksformen von Wahrheit und Mittel zu ihrer Erkenntnis versöhnt. Die Weltflucht des Asketen und das Engagement für andere erwiesen sich als letztlich ebensowenig entgegengesetzt wie das Nicht-mehr-Sein des alten Buddhismus und ein positives Höchstes als reines Bewußtsein, von dem einige Philosophen des Mahayana sprachen.

Petzold erschien dieser Ansatz als Höhepunkt buddhistischen Philosophierens und darüber hinaus als Chance, die Kulturen Asiens und des Westens zu verbinden. Das Mahayana, dessen Tendai-Schule vereinbarte, was im Lauf der Geschichte des Buddhismus auf rationaler wie praktischer Ebene entgegengesetzt schien, taugte ihm auch als Bindeglied zwischen Ost und West.

Derart bestehen Petzolds buddhistische Studien zum großen Teil im Herausarbeiten von Entsprechungen zwischen westlichem und buddhistischem Denken. Diese Suche nach Punkten möglicher Verknüpfung galt ihm nicht als Spiel im Elfenbeinturm, sondern vor dem Hintergrund politischer Tendenzen der Zwischenkriegszeit als Erfordernis, Konfliktpotentiale zwischen Kulturen abzubauen. Petzold glaubte an die »Notwendigkeit, alle spirituellen Kräfte der Menschheit zu harmonisieren, die Staatsmänner und Gelehrten, die Arbeiter und Bauern in der ganzen Welt verstehen zu lassen, daß die Menschheit eine ist und verloren geht, wenn sie ihre spirituelle Einheit vergißt«.[37]

Dieses humanistische Programm, das innere Verwandtschaften und strukturelle Ähnlichkeiten buddhistischer und abendländischer Lehren als Brücke zwischen Asien und Abendland verstand, führte Petzold dazu, oft in äußerer Systematik schon Entsprechungen zu entdecken.

Die Ontologie der Tendai-Schule kennt »Drei Wahrheiten«: (1) Jede Gegebenheit ist letztlich leer, (2) doch kommt ihr in ihrer Erlebbarkeit auch Wirklichkeit zu, (3) denn die höchste Wahrheit umfaßt die Leerheit wie die Wirklichkeit alles Gegebenen gleichermaßen. Petzold bringt dieses Modell mit Schellings Lehre von den drei Potenzen in Verbindung, (1) der allgemeinen Möglichkeit zum Sein, (2) dem rein Seienden und (3) dem Sein-Können und dem Sein in einer umfassenden Überwirklichkeit. Die »Vier Prinzipien« der Tendai-Schule, die auf verschiedene Standorte der Weltanschauung weisen, betrachtet Petzold in innerer Übereinstimmung mit den fünf Weltansichten, die Johann Gottlieb Fichte 1806 in seiner *Anweisung zum seligen Leben* darlegte, wobei die beiden letzten Punkte Fichtes zusammengelegt werden, um die Entsprechung in der Aufzählung zu vollenden.

Vielfältig findet Petzold in der deutschen Geistesgeschichte Entsprechungen zu Buddhistischem, bei Philosophen, bei Mystikern wie Meister Eckhart und Jakob Böhme, bei Nicolaus Cusanus, aber auch in den weiteren Grundlagen abendländischen Geistes wie bei Aristoteles oder in der Kabbala. Für die Diskussion der Tendai-Lehre von der Buddhanatur der Pflanzen und unbeseelter Wesen werden von westlicher Seite unter anderem Paracelsus und Klopstock herangezogen.

Als besonderes Bindeglied zwischen West und Ost galt Goethe, dessen von Petzold beobachtete Übereinstimmung mit dem Mahayana[38] es erlaubte, abendländisch vertraute Motive wie Gott und ein eigentliches Wesen des Menschen im Buddhismus zu finden. Goethes Religion kennzeichnet nach

Petzold »die Erkenntnis der *Einheit von Gott und Natur*, des Makrokosmos und des Mikrokosmos, des Übersinnlichen und des Sinnlichen, des Unendlichen und des Endlichen. So verschieden auch die Ideen sein mögen, zu denen sich Goethe bekannt hat, so war die Idee der Einheit des Weltganzen, bestehend aus einer harmonischen Vereinigung oder Synthese seiner zwei Komponenten, Goethes Grundprinzip.«[39]

»Diese selbe Vorstellungsart«, erkennt Petzold im Mahayana mit der Lehre des *Avatamsakasutra*, jedes eine sei in jedem anderen präsent. »Der dem gewöhnlichen Menschen geläufige Begriff des Neben- und Miteinander wird im reinen Mahayana-Buddhismus, wie in Goethes Weltanschauung ersetzt durch den Begriff des In- und Durcheinander, und das Höchste, das der gemeinen Erfahrung als aus Stücken zusammengesetzt erscheint, offenbart sich als eine vielfache, unendlich differenzierte Einheit.«

Goethes Gott-Natur-Begriff, so Petzold, ist »ein dynamischer«, der »die Liebeskräfte« betont, welche »die Welt und die Menschheit immer höheren Bestimmungen zuführen«. Auch hier sollen Parallelen zum Mahayana bestehen. In der Tendai- wie der Kegon-Schule würde »das Absolute dynamisch aufgefaßt, als Inbegriff aller materiellen und ideellen, zu immer höherer Entwicklung drängenden Kräfte. In den in Japan gegründeten Nembutsu-Schulen ist es die Idee der gnadenreichen Liebe, die schließlich in der Auffassung des Absoluten durchaus vorherrschend wird.«

Hier wird das Dilemma der Methode Petzolds offenbar. Was als inhaltliche Korrespondenz eine Hilfe zum Verständnis eines zunächst Fremden werden sollte, versperrt schließlich den Blick auf dessen Eigenarten. Indem Goethes Verständnis von Gott als treibender Kraft in der Natur, welche die Menschheit »immer höherer Bestimmung« entgegenführt, mit Motiven des Mahayana verknüpft wird, findet er in den buddhistischen Texten die ihnen fremde Idee einer Evolution, die abendländischem Denken des 19. und 20. Jahrhunderts so selbstverständlich wurde.

Goethes »höheres Ich«, welches »kein Übel, kein Tod, keine Vernichtung erreichen und mit feindlichem Anhauch auslöschen kann«, wollte Petzold im Mahayana finden, nicht als illusorisches Atman oder gewöhnliches Ich, sondern ein »wahres Ich« als Buddha-Natur oder Gott-Natur im Menschen. In Petzolds vergleichender Studie zu Goethe und dem Mahayana erweist letzteres sich als Panentheismus, der zugleich die Immanenz und Transzendenz Gottes anerkennt.

Indem er die innere Verwandtschaft dessen, was ihm als höchste Form des Buddhismus galt, mit dem, was er als das beste des Abendlandes achtete, als so tief erkannte, mußte Petzold sich gegen japanische Ideen einer buddhistischen Mission in Europa wenden. Missionare, die andere bekehren wollten, hätten sich gegen deren tradierte Anschauungen zu richten. Es käme zu einer Polarisierung, wo es um Brückenschläge ginge, die aufzeigen, daß im Grunde im Abendland vorhanden sei, was der Buddhismus bietet.[40]

Als Alternative zur Mission schlug Petzold vor, Gelehrte statt Priester in den Westen zu schicken. Durch Übersetzung und Interpretation von Quellentexten und deren Vergleich mit Westlichem, käme das Mahayana nicht als Fremdes, das Widerspruch auslöse. Petzold träumte in diesem Sinn von einem Mahayana-Institut in Deutschland, das »durch Nachweisung höchst bewundernswürdiger und überaus feiner und überraschender Ähnlichkeiten und Parallelen zwischen Buddhismus und europäischer Philosophie wie christlicher Theologie« klärt, »daß die Völker des Ostens und Westens nicht Fremdlinge sind, die einander nie verstehen werden, sondern Brüder von ein und demselben geistigen Stamm, die gegenseitig ihre materielle wie spirituelle Wohlfahrt fördern können«.[41]

Petzold übermittelte der preußischen Regierung über den deutschen Botschafter in Japan, den er von seiner Idee eingenommen glaubte, seine Vorstellungen für ein solches Institut. Doch wie im Deutschland der Kaiserzeit die Buddhisten in ihrer Mehrheit keinen Bedarf für Nyanatilokas Kloster im Westen sahen, konnte sich während der Weimarer Republik die Regierung in Berlin nicht für den Plan einer eher akademisch geprägten Lehrstätte erwärmen.

Wie geeignet war Petzolds Vorgehen, auf Déjà-vu-Erlebnisse in Bezug auf den eigenen europäischen Hintergrund zu bauen, um den ostasiatischen Buddhismus zu verstehen? Edward Conze, der Buddhismusforscher, der bewußt nicht nach Asien fuhr, warnte allgemein vor der Suche nach dem, was er Pseudo-Parallelen buddhistischer Philosophie zu westlichen Denkern nannte.[42] Zu oft schien ihm das Wunschdenken des Vergleichenden zu regieren, der jene Entsprechungen findet, nach denen er sucht. Auch wenn das Verfah-

Abb. 14
Anagarika Govinda (Ernst Lothar Hoffmann, 1898–1985)

ren dazu diene, buddhistisches Denken für die westliche Philosophie hoffähig zu machen, hielt Conze es für unredlich und nicht zielführend, um europäische Philosophen für Buddhistisches zu interessieren. Er stellte die wichtige Frage nach dem Standort und den Motiven des Vergleichenden.

Tatsächlich ist die Gefahr des Projizierens vertrauter Inhalte in buddhistische Quellen und Themen kaum unterschätzbar. Ihre Früchte zeigten sich in der Geschichte immer wieder, las man etwa Schopenhauers Positionen in Texte hinein oder nahm den Buddhismus als Bestätigung dessen, was im Westen als letzter Stand der Erkenntnis galt. So kam seit Beginn westlicher Buddhismus-Rezeption der angeblichen Wissenschaftskonformität der Lehre eine wichtige Rolle zu. Schon Seidenstücker glaubte eine »buddhistische Kausalitätslehre« im Einklang mit dem mechanistischen Weltbild der Naturwissenschaft seiner Zeit zu erkennen.[43] Neuere populäre Veröffentlichungen von Buddhisten und philosophierenden Physikern sprechen von der Nähe der Quantentheorie zum Buddhismus, der somit widersprüchlichen Positionen durch alle Wandlungen der Naturwissenschaft ein Echo bot.

Leicht lassen sich zu jeder beliebigen Aussage westlicher Philosophie und moderner Naturwissenschaft scheinbare oder tatsächliche Entsprechungen im Buddhismus aufweisen. Der historisch gewachsene Buddhismus ist ein umfassendes Feld, in dem man unschwer jede beliebige Aussage wie ihr Gegenteil findet. Dies erlaubt, den Buddhismus nur allzu leicht mit jeder gewünschten Form abendländischen Denkens für kompatibel zu erklären. Weil er ein derart weites Projektionsfeld für westliche Erwartungen war, ist Conzes Forderung bedeutend, Standorte und Motive eines Vergleichenden zu hinterfragen.

Welches waren Petzolds Beweggründe? Vielleicht werden diese im Kontrast zu Nyanatilokas Weg deutlich. Der erste deutsche Mönch ging bewußt nach Asien, weil er dort die Wahrheit des Anatman und Nirvana suchte, die es in Europa nicht gab. Er verstand, daß ihm allein ein tiefes Eindringen in die Texte jene nur vom Buddha klar verkündete Lehre von der Nichtigkeit des Ich nahebringen konnte, weshalb ihm Pali-Studien zur Grundlage der Praxis wurden. Petzolds tiefes Interesse am Buddhismus erwachte, als er schon ein Jahrzehnt in Japan lebte und wohl ahnte, daß er dort auf absehbare Zeit bleiben würde. Zunächst war die künstlerische Laufbahn und Lehrtätigkeit seiner Frau, die Nyanatiloka »die berühmteste Sängerin und Pianistin Japans«[44] nannte, an das Land gebunden. Später war es der Nationalsozialismus, der dem Humanisten und Kriegsgegner die Rückkehr nach Deutschland unmöglich machte.

Es wäre wohl übertrieben vereinfacht, sagte man, der in Japan gestrandete Deutsche gestaltete sein Bild vom dortigen Buddhismus so, daß dieser all das verlebendigte, was Petzold in der Philosophie und Kultur seiner deutschen Heimat liebte. Doch dürfte dieser Aspekt keine untergeordnete Rolle gespielt haben. Dazu kam das bekannte Streben, durch das Aufzeigen verbindender Elemente zur Völkerverständigung beizutragen. Petzolds Weigerung, sich mit den sprachlichen Grundlagen buddhistischer Quellen zu beschäftigen, setzte ihn nicht der Gefahr aus, zu revidieren, was seine westlich gebildeten Interpreten ihm als Buddhismus nahebrachten. Wie weit diese ihm terminologisch und im Gebrauch abendländischer Denkmodelle entgegengekommen sein müssen, belegt die breite Verwandtschaft, die Petzold bis ins Details wahrnahm.

Indem Petzold das ihm Wertvollste deutscher Kultur mit dem als übereinstimmend erklärte, was ihm als Höhepunkte asiatischer Kultur erschien, widersetzte er sich implizit dessen Vereinnahmung durch völkische und rassistische Interpreten, die in der Heimat im Vorfeld des Nationalsozialismus und mit dessen Aufstieg Bedeutung erlangten. Nicht zuletzt in dieser dem Zeitgeist entgegengesetzten kühnen Forderung eines auf Tradition und Werten gegründeten eurasischen Humanismus liegt die bleibende historische Bedeutung Bruno Petzolds, mögen seine Bezüge im Detail oft auch zu gewollt sein. Allein die Tatsache, daß ein Europäer buddhistische Lehren mit Goethe, Fichte oder Schelling gleichberechtigt präsentierte, war ein wichtiger Bruch mit der bisherigen Praxis, den Buddhismus entweder als dem Abendländischem unterlegene und gefährliche Geistesströmung oder aber, wie viele Buddhisten, als bessere Alternative zur westlichen Kultur zu sehen.

In buddhistischen Kreisen Japans fand Petzold viel Beachtung, da man von der Gleichwertigkeit der eigenen religiösen und kulturellen Tradition mit jener Europas ausging, von wo man Wissenschaft und Technik übernommen hatte. Doch im Westen war die Zeit für Petzolds Ansatz noch nicht reif. Seine buddhistischen Arbeiten erschienen – wenn überhaupt – in Japan und blieben in Deutschland nahezu wirkungslos.

Ernst Lothar Hoffmann: Novalis' Wiederkehr?

Erst 1926 durfte Nyanatiloka von Japan wieder nach Ceylon einreisen. Das enteignete und in zwölf Jahren der Verbannung der deutschen Mönche verwilderte Polgasduwa wurde von ceylonesischen Anhängern für Nyanatiloka erworben, der dort sein früheres Leben wieder aufnahm. 1928 tauchte auf der Insel der damals dreißigjährige Ernst Lothar Hoffmann auf.

Dieser hatte sich mit 16 Jahren für philosophische Fragen zu interessieren begonnen, wobei er über Schopenhauer zum Buddha fand. Ein frühes Büchlein, mit 22 Jahren veröffentlicht, betrachtete den Buddhismus im »Verhältnis zur Gottesidee« und schwärmte auch in Versen von der Rückkehr zum »Urgrund allen Seins«.[45] Las Hoffmann derart den Buddhismus zunächst durch die Brille Platons, wie er diesen durch seine Lektüre als Schüler verstand, wandelte sich seine Sichtweise allmählich. Er trat dem Bund für buddhistisches Leben bei und begriff die Lehre im Sinn des Theravada nach Nyanatilokas Sicht. Als Hoffmann als Soldat im Ersten Weltkrieg diente, erkrankte er an Tuberkulose. Nach der Entlassung aus dem Sanatorium begann er Philosophie, Psychologie und Archäologie zu studieren, was er jedoch aufgab. Zwar beschäftigte er sich später als buddhistischer Autor mit Themen seiner ehemaligen Studienfächer, doch war seine Haltung nicht die des Wissenschaftlers, sondern jene des romantischen Künstlers mit intuitiver Methode. Als Bohémien ließ Hoffmann sich nach dem Krieg in der Künstlerkolonie auf Capri nieder. Er malte Landschaftsbilder, meditierte nach Anleitungen, die er Karl Eugen Neumanns Übersetzungen entnahm und dichtete *Rhythmische Aphorismen.*[46] Wie der Titel seines zweiten Lyrikbandes *Gedanken und Gesichte*[47] verrät, spielten Visionen und paranormale Offenbarungen eine bedeutende Rolle in Hoffmanns Werdegang. Die Botschaft eines Geistes bei einer spiritistischen Sitzung während seiner Zeit auf Capri und empfundene Verwandtschaften zu Werk und Person des Dichters ließen Hoffmann annehmen, die Wiedergeburt des Novalis zu sein.[48] Im Hinblick auf dieses, dem Wunderbaren offene Weltbild und seinen Versuch, sich in unterschiedlichsten Disziplinen auszudrücken, läßt sich Hoffmann als romantischer Buddhist charakterisieren.

In der Phase, bevor er von Capri nach Polgasduwa kam, beschäftigte er sich auch mit dem Pali und veröffentlichte in der *Zeitschrift für Buddhismus* die Übersetzung eines klassischen Kommentars.[49] Diesen Ausflug in die Philologie verfolgte er später nicht systematisch weiter. Nyanatiloka gab Hoffmann den buddhistischen Namen Govinda. Doch trat jener weder als Novize noch Laienschüler in die Gemeinschaft des deutschen Mönchs. Das asketische Leben, das in der Konsequenz die Aufgabe der Kunst forderte, war nicht Sache des Malers und Dichters.

Als Govinda nach neun Wochen die Insel verließ, hatte er Nyanatiloka von einem Traum überzeugt. Er wollte eine buddhistische Weltorganisation schaffen, die ihren Sitz auf Polgasduwa haben sollte. In dieser Union wollte Govinda Gemeinschaften und Institutionen aus Europa und Asien vereinen, vom Buddhistischen Haus Paul Dahlkes in Berlin über die theosophisch bestimmte Buddhist Lodge in London bis zu Initiativen in Birma und Ceylon. Die erste internationale Klostergemeinschaft, die mittlerweile neben der deutschen Stammbesatzung auch von Schülern Nyanatilokas aus Japan und tibetischen Anhängern besucht wurde, galt Govinda als Prototyp einer buddhistischen Weltgemeinschaft. Nyanatiloka wurde Präsident dieser International Buddhist Union, während Govinda als Generalsekretär die eigentliche Führung wahrnahm. Als solcher reiste er in Europa und Asien, um Konsule für die Union zu ernennen. Der prominente Name des Präsidenten verfehlte seine Wirkung nicht. Als Vertreter für Deutschland stellte sich Carl Theodor Strauss zur Verfügung. Auch in Birma gewann Govinda namhafte Persönlichkeiten für die Union.

Ab 1929 nannte sich Govinda ›Anagarika‹, das heißt ›Hausloser‹, was einen Pilger bezeichnet, der ohne den formellen Gelübden des Mönchs verpflichtet zu sein, weltliche Bindungen hinter sich ließ. Dem Titel zum Trotze baute er sich in Ceylon ein Haus, wofür ihm Nyanatiloka ein Darlehen aus Spenden für Polgasduwa gewährte. Von dort, »in einer lieblichen Berglandschaft, in der ewiger Frühling herrschte und die weder von der Hitze des Sommers noch von der Kälte des Winters berührt wurde«,[50] knüpfte Govinda Kontakte mit Persönlichkeiten und Institutionen in aller Welt für die Union. Doch überstieg das Projekt einer buddhistischen Weltorganisation bei weitem seine Möglichkeiten. Publikationen und Aktivitäten wurden angekündigt, zu denen es nie kam. Allmählich mag Govinda geahnt haben, daß die internationale Union letztlich nur als virtuelles Gebäude in seiner Phantasie bestand.

1932 distanzierte er sich in einem Brief an Nyanatiloka endgültig von seiner Schöpfung, »die meinetwegen sanft einschlafen mag«.[51] Mittlerweile hatte Govinda nicht nur Ceylon verlassen, sondern sich auch inhaltlich neu orientiert. Nyanatiloka hatte ihn 1931 als seinen Vertreter zu einer Konferenz indischer Buddhisten nach Darjeeling geschickt. Dort kam Govinda mit dem tibetischen Buddhismus in Verbindung. Zunächst versucht, dessen Vertretern die Überlegenheit des Theravada zu erklären, überzeugte er sich vom tibetischen Buddhismus, wozu wesentlich die Begegnung mit dem Gelehrten und Mystiker Lama Ngawang Kalzang (1846–1936) beitrug. Die Bilderwelt und Sprachmagie, die Mythen sowie die Vorstellung, daß durch Einweihung geheimes Wissen und Kraft vom Lehrer auf den Schüler übertragen würden, waren für den romantischen Dichter und Maler Govinda ebenso anziehend wie die Lehre vom Auffinden der Wiedergeburten großer Lamas.

Im Unterschied zur analytischen Philosophie und Meditationspraxis des Theravada erlaubten die Bildmeditationen der tibetischen Schulen *Kunst und Meditation*[52] zu vereinbaren und als verwandte schöpferische Prozesse zu beschreiben.

Nachdem er 1932 die internationale Union losgelassen hatte, proklamierte Govinda 1933 eine weitere Organisation. Angeblich im Auftrag Ngawang Kalzangs gründete er den Orden Arya Maitreya Mandala, der Anhänger aller buddhistischen Richtungen vereinen sollte. Der von Ngawang Kalzang verehrte kommende Buddha Maitreya, der im Unterschied zu anderen Bodhisattvas und Buddhas des Mythos im Theravada wie im Mahayana bekannt ist, sollte zum Leitbild einer künftigen Erneuerung des Buddhismus werden.

Es ist sehr unwahrscheinlich, daß ein hochrangiger Angehöriger der in Tibet staatstragenden Gelugpa-Hierarchie wie Ngawang Kalzang den Auftrag zu einer Ordensgründung erteilte, ohne diesen Ableger der Supervision erfahrener Lamas zu unterstellen. Dies trifft umso mehr zu, als Govinda insgesamt nur einige Wochen bei Ngawang Kalzang verbrachte und keine systematischen Studien und Übungen der Gelugpa-Tradition auf sich nahm, die bis zu zwölf Jahren beansprucht hätten.

Doch war Govindas Ordensgründung wohl keine bewußte Unredlichkeit, sondern eher Ausdruck seiner romantischen Grundhaltung. Gab ihm wohl Ngawang Kalzang keinen ausdrücklichen Auftrag zur Stiftung eines Ordens mit ökumenischer Mission, mochte Govinda dessen Ermunterungen, für die Sache des Buddhismus zu wirken, durchaus so auffassen. Ein visionärer Auftrag konnte ihm, der Botschaften von jenseits des Rationalen zugänglich war, ebenso real gelten wie sein Selbstverständnis als Wiedergeburt des Novalis.

Govindas Gründungen besaßen die Natur künstlerischer Schöpfungen. Er entwarf Programme und gestaltete ideale Gemeinschaften wie er Gedichte schrieb oder Landschaften malte. Wie bei solchen Werken ging es bei den Organisationen – ihm selbst wohl unbewußt – gar nicht darum, Vorgestelltes auch in die Wirklichkeit treten zu lassen. Nachdem es ihm nicht gelungen war, den real existierenden Buddhismus in der Union entsprechend seiner Idealvorstellungen zu einen, erträumte Govinda dies als Zukunftsprojekt im Orden des kommenden Buddha Maitreya. Der Orden teilte das Schicksal der Union und blieb zwei Jahrzehnte ein imaginäres Geschöpf.[53] Ab 1935 findet sich Govinda dann auch als Generalsekretär einer International Buddhist University Association, deren Programm des Aufbaus einer buddhistischen Universität in Indien gleichfalls nicht verwirklicht wurde.

Das Scheitern dieser romantischen Organisationsentwürfe an der Wirklichkeit durfte als sicher gelten. Der Dichter, Maler und Schwärmer war kein Administrator, der die buddhistische Welt einen konnte, kein im Sinn einer buddhistischen Tradition systematisch geschulter Lehrer, um einem religiösen Orden vorzustehen, kein Akademiker, der eine Universitätsgründung bewerkstelligen konnte.

Govindas Träume von umfassender institutioneller, religiöser oder gelehrter Gemeinschaft zeugen von seinem Wunsch nach Geborgenheit und Bedeutung in einem umfassenden Gebäude. Vielleicht klingt darin unter dem Vorzeichen ›Buddhismus und Eurasien‹ eine ähnliche katholische Sehnsucht an, die Novalis in *Die Christenheit oder Europa* hegte, das große harmonische Reich eines Glaubens. In jedem Fall sollte der Buddhismus, nach dem er sich diesem zuwandte, Govinda jene Harmonie und wohl auch die Anerkennung gewähren, die ihm zuvor im traditionell westlichen Kontext versagt geblieben war.

Um dem tibetischen Kulturkreis näher zu sein, blieb Govinda in Nordindien und arbeitete an Universitäten als Instruktor insbesondere für europäische Sprachen. Wollte er vor seiner Wende zum tibetischen Buddhismus dessen Anhänger vom Theravada überzeugen, kehrte sich jetzt die Absicht um. 1934 kam er nach Ceylon, hielt Vorträge über den Buddhismus Tibets und warb für das Universitätsprojekt. Daß seine Versuche auf wenig Gegenliebe stießen, veranlaßte ihn zu der Aussage, die Singhalesen seien »wirklich das stumpfsinnigste Volk, das mir je vor die Augen gekommen ist«.[54] Nie mehr kehrte er nach Ceylon zurück.

Wie er sich nicht bei Nyanatiloka auf die Lebensform des Theravada-Mönchs einließ, so nahm Govinda auch kein regelrechtes Studium und Training in einer Richtung des tibetischen Buddhismus auf. Was ihm einzelne Lehrer verschiedener Richtungen vermittelten, die er in den dreißiger und vierziger Jahren besuchte, floß zwar später in seinen Entwurf der *Grundlagen tibetischer Mystik*[55] ein. Allerdings beinhaltet dieser nicht, wie der Buchtitel nahelegt, die Basislehren der Schulen des tibetischen Buddhismus, sondern Govindas eigenen Entwurf eines Weltbilds.

Nichts in diesem Buch oder Govindas Gesamtwerk deutet darauf, daß er jemals Tsongkapa oder andere tibetische Klassiker studiert hätte. Als er die *Grundlagen tibetischer Mystik* schrieb, lebte er seit bald drei Jahrzehnten in Nordindien und war weit in Tibet gereist. Doch greift sein Werk nicht wirklich auf asiatische Quellen zurück, sondern speist sich weitgehend aus westlicher Sekundärliteratur. So zog er in *Grundlagen tibetischer Mystik* zur Erklärung von Voraussetzungen der Meditationspraxis die europäische Darstellung einer hinduistischen Tradition heran, die inhaltlich von der buddhistischen Sicht abweicht, statt sich auf tibetische oder indisch-buddhistische Autorität zu stützen. Darüber hinaus werden vorgeblich tibetische Konzepte durch Zitate westlicher Autoren wie Nietzsche, Ludwig Klages oder Rainer Maria Rilke erklärt, wobei ein Unterschied zu Petzold besteht. Dieser referierte Inhalte der Tendai-Schule, wie er sie von japanischen Gewährsleuten erfuhr, und stellte daneben solche westlicher Denker. Govindas Buch folgte keiner buddhistischen Schule, noch besaß er die umfassende westliche Bildung Petzolds, um Parallelen buddhistischer Lehren zu jenen deutscher Philosophen fundiert herauszuarbeiten.

In einer Zeit, in der im Westen kaum tibetische Lehrer und Quellen zugänglich waren, nahmen viele das Buch als das ernst, was der Titel versprach. Die Autorität des Lama, wie Govinda sich als Autor nannte, die ihm aber mangels Voraussetzung kein Orden des tibetischen Buddhismus verliehen haben dürfte, unterstützte die Wirkung. Zudem suggerierte der Stil Wissenschaftlichkeit: Doch wenn Govinda mit historischen Argumenten Mißverständnisse über Tibets Buddhismus widerlegt, indem er verneint, daß der buddhistische Tantrismus dem sogenannten hinduistischen entstammt, oder in Abrede stellt, daß der tantrische Buddhismus sexuelle Praktiken beinhalte, dokumentiert er vor allem seine Unkenntnis dessen, worüber er schrieb.

Allerdings geht es wie beim Auftrag zur Ordensgründung in Govindas literarischem Werk um keine bewußte Unredlichkeit. Wie er an seine organisatorischen Entwürfe glaubte, dürfte er davon ausgegangen sein, die wahren Grundlagen tibetischer Mystik erfaßt zu haben, vielleicht besser als die Tibeter selbst. Entsprechend sollte er im Alter Kritik an der Praxis tibetischer Lamas mit ihren westlichen Schülern äußern, etwa daran, Gruppen Initiationen zu erteilen.[56] Er meinte wohl, subjektiv die Mysterien Tibets tiefer zu begreifen als die Vertreter der lebendigen Tradition.

Govindas Autobiographie und Reisebericht *Der Weg der weißen Wolken*, der als Zeugnis aus dem vormaoistischen Tibet weite Verbreitung fand, trug in neuerer Zeit wesentlich zur Mythisierung des Landes bei. Das Buch führt in eine wunderbare Welt, wobei weltliche Probleme wie die Armut eines großen Teils der Bevölkerung und die Feudalherrschaft der Klöster weitgehend ausgeklammert bleiben. In diesem idealen Tibet herrschen Motive der Romantik vor, Visionen anderer Wirklichkeiten, wunderbare Heilung, telepathischer Kontakt und Wiedergeburt. Ein Kapitel berichtet von Govindas Begegnung mit einem Mann in Birma 1929, der seinen Anhängern als Reinkarnation eines Königs galt. Tatsächlich erlebte Govinda an ihm »etwas Königliches, Respekteinflößendes, Ehrfurchtgebietendes«.[57] Ohne daß Govinda dies erwähnte, wußte der wiedergeborene König intuitiv von Büchern, die damals für die Bibliothek der internationalen Union Govindas benötigt wurden und schenkte sie ihm.

Zweifellos wies Govindas von solchen Erlebnissen bestimmte Wirklichkeit eine starke subjektive Note auf, die ihn vor allem das sehen ließ, was er suchte. Sein Wahrnehmen Asiens und des Buddhismus war schöpferisches Gestalten einer eigenen Wirklichkeit. Er schuf sich sein eigenes Tibet und seinem persönlichen Hintergrund angepaßte Grundlagen der Mystik des Landes, so wie er in den Programmen imaginärer Organisationen Einheiten herstellte, die in der Realität keine Entsprechung fanden.

Um Realität mag es Govinda auch gar nicht gegangen sein, eher um die Schau dessen, was ihm als Wesentliches galt. Die Formel vom »Essentiellen des Buddhismus jenseits von Zeit- und Ortsgebundenem« kehrt in seinen Werken in verschiedenen Varianten wieder und wurde zum Programm seines Ordens. Doch was sollte essentiell von einem Buddhismus bleiben, den man von seinen konkreten historischen und kulturellen Formen löst? Abstrakte Lehrsätze, die auch zeit- und ortsbedingt wären, oder die sehr subjektive Schau dessen, der nach der Essenz forscht und gleichfalls auf Basis seiner Bedingtheiten den gewachsenen Buddhismus nicht so annehmen mag, wie er erscheint? Daß Govinda in diesem Sinn nach dem Wesentlichen des Buddhismus sucht, zeigt ihn als Metaphysiker europäischer Tradition.

Carl Gustav Jung schrieb im Jahr nach einer Reise durch Indien (1938), er habe »keinen einzigen Europäer« gesehen, »der wirklich dort« lebe. »Sie lebten alle in Europa, das heißt in einer Flasche, gefüllt mit europäischer Luft. Man ginge sicher unter ohne die isolierende Glaswand; man würde ertrinken in all den Dingen, die wir Europäer in unserer Phantasie erobert haben. In Indien werden sie zu ungeheuerlichen Wirklichkeiten, sobald man sich über die Glaswand hinausbegibt.«[58]

Die Beobachtung Jungs traf sicher zu weiten Teilen auch auf die frühen buddhistischen Morgenlandfahrer zu. Sie sahen den Buddhismus Asiens durch das trübende Glas ihrer Flaschen, in der sie heimische Luft atmeten. Petzold schuf seine eurasische Synthese, die im Buddhismus Japans wesentliche Motive westlicher Kultur wiedererkannte. Govinda nahm wahr, was ihm als Essenz erschien, wodurch er über die Realität des asiatischen Buddhismus hinwegsehen durfte. Beide blieben weitgehend in der Metaphysik und begannen in den Traditionen, denen sie sich zuwandten nicht das vorgesehene meditative Training, das jahrelange Verbindung mit einem Lehrer und strenge Klausuren erfordert hätte. Sie folgten in der Praxis eher eigenen Intuitionen.

Nyanatiloka und einige seiner Schüler führten dagegen konsequent das Leben buddhistischer Mönche mit den traditionellen Regeln. Der erste deutsche Mönch ergründete die Theravada-Lehren, ohne sie Westlichem anzugleichen oder in der Interpretation originell sein zu wollen. Er hatte in Asien nichts anderes gesucht, als die reine Lehre des Buddha, und er fand sie. Auch Petzold und Govinda fanden in Tendai und tibetischem Buddhismus genau das, wonach sie verlangten. Die Fahrt ins Morgenland führte zur Entdeckung dessen, was man im Abendland vermißte, zum systematischen religiösen Humanismus oder zu einer romantischen Wunderwelt. Diese Gratwanderung zwischen Wahrnehmung und Projektion transportierte dabei mindestens ebensoviele Trugbilder wie Erkenntnisse über Buddhistisches in den Westen. Doch führte nicht immer, wenn der Buddhismus in einem anderen Kulturkreis bekannt wurde, die eigene Erwartung der Suchenden zur Konstruktion neuer Gestalten?

Conze hatte sich mit Don Quichote verglichen, weil er vorsätzlich nicht nach Asien fuhr, um sein Bild vom Buddhismus unenttäuscht zu bewahren. Aber charakterisiert die Gestalt des Mannes von La Mancha nicht viel eher jene, die ins Morgenland reisten, um wie den Riesen in der Windmühle genau dem zu begegnen, wonach sie sich sehnten, den selbstlos edlen Samurai, Goethe in jeder Schule des japanischen Buddhismus und die heile Welt in Tibet? Don Quichote war nicht einfach ein Narr, sondern stand in einsamem Heroismus gegen den Untergang des Rittertums auf. So widersetzten sich der Asket Nyanatiloka, der Krieger-Philosoph Herrigel, der gelehrte Humanist Petzold und die romantische Künstlernatur Govinda durch das, was sie aus ihren Erfahrungen im Osten entwarfen, auf verschiedene Weise dem Kurs, den Deutschland in jenen Tagen von Krieg zu Krieg nahm.

6. Kapitel

UNTER DEM HAKENKREUZ

Deutscher Buddhismus und NS-Bewegung

Mit dem Ende der Monarchie wurde in der ersten Republik vieles zuvor Unterdrückte oder aus Furcht Zurückgehaltene möglich. Wagten Buddhisten einige Jahre zuvor ein Kloster für deutsche Mönche allenfalls in der Schweiz zu planen, konnte Dahlke jetzt am Rande der Hauptstadt sein Buddhistisches Haus eröffnen und zu öffentlichen Vorträgen wie Feiern einladen. Doch war die Freiheit der Weimarer Republik ein zerbrechliches Gut. Der Gesellschaft, politisch zwischen links und rechts, kulturell zwischen Konservatismus und Moderne zerrissen, wankte der ökonomische Boden. Die Vielfalt der Meinungen, Bewegungen und Stile drückte eher Ratlosigkeit als Duldsamkeit aus. Keine fünfzig Jahre bestand das Kaiserreich, dessen Spitze bis zuletzt versuchte, dem Tod Gottes wie dem Reformwillen der Menschen zu trotzen. Dies blockierte manche Entwicklung und ließ nach Wilhelms II. Weg ins niederländische Exil ein tiefes Vakuum an Sinn und Perspektive zutage treten.

Mancher hing weiterhin den Werten und Ideen des Kaisers an. So hielt der Generalfeldmarschall Erich Ludendorff (1865–1937) gemeinsam mit seiner Frau Mathilde (1882–1966) dessen antibuddhistische Gesinnung wach. Die Ludendorffs entwickelten eine eigene Ideologie, die zu den weltanschaulichen Wegbereitern des Nationalsozialismus zählte und im NS-Staat ab 1937 als Deutsche Gotterkenntnis nach Ludendorff offiziell als eines der religiösen Bekenntnisse galt. Eng mit dem Element des Antisemitismus verbunden, stand im Herzen Ludendorffscher Lehre eine jener krausen Verschwörungstheorien, in denen nach der Niederlage im Ersten Weltkrieg deutscher Verfolgungswahn seinen Ausdruck fand.

Weil nicht sein kann, was nicht sein darf, wollten immer mehr Deutsche nicht selbst jenes Elend verantworten, das da in Gestalt von Wirtschaftskrisen, Arbeitslosigkeit, Freikorps, Aufständen und Verarmung über sie hereinbrach. Im Judentum, unter republikanisch gesonnenen Freimaurern, Kommunisten oder im Vatikan und seinen Jesuiten wurden Schuldige gesucht und mit fataler Sicherheit gefunden. Sollte für den Hauptstrom der NS-Ideologie das Judentum, das auch hinter Freimaurerei und Kommunismus lauerte, die Universalschuld am deutschen Jammer tragen, setzte die Verschwörungsvariante des Generals einen zusätzlichen Akzent. Unter den Drahtziehern hinter den Kulissen, die an Deutschlands Niedergang arbeiteten, erkannten Erich und Mathilde Ludendorff neben Juden und katholischer Kirche die Buddhisten mit dem Dalai Lama an der Spitze. Unternehmen wie das Buddhistische Haus in Berlin galten so als Vorposten der drohenden Unterwanderung.

Zu vielen war in ihrem Leid plausibel, was zu wenige klar als Verfolgungswahn erkannten, wie Kurt Tucholsky, der den nach verlorenem Krieg Gespenster jagenden Armeeführer verulkte:

»Hast du Angst Erich?
Bist du bange Erich? Läufst du weg?
Woll'n die Maurer, Erich – und die Jesuiten, Erich, dich erdolchen Erich – welch ein Schreck!
Die Juden werden immer rüder.
Alles Unheil ist das Werk der Freimaurer-Brüder!«

Die überwiegende Zahl der Menschen hörte lieber, daß für das Scheitern dessen, wofür sie Väter und Söhne hingaben, und nun mit Reparationen und wirtschaftlichem Elend bezahlten, sie persönlich und ihr Volk keine Schuld traf. Statt Selbstkritik und Besinnung fiel eine breite Entscheidung für die Rolle des Opfers, wie sie die Verschwörungstheoretiker anboten.

Zweifellos konnten sich Deutsche getreten fühlen und war der Vertrag von Versailles eine Erniedrigung. Aber antwortete diese nicht auch auf die vorangegangene Demütigung, beim deutschen Frankreich-Feldzug 1870/71 ausgerechnet dort das Kaiserreich zu proklamieren? Gründeten schon das Schaffen dieses Reichs und die davon ausgehende nationale Euphorie in der Demüti-

Neu-Buddhistischer Katechismus

Neu-Buddhistischer Verlag
Zehlendorf-West bei Berlin, Linden-Allee 17/19

Abb. 15 Titelei des von Paul Dahlke herausgegebenen Neu-Buddhistischen Katechismus

gung des Nachbarn, setzte man nach dessen Zusammenbruch zur Rettung auf das gleiche Muster: Andere waren eben für das eigene Schicksal verantwortlich. Doch der Retter, der Deutschland von diesen zu erlösen versprach, nahte.

Im Februar 1920 wandelte Adolf Hitler die Deutsche Arbeiterpartei in die Nationalsozialistische Deutsche Arbeiterpartei um. Zwar mißlang sein Versuch, sich gemeinsam mit Erich Ludendorff schon 1923 in München an die Regierung zu putschen, doch bereits zehn Jahre später besaß Hitler in Berlin alle Macht. Als 1937 in Deutschland schon ganz selbstverständlich die Hakenkreuzbanner wehten, hieß es im Ludendorffschen Verschwörungstraktat *Zu Juda und Rom – Tibet. Ihr Ringen um Weltherrschaft* (1937) im Hinblick auf das Hakenkreuz, es scheine, »daß die östliche Priesterkaste bestrebt ist, auch die Symbole des Deutschen Volkes für sich zu beanspruchen«. Das Hakenkreuz (Swastika) findet sich seit frühester Zeit überall in Asien als Wahrzeichen des Buddhismus. Von Indien fand es seinen Weg in alle Länder, welche die Lehre aufnahmen. Auf japanischen Stadtplänen markiert es die Tempel. Auch deutsche Buddhisten verwendeten dieses Symbol.

Doch bereits 1920 mit dem ersten Auftreten der NSDAP gab der Bund für buddhistisches Leben zu seinem »schmerzlichen Bedauern« bekannt, daß er, »solange das Hakenkreuz von politischen Parteien als Kampfeszeichen geführt wird, auf die weitere Benutzung desselben zu verzichten gezwungen« sei. Begründet wurde dies damit, daß man »uns in letzter Zeit, dieses gemeinsamen Abzeichens willen, von verschiedenen als Gesinnungsgenossen und Mitkämpfer in der politischen Arena begrüßte«.[1]

Solch frühes Distanzieren von buddhistischer Seite und die Tatsache, daß mit den Ludendorffs im Vor- und Umfeld Hitlers klare antibuddhistische Haltungen existierten, scheint auf eine gegenseitige Ablehnung deutscher Buddhisten und Nationalsozialisten zu deuten. Allerdings waren die Verhältnisse komplizierter, als dieser Streit ums Hakenkreuz nahelegt.

Bislang zeigt das Behandeln der Beziehungen von Nationalsozialismus und Buddhismus zwei extreme Haltungen. Auf der einen Seite spekuliert pseudowissenschaftliche Literatur über vielfältigste Verbindungen bis hin zu einer geheimen Achse Berlin-Tibet und Kontakten von Nazi-Größen zu asiatischen Geheimgesellschaften.[2] Die Autoren dieser Gruppe tragen mehr oder weniger phantasievoll zur Mystifizierung des Nationalsozialismus bei. Auf der anderen Seite umgehen wissenschaftliche Untersuchungen zur deutschen Buddhismus-Rezeption weitgehend das Thema des Nationalsozialismus oder vermeiden, sich auf die Frage nach Beziehungen einzulassen.[3] Doch allein im Element des Rassismus als Antisemitismus oder Verherrlichung des Ariertums gegenüber drawidischen Rassen, wie sie durch die Geschichte deutscher Buddhismus-Rezeption etwa bei Schopenhauer, Schultze oder Grimm klar zutage traten, war eine gemeinsame Basis mit der NS-Ideologie gegeben. Die umstrittene These des amerikanischen Historikers Daniel Goldhagen von einer antisemitischen Konditionierung der deutschen Kultur vor der NS-Ära, welche die Menschen zu Hitlers willigen Vollstreckern werden ließ[4], könnte zumindest durch die Geschichte der Buddhismus-Rezeption keine Widerlegung erfahren. Menschen, die sich zum Mitleid als hohem ethischen Wert bekannten, dividierten zugleich Rassen unterschiedlicher Fähig- oder Wertigkeit auseinander und wünschten sich ein von Jüdischem gereinigtes arisches Europa.

Das gleiche Heft der *Zeitschrift für Buddhismus*, in dem sich der herausgebende Bund von den politischen Trägern des Hakenkreuzes distanzierte, enthält einen rassistischen Artikel über »Die irdische Erscheinung des Buddha.«[5] Dieser legt dar, wie man in Indien mit der Gestalt des Buddha »ein Bild vergeistigter arischer Rassenschönheit« entwarf. Der Buddha hatte »die Füße seiner Rasse, nicht Mongolen- oder Plattfüße.« Und freilich verfügte er auch über »verhältnismäßig lange Arme, ein bekanntes Merkmal arischer Rassenreinheit.«

Der Artikel gibt sich als Richtigstellung. Weil »die europäischen Gegner des Buddhismus aus dem Buddha gern einen Mongolen, aus seiner Lehre eine nationalistische Bewegung des Mongolentums gegen Europas heilige Güter machen möchten, scheint es angebracht, das Bild dieses rassereinen Ariers zu zeichnen, so wie es die alten Schriften uns überliefert haben«.

Implizit schlägt solches Argumentieren den Buddhismus auf die Seite der Rassisten, die es richtigstellen will: Der Buddha als reiner Arier gehört zu uns! Der Bund für buddhistisches Leben sprach so angesichts des sich in Deutschland zunehmend auswachsenden Rassismus nicht von der Gleichwertigkeit aller, seien sie Mongolen oder Juden, und einem Angebot des Buddha als Lehrer für alle Menschen, sondern betonte die Zugehörigkeit des Gründers zur arischen Rasse »als Hindu von hervorragender Schönheit«.

Schon zehn Jahre zuvor, also noch zu Kaisers Zeiten, schrieb derselbe Autor über die »heilsame Rassenhygiene der Arier« in Indien, die auch für den Buddhismus gegolten habe: »Nie und nirgends finden wir den semitisch-demokratischen Satz ›jedem das gleiche‹. Vielmehr lehrte der Buddha sehr bestimmt: ›jedem das Seine‹,« wodurch im Buddhismus das Gefühl »für eine ständische Gliederung der Gesellschaft« besteht, »welche die Grundlage jeglichen arischen Staates bildet«.[6]

Dies wirft ein anderes Licht auf das mit dem Hakenkreuz-Verzicht unternommene Distanzieren. Mit politischen Aktionen wie Aufmärschen und Pöbeleien auf der Straße, die kaum Sache buddhistischer Schöngeister waren, wollten sie nicht in Verbindung gebracht werden. Doch mit der in buddhistischen Kreisen vielfach vertretenen rassistischen Ideologie und in der Verherrlichung des Ariertums bestanden Berührungspunkte zur aufstrebenden politischen Bewegung. So mag nicht nur das verwendete Hakenkreuz ein Grund gewesen sein, wenn völkisch Bewegte in der buddhistischen Vereinigung »Gesinnungsgenossen und Mitkämpfer in der politischen Arena« sahen. Sie brauchten nur zu lesen, was da geschrieben wurde.

Sicher waren nicht alle deutschen Buddhisten Rassisten. Doch fällt auf, daß trotz vieler Kontroversen zu theoretischen und praktischen Fragen wie über Anatman oder die Klostergründung, abgesehen von Meinungsverschiedenheiten, ob man von »braunen Brüdern« lernen sollte, keine Rassismus-Debatte stattfand. Der deutsche Buddhismus wuchs im Bann seiner antisemitischen Tradition seit Schopenhauer und keiner seiner Angehörigen widersprach dem rassistischen Konsens.

Der Arzt Wolfgang Schumacher (1908–1961), seit 1926 ein führender Anhänger Paul Dahlkes und ab 1930 organisierter Nationalsozialist, wollte den Buddhismus mit der aufstrebenden NS-Bewegung verbinden. Zu diesem Zweck gründete er 1933 die Zeitschrift *Wiedergeburt und Wirken*, der es um die »Erneuerung von Kultur und Geistesleben« ging, die sich für Schumacher aus einer Synthese von Buddhismus und Nationalsozialismus ergab.

Als sich in der evangelischen Kirche die Bewegung der Deutschen Christen formierte, die ein der NS-Bewegung konformes Christentum verkünden wollte, bezweifelte Schumacher deren Sinn. Eine solche Verbindung schien ihm letztlich unmöglich, liefe doch der jüdische Ursprung christlicher Religion den Zielen des Nationalsozialismus zuwider. Der Buddhismus schien ihm dagegen durch seine arischen Ursprünge als gebotene Alternative, eine *Arische Religion*[7], die »zur Vergeistigung der Kräfte des Blutes« der Rasse geeignet wäre. Schumacher entdeckte auch an seinem Führer buddhistischer Ethik entsprechende Tendenzen, wenn er in einem Artikel »Der deutsche

Kanzler im Lichte des Buddhismus«[8] im Kontrast zur Jagdleidenschaft Wilhelms II. den Vegetarismus Hitlers und seinen Einsatz für den Tierschutz hervorhob.

Im September des Jahres der Machtergreifung veranstaltete Schumacher den ersten internationalen buddhistischen Kongreß in Deutschland, zu dem Vertreter aus England, Frankreich, der Tschechoslowakei, Ceylon und Japan nach Berlin kamen.

1937 kam er mit der Partei in Konflikt, weil er in der in Singapur erscheinenden Zeitschrift *Peace* veröffentlicht hatte, was man als Pazifismus interpretierte. Die Zeitschrift wurde von einem buddhistischen Kreis herausgegeben, der sich Govindas International Buddhist Union angeschlossen hatte, und war die einzige wirkliche Aktivität im Namen dieser virtuellen Organisation. Doch zeitigte der Pazifismus-Verdacht keine negativen Folgen für Schumacher, der weiter publizieren durfte. Sein Seneca-Brevier *Mächtiger als das Schicksal* erlebte von 1942 bis 1944 drei Auflagen.

Während des Zweiten Weltkrieges wendete er sich von der Interpretation Dahlkes mehr zum Mahayana hin, wie seine von 1943 bis 1945 herausgegebene Schriftenreihe *Religionsgeschichtliche Studien* dokumentiert. Die Titel unter denen Texte des Theravada und Mahayana hier erschienen, spiegeln die Stimmung der Zeit: *Die Tugenden des geistigen Kämpfers* (1943), *Die gewaltige Predigt vom mythischen Weltherrscher* oder *Der Charakter des geistigen Kämpfers* (beide 1944).

Schumacher, der auch nach dem Krieg zu buddhistischen Themen veröffentlichte, wurde 1952 in der DDR Chefarzt eines Tbc-Sanatoriums. Nach dem Mauerbau schied er dort freiwillig aus dem Leben.

Wie im Kreis Dahlkes fanden sich unter buddhistisch Bewegten anderer Richtungen überzeugte Parteimitglieder. Der Cellist Johannes Hannemann (1902–1945), Mitglied der NSDAP und der Loge Grimms, wurde 1933 zum Beitritt in die SA aufgefordert, um seine Zugehörigkeit in der gewerkschaftsähnlichen Nationalsozialistischen Betriebsorganisation (NSBO) nicht zu verlieren. In einem Brief an die Partei bat er unter Berufung auf sein Buddhistsein um Befreiung von der SA-Mitgliedschaft. Daß die Zeitschrift der Loge Grimms diesen Text veröffentlichte, zeigt, wie man der Parteizugehörigkeit von Mitgliedern nicht negativ gegenüberstand und wohl auch ein gutes Ein-

Abb. 16 »Das Buddhistische Haus«, Berlin-Frohnau, Eingangstor

vernehmen suchte.[9] Später erwirkte Hannemann schließlich durch ein an Josef Goebbels gerichtetes Schreiben, daß er im waffenlosen Dienst als Sanitäter zum Militär eingezogen wurde.

Grimms Loge mußte sich, als mit der Freimaurerei auch jede andere Organisation verboten wurde, welche die Bezeichnung einer Loge führte, zwar umbennenen, bestand aber als Altbuddhistische Gemeinde während der gesamten NS-Zeit legal weiter.

Die frühen Interessenten am Zen-Buddhismus wandten sich ebenfalls zum Nationalsozialismus. August Faust (1895–1945), der das erste deutsche Buch über Zen herausgegeben hatte und seit 1937 als Professor für Philosophie in Breslau wirkte, war ein überzeugtes Mitglied nationalsozialistischer Organisationen. Faust stand Alfred Rosenberg nahe und beteiligte sich am »Kriegseinsatz der Philosophen«. Er wählte beim Zusammenbruch des Dritten Reichs den Freitod. Auch Eugen Herrigel, der sich in Japan »die ritterliche Kunst des Bogenschießens« aneignete, die er als aktiven Zen interpretierte, gehörte zu den Philosophen mit positiver Einstellung zum NS-Staat, was sich in seiner akademischen Karriere spiegelt. Nach der Rückkehr aus Japan 1929 hatte er eine Professur an der Universität Erlangen erhalten. 1937 wurde er dort Dekan und 1938 Prorektor. Nach dem Sieg der Alliierten, Herrigel war inzwischen Rektor der Universität, suspendierte man ihn im Zuge der Entnazifizierung für drei Jahre.

Derartigen Fällen buddhistisch Interessierter oder Bekennender mit positivem Verhältnis zum Nationalsozialismus und Mitgliedschaft in der Partei stehen aus der buddhistischen Bewegung in Deutschland wenig exponierte NS-Gegner oder keine bekannten Widerstandskämpfer gegenüber. Zöge man eine Trennungslinie zwischen Nazis, ihren Sympathisanten und Duldern einerseits und Menschen im aktiven Widerstand oder innerer Verweigerung andererseits, scheint die Mehrzahl deutscher Buddhisten zur ersten Gruppe gehört zu haben.

Daß von Buddhisten im Reich keine nennenswerte Vorbehalte gegen das NS-Regime bekannt wurden, mag wegen der vielen Angehörigen jüdischer Abkunft in der buddhistischen Bewegung doch ein wenig verwundern. Mit möglicherweise knapp zehn Prozent stellten Menschen mit jüdischem Hintergrund einen, gemessen an der Zahl der Juden in der Gesamtbevölkerung,

Abb. 17 Dahlkes »Buddhistisches Haus« in Berlin-Frohnau. Blick vom Garten auf die Bibliothek

großen Anteil[10], der allerdings im Hinblick auf die entsprechend hohe Repräsentanz von Juden auf allen Gebieten des Geisteslebens nicht verwundert. Exponiert unter buddhistisch Bewegten jüdischer Abkunft war in der Frühzeit Karl Eugen Neumann und zur Zeit des Nationalsozialismus der Verleger Oskar Schloß (1881–1945), der den buddhistischen Verlag Walter Markgrafs übernahm. Im Oskar Schloß Verlag erschienen von 1913 bis 1928 buddhistische Zeitschriften und Bücher, unter anderem von Dahlke und Nyanatiloka.

Ein Zeitzeuge, der im von Dahlke gegründeten Buddhistischen Haus in Berlin-Frohnau verkehrte, antwortete auf die Frage, ob man sich nach Anbruch der NS-Zeit weiter zum Buddhismus bekennen konnte: »Ja, das Bekenntnis zum Buddhismus war vollkommen frei. Juden wagten sich meines Wissens nicht nach Frohnau; sie wollten uns wohl nicht kompromittieren.

Sie wurden aber vom Buddhistischen Haus nicht ausgegrenzt.«[11] Da er ihr Motiv nur raten kann, fragte ganz offenbar niemand bei den weggebliebenen nicht-arischen Glaubensgenossen nach.

»Dem Hakenkreuz war auch im Osten nicht zu entgehen«

Wie genannte Beispiele zeigen, bedeutete das Interesse am Buddhismus oder gar ein Bekenntnis zu ihm im Dritten Reich kein prinzipielles Problem, was Reaktionen von Seiten der Machthaber anbelangt. Es gab weder Verbote buddhistischer Gruppen noch Verfolgungen von Buddhisten. Soweit solche zu Opfern des Nationalsozialismus wurden, lag dies im Einzelfall an anderen Gründen als ihrem religiösen Bekenntnis, etwa an ihrer jüdischen Abkunft, politischen Anschauung oder Verstößen gegen Verbote und Gesetze der Nazis.

Abgesehen von der Loyalität des organisierten Buddhismus und den dort gepflegten rassistischen Ideen und Vorstellungen von arischer Weltanschauung mag es das Regime im Hinblick auf die Außenpolitik als opportun erachtet haben, wenn in Deutschland buddhistische Gemeinschaften existieren. Der Buddhismus war eine Religion des Bündnispartners Japan. Im Unterschied zur zwiespältigen Haltung christlicher Kirchen im Dritten Reich unterstützten die japanischen Tempel zumeist vorbehaltlos die Politik und später die Kriegsziele ihrer Regierung. Deutsche, die für das NS-Regime und die Partei in Japan tätig waren, dürften vor diesem Hintergrund über die Rolle der Buddhisten durchwegs positiv berichtet haben. So beschäftigte sich Karlfried Graf Dürckheim (1896–1988), während der NS-Zeit in offizieller deutscher Mission in Japan, intensiv mit dem Zen-Buddhismus. Bei Kriegsende inhaftiert und erst 1947 nach Deutschland entlassen, wurde er hier später mit seinen Büchern über Zen und durch seine »initiatische Therapie« bekannt, die buddhistische Elemente rezipierte.[12]

Nicht nur im Hinblick auf Japan, auch angesichts des Wandels in der nationalsozialistischen England- und Indienpolitik mag die Existenz des deutschen Buddhismus von Interesse gewesen sein. Ursprünglich stand für Hitler und die NS-Ideologen bezüglich Englands die germanische Rassenverwandtschaft im Vordergrund. Entsprechend ging die deutsche Politik und Propaganda von der Wichtigkeit britischer Herrschaft über Indien aus: »Großbritannien darf in seinem und im Interesse der weißen Rasse hier nicht nachgeben«, schrieb Rosenberg im *Mythus des 20. Jahrhunderts.*

Dem entsprach die rassische Bewertung des Indiens der Gegenwart durch die Nationalsozialisten. Das ursprüngliche Indien, in dem »jeder Europäer« ein »Land seiner Träume« erblickt, galt längst als erloschen, denn wie Rosenberg feststellte, sei »der Arier bis auf ganz geringe Spuren untergegangen.«[13] Hier konnte man nicht nur den Darstellungen Oldenbergs und anderer klassischer Indologen folgen, auch die Fachwissenschaftler des Dritten Reichs lieferten Argumente. Der Wiener Indologe Erich Frauwallner (1898–1974) sprach 1938, im Jahr des österreichischen Anschlusses an das Reich, auf dem IX. Deutschen Orientalistentag in Bonn zum Thema »Der arische Anteil an der indischen Philosopie«,[14] und ließ ganz im Sinn der Machthaber die Rasse zum Kriterium für das Periodisieren indischer Geistesgeschichte werden. Für Rosenberg herrschte im nicht mehr arischen Indien kein Rassebewußtsein mehr. »Deshalb zeugte Indien auch nur den müden Gandhi mit seinem Pazifismus, nicht einen eine Neuschöpfung durchsetzenden Feldherrn.«[15]

Doch indem in der realen Politik England zunehmend zum Feind wurde, verschoben sich die Wertungen. Der von Rosenberg vermißte Feldherr erschien in Deutschland in Gestalt eines Gegenspielers Gandhis, des indischen Nationalisten Subhas Chandra Bose (1897–1945). Die Nazis richteten ihm 1941 einen Radiosender ein, der seine Botschaft nach Indien ausstrahlte, und Bose stellte in Deutschland eine indische Truppe auf, deren Angehörige zur Befreiung Indiens auf die Führer Hitler und Bose vereidigt wurden, um auf deutscher Seite zu kämpfen. Indiens Unabhängigkeit wurde zur Sache Deutschlands wie Japans.

Dieser Wandel des Indienbildes und künftige Perspektiven asiatischer Verbindungen sprachen zweifellos für die Existenz des Buddhismus als Religion indischen Ursprungs im Dritten Reich und eines entsprechenden Zentrums in der Hauptstadt. Auch das verbündete faschistische Italien demonstrierte

Abb. 18 Nyanaponika (Siegmund Feniger, 1901–1994)

ein positives Verhältnis zum Buddhismus. Der renommierte Asienkundler Giuseppe Tucci (1894–1984), der ein positives Verhältnis zum faschistischen Staat wie zum Buddhismus hatte, nahm eine exponierte Stellung ein. Tucci, der besonders als Tibet-Forscher hervortrat, reiste im Auftrag der italienischen Regierung durch Japan um seine Forschungsergebnisse vorzustellen und verbreitete in Italien das Bild eines kriegerischen Zen im Samurai-Geist.[16]

In Deutschland rechnete man durch außenpolitische Erwägungen offenbar auf längere Perspektive mit dem Bestehen eines religiösen Buddhismus. Ein Dokument vom August 1943, das einen Vorschlag zur Neuordnung der religiösen Landschaft im Reich und allen eroberten Gebieten nach dem Endsieg skizzierte, war für Hitler laut handschriftlicher Anmerkung der »erste brauchbare Entwurf« zum Thema. Dieser sieht die Beseitigung aller Konfessionen, also des gesamten Christentums, und die Umwandlung ihrer Kultstätten in solche eines zu schaffenden NS-konformen Glaubens vor. Davon bleibt aber aus »politischen Erwägungen« neben Islam und Shintoismus, dem autochthonen Götterglauben Japans, ausdrücklich der Buddhismus ausgenommen.[17] Die Urheber der Idee gingen also davon aus, daß nach dem Sieg der Achsenmächte im protestantischen Dom und in den Kirchen zu Berlin statt Jesus Christus nun Adolf Hitler gepriesen, doch in Dahlkes Tempelchen weiterhin der Buddha verehrt würde.

Dies wäre wohl nicht ganz das gewesen, was der inzwischen als Katholik verstorbene Seidenstücker in seiner Jugend erträumte, ging er doch von einer weltanschaulichen Entscheidungsschlacht zwischen Buddhismus und Christentum aus. Und doch wäre es ein Schritt in jene Richtung gewesen, die Schopenhauer als Reinigung des Abendlandes von jüdischer Mythologie oder Schultze als eine nicht mehr semitisch geprägte, sondern von arischer Innenschau bestimmte Religion der Zukunft ersehnte.

Neben der Tatsache, daß die buddhistische Bewegung von den Nazis nicht als gegnerisch eingestuft zu werden brauchte, weil beide Seiten auch verwandte Motive pflegten, besaßen deutsche Buddhisten und Nationalsozialisten in Schopenhauer und Wagner ein gutes Stück gemeinsamer Tradition. Der nicht geringe Einfluß Wagnerscher Ideologie auf Hitler, der den Komponisten und Dichter als einen Vorläufer betrachtete, ist hinlänglich bekannt. Zudem war Hitler in seinen prägenden Jahren ein begeisterter Leser der Werke Schopenhauers. Der Philosoph findet sich nicht nur in *Mein Kampf* als Gewährsmann für den Antisemitismus, sondern hinterließ vielerlei Spuren in Reden und Ausführungen Hitlers. Biographische Literatur geht davon aus, daß »Schopenhauer zu den von Hitler am meisten genannten Denkern gehört«, den er »gelegentlich nahezu wörtlich aus dem Kopf« zitierte.[18] Auch wird auf Hitler »der Einfluß Schopenhauers jedoch weit stärker« gewertet als jener Nietzsches.[19]

Teilte Hitler, der er eine Welt erobern und seine Rasse zur Herrschaft führen wollte, vordergründig das Ziel vollkommener Verneinung des Willens nicht, ließ sich Schopenhauer doch umbiegen, indem aus absoluter eine relative Verneinung des Willens wurde, die den Einzelwillen für die Sache des

Ganzen negiert: »Es muß ein Wille in Deutschland sein, und alle anderen müssen überwunden werden.«[20]

Konnte Hitler antisemitische Zitate oder philosophische Gedanken Schopenhauers bei Bedarf unsystematisch in seine Äußerungen einfließen lassen, setzte sich Rosenberg, für die Weltanschauung in Partei und NS-Staat zuständig, etwas gründlicher mit Schopenhauer auseinander. Im *Mythus des 20. Jahrhunderts* erscheint dessen willensverneinende Philosophie zwar als »ein tragischer Traum eines verweifelten Suchers«, doch gehört Schopenhauer, dessen »nordisches Bekenntnis« ein heroischer Lebenslauf war, trotz seines Scheiterns zur völkischen Bewegung.

Kern der Kritik Rosenbergs an Schopenhauer ist selbstverständlich die Willensverneinung. Der Philosoph habe Wille und Trieb nicht sauber unterschieden. Es gehe nicht darum, den Willen zu verneinen, sondern dem blinden Trieb willentlich durch die Tat zu begegnen und dadurch Freiheit zu erfahren. Eine Illustration solcher Freiheit liefert Rosenberg ausgerechnet Gautama: »Wenn Buddha den Trieb als Leiden erkennt, so ist das nur die eine Seite seines Wesens; wenn er ihn aber durch die gelebte Tat zurücksetzt, so ist das die willenhafte andere.«[21] Indem er den Buddha besser fassen läßt, was »der doch ganz unindische Schopenhauer« verkannte, korrigiert der Chefideologe des Nationalsozialismus seinen Vorläufer Chamberlain. Gautama ist nicht mehr nur der Verkünder des gelebten Selbstmordes, sondern arischer Tatmensch.

Damit zeigten sich vier wichtige Berührungspunkte von buddhistischer Bewegung und Nationalsozialismus. Zum (1) rassistischen Grundkonsens, der auch auf (2) die gemeinsame Tradition Schopenhauers und Wagners weist, kamen (3) die positive Haltung deutscher Buddhisten zum völkischen Staat sowie (4) die ideologische Wertung des Buddha als Tatmenschen durch Rosenberg.

Kann man angesichts dessen trotzdem nur von einer bloßen Duldung und keiner echten Förderung des Buddhismus sprechen, hängt dies mit der realen Religionspolitik des Dritten Reichs zusammen, die vor dem Endsieg keine Konfrontation mit den großen christlichen Konfessionen suchte und kulturkämpferische Absichten weitgehend zurückhielt. Auch andere parteitreue Unternehmen arischer Religiosität erlebten sich eher geduldet als unterstützt.

Die von dem Indologen und Religionswissenschaftler Wilhelm Hauer (1881–1962) im Jahr der Machtergreifung gegründete Deutsche Glaubensbewegung, umfaßte mehrere neuheidnische, nordisch-religiöse und freidenkerische Bewegungen mit positivem Verhältnis zur braunen Revolution. Nach anfänglicher Förderung wurde Hauer durch die Behörden angewiesen, nicht mehr missionarisch nach außen zu wirken, sondern sich auf die innere Arbeit zu konzentrieren. Im Fortschreiten der Kriegsereignisse traf dann die Deutsche Glaubensbewegung, Ludendorffs Religionsgemeinschaft und die Buddhisten gleichermaßen die Papierverknappung, worauf keine Zeitschriften und Materialien mehr herausgegeben werden konnten.

Auch die buddhistischen Morgenlandfahrer in Japan, Indien und Ceylon spürten schon vor Ausbruch des Krieges die Politik des Dritten Reichs. »Dem Hakenkreuz war auch im Osten nicht zu entgehen«,[22] stellte der deutsch-jüdische Philosoph Karl Löwith fest, der während der NS-Ära ein paar Jahre in Japan verbrachte. Dort verkehrten nur wenige Deutsche mit dem Juden Löwith, darunter der Buddhist Petzold, »dessen blaue Augen hell aufleuchteten, sooft er Gelegenheit hatte, seine Verachtung zum Ausdruck zu bringen für das Barbarentum, das sich nun Deutschland nannte.«[23]

Petzold hatte einen schweren Stand angesichts der Tatsache, daß die Deutschen im Land überwiegend Nationalsozialisten waren und sich das offizielle Japan mit Nazi-Deutschland verbündete. Mit der deutschen Botschaft wie mit den meisten Landsleuten überworfen, schwamm er für Heimat wie Wahlheimat gegen den Strom. Mit seiner Synthese des Besten aus dem kulturellen Erbe Deutschlands und Japans rettete der buddhistische Humanist für sich als Idee, was im wirklichen Leben dem Wahnsinn verfiel. Petzold und Govinda, wie gleich zu zeigen sein wird, sind die einzigen Beispiele klar dokumentierter antinationalsozialistischer Gesinnung unter bedeutenden aus Deutschland stammenden Buddhisten zur Zeit des Dritten Reichs.

Auch auf Polgasduwa empfand man schon vor dem Zweiten Weltkrieg den neuen Wind, der aus Deutschland wehte. 1935 wurde dort versucht, regimetreue Buddhisten als Mönche ordinieren zu lassen. Daß dies zu Unstimmigkeiten auf Nyanatilokas Klosterinsel führte, geht aus einem Kommentar Govindas hervor, der in einem Brief aus Indien seiner Freude Ausdruck gibt, daß die Nazis die Insel verlassen hätten. »Leute, deren politische Einstellung mit der Lehre des Buddha unvereinbar ist, würde ich überhaupt nicht ordinieren: denn man kann nicht zwei Herren dienen.«[24] War es nicht möglich, direkten Einfluß in der deutschen Mönchsgemeinschaft Ceylons zu gewinnen, sollten wenigstens die rassistischen Vorstellungen der Machthaber in Berlin dort zur Anwendung kommen. Nyanatiloka wurde vom deutschen Konsulat in Colombo gerügt, daß er Juden ordiniere.[25] Die Auslandsvertretung der Nazi-Regierung mag Anstoß daran genommen haben, daß Nyanatiloka seinen späteren Hauptschüler Nyanaponika (Siegmund Feniger), der jüdischer Herkunft war, 1936 zum Novizen weihte. Nyanatiloka folgte formell der rassistischen Intervention der Behörde seines Vaterlands. Nyanaponika wurde im folgenden Jahr nicht von ihm auf Polgasduwa, sondern von einem einheimischen Geistlichen auf der Hauptinsel Ceylon zum Mönch ordiniert.

Nachdem die Briten Deutschland 1939 den Krieg erklärten, wurden Nyanatiloka und 43 weitere Männer auf Polgasduwa verhaftet und erneut interniert. Schließlich landeten sie 1941 in einem zentralen Lager für Staatsangehörige von Feindnationen im nordindischen Dhera Dun. Dort trafen Deutsche aufeinander, die sich aus unterschiedlichsten Gründen im indischen Raum aufhielten, darunter Kaufleute, buddhistische Mönche und das Team des NS-regimetreuen Bergsteigers Heinrich Harrer (geb. 1912), der aus der Internierung nach Tibet floh, wo er sich mehrere Jahre aufhielt.

Auch Govinda wurde in Dhera Dun eingesperrt, obwohl er die britisch-indische Staatsangehörigkeit angenommen hatte. Wegen guter persönlicher Kontakte zu führenden Persönlichkeiten der indischen Unabhängigkeitsbewegung galt der Anagarika deutscher Herkunft als gefährlich. An Rabindranath Tagores Universität von Shantiniketan war Govinda Französischlehrer der jungen Indira Gandhi gewesen, wodurch er zum Freund der Nehru-Famile wurde.

Wegen starker Spannungen zwischen Nationalsozialisten und deren Gegnern wurde das Lager schließlich in zwei Blöcke getrennt. Nyanatiloka, der sich schon vorher gebeugt hatte und keine Juden mehr ordinierte, blieb mit Schülern im Block der Nationalsozialisten wohnen. Ein Geschichtsschreiber der deutschen buddhistischen Bewegung rechtfertigt dies mit der »kommunistischen Wühlarbeit«, die Nyanatiloka bei seinem kurzen Aufenthalt 1919/20 in Deutschland beobachtet habe, und die ihn »den Nationalsozialismus als

Aufbruch und Wiederbelebung« empfinden ließ, wozu noch die »extrem deutschfeindliche Haltung der Briten« kam, die ihn sechs Jahre nicht nach Ceylon zurückkehren ließen«.[26] Nyanatiloka selbst hat sich zu seinem Schritt nicht geäußert. Seine Autobiographie endet wie so manche deutsche Erinnerung vor Beginn der Nazi-Ära.

Nyanaponika, der Mönch jüdischer Abkunft, und der erklärte Antifaschist Govinda zogen in den Block der Nazi-Gegner. Die Gesinnung Govindas dürfte auch unter Buddhisten in Deutschland bekannt gewesen sein. Walter Tausk (1890–1941), ein Literat und Buddhist jüdischer Abkunft, der 1941 von den Nazis ermordet wurde, klammerte sich, wie sein Tagebuch dokumentiert, an die Idee, Govinda könne durch Beziehungen zum König von Sikkim seine Ausreise aus Deutschland erwirken.[27] Nie wieder hat Govinda später brieflich oder persönlich den Kontakt zu Nyanatiloka gesucht.

Nyanatiloka durfte nach dem Krieg auf Intervention ceylonesischer Politiker auf die Insel zurückkehren, wo er 1957 als hoch geachteter Mönch starb. Er wurde mit einem Staatsbegräbnis geehrt, bei dem der Premierminister Ceylons und der deutsche Botschafter sprachen. Govinda heiratete nach seiner Entlassung eine indische Parsin, die zum Buddhismus konvertierte. Mit ihr unternahm er Expeditionen nach Tibet, doch führte er meist ein dem Malen, Schreiben und Meditieren gewidmetes, zurückgezogenes Leben, selten durch Vortragsreisen nach Amerika oder Europa unterbrochen. Deutschland sah er nach drei Jahrzehnten 1960 erstmals wieder. Meist lebte er mit seiner Frau im Vorgebirge des Himalaja. Im hohen Alter zog er nach Kalifornien, wo er 1985 starb, durch seine Bücher vielen bekannt, doch nicht wie Nyanatiloka öffentlich anerkannt. Bruno Petzold, dessen Arbeit im Westen kaum jemand zur Kenntnis nahm, starb schon 1949 und fand seine letzte Ruhe auf dem Berg Hiei. Keiner dieser Morgenlandfahrer hat jemals öffentlich vor buddhistischem Hintergrund reflektiert, was im Deutschland des Dritten Reiches geschah.

Buddhistischer Faschismus?

Beruhen die Berührungspunkte, die sich zwischen Buddhismus und Nationalsozialismus zeigten, auf bloßen Fehlinterpretationen ursprünglich buddhistischer Anliegen in westlicher Wahrnehmung? Oder bestehen jenseits rezeptionsbedingter Verzerrungen innere Affinitäten? Allein die Frage ist problematisch, schwingt in ihr doch eine Annahme mit, es könne so etwas wie ein reiner Buddhismus im Sinne Govindas existieren, der unabhängig von Zeit- und Ortsbedingtem die Lehre an sich repräsentierte.

Allenfalls im unmittelbaren Beginn, also den Intentionen des Stifters Gautama und seines direkten Umfelds nach, wäre angesichts der Vielfalt einander widersprechender Schulen, die sich daraus entwickelten, eine solche Essenz zu finden. Doch liegt, was den Stifter bewegte, bestand es überhaupt in Gestalt einer systematischen und kodifizierten Lehre, im Dunkeln. Die Tradition faßte es in sehr unterschiedlichen Weisen auf und westliche Forscher wie Interpreten lieferten weitere voneinander abweichende Bilder von den Ursprüngen. Jeder religiöse oder wissenschaftliche Versuch, seine Essenz zu (re)konstruieren, schafft eine weitere Konkretisierung des Buddhismus, die mehr oder weniger von den bestehenden abweicht.

Die real existierenden Gestalten des Buddhismus sind zu dem, was sie jeweils aus früheren buddhistischen Kulturen aufnahmen, besonders Produkte der Hintergründe, vor denen sie entstanden. In China interpretierte man buddhistische Texte daoistisch, in Japan verstand man sie als Antwort auf das Bedürfnis nach einer Staatsreligion, in Deutschland las man sie aus der Perspektive dessen, was das Geistesleben bewegte: Gottes Tod hatte eine Leere hinterlassen, die entweder mit dem nihilistischen Akzeptieren des Nichts hinter dem Gegebenen angenommen oder ausgefüllt werden wollte. Letzteres versuchten die Konzepte einer umfassenden Reform von Leben und Gesellschaft, sozialer Revolution, des Übermenschen oder des erstarkenden Rassismus.

Doch erledigt sich die Frage nach Affinitäten nicht im Zurückweisen des metaphysischen Konstrukts eines essentiellen Buddhismus und dem Hinweis darauf, wie dessen Lehren und Gestalten immer wieder neu erschaffen werden. Auch mit der Erkenntnis, wie manches sich in der Rezeption ins Gegenteil wandelt, ließ etwa Grimm aus der Anatman-Lehre von der Hinfälligkeit des Daseins eine solche vom substantiellen Wesen (Atman) werden, ist die Frage nach grundlegenderen Affinitäten nicht zu umgehen. Bei allen Modifikationen kommt jede neue Gestalt des Buddhismus in Auseinandersetzung mit Quellen und Vorbildern hervor. Wie verzerrt diese in neuer Gestalt erscheinen mögen, sei es gar als Antithese, bleiben doch Leitmotive sichtbar, die es gestatten, pauschal von einem Buddhismus zu sprechen.

Beispiele solcher Motive sind die Gestalt des Buddha, der aufhörte zu sein, was konventionell einen Menschen ausmacht, das Leid am Dasein, das Anliegen des Überwindens oder Übersteigens des Ich, Wiedergeburt und Karma sowie das Thema des Erlöschens (Nirvana), der Leerheit, des Nichts. Auf ihrer Basis ließen sich im interkulturellen Kontext buddhistische Konzeptionen vergleichen. Gleichfalls erlauben sie die Diskussion von Affinitäten zu anderen Traditionen.

Nun mag die Frage nach Berührungen des Buddhismus zum Nationalsozialismus für manchen grundsätzlich etwas Ketzerisches haben, stellt sie eine Weltreligion und bedeutende kulturschöpferische Bewegung neben jene Ideologie, die in der Neuzeit das gewaltigste verbrecherische Potential entfaltete. Doch schon was seine historische Bilanz an Verbindungen mit Inhumanem betrifft, befindet sich der Buddhismus in keiner Situation, die von der anderer humanistischer Traditionen, etwa des Islam, des Christentums und des Marxismus prinzipiell verschieden wäre.

Werden mit buddhistischen wie christlichen Argumenten Kriege gerechtfertigt und im Kontext dieser Religionen oder des Marxismus Morde legitimiert, handelt es sich aus Perspektive jeweiliger Anhänger gern um ein mißbräuchliches Berufen auf die Lehre. Sie gehen in diesem Fall von einer reinen Botschaft aus, die recht verstanden nichts zuließe, was im breiten Konsens der Menschheit als schlecht gilt.

Wer den Kern des Christentums in den Evangelien sieht und dabei die Ethik der Bergpredigt zum Maß alles anderen erklärt, kann leicht jede mit christlichen Argumenten gerechtfertigte Gewalt gegen Menschen als illegitime Verzerrung der Botschaft Jesu bezeichnen. Doch kennen die Evangelien auch Aussagen, die Unduldsamkeiten rechtfertigen können, etwa jene, wonach wer nicht glaube, schon gerichtet sei. In allen Wegen, auch wenn sie sich als solche der Befreiung anbieten, liegen die Widersprüche eng beieinander. Die Tatsache, daß die Ideologie des Holocaust der geistesgeschichtlichen Tradition des Landes erwuchs, das zuvor Kant und Schiller hervorbrachte, weist erschütternd auf dieses Miteinander der Gegensätze. Derselbe Martin Luther, der die Freiheit des Christenmenschen postulierte und am Vorabend des Weltuntergangs ein Apfelbäumchen pflanzen wollte, konnte ein grober und liebloser Antisemit sein. Die Systeme, die der Mensch hervorbrachte, sind wie er selbst ambivalent und gerade in ihren lichten Höhen tun sich die Abgründe auf.

Was nun am Buddhismus ermöglichte seine seit Beginn rassistische Rezeption in Deutschland? Was erlaubte es Nyanatiloka, obgleich er unter dem Schutz der Briten problemlos den Juden Nyanaponika zum Mönch hätte weihen können, dem deutschen Geheiß zu folgen und auf Polgasduwa keine Juden zu ordinieren? Warum konnte er während der Internierung im Lager unter nazitreuen Deutschen bleiben? Was gestatte es Schumacher, das Werk Hitlers im Namen des Buddhismus zu unterstützen?

Jahrzehnte bevor Edward Conze als Buddhismuskundler von sich reden machte, war er in Deutschland überzeugter Marxist und Funktionär der KPD. Nach dem Regierungsantritt der Nazis floh er mit seiner jüdischen Freundin nach England. In seinen Memoiren versuchte er zu erklären, was ihn am Kommunismus und am Buddhismus angezogen habe. Er ließ das gleiche Argument auch für jene gelten, die sich dem Nationalsozialismus zuwandten. Man hoffte so »die unerträgliche Last unserer Individualität loszuwerden, unsere lächerlich beharrlichen Ansprüche der Bedeutung unsererselbst und die Notwendigkeit ständig persönliche Entscheidungen über Angelegenheiten zu treffen, über die wir fast nichts wissen. In einer anonymen Masse aufzugehen, war für uns die Entsprechung des Nirvana, das ein Poet einst beschrieb, indem er sagte, ›der Tautropfen entwischt ins strahlende Meer.‹«[28]

Von Anfang an ist das Leiden am Subjektsein, an der Vereinzelung oder Einsamkeit des Ich ein großes Thema des Buddhismus. Die Erschütterung darüber, daß der Mensch aus einem Geborgensein in Natur und Sippenverbänden heraustrat, und sich als Ich einer Welt gegenüberfand, in der er, zunehmend auf sich gestellt, wirken mußte, führte zur Lehre vom Anatman. Die Erklärung des Subjekts als hinfällig und meditatives Erfahren dieser Hinfälligkeit sollte vom Leid befreien.

Das Leiden an der Vereinzelung des Menschen lag auch während der Weimarer Republik in der deutschen Luft. Das Kaiserreich hatte 1871 die so lange von Bürgern, Dichtern und Denkern ersehnte staatliche Einheit verwirklicht. Es vermochte mit dem Ersten Weltkrieg auch den großen Teil des Volkes unter einer vermeintlich bedeutenden Sache des Vaterlandes emotional zu vereinen. Mit dem Anbruch der Republik ging diese Einheit zugrunde. Zwar zerfiel Deutschland nicht mehr in Fürstentümer und Teilstaaten, doch brach das Volk auseinander. Gewaltsam streitende Freikorps und Milizen waren das manifeste Zeichen der zerfallenen Einheit, in der es nicht nur zwischen links und rechts keine Brücke mehr gab.

Die internationalistischen Marxisten boten die Vision eines Aufgehens des einzelnen in der Menschheit. Deutschland spielte hier letztlich kaum eine Rolle mehr. Hitlers Idee von der Verneinung jedes Einzelwillens, um sich einem Willen unterzuordnen, setzte dagegen auf die Rettung der Nation. Die nationalsozialistische Losung »Du bist nichts, dein Volk ist alles«, deutet zwar auf vollkommene Selbstaufgabe. Doch impliziert sie paradoxerweise auch eine bedeutende Erhöhung des einzelnen, der erst in der Volksgemeinschaft seine wahre Bestimmung erfährt. Zwar gibt er Egoismus und individuelles Wollen auf, erlebt sich aber als umso stärker, indem er nun zum Exponenten des Führer- und Volkswillens wird.

Hier besteht ein augenfälliger Unterschied zu jener buddhistischen Auffassung vom Überwinden des Ich, das in Bezug auf die Welt keine Absichten und Wünsche mehr kennt. Führte jedoch in frühen Formen des Buddhismus das Übersteigen des Ich zu seinem Erlöschen, dem Nichts, vor dem der Westen sich ängstigte, modifizierten spätere Entwicklungen im Mahayana diese Sicht. Vor dem endgültigen Erlöschen standen die zahllosen Leben des Bodhisattva, in denen dieser zunehmend vom Ich frei wird, um ichlos anderen zu gleicher Ichfreiheit zu verhelfen. Nicht mehr das Erloschensein als Ziel, sondern der Vorgang des Erlöschens stand damit im Vordergrund, in den der einzelne möglichst viele andere einbezieht.

In der Konsequenz finden wir hier, wie von Conze angedeutet, eine ähnliche Struktur in Buddhismus und Nationalsozialismus: Der Mensch wird wirklich bedeutend, indem er aufgab, was seine Einzigartigkeit, sein individuelles Wünschen und Wollen ausmachte. Er wird wichtig, indem all das, was er als Persönlichkeit war, unwichtig wurde, um dem Wirken für ein Programm Raum zu geben. Der Bodhisattva wirkt für aller Wesen Befreiung von der Täuschung des Selbstseins. Der Nationalsozialist erfüllt das Programm der Vorsehung, um Volk und Rasse zur Größe zu führen.

Nun besteht trotz Ähnlichkeit in der Struktur beim Aufgeben des Ich doch ein unbestreitbarer Unterschied darin, daß der Nationalsozialismus Haß und gewaltsame Ausbreitung predigte, während im Buddhismus das ichfreie Handeln des Bodhisattva nach Aussage aller Texte unter der Prämisse von Mitleid und Weisheit steht.

Doch konnte dies in der Geschichte des Buddhismus auch immer wieder bedeuten, daß es geboten sei, aus Mitleid und Weisheit zu töten. Brian Victoria, der die vielfältigen Beziehungen des Zen-Buddhismus zum Staat im Japan des Zweiten Weltkrieges ausführlich untersuchte, stellte sich die Frage, ob Zen hier eine Verzerrung erlitten habe, oder ob Zen gar eine Verzerrung der authentischen Absichten des Buddhismus bedeutete. Victoria sah einen Grund darin, daß Zen fälschlicherweise die innere Erfahrung der Befreiung vor das Prinzip der Gerechtigkeit gestellt habe und so die Ethik gegenüber der Meditation vernachlässigt.*

Aber nicht nur Zen, fast alle Schulen des japanischen Buddhismus, arbeiteten der Ideologie und den Kriegszielen der Regierung zu. Jodo Shinshu, eine der größten Richtungen, zensierte staatskritische Aussagen in Texten ihres Gründerheiligen Shinran und ließ das Sterben für Kaiser und Vaterland als Geburt im Land des Buddha erscheinen.[29] Viele überzeugend wird heute von politisch wirkenden Mönchen in Sri Lanka mit buddhistischen Lehren gegen die drawidische Rasse argumentiert.

Der Buddhismus, indem er eine Erfahrung radikaler Freiheit von Ich und Welt erstrebt, hat insgesamt ein Problem, in Bezug auf das Dasein sichere Werte zu behaupten. Letztlich besteht vor der vollkommenen Befreiung, die alles losläßt, keine Hierarchie der Werte. Eine Konsequenz ist die Indifferenz gegenüber der Welt. Hier erweist sich Zen, das die erstrebte Erfahrung als Nicht-Geist oder Nicht-Denken bezeichnet, als ein taugliches Beispiel.

Daisetz Suzuki hob 1938 die Freiheit des Zen von allen Lehren und Konzepten hervor, weshalb es sich »fast jeder Philosophie oder Morallehre anpassen kann, solange seine intuitive Lehre nicht beeinträchtigt wird«. Derart vermag Zen sich eng mit »Anarchismus oder Faschismus, Kommunismus oder Demokratie, Atheismus oder Idealismus« verbinden, um sich »wenn die Dinge zum Stillstand kommen – wie es geschieht wenn wir mit Konventionalismen, Formalismen oder anderen verwandten Ismen überladen sind« als »revolutionäre Kraft« zu erweisen.[30] Daß Zen sich dem Faschismus nicht mehr entgegensetzt als der Demokratie, steht für den bedeutendsten modernen Interpreten dieser Richtung somit außer Frage.

Im von Herrigel stilisierten ichfreien Zen-Krieger, dessen Schwert »zu seiner ›Seele‹ geworden ist«, konnte sich die Verbindung von Faschismus und Zen vollziehen.[31] Der vollendete Kämpfer kennt keine Todesfurcht mehr, denn wem das Ich verschwand, muß nicht länger um es bangen. In gleicher Weise vertrat Tucci eine Interpretation des Zen, in der die Erkenntnis, das Leben und Tod letztlich nicht unterschieden sind, den Willen zum Leben schwinden läßt, was den Heldentod ermöglicht.[32]

Die große Freiheit des Erlöschens der Ichheit, das Nichts hinter dem Sein, wirkt auch, wo der Mensch nicht zum ichfreien Täter wird. Wer davon ausgeht, daß alle formulierten Konzepte gleichsam falsch sind, alle Gestalten gleichsam hinfällig, alles Vergängliche gleich unwert festgehalten zu werden, kann duldsam jede Meinung zulassen. Gibt es hier überhaupt eine Grenze zur Indifferenz, wenn letztlich keine Rolle spielt, ob ich am Leben bin oder tot, wenn keine Hierarchie der Werte besteht?

Im Erloschensein, in der Leerheit, im Nichts läßt sich kein moralisches Gesetz verankern. Warum darf ich nicht töten, nicht stehlen, wenn letztlich alles gleich unwert ist, daran zu haften, wenn alles loszulassen ist? Tatsächlich ist nach alter buddhistischer Lehre die Befreiung nicht durch moralisches Tun zu erlangen, sondern einzig durch Aufgabe allen Anhaftens an den Dingen und Wesen der Welt einschließlich seinerselbst. Die sogenannte gute Tat führt zu glücklicheren Wiedergeburten, die sogenannte böse zu schlechteren Konditionen im kommenden Leben. In jedem Fall bleibt man in der Welt des Leidens.

In den vormodernen buddhistischen Kulturen Asiens mag die Frage nach der Fundierung von Ethik kein Problem gewesen sein, trug doch die Welt Werte und Gesetze in sich, die keiner Verbindung zum erloschenen Zustand bedurfte, den der Asket erstrebte. Animistische Vorstellungen autochthoner Kulte ließen den Menschen eine belebte Welt erfahren. Was im Shinto Japans und im tibetischen Bön galt, war schon Wirklichkeit im Indien des Buddha. Die frühen buddhistischen Heiligtümer Indiens zeigen Baum- und Flußgeister. Die Natur war ohne metaphysische Erklärung mehr als Materie. Sie umfaßte Naturgeister wie Himmelswelten. In ihr konnte fraglos das Gesetz gelten, daß derjenige, der sich gemäß der Konvention gut oder böse verhält, entsprechend Lohn und Strafe findet. Die vollkommene Freiheit, die der buddhistische Asket im Loslassen von Menschsein, Himmeln und Natur fand, ließ diese und ihre Gesetze unberührt.

Für den Westen hingegen war mit dem Tod Gottes die Natur nicht befreit, sondern entwertet, gründete doch die ganze Schöpfung in ihm und empfing daraus ihren Sinn. Die Ethik war göttliches Gesetz wie der Lauf der Gestirne. Ohne metaphysisch fundierte Moral wurde alles möglich, gleich dem Marxismus eine zielgerichtete Entwicklung in der Materie zu sehen oder die Welt zum sinnlosen Ort zu erklären, an dem letztlich das Recht des Stärkeren gilt. Natürlich gab es nach dem Tod Gottes Versuche, die Welt aufzuwerten und das Leben zu heiligen. Aber jedes neue Heidentum mußte scheitern, läßt sich doch nicht zu einer Wahrnehmung zurückkehren, die schon vor zwei Jahrtausenden verloren ging.

Der Materie konnte zwar mit den Gesetzen der Dialektik im philosophischen Entwurf eine planvolle Entwicklung verordnet werden, wie sich auch die Ehrfurcht vor der Natur und dem Leben fordern ließ. Doch nichts vom Menschen Postuliertes konnte im Westen das existentielle Gewicht dessen erlangen, was die menschliche Praxis zuvor metaphysisch versicherte. In Mythos wie Philosophie des Christentums war mit Gott der Logos, die Vernunft, aller Natur vorausgegangen. Konsequent wurde mit Gottes Tod die Welt unvernünftig. Was dem Menschen als sinnvoll, gesetzmäßig und vernünftig galt, erschien nun als bloße Begleiterscheinung in den von Zufall und Notwendigkeit gelenkten Prozessen einer sinnlosen Welt.

Diese Vorgeschichte des Verlustes des Logos kann das, wofür die Gestalt des vollkommen erloschenen Buddha steht, für Menschen des Westens, die nicht wie in den animistischen Kulturen von einer selbstverständlichen Eigenwertigkeit von Welt und Natur ausgehen können, zur Gefahr werden lassen. Die totale Freiheit des Buddha von Wünschen und Wollen, von Liebe und Leid, in der Lebendig- oder Todsein keinen Unterschied mehr ausmacht, läßt alles, wovon er sich befreite gleich wert oder unwert werden. Der Buddha erschaut das Entstehen und Vergehen der Vielzahl von Welten, die Geburt und das Sterben der Masse von Lebewesen und läßt sie alle gleichermaßen los. Die körperliche Liebe, die Geburt eines Kindes und die Verbrechen von Auschwitz sind aus dieser Warte nichts anderes als die vermeintliche Existenz der eigenen Person, nämlich ein ungezählte Male schon dagewesener bedingt entstandener Ausdruck blinden Durstes, substanzloses Geschehen, der Mühe einer Teilnahme nicht wert.

Natürlich ist der vollkommen vom Haften an Dingen und am eigenen Dasein Losgelöste für die Natur und das Leben ungefährlich. Wer wirklich keinen Wunsch mehr in Bezug auf die Welt hätte, würde eher sterben als anderen ein Leid tun. Doch wäre seine Duldsamkeit nicht zugleich so unermeßlich, daß er verglichen mit jenem, der zwischen Gut und Böse aus deren metaphysischer Verankerung zu unterscheiden vermag, schlicht indifferent wäre? –

Nun kennt der Buddhismus in der Welt waltende Gesetze, auch wenn diese nicht dem Logos entspringen, insbesondere jenes des Karma, wonach Gedanken, Worte und Taten dieses Daseins die Qualität späterer Leben bestimmen. Deutsche Interpreten stellten sich in unterschiedlicher Weise zu dieser Idee. Lehnte Theodor Schultze, dem es um die Freiheit des Menschen zu sittlichem Handeln ging, sie als Element eines westlichen Buddhismus ab, sahen die meisten darin eine grundlegende Lehre. Beispielhaft erklärte Georg Grimm mit dem Wirken des Karma ökonomische und soziale Ungleichheiten: »Daß die allermeisten Menschen mit ihrer Geburt in dürftige Verhältnisse eintreten, ist nur ein Beweis dafür, daß das vorgeburtliche Wirken der allermeisten Menschen ein sehr minderwertiges war.«[33]

Konsequent angewandt verneint diese Idee, daß es unschuldige Opfer geben könne. Wie man aus vorgeburtlichem Wirken arm oder reich ist, lassen sich mit dem Karma alle Ungleichheiten zwischen Menschen und das daraus folgende Leid als letztlich selbst verursacht erklären. Daß der verfolgte Jude nicht als Arier geboren wurde, daß der Behinderte mit eingeschränkten Möglichkeiten zur Welt kam, daß eine Frau Opfer einer Vergewaltigung wird, allem, was Menschen erleiden, haftet der Geruch früherer Schuld an.

Gemeinsam mit dem Gedanken der letztlichen Hinfälligkeit alles Gewordenen im Ziel vollkommenen Erlöschens kann die Karma-Lehre duldsam für das Leid anderer machen. Was im nationalsozialistischen Deutschland zum Beispiel mit Juden geschah, brauchte den buddhistisch bewegten Arier nicht zu kümmern, vollzogen sich doch hier gesetzmäßige Wirkungen des Karma.

Selbstverständlich läßt die Karma-Lehre sich in anderer Weise interpretieren. In ihren indischen Ursprüngen mag sie Ausdruck des Empfindens der Freiheit gewesen sein, daß der Mensch durch eigene Handlungen die Zukunft beeinflussen kann. Doch häufig schlug die Lehre aus solchem aktiven Verständnis ins Fatalistische um, sah weniger die gegenwärtigen Chancen zum Handeln, sondern betrachtete hauptsächlich Erlittenes als Wirkung. So rechtfertigte sie bestehende Ungleichheiten oder erklärte Tätern wie Opfern die gesetzliche Notwendigkeit ihres Tuns und Leidens. Shinran wird der Satz zugeschrieben: »Du tötest nicht, weil es keinen karmischen Grund in dir gibt, auch nur einen Menschen zu töten, und nicht weil dein Herz gut ist. Auch wenn du keinen Gedanken hegst, andere auch nur zu verletzen, kann es geschehen, daß du hundert oder tausend Menschen tötest.«[34] Ob man zu den Schlächtern oder den Geschlachteten gehört, steht nach dieser Vorstellung durch das Karma aus ungezählten früheren Leben fest. Man kann sich in dieser Welt nur fügen, Freiheit besteht einzig in ihrem vollkommenen Loslassen. Daß man nicht in die notwendigen Wirkungen des Karma anderer eingreift, es gar nicht kann, mag einer der Gründe sein, weshalb im buddhistischen Kulturkreis nichts annähernd mit den sozialen und karitativen Bewegungen im Christentum Vergleichbares aufkam.

Die im Karma begründete Verschiedenartigkeit der Rassen wurde tatsächlich auch als Erklärung im Konflikt zwischen Singhalesen und Drawiden in Sri Lanka herangezogen. Auf Ideen des buddhistischen Erneuerers Anagarika Dharmapala, der sich dazu im westlichen Rassismus inspiriert haben soll[35], geht das Konzept des arischen buddhistischen Singhalesen zurück. Besonders in Deutschland hätte Dharmapala in der indologischen und buddhistischen Literatur zahlreiche Impulse aufnehmen können.

Klingt in all dem hier Gesagten vielleicht etwas von einer Antwort drauf an, was Schumacher und Nyanatiloka aus buddhistischem Bezugsrahmen einen Akkord mit dem NS-System erlaubte, mag es zugleich auf einen Grund für Bruno Petzolds und Anagarika Govindas kategorische Ablehnung des Faschismus weisen. Beide hatten sich auf dem Boden abendländischer Metaphysik dem Buddhismus genähert. Was sie an Buddhistischem aufnahmen, paßten sie einem Selbstverständnis an, das von tiefer Überzeugung vom Wert der gegebenen Welt und der Individualität jedes Menschen getragen war. Sie vertraten jeweils einen idealistischen Buddhismus, dem die Vernunft des Menschen nicht zufälliges Nebenprodukt eines an sich sinnlosen Prozesses war, sondern Ausdruck eines ursprünglichen Logos. Erlöschen (Nirvana) bedeutete ihnen das Aufhören eines von Gier, Haß und Verblendung bestimmten egozentrischen Daseins, doch keinesfalls das Ende der Individualität. Entsprechend bestand für Petzold das Wesen des Buddhismus in der Suche nach einem wahren Selbst des Menschen im Sinne Goethes. Govinda deutete das Erwachen des Buddha als niemals abgeschlossenen Prozeß des Wachstums, der zugleich das Muster eines buddhistischen Lebens abgibt: Eine Individualität erweitert reifend den Radius ihres Bewußtseins. Das Subjekt, das so unausgesetzt seine Grenzen übersteigt, wandelt sich in diesem Wachstumsvorgang kontinuierlich, ohne sich jedoch jemals selbst aufzugeben.

Vor solchem idealistischen Hintergrund existiert eine letztlich metaphysisch fundierte Unterscheidung zwischen Gut und Böse, die der Duldsamkeit Grenzen setzt, indem sie moralische Entrüstung nicht nur zuläßt, sondern im Namen dessen, was wahr, schön und gut ist, geradezu erfordert. Zudem macht die Überzeugung vom prinzipiellen Wert jeder Individualität das Unterordnen unter einen Führerwillen als Relativierung des Ich unmöglich.

Die Erkenntnis, daß buddhistische Grundmotive wie jenes von der Relativität des Subjekts und die Lehre vom Karma je nach Art ihrer Rezeption in Ost und West auch menschenverachtenden Tendenzen dienen können, ist geeignet, ein allzu reines Bild vom Buddhismus und seiner Geschichte zu korrigieren. Zugleich nimmt sie den Interpreten in die Verantwortung. Vor allem aber führte das Thema zu jener grundlegenden Frage nach Sinnhaftigkeit oder Sinnfreiheit von Welt und Dasein, in der sich das traditionelle abendländische Verständnis vom buddhistischen unterschied.

7. Kapitel
DER ERWACHTE DER LITERATEN

Anarchist und außerzeitliche Macht

Seit der Buddhismus zum Thema deutschen Geisteslebens wurde, beschäftigte er auch intellektuelle Essayisten, Dramatiker und erzählende Schriftsteller. Indologen, Philosophen und andere Theoretiker wollten zumindest im Anspruch dem Buddhismus als das gerecht werden, was er objektiv darstellte. Die Angehörigen der buddhistischen Bewegung bekannten sich zu den Inhalten der Lehre, die sie zur Reform von Leben und Gesellschaft praktikabel zu machen versuchten. Mit den Literaten fließt eine dritte Perspektive ein: Ihre Gedanken, was der Buddhismus für Europa bedeuten könnte, sowie ihre Entwürfe der Gestalt und Lehre Gautamas erlaubten sich freiesten Umgang mit dem Material. Im Unterschied zu Übersetzungen, philosophischen oder historischen Darstellungen, die sich im Hinblick auf die Quellen oft gleichfalls als kulturbedingte und subjektive Konstruktionen erwiesen, sind die Arbeiten der Schriftsteller, schon vom Selbstverständnis her auch dann neue Schöpfungen, wenn der jeweilige Autor glaubte, ein Rezept zur Rettung des Abendlandes vorzulegen.

Heimito von Doderer (1896–1966) stellt dem Leser seines Romanes *Die Strudlhofstiege oder Melzer und die Tiefe der Jahre* ein Liebespaar vor, das seine trauten Zusammenkünfte im Jahr 1911 der Lektüre Schopenhauers widmete. Bedauernd bemerkt er, gemeinsames Lesen von Neumanns Übertragungen der Buddha-Reden sei noch nicht möglich gewesen, weil diese erst später erschienen.[1] Die Bemerkung ist typisch für die nachträgliche Kenntnisnahme Neumanns durch ein breiteres Publikum. Tatsächlich lag 1911, vier Jahre vor Neumanns Tod nicht nur ein großer Teil seiner Arbeiten vor, von Doderers

Liebespaar hätte sogar schon 1906 den unter dem Einfluß der Übersetzungen Neumanns entstandenen buddhistischen Roman *Der Pilger Kamanita* von Karl Adolph Gjellerup lesen können, der das Streben zweier Liebender im Umkreis Gautamas von irdischen Verwicklungen bis in die höchsten Sphären und dem schließlichen Erlangen des Nirvana schildert. Der Roman war weit verbreitet, und Karl Adolph Gjellerup erhielt 1917 den Nobelpreis für Literatur.

Wer sich mit dem Buddhismus beschäftigen wollte, war derart schon vor dem Ersten Weltkrieg längst nicht mehr allein auf Schopenhauer angewiesen, obwohl Neumanns Arbeit erst nach seinem Tod von Literaten breiter beachtet wurde. Die späte Entdeckung hängt nicht zuletzt mit dem Weltkrieg und der Niederlage zusammen. Als klar wurde, daß nicht wie Wilhelm II. wünschte, an »deutschem Wesen die Welt genesen« sollte, sondern sich eher die Frage stellte, woran das deutsche Wesen genesen könnte, suchten Intellektuelle schon während des Krieges und später im zusammengebrochenen Reich nach neuer Orientierung. Als Alternative zum erlebten Dilemma bot sich auch der Blick nach Osten an. Carl Zuckmayer (1896–1977) widmete sich aus »Trotz gegen die Verdummung, die eigentlich unsere Aufgabe, unser natürliches Los im Alltagsleben des Krieges war« ausgedehnter philosophischer und literarischer Lektüre. »Ich war unersättlich. Buddha und Laotse, Dighanikaya, Vedanta, Upanischaden« standen neben den westlichen Klassikern auf dem Programm.[2]

Den Höhepunkt, den die Beschäftigung mit asiatischem Denken unter Literaten während des Ersten Weltkrieges und danach erlebte, bereiteten, was den Buddhismus betrifft, insbesondere zwei Autoren vor. Einmal war dies Rabindranath Tagore, der 1913 den Nobelpreis für Literatur erhielt. Seine Werke wurden in Deutschland begeistert aufgenommen und sorgten, obwohl der bengalische Dichter insgesamt wenig Bezüge zum Buddhismus bietet, für ein Aufleben der seit der Romantik wirkenden positiven Stimmung gegenüber Indien, die das Interesse am Buddhismus förderte. Den zweiten wichtigen Impuls lieferte Lafcadio Hearn (1850–1904). Sechs Bücher des britisch-griechischen Journalisten, der seit 1890 in Japan lebte, erschienen bis 1910 in deutscher Übersetzung, darunter *Kokoro* mit einem Vorwort von Hugo von Hofmannsthal und *Buddha*, eine Sammlung von Arbeiten zur Religion Japans. Hearn, der eine japanische Familie gegründet hatte und die Staatsbürgerschaft des Landes annahm, entwarf einerseits ein ideales, fast romantisches Bild der japanischen Kultur und Gesellschaft als im Einklang mit der Natur stehend. Dieses geschah als zum guten Teil nach Amerika und Europa gerichtete Zivilisationskritik. Andererseits galt ihm der Buddhismus im Einklang mit der Naturwissenschaft und hier besonders der Evolutionslehre. Während die buddhistische Bewegung mit Hearns vom Mahayana geprägter Perspektive weniger anfangen konnte, wirkten seine Schriften auf Literaten. Durch Tagore und Hearn angeregt, griff mancher zu klassischen asiatischen Texten wie den Buddha-Reden in Neumanns Fassung.

Stefan Zweig, der auch die Einleitung zu einer Japan-Anthologie mit Texten Hearns verfaßt hatte, rühmte die Übertragungen Neumanns, die der deutschen Sprache das Buddhawort erschlossen hatten, zeigte aber auch exemplarisch, daß es den Literaten nicht um ein religiöses Bekenntnis, sondern um geistige Anregung ging: »Ohne sich der Lehre zu bekennen, ohne ihr geistig überhaupt nahezutreten, nur im Sinne der Größe und der Schönheit wirkt ihr künstlerisches Ethos offenbarend, und in den geistigen Himmel unserer Welt tritt mit diesen Reden ein neu-uraltes Sternzeichen, deutbar und unfaßlich zugleich, schön in seiner Ferne und fern in seiner Schönheit.«[3] Zweigs Novelle *Die Augen des ewigen Bruders* (1921) handelt zwar im Indien vor Gautama, doch es verrät Einflüsse der buddhistischen Lektüre des Autors.

Das wohl früheste essayistische Zeugnis dafür, im Buddhismus vor dem Hintergrund des Weltkrieges Impulse zur Heilung Europas zu finden, ist das erstmals 1916 erschienene Werk *Europa und Asien*[4] von Theodor Lessing (1872– 1933). Der aus jüdischer Familie stammende Lessing hatte Medizin, Psychologie und Philosophie studiert, arbeitete als Hochschuldozent und war ein Pionier der Volkshochschulbewegung. 1914 versuchte er ein Aufbegehren deutscher Intellektueller gegen den Krieg zu initiieren. SA-Männer erschossen ihn 1933 im tschechischen Exil. In dem Buch von 1916 propagierte Lessing unter dem Eindruck von Krieg und Nationalismus einen radikalen Bruch mit der westlichen Tradition. »Logik und Ethik des Abendlandes, seine Weltgeschichte und Menschheitsentwicklung« bedeuten ihm nichts anderes »als verkappter Geltungswille und Machtwahn der europäisch-amerikanischen Menschenwelt«.[5] Lessing hält »dem schlechthin wahnwitzigen ›Cogito ergo sum‹ des heillos naturentfremdeten und lebensarmen Descartes«[6] die buddhistische Lehre der Nichtdauer entgegen, welche zeigt, daß sich nichts festhalten läßt und alle großen Ziele, die sich der Mensch aus Gier und Machtstreben stellt, relativiert. Einem Geist, der nach Ewigkeit verlangt und das Ich verabsolutiert, steht so die Wirklichkeit dynamischer Lebensprozesse gegenüber. Entsprechend meint Lessing, in Gautamas Reden erscheine der Geist als »der große Parasit am Leben«.[7] Seine Argumentation ist in der Struktur jener von Ludwig Klages (1872–1956) nicht unverwandt, der im Geist den Widersacher der Seele und des Lebens erkannte. Die christliche Tradition und der mit Zweckorientierung verbundene Rationalismus, den sie hervorbrachte, sollten hier als Motor für die Zerstörung der Natur, für Kriege und nationale Egoismen entlarvt werden.

Indem er mit dem Logos auch die metaphysisch fundierte Ethik des Westens verneint, betont Lessing die Freiheit des Menschen. In diesem Sinn interpretiert er die Karma-Lehre Gautamas nicht unter dem Blickwinkel des Erleidens von Folgen früherer Leben, sondern als Möglichkeit, sich aus eigenem Antrieb zu verändern. Der selbstverantwortliche Mensch bedarf keines Gebotes. In diesem Sinn bezieht sich Lessing auch auf die daoistische Lehre vom Nichttun, die ihm gegen die konfuzianische Kultur, also gegen Staat und Familie zu opponieren schien. Asien galt hier als Chance, zur Befreiung des Lebens und der Natur mit abendländischen Konventionen zu brechen.

Im Jahr nachdem Lessing diese anarchistische Vision dessen vorlegte, was der Buddhismus für Europa bedeuten könnte, ließ Rudolf Pannwitz (1881–1969), der Gründer des Charonkreises, Gedanken zum gleichen Thema in *Die Krisis der europäischen Kultur* erscheinen.[8] Hier findet sich wohl zum ersten Mal der Begriff des Postmodernen, indem Pannwitz vom »postmodernen Menschen« spricht, der unverführbar durch die Kultur der Moderne diese auf dem von Nietzsche vorgezeichneten Weg zum Übermenschen hinter sich läßt. Im Unterschied zu Lessing ergriff Pannwitz nicht Partei des Lebens gegen den Geist, sondern strebte nach dem Überwinden der Spaltung von Natur und Geist, die er in der Aufklärung wurzeln sah. Damals »trat ein wirbel der herrschenden werte ein ohne dass neue werte geschaffen wurden derselbe ist noch jetzt 1915 im ringen«.[9]

Wie bei Lessing kann nur ein Bruch mit allem Gewesenen das Abendland noch retten. Doch während Lessing alle konkreten Zukunftsprojekte als Ausdruck des Wahns verwirft, kennt Pannwitz in Nietzsches Mythos vom Übermenschen ein Programm: »erst damit ist der mensch selber da vorher war ein wirbel der menschen zeugte und schlang.«[10]

Die Geburt des Übermenschen erfordert das Ende gewohnter Subjektivität. Es wäre »das principium individuationis selbst in der konsequenz zu überwinden und ein geistiger selbstmord aller individuation ohne jeden religiösen ethischen oder ästhetischen schwindel das einzige dem menschen noch anständige. der reine buddho oder der reine nietzsche ein drittes gibts nicht.«[11] Da Nietzsche selbst nicht unmittelbar für das Erreichen des von ihm Vorgezeichneten wirken kann, denn »er ist für die schwachen zu stark und selbst für die starken zu stark«,[12] bleibt als einzige Möglichkeit die Wendung zum Buddha. Hier knüpft Pannwitz an Nietzsche an, der über einen europäischen Buddhismus als Durchgangsstation nachgedacht hatte. Den Buddha für den Westen wirksam werden zu lassen, erfordert eine »verschmelzung unserer unter sich verschmolzenen europäischen halbkulturen mit den groszen orientalischen klassischen kulturen«.

Dieses Unternehmen will allem Exotismus fernbleiben. Es geht nicht um den »durch uns und auf uns hin verdorbenen orient jenes paradies für globe-trotter mystagogen abenteurer forschungsreisende kolonialwaren-minister und -händler«, sondern allein um die klassischen Kulturen, die sich hauptsächlich in Texten erhielten.[13] Deren Übersetzung galt Pannwitz darum als Gebot der Stunde. Indische Klassiker dürften allerdings nicht »verdeutscht«, sondern die deutsche Sprache müßte aus Ehrfurcht vor dem Aufzunehmenden »verindischt« werden. »Dieses geistes sind die neumannschen übertragungen sie sind mehr auf ceylon aus dem hören und nachsprechen der pali-texte denn in wien aus den kommentaren dem wörterbuch dem gedruckten erwachsen.« So gelang Neumann ein »pali-deutsch nicht verdeutschtes pali. es ist aber kein geringeres wunder wenn zwei sprachen eins werden wie wenn zwei menschen eins werden«.[14]

Aus den Schriften muß Europa vor allem die Ethik aufnehmen, die Pannwitz als das bedeutende kulturschöpferische Element gilt, denn »was bei uns sittlichkeit heisst ist schlimmer als jede libertinage«.[15] Begriff Lessing den Einfluß des Asiatischen auf den Westen als großen Befreiungsschlag wider jede Norm, suchte Pannwitz im Osten nach Mitteln der Disziplinierung auf dem Weg zu neuem Menschentum.

Doch ging es ihm nicht nur um Gautamas Bedeutung als Sittenlehrer. Sein »Attentat auf die Kausalität« wird zum Wink künftiger Freiheit, wenn der Buddha »sich und den menschen bemächtete mit seinem leibgeiste selbst zur vollkommenen erwachung den *kausalring* (der zum kausalgesetze griechisch beschnitten wurde) rückwärts zu ringen und aus dem mechanismus der ewigen wiederkunft frei heraus zu treten wie er selbst sagt folge und leiden *nicht aber das leben verneinend«*.[16]

Durch Pannwitz wurde Hugo von Hofmannsthal auf Neumanns Übersetzungen aufmerksam. Dieser beschäftigte sich lange zuvor mit Asien, zu dem sein Gesamtwerk vielfältige Bezüge aufweist.[17] Chinesisches und Indisches verschmolz dabei zu einem Weltbild, das nicht nur programmatischer Natur war, sondern Relevanz für sein Leben und Schaffen gewann. Unter Einfluß der indischen Lehre von Brahman als dem All-Einen, stellte von Hofmannsthal das der Zeit und dem Ich verhaftete Europa einem Asien der Zeitlosigkeit und Ganzheit gegenüber. Ein wichtiger Impuls zum Buddhismus kam hier von Hearn, der die »unergründliche Realität« des Buddha, »der sich über alle Formen erhebt«, dem »Erstehen und Verschwinden« von Dingen und Individualitäten in der Welt der Nichtdauer gegenüberstellt.[18]

Unter diesem Blickwinkel interpretierte von Hofmannsthal den Gautama der Übersetzungen Neumanns als Exponenten einer überindividuellen und außerzeitlichen Wirklichkeit, die er schon im Umstand seines historischen Erscheinens spürt.

Daß der Buddha in derselben Epoche wie anderer bedeutende Lehrer der Menschheit auftritt, kann für von Hofmannsthal kein Zufall sein: »Laotse und Kungfutse, auf deren Ergänzung der Sittengeist der Chinesen ruht; diese beiden wieder und Buddho; mit ihnen aber zugleich der größte der hebräischen Propheten, Jesaias, und wieder der gewaltigste der griechischen Weisen, Heraklit.«[19] Es zeigt sich darin das Wirken einer außerzeitlichen Gewalt, »die wir nur kaum ahnen«.

Diese Gewalt wirkte auch im späten Erfassen des Buddha durch Europa, das erst reif für ihn wurde, als es Asien als die Ganzheit sah, in deren Mitte er ruht.[20] Durch Neumanns Übersetzungen spricht endlich das Innerste Asiens

Abb. 19 Buchillustration in Lafcadio Hearns »Buddha«

wirksam zum Westen, und die vorangegangene Geschichte der Buddhismus-Rezeption erscheint als bloße Verwirrung, weil in »ein Gärendes noch ein halbgewußtes Fremdes hineingeworfen« wurde.[21]

Indem Neumann bei der Offenbarung einer außerzeitlichen Macht an das Abendland mitwirkt, als »dieses selber in einer Krise stand auf Leben und Tod«[22], stilisiert ihn von Hofmannsthal zur nahezu prophetischen Gestalt: »Das Individuum, das zu einem solchen Werk taugt, wird auf unerkennbare

Weise herbeigerufen und im stillen, aber sichtbar aufgeopfert. Es muß das heroische Element in ihm sein: daß er auf sich nehme, was nach dem Verstand unmöglich scheint; dann kommen ihm, sooft er zu verschmachten droht, immer wieder aus den Tiefen der Sprache die geheimen Kräfte des Volkes zu Hilfe, und was er vollbringt, ist für alle vollbracht, obwohl vorerst alle es verschmähen.«[23]

Als Hinweise auf eine ruhende ewige Realität, die über dem Werden und Vergehen der Welt steht, erscheinen die Reden Gautamas als großer Gegenentwurf zum Westen, der sich ganz in der Welt der Nichtdauer verlor. Sie verhalten sich zu allem Europäischen wie »ein völlig Anderes; und als abendländisch erscheinen im Vergleich mit ihnen auch noch die Evangelien«.[24] Der Westen wird mit der ihm unvertrauten Dimension des Zeitlosen konfrontiert. Denn alles, »was auf das Maß der Zeit hindeutet«, gilt für von Hofmannsthal »auf diese Reden unanwendbar«. Der Leser tritt in eine transparente Welt. »Jede Person, die in ihnen hervortritt, scheint jede andere Person zu durchschauen. Ja jedes einzelne Gebilde, das in ihnen erwähnt wird, durchschaut jedes andere Gebilde.« So sind die Reden »Alles umfassend, aber nicht aufregend. Sie sind zeitlos, haben keine Eile, vorzudringen; und in dieser Verschmähung der Zeit offenbaren sie sich.«[25] Will Europa geistig überleben, muß es diesen überzeitlichen und allumfassenden Standort des Buddha in der Mitte Asiens einnehmen, um von dort seine eigenen Grundlagen aus der Perspektive der Zeitlosigkeit neu zu begreifen. »Wir werden nur bestehen, sofern wir uns eine neue Antike schaffen: und eine neue Antike entsteht uns, indem wir die griechische Antike, auf der unser geistiges Dasein ruht, vom großen Orient aus neu anblicken.«[26]

Damit besteht für von Hofmannsthal die Bedeutung des Buddha für das Abendland darin, daß er zum Katalysator einer neuen Renaissance werden kann. Er bietet die Chance einer Selbstfindung durch Perspektivenwechsel, indem das bewegte Europa sich aus seiner ruhenden Position betrachten, die eigenen geistigen wie kulturellen Grundlagen von diesem anderen Standort neu bestimmen und wieder lebendig werden lassen kann. Die Werte und das Erbe des Westens werden auf diese Weise aus dem überzeitlichen Asiens wiedergeboren. Diese Hoffnung unterscheidet Pannwitz und von Hofmannsthal. Für Pannwitz, dem es um einen neuen Menschen ging, litt jede Renaissance an einem »mangel an ursprünglicher zeugungskraft« und forderte »eine vernichtende kritik einen historischen bruch« heraus.[27] Der postmoderne Mensch denkt nicht an Rückkehr.

Alfred Döblin (1878–1957) ließ aus seiner Begegnung mit dem Buddha nicht wie Lessing, Pannwitz und von Hofmannsthal ein regelrechtes Programm für Europa werden, sondern reflektierte persönlicher. Der Buddha bedeutete ihm vor allem Inspiration im Leben. »Welche Stärkung für uns Menschen, daß solch ein Exemplar unserer Art möglich war und daß Worte da sind, die beweisen, daß es vorhanden war.«[28]

Döblins Bild des Buddha war nicht das eines weltabgewandten Asketen. Gautama löste die Fesseln, die ihn an die Welt banden, nicht um des Erlöschens willen, sondern weil er »frei und tätig sein« wollte.[29] Er »war ein einzigartig feiner Mensch seiner Zeit, mit allen Wassern des Wissens seiner Periode gewaschen, der einmal den Schreck des Daseins erfuhr. Diesen Schreck hat er nicht ausgewischt. Er hat sich von ihm willig durchwühlen lassen und ist mit ihm fertig geworden«.[30]

Doch wird der Buddha nicht nur zum Vorbild im Lösen der Fesseln, welche die persönliche Freiheit behindern, er bietet durch sein Zurückweisen des Glaubens »an das Ich« die Chance, zu einer »Verehrung und Anbetung der großen Naturkräfte« zurückzukehren. »Früher suchten die Menschen sich krampfhaft und ekstatisch in ›Gott‹ einzustellen. Jetzt sollen sie sich regenerieren im Umgang mit Steinen, Blumen, fließendem Wasser.« In diesem Sinn wird die Botschaft des Buddha auch für eine »Reinigung der Gesellschaft« relevant.[31]

Daß das buddhistische Aufgeben des Ich hier sowohl mit einem pantheistischen Bezug auf die Natur wie mit einem sozialen Aspekt verbunden wird, liegt an einer Wandlung, die Döblin in jener Phase durchlief, in die seine Auseinandersetzung mit dem Buddha fiel. Einerseits begriff er dessen Lehre vor dem Hintergrund eines auf ein naturmystisches Ganzheitserlebnis abzielenden Daoismus, wie er in Döblins Roman *Die drei Sprünge des Wang-lun* (1915) zum Ausdruck kam: Der Rebell Wang-lun gibt sich selbst auf, doch bleibt eingebettet in die Natur, in Himmel und Erde. Andererseits zeigten sich schon Anklänge an ein überwiegend gesellschaftliches Ganzheitsbewußtsein, das für den Sozialisten Döblin nach seiner Wende von einem auf der Basis Spinozas und Schopenhauers verstandenen Daoismus hin zu Hegel bedeutend wurde. Die innere Freiheit, die im Relativieren des Ich besteht und vor der jedes selbstische Zweckdenken erlischt, blieb das große Motiv. Doch verschob sich der Akzent von einer Freiheit in Einheit mit der Natur zu einer solchen im sozialen Ganzen, wie sie der Arbeiter Franz Bieberkopf in *Berlin Alexanderplatz* (1929) erfährt.

Der Dramaturg und Regisseur Felix Emmel (geb. 1888), der 1924 ein Buch über *Das ekstatische Theater* veröffentlichte, glaubte in jener Zeit an die heilsame Wirkung des Buddhismus. Er ging davon aus, daß »Europa stirbt«, dessen »religiöser Funke« und Ethos ans Ende gelangten. »Nur zwecksetzender analytischer Intellekt wuchert über menschlicher Leere, verkrampft in das Idol wirtschaftlichen Nutzens.« Besonders in Deutschland fühle man die Not »alles Menschlichen«. Doch »tiefe Not gebiert tiefere Sehnsucht. Dieses Sehnen nach einer menschlichen Erneuerung blieb noch chaotisch, ungestaltet, suchend. Aber es fand bereits die Brücke zu einem gestalteten unausschöpfbaren Kulturganzen: Asien«.[32]

In ähnlicher Weise wie von Hofmannsthal zwei Jahre zuvor den Buddha als Mitte der ruhenden Überzeitlichkeit des Ostens einem in der Zeit verlorenen Westen entgegensetzte, bildeten für Emmel Asien als die Sphäre des Seins und das Abendland als jene des Handelns zwei Pole. Die Aktivität Europas steht unter einem Zweckdenken, das vor allem den eigenen Vorteil im Auge hat. Hier sah Emmel das wirksam, was der Buddhismus als Verblendung bezeichnet: Der Mensch weiß nicht, daß jedes Ziel, das er sich steckte, und alles Erreichte, vor der universellen Nichtdauer eitel ist. Der Erste Weltkrieg, der den Wahn von Zweckdenken und Vorteilssuche deutlich zeigte, begriff Emmel zugleich als Chance zur Reinigung. Man muß, und hier kann die buddhistische Haltung hilfreich sein, durch innere Freiheit jenes mechanische Funktionieren für äußere Zwecke überwinden, für das der Militarismus ein Prototyp ist: »Die preußischen Offiziere, Richter, Studenten, Oberlehrer, Angestellten, Arbeiter der Vorkriegszeit gehörten fast alle zu jenen Menschen, die ach so tadellos funktionierten und die ihre Überrennung tiefinneren menschlichen Seins ›Pflichtbewußtsein‹ nannten.«[33]

Diese fundamentale Kritik an der Instrumentalisierung des Menschen für die Zwecke des Staates vor dem Hintergrund eines buddhistischen Ideals innerer Freiheit hielt Emmel nach der braunen Revolution nicht von einer Anpassung an die neuen Umständen ab: 1937 veröffentlichte er ein Buch über das *Theater aus deutschem Wesen*. Der Aktionismus im Aufbau des völkischen Staats schien attraktiver als die Freiheit im ruhenden Sein. Wie vielen, die ihn in der Zwischenkriegszeit beschworen, war der Buddhismus für Emmel nur eine Station seines Weges.

Der Buddhismus genannter Literaten unterscheidet sich von der früheren philosophischen Rezeption einerseits und gleichzeitigen Bestrebungen der buddhistischen Bewegung andererseits, indem er gewissermaßen einen mittleren Weg zwischen diesen beiden Wahrnehmungen geht. Die philosophische Bewertung empfand, abgesehen von Schopenhauer und seinen Nachfolgern, das Sprechen vom Nichts als derart grundlegenden Gegensatz zur westlichen Haltung, daß an echte verstehende Näherung nicht zu denken war. Die buddhistische Bewegung wollte ein Mittel zur persönlichen und gesellschaftlichen Reform in Anlehnung an eine in Asien überlieferte Theorie und Praxis lebendig werden lassen, womit sie von deren Universalität und prinzipiellen Anwendbarkeit in Europa ausging.

Wie die klassischen Philosophen in Sein und Nichts erkannten auch die Literaten Europa und Asien als Entgegengesetzte, was ihre Modelle von Zweck versus Freiheit, Tätigkeit versus Ruhe, Zeitlichkeit versus Dauer, Vereinzelung versus Ganzheit ausdrückten. Doch sahen sie gerade im jeweiligen Widerspruch zum Westlichen die wandelnde Kraft begründet, die vom Anderen ausgehen könnte. Ohne an das Bekenntnis zu einer Religion oder an ein Organisieren zu denken, verbindet sie die Hoffnung auf eine Veränderung in der Praxis mit der buddhistischen Bewegung, obgleich bei den Literaten die soziale Dimension klarer hervortritt.

Das Empfinden nach dem Weltkrieg, daß alles versagte, das Christentum wie auch politische Konzepte und Institutionen, führte zur Öffnung für das, was Philosophen zuvor mit Schrecken zurückwiesen. Das Nichts in Gestalt der Freiheit vom Ich taugte bei Lessing zur Verneinung des Geistes und damit von Logos wie Ethos des Abendlandes, um zu überwinden, was den Menschen versklavte. Bei Pannwitz wurde es zur Chance eines Ausbruchs aus den Zwängen der Kausalität auf dem Weg zum Übermenschen. Von Hofmannsthal sah im erloschenen Buddha das ganz andere zum abendländischen Dasein, die Überzeitlichkeit und Ganzheit, aus deren Warte die bewegte Welt des Westens neu zu überblicken sei. Döblin sah das Nein zum Glauben an ein Ich als Möglichkeit der Integration des einzelnen in Gesellschaft und Natur.

Trotz aller Unterschiede tritt als gemeinsames Motiv die Kritik am Zweckdenken Europas hervor, das alles zum bloßen Mittel des Erreichens selbstischer Ziele werden läßt. Lessing, Döblin und Emmel hilft das buddhistische Relativieren des Ich zum Aufbrechen dieses Instrumentalisierens. Bei Pannwitz wird der Mensch, der zuvor alles zum Mittel seiner Zwecke machte, im Aufnehmen buddhistischer Ethik nun selbst ein Mittel zum Zweck seiner eigenen Überwindung im Übermenschen. Von Hofmannsthal bietet das Überzeitliche des »großen Orient« dem getriebenen Westen die Chance, zu den Wurzeln der eigenen Kultur zurückzukehren.

Gefühlstiefe und Erlöschen: Dramatische Buddhas

Seit die Gestalt Gautamas im Westen an Konturen gewann, fehlte es nicht an Versuchen, diese in epischen oder dramatischen Werken darzustellen. Nachdem Richard Wagners *Die Sieger* nicht zur Ausführung kam, stammt die erste Buddha-Dramatisierung im deutschen Sprachraum, die nicht Fragment blieb, von dem in Bern lebenden Lyriker und Feuilleton-Redakteur Joseph Victor Widmann (1842–1911). Sein 1869 vollendetes Versepos *Buddha*[34] wurde angeblich, wie aus einer Notiz im Vorwort zur zweiten Auflage hervorgeht, ohne damals mögliche Quellenstudien, etwa bei Köppen, verfaßt. Inhaltliche Grundlagen bildeten Berichte der Frau des Dichters, die lange Zeit in Indien lebte, und allgemeine Informationen über Buddhismus.

Widmanns Epos ist ein rassistisches Tendenzwerk im Sinn einer arischen Religiosität, wie sie von Schopenhauer durchgehend bis in die buddhistische Bewegung der vierziger Jahre anzutreffen war. Der Autor will den »indogermanischen Menschen« Gautama darstellen, der als Heiland deutschem Geist mehr entspräche als der »Halbgott« Christus. So offenbart sich die arische Seele dieses Buddha in emotionalen Kämpfen, die er heroisch besteht. Angesichts seiner zahlreichen Jünger ringt er mit sich:

Ich aber, ach! der alle soll beschützen,
Wo find' ich Trost, auf wen darf ich mich stützen?
Doch nein! Auch ich bin glücklich. Nicht zu Scherzen,
Zu frohem Taumel bin ich gemacht.
Wohl aber fühl' ich, daß mir tief im Herzen
Ein reger Trieb, ein starkes Streben wacht,
Mag kommen, was da will, der Menschen Schmerzen
Bin ich zu heilen alle Zeit bedacht.
Es jauchzt die Brust! Der Liebe Blick wird heiter.
So wandre ich rastlos weiter – immer weiter.
Buddha verschwindet in der Nacht.

Ist Widmanns Buddha voller »indogermanischer Gefühlstiefe«, wie es der Autor bezeichnete, der jauchzender Brust wandert, kein abgeklärter Erwachter im Sinn der Tradition, begegnet im nächsten Versuch ein Übermensch der Erkenntnis. 1875 versuchte sich Philipp Mainländer (1841–1876), der durch sein Werk *Die Philosophie der Erlösung*[35] bekannt wurde an einer Dramatisierung des Buddha-Lebens in fünf Akten, das allerdings Fragment blieb.[36]

Mainländer, der im Jahr nach der Niederschrift seines Buddha-Versuchs den Freitod wählte, interpretierte den Buddhismus, wie aus seiner *Philosophie der Erlösung* hervorgeht, im Sinne eines radikalen subjektiven Idealismus. Der Buddha erkennt, wie die objektive Welt nur innerhalb seiner subjektiven existiert. Er durchschaut sein Leben, die ganze Welt und sein Ich als identische Größen und begreift erwachend, daß nicht im pantheistischen, sondern im solipsistischen Sinn »alles« ist.

Das 1899 erschienene Drama *Buddha* von Ferdinand von Hornstein[37] (1865–1951) zeichnet die Gestalt eines überaus empfindsamen Prinzen Siddhartha, der durch das Erlebnis der Liebe, die er überwindet, weil er sie als Haften erkennt, zum übermenschlichen Buddha wird:

Die Liebe ist es, die ich stets begehre,
Und durch Begehren haften wir am Sein,
So hat mein Herz endlich den Weg gefunden,
Nach dem umsonst mein ringend Geist gesucht.
Den Weg zum Nichtsein …

Ähnlich dem Buddha Widmanns erkennt jener Hornsteins vor allem durch das »Herz« und wächst im Emotionalen über sich hinaus. Derartige Versuche mögen Rudolf Kassner 1903 zur Bemerkung veranlaßt haben, »daß im allgemeinen schlechte Lyriker den Buddhismus überschätzen und Textkritiker ihn unterschätzen«.[38]

Die Reihe der Buddha-Dichtungen und Epen rund um den Erwachten ließe sich für die folgenden Jahrzehnte um vielerlei Werke erweitern, in denen zu unterschiedlichen Graden Berufene ihre Buddhas erdichteten, die jenen, die sich mit der Lehre intensiver beschäftigten, nicht immer erkennbar waren. Wolfgang Bohn kommentierte 1920 zwei Neuerscheinungen; »Völlig wertlos im buddhistischen Sinne ist ein Drama *Siddharta-Buddha* von Frieda Rittmann-Ursch (Basel, Max Bauer). Als Dichtung aber ist's nicht übel und so mag der gute Wille, den Buddha dramatisch zu verherrlichen, für das fehlende Verständnis der Lehre angenommen werden. Im Verlag von Max Altmann, Leipzig, erfolgte die Auslieferung einer anderen Schweizer Dichtung: Stefan Navrats: *Der unvergleichliche Siegeskampf im Geiste Buddhas*, ein gutes Buch.«[39] Doch trotz einer wahren Flut epischer Buddhas in Versen kam kein deutschsprachiger Versuch in Aussagekraft und Wirkung an das bedeutende englische Vorbild heran, das wohl mancher Dichter im Auge hatte, Edwin Arnolds (1832–1904) *The Light of Asia* (1879). Arnolds Buddha-Epos galt als herausragendes Kunstwerk, führte zur Adelung des Autors und löste in England wesentlich das Interesse am Buddhismus aus. Wie in Deutschland der Philosoph Schopenhauer den wesentlichen Anstoß zur Auseinandersetzung mit dem Buddhismus lieferte, war es im Land Shakespeares ein Dichter.

Hatte Richard Wagner schließlich die Idee eines singenden Buddha fallen gelassen, war der indische Erwachte ein halbes Jahrhundert später so populär, daß ihm zwei große Opern gewidmet wurden. Beide lehnen sich an die geschichtlichen Überlieferungen um Gautama an. Das Thema der Libretti scheint weniger um der Gestalt des Buddha willen gewählt, als im Bestreben, einen modisch exotischen Titelhelden auf die Bühne zu bringen.

Der erste singende Gautama, den der Komponist Max Vogrich (1852–1916) schuf, erschien 1901 in der Oper *Der Buddha.*[40] Adolf Vogl (1873–1961), ein Schüler von Wagners Parsifal-Dirigenten Hermann Levi (1839–1900), ließ 1905 die Buddha-Oper *Maja* folgen, die 1908 in Stuttgart uraufgeführt wurde.[41] Da beide singenden Buddhas, um dem Medium Oper gerecht zu werden, mit Gefühlswallungen aufwarten, konnte von historischen Vorlagen nur freier Gebrauch gemacht werden. Allein die Tatsache solcher Bearbeitungen zeigt einmal mehr, wie die Idee vom Menschen, der über sein Menschsein hinauswuchs, Geist und Mode der Zeit entsprach, wobei der Stoff für die Inszenierung zusätzlich den Reiz des Exotischen besaß.

Auch die Roman- und Erzählungsliteratur lieferte Entwürfe des Buddha und seiner Botschaft. Das früheste Werk stammt von dem Dänen Karl Adolph Gjellerup (1857–1919), der lange in Deutschland lebte und deutsch schrieb. Einen Teil seines Schaffens prägte die Begegnung mit dem Buddhismus, wovon besonders der für den Nobelpreis entscheidende Roman *Der Pilger Kamanita* (1906), das Drama *Das Weib des Vollendeten* (1907) und der Roman *Die Weltwanderer* (1910) zeugen.

Gjellerup interessierte das gesamte Spektrum der buddhistischen Bewegung und ihrer Quellen, ohne daß er sich selbst als Buddhist verstand. Sein Bild ging weitgehend auf Neumann zurück, dessen Sprache Gjellerups Gautama spricht. Wiederholt weist er auf den Übersetzer als jene Instanz hin, auf die er durch Zitate und Stilnachahmung ausgiebig Bezug nimmt. Wie Nyanatiloka berichtete, gehörte der Autor später auch zum Kreis der Spender für Polgasduwa.[42] Gjellerups romantisches Bild Indiens als wunderbarem Land, in dem sich paranormale Phänomene ereignen, verrät zudem den Einfluß der Theosophischen Gesellschaft, was er mit Bezug auf Sinnett auch nicht verschweigt.[43] Zwar wollte der Autor zentralen philosophischen Inhalten des »ursprünglichen Buddhismus« nichts hinzufügen[44], doch im Bereich von Legende und Mythos jede Freiheit in Anspruch nehmen, die zur dichterischen Darstellung der Lehre in einer Handlung angemessen schien.

Gjellerups buddhistische Werke kreisen um das *Amour fou*-Motiv, die ausschließliche Liebe einer Frau und eines Mannes. Die Dimensionen der Wiedergeburt in mythischen Welten enthebt diese Liebe irdischer Flüchtigkeit und besteht bis zum Erlöschen (Nirvana). Indem sie sich von der Knechtschaft der Gier befreit und zur Selbstlosigkeit wandelt, wird sie vom Hindernis der Erlösung zu deren Motor.

Der Pilger Kamanita ist die Geschichte eines Paars, das sich durch viele Existenzen wiederfindet: »Und als ein paar Goldadler horsteten sie hoch im wilden Felsengebirge, schwebten über die bläulichen Abgründe des Himavat und umkreisten seine schneeigen Zinnen. Als zwei Delphine aber befuhren sie die grenzenlose Salzflut des Ozeans. – Ja, einmal erwuchsen sie als zwei Palmen auf einer Insel mitten im Weltmeere, schlangen im kühlen Strandsande ihre Wurzeln ineinander und ließen gemeinsam ihre Wipfel im Seewinde rauschen.«[45]

Dies erkennen sie in einer Vision, die ihnen in einer Götterwelt zuteil wird. Der Entwicklung von der Pflanze, über Tiere bis zum Menschen und schließlich in höhere Sphären zeigt den Einfluß der von Blavatsky und Sinnett gelehrten Aufwärtsbewegung, die sich hier mit der romantischen Idee gemeinsamen Reifens verband. Auch das von Vertretern traditioneller Schulen gemiedene Einbeziehen pflanzlicher Existenzen in den Prozeß der Wiedergeburt wurzelt im theosophischen Geheimbuddhismus.

Im Roman begegnet sich das Paar im Indien Gautamas als Kamanita und Vasitthi wieder. Tragische Umstände vereiteln die neue Verbindung. Vasitthi hält Kamanita für tot, der in der Folge erfahren muß, wie sie eine erzwungene Ehe einging. Kamanita zieht nun als Pilger umher und trifft Gautama, den er nicht als den Buddha erkennt. Als ihm später klar wird, wie er damit die Chance auf Befreiung vertat, macht er sich auf die Suche, stirbt jedoch kurz vor dem Wiedersehen mit Gautama, um in einer Götterwelt geboren zu werden.

Vasitthi tritt unterdessen in den buddhistischen Orden ein, lernt von Gautama und wird Zeugin seines Sterbens. Nach ihrem Tod gelangt sie in die gleiche Sphäre wie Kamanita, den sie kraft ihrer Liebe findet. Sie vermittelt ihm die Lehre des Buddha. Durch Jahrtausende erfahren die Liebenden glückliche Metamorphosen in reinen Welten, um schließlich »im Reiche des hunderttausendfachen Brahma, als die Götter eines Doppelgestirns« zu existieren.[46]

Die Vergänglichkeit der Himmel und Sterblichkeit der Götter lenkt sie wieder auf die tiefe Wahrheit in Gautamas Botschaft von der Nichtdauer alles Gewordenen. Zunächst erlangt Vasitthi, die während ihres Erdenlebens von Gautama unterwiesen wurde, das Nirvana. Während sie für die Welt der Nichtdauer auf immer erlischt, schenkt sie dem Geliebten die Vision der Gestalt des Buddha, die sie mit letzter Kraft gestaltet:

»›Jetzt werde ich auch die Züge gewahr,‹ sagte Kamanita. ›Wie ein Spiegelbild in fließendem Wasser erkenne ich sie undeutlich. O, halte sie fest, stätige sie, Vasitthi!‹

Vasitthi sah sich im Raume um.

Der Raum war leer.

Da warf Vasitthi ihre eigene Körperlichkeit in die Astralmasse der Erscheinung hinein.

Kamanita merkte, wie Vasitthi entschwand. Wie aber ein Sterbender ein Vermächtnis hinterläßt, so hatte Vasitthi ihm jetzt das Buddhabild vermacht, das mit ihm allein im Raume zurückblieb, und das er jetzt deutlich erkannte.«[47]

Diese letzte Liebestat konzentriert auch Kamanitas Sinn auf das Nirvana, für das die Gestalt des Buddha steht. Nach dem Erlöschen der Geliebten fragt er sich:

»Vasitthi ist davongegangen in jenem Entschwinden, das keine Daseinskeime zurückläßt; kein Gott und kein Brahma kann sie finden. Was aber soll mir mein Leben ohne Vasitthi, die im Leben das Schönste und Beste war? Und was soll mir ein Brahmasein, über welches man hinausgehen kann? Was soll mir die Zeitlichkeit, wenn es eine Ewigkeit gibt?«[48]

So erlischt Kamanita, wozu der Buddha und die Geliebte gleichermaßen beitrugen. Worin die »Ewigkeit« des Nirvana besteht, umschreibt Gjellerup in einem Gespräch zwischen Vasitthi und Gautama:

»›Die Lehre, o Herr, hat mich zum Ziele gebracht. Wie einer, der mittelst eines Floßes einen Strom durchquert hat, wenn er das jenseitige Ufer betritt, das Floß nicht festhält, nicht mit sich schleppt: also halte ich mich nicht mehr an der Lehre fest, lasse die Lehre fahren.‹

›Recht so, meine Tochter! Solcherweise nirgends anhänglich haftend, wirst du bei mir am Orte des Friedens auferstehen.‹

›Auferstehen‹, hast du gesagt, o Herr, ›das trifft nicht zu. Nichtauferstehen, das trifft nicht zu.‹ Und auch diese Lehre, daß weder Auferstehen noch Nichtauferstehen zutrifft – auch die trifft nicht mehr zu. Nichts trifft mehr zu, *und am wenigsten trifft das Nichts zu.* Also hab' ich es jetzt verstanden.‹

Da lächelte die Buddhaerscheinung ein leuchtendes Lächeln.«[49]

Den Formulierungen im Einklang mit den kanonischen Pali-Texten fügte Gjellerup die letzte Aussage hinzu, die er im Text optisch hervorhob: »*und am wenigsten trifft das Nichts zu.*« Er wollte sicherstellen, daß seine dem Buddha folgenden Liebenden sich keine absolute Vernichtung einhandeln.

Im Drama *Das Weib des Vollendeten* verläßt Gautama seine Frau Yacodhara, in Ergänzung der klassischen Überlieferung mit dem Vorsatz, nach gewonnener Befreiung zurückzukehren. Während seiner Abwesenheit hängt sie weiter voller Begierde an ihm. Gautamas Vetter Devadatta will sie erobern, wozu er kein Mittel unversucht läßt. Als der zum Buddha gewordene Gautama wiederkehrt, begehrt Yacodhara ihn weiterhin sexuell. Doch möchte die Liebe des Buddha sie zur Freiheit von Trieben führen. Weil Gautama nicht auf ihr Verlangen eingeht, ist die Verschmähte sogar bereit, dem Werben Devadattas nachzugeben. Schließlich erkennt sie aber ihre unlösbare Verbindung mit Gautama, für den sie zu sterben bereit wäre. Sie nähert sich ihm ohne egoistisches Verlangen und kann zur Erlösung geführt werden. Devadatta tötet sich in der Hoffnung, die vielleicht unerlöste Yacodhara im nächsten Dasein zu gewinnen.

In der Romandichtung *Die Weltwanderer*[50] finden sich zwei Liebende nach Jahrhunderten in anderer Zeit, doch in gleichen Konstellationen wieder. Sie können einstige Fehler vermeiden und ausgleichen. Im früheren Leben stand die Frau schon Gautamas Lehre nahe und wählte, um dem Geliebten zu helfen, den Weg einer buddhistischen Nonne. Jetzt bewirkt sie endgültig, daß er »aus dem Rausche dumpfer Sinneslust, aus den wüsten Fieberphantasien abenteuerlicher Machtgier zur Liebe erwacht«.[51]

Gjellerups Buddhismus kennt mit der Beziehung zweier Menschen bis zum Nirvana einen positiven Wert im Weltlichen. Die Wiedergeburten erhalten erst unmittelbar vor dem Eintritt der Erlösung überwiegend leidhaften Charakter, der sich in sehr subtilen Formen der Erkenntnis der Nichtdauer zeigt. Zuvor wird das Wandern durch die Welten mit allen Irren und Wirren als große Pilgerreise nicht pessimistisch empfunden, sondern als Prozeß des Wachstums und Reifens.

Gjellerup, der unverkennbar in der Tradition der Romantiker steht, entspricht in seinem Verständnis des Buddhismus jenem Richard Wagners. Diesem ging es im Konzept von *Die Sieger* schon darum »den von keinem Philosophen, namentlich auch von Schopenhauer nicht, erkannten Heilsweg zur vollkommenen Beruhigung des Willens durch die Liebe, und zwar nicht in einer abstrakten Menschenliebe, sondern der wirklich aus dem Grunde der Geschlechtsliebe, d. h. der Neigung zwischen Mann und Weib keimenden Liebe, nachzuweisen«.[52]

Wie sein Vorgänger Wagner gerät Gjellerup damit in Widerspruch zu Interpreten des Buddhismus mit orthodoxem Selbstverständnis, die das Lösen geschlechtlicher Bindungen als Voraussetzung der Befreiung begreifen.

Weder Kirche noch Lehre: Fritz Mauthner und Hermann Hesse

Jener Fritz Mauthner (1849–1923), der als Sprachphilosoph bedeutend wurde, legte 1913 mit *Der letzte Tod des Gautama Buddha* das zweite Erzählwerk vor, das um die Gestalt Gautamas kreist. Mauthner, dem die Arbeiten Oldenbergs, Olcotts und vor allem Neumanns als Quellen dienten[53], deutete die Gestalt des Erwachten im Sinne seiner eigenen atheistischen Haltung. »Ich habe an keiner Stelle verhehlt, daß ich überall auf seiten der guten Gottesleugner stehe und ihre negativen Leistungen für wertvoll halte im Kampfe um die Geistesfreiheit.«[54] Mauthners mehrbändiges Werk *Der Atheismus und seine Geschichte im Abendlande* bezeichnet den Buddhismus als grundsätzlich »gottlos« und sieht ihn ungerechtfertigterweise und wegen bloßer Zufälligkeiten mit dem Christentum verglichen. Mauthner betont die Unterschiede. Zwar hätten Jesus und Buddha von Erlösung gesprochen, Mitleid gepredigt und eine gewisse Weltflucht vertreten, doch sei im Gegensatz zum schon zur Zeit des Urchristentums vergöttlichten Jesus der Buddha als ein Mensch betrachtet worden, zu dessen göttlicher Verehrung sich nur der unwissende Pöbel hergegeben habe. So sieht er die Gegensätze überwiegen:

»Der Mönchsorden Buddhas war eine Vereinigung von geistig und gesellschaftlich oft hochstehenden Menschen; der echteste christliche Orden sammelte Bettler und geistig Arme. Für Jesus und die besten Christen kam das Elend der Welt aus der Sünde oder dem bösen Willen; für Buddha kam das Elend aus dem Willen, der weder gut noch böse war, aus dem Lebensprinzip; der Kreislauf des Lebens an sich war fürchterlich. Zum Zwecke der Erlösung vom verschuldeten Übel stiftete Jesus (oder Paulus) eine Religion und verwies auf die Barmherzigkeit des göttlichen Vaters im Himmel; Buddha kam aus ohne Religion, ohne Gott, ohne Himmel, lehrte die Erlösung ohne Mittler, eine Erlösung durch Entsagen und Entwollen, durch Auslöschen des Lebensfeuers, durch Nirwana.«[55]

Authentischer Buddhismus gilt Mauthner daher nicht als Religion, sondern als eine Orientierung für jene, die mit dem Karma »im Geiste Buddhas eine eherne, schwer lastende, unzerreißbare Kausalkette annehmen«, und die ohne Hilfe eines Gottes innere Freiheit vom »psychologischen Vorgange der Selbsterlösung« erwarten.[56]

Vor diesem Hintergrund betrachtet Mauthner das Mahayana, den »Buddhismus der Priester und des Pöbels«, als Degeneration der ursprünglichen Lehre. Im religiös gewordenen Buddhismus »drängen sich die Vielzuvielen, die ohne Namen nicht selig werden können, die im höchsten Buddha selbst nur einen Gott mehr verehren oder gar (beinahe christlich) im geschichtlichen Buddha eine Inkarnation des ewigen Buddha erblicken. Von da ab ist kein Halten mehr bis zum Glauben an die albernsten Ding- und Wortfetische«.[57]

Was Mauthner als unverfälschten Buddhismus empfindet, wird so zum Gegenbild der abgelehnten abendländischen Religion, die er in den Bereich der Kunst, insbesondere der Poesie verbannen möchte. Die Erzählung von 1913 behandelt die Vorgänge beim Tod eines großen Unverstandenen und nimmt dabei inhaltliche Motive vorweg, die Mauthner später in seinem theoretischen Werk zum Atheismus ausarbeiten sollte. Ausgehend von Karl Eugen Neumanns Übersetzung des Berichtes über *Die letzten Tage Gotamo Buddhos* entwirft der Autor eine Gestalt, die im Unterschied zu jener der Tradition bewußt wenig Erhabenheit zeigt. Der Erwachte wurde zum alten Mann mit menschlichen Schwächen, hat im Gegensatz zum willens- und triebfreien Abgeklärten »törichte Wünsche« und ist »ungeduldig«.[58] Nicht wahrhaft frei vom Leiden kennt er Schmerzen und Rührung: »Da empfand und erschaute der schluchzende Buddha das Glück dieser Kinder. In einer Wonne des Daseins hob er auch ihnen segnend die Rechte.«[59] Als Normalsterblichen betrachten auch seine Jünger diesen Buddha. Gilt in den klassischen Texten jedes Wort des Erhabenen als heilig und bedeutsam, kommentiert bei Mauthner Gautamas Schüler Ananda: »Der arme Meister! Er weiss kaum mehr, was er spricht.«[60]

Mauthners Variante vom Sterben des Buddha bleibt derart vollkommen frei vom ernsten Pathos des von Neumann übertragenen antiken Berichts, an den er sich anlehnt. Die der Tradition heiligen letzten Worte des Erwachten, man solle angesichts der Nichtdauer alles Gewordenen ohne Unterlaß streben, erscheinen als Erinnerungsfetzen an einen frommen Spruch aus Kindertagen, die dem ermatteten Greis aufsteigen.

»Keine neugeborenen Gedanken mehr kamen dem Vollendeten. Nur was der Knabe in der Schule der Brahmanen einst gelernt hatte, drängte sich jetzt schwer und bang über die Lippen, da es dem Buddha endlich gelang, sie zu bewegen.

›Was geboren wird, was lieb, angenehm, muss anders werden, muss auswerden, auslöschen. Nichtig jede Erscheinung. Kein Selbst. Und doch … jede Erscheinung … nur für sich kämpfen.‹«[61]

Seine Schüler halten Gautama danach für tot und gehen zu ihren religiösen Geschäften über. Doch erlangt der Buddha nochmals Bewußtsein und flüstert einem seiner Gemeinschaft nicht angehörenden Fremden, den Anhängern unhörbar, seine wahren letzten Worte zu, die der gott- und kirchenfreien Botschaft Mauthners entsprechen:

»Bleib draussen. Keine Gemeinde, keine Kirche ist eine Zuflucht. Zuflucht ist allein bei der Liebe; und keine Liebe ist in einer Kirche, bei den Priestern, bei den Brahmanen. Du sollst nicht einer Kirche sein, nicht eines Vereines, nicht eines Glaubens. Behalt' mich lieb. Aber auch mein sollst du nicht sein. Sei du! Sei dein! Nur sich selbst kann einer erlösen. Selber kämpfen. Immer nur für sich selbst: leben, sterben, erlösen. Flieh die Jüngerschar. Sprich keine Worte nach. Hab mich lieb, aber glaub nicht an mich.«[62]

In letzter Erkenntnis begreift der Buddha hier die Bewegung, die er geschaffen hat, als Irrtum, der ihm als fehlbarem Menschen unterlief. Die letzten Worte, die ihm Mauthner in seiner geheimen Flüsterrede verleiht, sollen dies verdeutlichen:

»Gerungen hat der dumme Buddha. War ja nur ein Mensch. Ist bald einer von den lieben, klugen kleinen Faltern. Meinen Meisterlein. War ein törichter Meister. Wollte das Nichtwollen lernen und lehren. Lernte nichts, lehrte nichts. Sprich keine Worte nach. Als der dumme Buddha das Nichtwollen ausgelernt hatte, da wollte er wieder etwas: das Nichtsein. Dumm. Nicht wahr, mein Falterlein? Und als er das Nichtsein hatte, der lebende törichte Buddha, da wollte er doch wieder etwas: wissen wollte er. Und als er nichts mehr wissen wollte, weil er alles zu wissen glaubte, und als er das Nichtsein hatte, der dumme Buddha, ... da wollte er leben.«[63]

Wie er zuvor seinen Orden widerrief, distanziert sich der Buddha damit vom zentralen Punkt seiner Lehre. Als Allwissender glaubte er die Welt durchschaut zu haben und mit der Sicherheit des Nichtseins erloschen zu sein. Doch angesichts des Todes bedeutet dies nichts mehr, und er wünscht sich weiteres Dasein.

Im Unterschied zu Gjellerups quellentreuem Gautama als weisem Erwachten und der überlieferten Lehre der buddhistischen Schulen ist das von Mauthner Dargestellte äußerlich fraglos eine starke Verzerrung. Griff der Autor im Hinblick auf das, was diese Gestalt in Asien und in den Hauptlinien bisheriger westlicher Rezeption bedeutete, ganz daneben, wenn er den Buddha zum Medium seiner Botschaft wählte?

Tatsächlich läßt diese Interpretation sich im Hinblick auf Quellen und Tradition trotz äußerer Diskrepanz nicht so einfach als Phantasiegebilde abtun wie etwa Widmanns Buddha mit arischer Gefühlstiefe, denn die Ideen des Atheisten Mauthner entbehren nicht der Konsequenz.

Eine Entsprechung der Lehre Gautamas zu seinem Atheismus durfte Mauthner sicher darin sehen, daß der Mensch seine Befreiung ohne Beistand eines Gottes zu erkämpfen habe. Der Weg der Befreiung im Buddhismus ist derart radikal, daß es nicht nur keinen Gott als Halt gibt, sondern am Ende auch die Lehre selbst, Gautama und sein Orden wieder losgelassen werden müssen. Vollkommene Freiheit bedeutet Erlöschen ohne jeden Anhaltspunkt, ohne Haften. Häufig wird die nur relative Bedeutung aller Erlösungsmittel durch das kanonische Floßgleichnis, dessen sich Gjellerup für das Gespräch der Vassithi mit Gautama bediente, bildlich zum Ausdruck gebracht.

Haben Buddha, Lehre und Gemeinschaft zwar den Charakter von Mitteln, die nach erreichtem Zweck nutzlos sind – was auch sollte ein Erloschener mit Meister, Lehre und Gruppe –, bilden sie doch unabdingbare Voraussetzungen zur Befreiung. Der buddhistische Weg ist kein methodenloser, auch wenn bei erlangter Erlösung das Festhalten an jeder Methode falsch wäre.

Mauthner geht hier einen Schritt weiter und verneint auch die relative Gültigkeit verfaßter Gemeinschaften mit verbindlichen Methoden. Er betrachtet Gautama als Lehrer, der die vollkommene Freiheit von allem forderte, wozu man alles loslassen muß. Ein solcher Buddha konnte weder eine Kirche gründen, die den Menschen bindet statt befreit, noch kodifizierte Lehren aufstellen, an denen man nur gläubig haften kann. Sogar an der Idee des Nichtseins als Ziel allen Loslassens und Erlöschens durfte er nicht festhalten, weshalb er am Ende ebensogut wieder den Gedanken der Bejahung des Daseins zulassen konnte. Dieser Buddha stimmt mit einem philosophischen Grundsatz Mauthners überein: »Wahrheit ist im Grunde ein negativer Begriff; unbedingt gibt es nur relative Wahrheiten.«[64]

Mauthner deutet so die vom Buddha verkündete Relativität religiöser Formen als deren Hinfälligkeit und letztlich als Nichtigkeit alles Religiösen. Einerseits erscheint der Buddha so als Agnostiker, der sich im Kreise drehte und am Ende den Kampf um Leidfreiheit systemlos zur Sache des Einzelnen erklärt. Andererseits schwingt in Mauthners Deutung etwas, das der buddhistischen Tradition Asiens nicht fremd war, das Hinweisen auf die Unmittelbarkeit der Freiheit. So besteht in vielen Richtungen des Zen eine Skepsis gegenüber theoretischen Konzepten, die zur Bindung statt zur Freiheit führten, und Jodo Shinshu bezweifelt den Wert von Ethik und Disziplin für die Befreiung, weil ihr Befolgen dem Menschen vorgaukle, aus eigener Kraft etwas erreicht zu haben.

Hermann Hesse (1877–1962) legte mit *Siddhartha* 1922 die wirkungsgeschichtlich bedeutendste Erzählung vor, in der Gautama auftritt. Seit seiner Kindheit hatte der Autor eine geistige Beziehung zu Indien, wo seine Eltern als protestantische Missionare tätig waren. 1911 unternahm Hesse eine Asienreise, die jedoch zur Enttäuschung geriet. Das Indienbild, das sich aus Lektüre und Erzählungen gewinnen ließ, hielt der Realität nicht stand.

Der reisende Dichter blickte auf die »Hindu, Mohammedaner und Buddhisten« herab, deren Religion »minderwertig, verdorben, veräußerlicht, verroht« sei. Zwar muß der Westen dieses »selbstvergessene Gefühl der Zugehörigkeit zu einer ideellen Gemeinschaft«, die im östlichen Alltag als Religiosität »wie Sonne und Luft« präsent ist, in »einer höheren Form« wieder gewinnen, »sonst werden wir Europäer bald kein Recht mehr auf den Osten haben«. Doch ging Hesse mit der Legitimität des Kolonialismus grundsätzlich von einer Überlegenheit des Westens aus. »Die Engländer, die in ihrem Nationalgefühl und ihrer strengen Pflege der eigenen Rasse eine Art Ersatzreligion besitzen, sind denn auch die einzigen Westländer, die es da draußen zu einer wirklichen Macht und Kulturbedeutung gebracht haben.«[65]

Der lebendige Buddhismus Ceylons, »in welchem der schöne, lichte Buddhismus zu einer wahren Rarität von Götzendienst gediehen ist, neben der auch der spanischste Katholizismus noch geistig erscheint«, stieß ihn ab: »Ich hatte keinerlei Achtung vor den miserablen Priestern, ich verachtete die Bilder und Schreine, das lächerliche Gold und Elfenbein, das Sandelholz und Silber, aber ich fühlte tief und mitleidend mit den guten, sanften indischen Völkern, die hier in Jahrhunderten eine herrlich reine Lehre zur Fratze gemacht und dafür einen Riesenbau von hilfloser Gläubigkeit, von töricht herzlichen Gebeten und Opfern, von rührend irrender Menschentorheit und Kindlichkeit errichtet haben.«[66]

Zur gleichen Zeit, als Hesse solches in Ceylon notierte, war Nyanatiloka seit vier Monaten mit dem Einrichten seiner Einsiedelei auf Polgasduwa beschäftigt. Man kann sich kaum einen größeren Gegensatz vorstellen als zwischen diesen beiden Deutschen, die nach Buddhismus suchten, dem Geiger, der die Lebensform einer anderen Kultur vollständig aufnahm, und dem Dichter, der als pervertiert empfand, was er beobachtete. Vielleicht dachte Hesse an Nyanatiloka, als er später schrieb, daß »der Asket, der sich aus dem Elend eines öden Alltags zu dem Opium eines dogmatischen Buddhismus flüchtet«, das, worum es in dieser Lehre wirklich geht, nicht findet. Wer zum Buddhismus konvertiert, »mag für sich einen Trost gefunden haben – statt des Weges, den uns Buddha vielleicht zeigen kann, hat er aber einen Notausgang gewählt«.[67]

In seiner Distanz zur Realität Asiens und seines Buddhismus glaubte Hesse sich der reinen Lehre jenes »Buddha, der nicht aus Stein und Kristall und Alabaster war«, näher als die Träger der lebendigen Tradition, in deren Tempel man sich nur »von allem Buddhismus loskaufen«[68] konnte. Als reine Lehre galt Hesse, was er aus übersetzten Texten und darstellender europäischer Literatur kennenlernte. Hier wurden die Reden Gautamas in der Fassung Neumanns zur wesentlichen Quelle, die Hesse als Mittel zum »meditativen Denken« pries.[69]

In *Siddhartha*[70], dessen Titelheld verwirrenderweise den Eigennamen Gautamas trägt, kommen Hesses Distanz zum real existierenden Buddhismus und seine Gewißheit zum Ausdruck, die Botschaft des Buddha jenseits der Lehrsätze und Formen erfaßt zu haben.

Siddhartha, der Sohn eines Brahmanen, erkennt, wie er durch überkommene Riten das Ziel der Erlösung nicht finden kann, die Vereinigung seines Wesens mit dem allumfassenden Brahman. Mit seinem Freund Govinda zieht er als Suchender hinaus. Sie schließen sich einer Asketengemeinschaft mit rigoroser Praxis an, doch merken nach einiger Zeit, daß kein diszipliniertes Üben die Erlösung herbeizwingen kann. Ihre nächste Station ist der Buddha. Während Govinda dessen Schüler wird, zieht Siddhartha weiter. Er zweifelt nicht an der Verwirklichung des großen Lehrers, doch daran, daß dessen in Worte gefaßte Lehre anderen weiterhilft. Wie der Buddha durch eigenes Suchen wurde, was er ist, will Siddhartha seinen persönlichen Weg gehen. In der Folge beginnt er ein Verhältnis mit Kamala, einer anspruchsvollen Kurtisane. Um ihr durch teure Zuwendungen zu gefallen, muß er Geld verdienen und schließt sich einem Händler an, worauf allmählich Geschäfte zum zentralen Inhalt seines Lebens werden. Nur noch auf Materielles orientiert, ergibt er sich der Spiel- und Trunksucht. Als er merkt, wie weit er sich von seinen ursprünglichen Ansprüchen entfernte, will er sich in einen Fluß stürzen, um das Dasein zu beenden. Doch in dieser vollkommenen Verzweiflung schenkt ihm eine Vision die Einsicht, dieser Tiefpunkt sei eine notwendige Station seiner

Suche. Er wird am Fluß zum Helfer eines Fährmanns und führt ein simples Leben der Kontemplation. Das unaufhaltsame Strömen des Flusses wird zum Wesen seines Daseins, und Siddhartha glaubt nach Jahren gefunden zu haben, wonach er sich sehnte: In jedem Moment des Lebens sich der Einheit mit allem Existierenden gewahr zu sein. Dann findet ihn, kurz bevor sie stirbt, die gealterte Kamala, und stellt Siddhartha einen gemeinsamen Sohn vor. Dieser bleibt einige Zeit beim Vater, doch Siddhartha erlebt, wie er seine inneren Erfahrungen nicht an den Sohn weitergeben kann. Auch als Govinda ihm wieder begegnet und von Siddharthas Erkenntnissen hören möchte, taugt nichts Sagbares zur Vermittlung. Dennoch liest Govinda im Gesicht des Freundes, daß Siddhartha im Bewußtsein jener Einheit lebt, die der vielgestaltigen Welt zugrunde liegt.

Aufschlußreich über Hesses Verhältnis zum Buddhismus ist die Szene, in der Siddhartha von Gautama Abschied nimmt. Siddhartha greift einen Widerspruch in der Lehre des Meisters auf, der sich aus der Möglichkeit einer Befreiung von den Bedingungen der Welt ergibt:

Die »Einheit der Welt, der Zusammenhang alles Geschehens, das Umschlossensein alles Großen und Kleinen vom selben Strome, vom selben Gesetz der Ursachen, des Werdens und des Sterbens, dies leuchtet hell aus deiner erhabenen Lehre, o Vollendeter. Nun aber ist, deiner selben Lehre nach, diese Einheit und Folgerichtigkeit aller Dinge dennoch an einer Stelle unterbrochen, durch eine kleine Lücke strömt in diese Welt der Einheit etwas Fremdes, etwas Neues, etwas, das vorher nicht war, und das nicht gezeigt und nicht bewiesen werden kann: das ist deine Lehre von der Überwindung der Welt, von der Erlösung. Mit dieser kleinen Lücke, mit dieser kleinen Durchbrechung aber ist das ganze ewige und einheitliche Weltgesetz wieder zerbrochen und aufgehoben.«

Hesse spricht hier ein grundlegendes Problem buddhistischer Philosophie an, dessen Stellenwert in der Tradition ihm kaum bewußt gewesen sein dürfte: Wie kann aus dem Zusammenhang bedingten Entstehens (pratityasamutpada) etwas heraustreten, die Welt überwinden oder aus ihr erlöst werden? Existiert die Ich-Erfahrung wie alles am Menschen abhängig von anderem und hat kein Sein an sich, was sollte dann erlöst das Aufhören dieser Erfahrung überdauern? In der Geschichte buddhistischen Denkens fand diese Frage unterschiedliche Antworten. Die Hinayana-Schule Sautrantika lehrte, Erlösung käme einem Aufhören gleich, nach dem nichts Erlöstes fortbestehe. Die Pudgalavada-Schule behauptete das Gegenteil: Hinter dem bedingt entstandenen Menschen nahm sie eine Persönlichkeit an, die Subjekt der Erlösung sei. Der Hauptstrom des Buddhismus gelangte mit dem Mahayana über derart extreme Haltungen einer Vernichtung oder eines von der Welt gelösten Fortbestehens hinaus: Der Erlöste entsagt auch dem Erlöschen und bleibt in der Welt, in deren Zusammenhang er entstand und einzig bestehen kann. Befreiung dokumentiert sich im Wirken für die Unerlösten, wie es die Gestalt eines Buddha zeigt, der als Teil der Welt zugleich die Erlösung verkörpert.

Da Hesse sein Bild vom Buddhismus nicht vom Mahayana, sondern hauptsächlich aus Pali-Übersetzungen Neumanns gewann, ließ sich darin der Widerspruch zwischen untrennbarem Zusammenhang allen Geschehens und Erlösung als Trennung davon nicht aufheben. Darum verwirft Siddhartha zwar die Lehre, ahnt aber im »Geheimnis« von Verwirklichung und Erleben des Buddha ein Übersteigen des bemängelten Widerspruchs:

»Keinem wird Erlösung zuteil durch deine Lehre! Keinem wirst du in Worten und durch Lehre mitteilen und sagen können, was dir geschehen ist in der Stunde deiner Erleuchtung! Vieles enthält die Lehre des erleuchteten Buddha, viele lehrt sie, rechtschaffen zu leben, Böses zu meiden. Eines aber enthält die so klare, die so ehrwürdige Lehre nicht: sie enthält nicht das Geheimnis dessen, was der Erhabene selbst erlebt hat, er allein unter den Hunderttausenden.«

Also setzt Siddhartha seine Wanderschaft fort, »nicht um eine andere, eine bessere Lehre zu suchen, denn ich weiß, es gibt keine, sondern um alle Lehren und alle Lehrer zu verlassen und allein mein Ziel zu erreichen oder zu sterben«.

In seinen Abschiedsworten an den Buddha verstrickt sich Siddhartha dann in seinen eigenen Widerspruch: »Einzig für mich, für mich allein muß ich urteilen, muß ich wählen, muß ich ablehnen. Erlösung vom Ich suchen wir Samanas, o Erhabener. Wäre ich nun einer deiner Jünger, o Ehrwürdiger, so fürchte ich, es möchte mir geschehen, daß nur scheinbar, nur trügerisch mein Ich zur Ruhe käme und erlöst würde, daß es aber in Wahrheit weiterlebte und groß würde, denn ich hätte dann die Lehre, hätte meine Nachfolge, hätte meine Liebe zu dir, hätte die Gemeinschaft der Mönche zu meinem Ich gemacht!«

Auf der Suche nach »Erlösung vom Ich« macht Siddhartha damit ausgerechnet sein urteilendes, wählendes und ablehnendes Ich zum Maß aller Dinge und weist zurück, was es relativieren könnte: sich an einer Lehre zu reiben, die Liebe zu einem anderen und die Gemeinschaft mit Strebenden. In Hesses Gestalt des Siddhartha begegnete dem Buddha ein moderner europäischer Individualist mit seinem Mißtrauen gegenüber Dogmen und Institutionen. In diesem Sinn ist Hesses Anliegen dem verwandt, was Mauthner den alten Buddha erkennen läßt, widerruft doch dieser seine Lehre und die Gründung der Gemeinschaft. Es ist eine der Kernaussagen in *Siddhartha*, daß auf dem Weg zur Befreiung, zum Relativieren des Ich, Erfahrungen und Weisheit nicht lehrbar sind, sondern in individueller Suche auf jedem Lebensweg erkämpft werden müssen.

Daß die Befreiung vom Ich eine persönlich zu vollziehende Erfahrung ist, gilt für den klassischen Buddhismus wie für Hesses Siddhartha. Der Unterschied besteht darin, daß Siddhartha jede formulierbare Lehre und damit Lehrer- wie Schülerschaft ablehnt, während diese Beziehung und die in ihr vermittelte Lehre die Grundlage buddhistischer Praxis bildeten. Konnte der Buddha seine Erfahrungen nicht an Siddhartha und dieser die seinen nicht an den Sohn weitergeben, liegt dies daran, daß letztlich jeder Versuch, die befreiende Erfahrung in Worte zu fassen und einen allgemein gültigen Weg zu ihr zu zeigen, zu Widersprüchen führt, was Siddhartha an Gautamas Lehre aufdeckte.

Diese radikalen Vorbehalte gegenüber der Lehrbarkeit des Wesentlichen widersprechen den Hauptströmen buddhistischer wie westlicher Tradition. Zwar versuchen weder die Hebammenkunst des Sokrates noch die Interventionen eines Zen-Meisters, dem Schüler vorgefaßte Lehrsätze zu vermitteln, sondern wollen dessen eigenes Erfahren provozieren. Doch der prinzipielle Wert, ja die Notwendigkeit der Eingriffe für eine heilsame Entwicklung des Schülers steht außer Zweifel.

Hesse propagiert konsequentes Einzelgängertum. Indem er die Vermittelbarkeit, also Mitteilbarkeit wesentlicher Erfahrungen von Mensch zu Mensch für unmöglich hält, geraten soziale Beziehungen überhaupt auf wankenden

Boden. Der Weg zum Übersteigen des Ich führt nicht über den und zum anderen, sondern ins individuelle Gewahrsein einer Ganzheit mit allem Seienden, einem Gefühl der Einheit des Menschen mit der Natur. In Siddhartha wird es »eine Bereitschaft der Seele« genannt, »eine Fähigkeit, eine geheime Kunst, jeden Augenblick, mitten im Leben, den Gedanken der Einheit denken, die Einheit fühlen und einatmen zu können«.

Solches erlebnishafte Aufgehen des Ich im Ganzen, das nicht in Gemeinschaft mit Menschen erlebt wird, zieht sich als wesentliches Motiv durch Hesses gesamtes Werk. Wie er diese Einheit erfuhr oder zumindest in der Vorstellung ersehnte, bringt das Gedicht *Paradies-Traum* zum Ausdruck:

Auf tausend Flügeln auseinanderfaltet,
Sich meine Seele, die ich Eins gemeint,
Vertausendfacht, zum bunten All gestaltet,
Erlösch ich mir und bin der Welt vereint.

In der Zeit der Niederschrift von *Siddhartha* unterzog Hesse sich einer Psychoanalyse bei C. G. Jung, was sicher in der Erzählung seinen Niederschlag fand. So korrespondiert das Streben nach einem höheren und umfassenderen Selbst jenseits des konventionellen Ich mit Gedanken des analytischen Psychologen. Doch stärker war Hesse von daoistischen Ideen beeinflußt, die seiner eigenen Lebenssituation entsprachen. Gewissermaßen ist der Autor das europäische Urbild des Daoisten, der sich von der verdorbenen Gesellschaft zurückzog, um seinen Frieden jenseits konfliktbeladener menschlicher Institutionen in Harmonie mit der Natur zu finden.

Hesse hatte sich von Deutschland in die Schweiz zurückgezogen, wo er ein abgeschiedenes Leben führte. Als Thomas Mann ihn 1931 als Mitglied der Preußischen Akademie für Dichtung gewinnen wollte, teilte Hesse sein »tiefes Mißtrauen gegen die deutsche Republik« mit: »Dieser haltlose und geistlose Staat ist entstanden aus dem Vacuum, aus der Erschöpfung nach dem Kriege. Die paar guten Geister der ›Revolution‹, welche keine war, sind totgeschlagen unter Billigung von 99 Prozent des Volkes. Die Gerichte sind ungerecht, die Beamten gleichgiltig, das Volk vollkommen infantil.« Von tausend Deutschen, meinte Hesse, »sind es auch heute noch 999, die nichts von einer

Kriegsschuld wissen, welche den Krieg weder gemacht, noch verloren noch den Vertrag von Versailles unterzeichnet haben, den sie wie einen perfiden Blitz aus heiterem Himmel empfinden«.[71]

Enttäuscht vom Land seiner Herkunft, wie er es auf seiner Reise auch von Asien war, wollte Hesse jenseits aller Gemeinschaften, Vaterländer und Kulturen gelangen. Wie sein Ich eins mit allem in der Welt werden sollte, suchte er nach einer geistigen Identifikation jenseits aller Bestimmung und Sonderung. Auch Ost und West sollten keine Gegensätze bleiben, denn er hatte erkannt, »daß tausend heutige Verehrer des Laotse weniger von Dao wußten als Goethe, der das Wort nie gehört hat. Ich wußte, daß es in Europa wie in Asien eine unterirdische, zeitlose Welt der Werte und des Geistes gab, die nicht durch die Erfindung der Lokomotive und nicht durch Bismarck umgebracht worden war, und daß es gut und richtig war, in dieser zeitlosen Welt, in diesem Frieden einer geistigen Welt zu leben, an der Europa und Asien, Veden und Bibel, Buddha und Goethe gleich Teil hatten«.[72]

Dieser Friede einer zeitlosen Welt zielte nicht wie bei von Hofmannsthal auf eine Renaissance der Werte oder nach Anwendung in der Gesellschaft. Sie war ein persönlicher Standort, erleb- und nicht vermittelbar. Hesse hatte anläßlich seiner Asienreise über »das selbstvergessene Gefühl der Zugehörigkeit zu einer ideellen Gemeinschaft« gesprochen, das der Europäer wiederfinden müßte. In diesem Sinn zog der konsequente Individualist im Kulturellen, Religiösen wie Gesellschaftlichen einer konkreten Gemeinschaft stets die »ideelle« vor.

Das unterscheidet Hesse von all den anderen, die mit der Frage, was der Buddhismus dem Westen bedeuten könnte, nach Indien blickten. Auch für Alfred Döblin wurde in jener Zeit die daoistische Idee des Übersteigens des Ich in Harmonie mit der Natur attraktiv. Doch kam der jüdische Armenarzt in einem Berliner Arbeiterbezirk nicht dazu, seine Seele in alle Erscheinungen der Welt einfließen zu lassen, und begriff die erstrebenswerte Ganzheit als solche der gesellschaftlichen Sphäre.

Für Lessing, Emmel, Pannwitz und von Hofmannsthal ging es, so verschieden ihre Zielsetzung vom Abbau sozialer Zwänge über den Übermenschen bis zur neuen Renaissance waren, um die Gesellschaft, die es zu verändern galt. Sogar Gjellerup, der dem traditionellen Buddhismus folgen wollte, rückte im Unterschied zu seinen klassischen Quellen einen sozialen Aspekt in den Vordergrund, indem die Beziehung zweier Menschen zum Wesentlichen des Lebens wird.

Hatte *Siddhartha* unter allen literarischen Werken des Westens mit Bezug zum Buddha den nachhaltigsten Erfolg, liegt dies nicht allein an der unbestrittenen Tatsache, daß Hesse als Autor unter allen anderen qualitativ und in der Gesamtwirkung herausragt. Es gründet vor allem in der individualistischen Botschaft des Buches, das die Größe und Verwirklichung des Buddha anerkennt, doch auf einem persönlichen Weg besteht. Ungleich mehr Deutsche, ja westliche Menschen, als solche, die zur buddhistischen Bewegung fanden, lasen *Siddhartha* und versuchten es auf seinem individualistischen Weg. So mag Hesse recht behalten, wenn er feststellt: »Europa wird nie ein Reich des Buddhismus werden.«[73]

Abb. 20 Detail der Fassade des »Buddhistischen Hauses« in Berlin-Frohnau

8. Kapitel

DER DEUTSCHEN BUDDHA

Der vielfältige Eine

Das Beispiel der Literaten erwies die Gestalt Gautamas als eines der wesentlichen Motive der Auseinandersetzung mit Buddhistischem. Der mit von Hofmannsthal und Rilke befreundete Dichter und Essayist Rudolf Kassner (1873–1959) spricht, was die besondere Faszination der Gestalt betrifft, den Standpunkt vieler aus: »Der Buddhismus hat mich weder als Bekenntnis noch als Philosophie auf eine besondere, ausschließliche Art beschäftigt, es ist stets nur bei der allergrößten Bewunderung für den erhabenen Stifter geblieben.«[1]

Der Buddha konnte Bild all dessen werden, was man unter der Lehre aus Asien verstand, oder sich, wie bei Mauthner und deutlicher bei Hesse, weit über die kodifizierte Lehre erheben, die dann als minderwertiges, gar irreleitendes Nebenprodukt eines großen Lebens erschien. Was diese Größe seines Lebens betrifft, zollten sogar Kritiker des Buddhismus dem Menschen Gautama hohe Anerkennung, bezeichnete etwa Chamberlain ihn als einzige Christus vergleichbare Gestalt.

Der vom Buddha ausgehende Reiz bestand hier vor allem darin, daß das, was er war und tat, letztlich seine Botschaft verkörperte. Er trat nicht als Prophet eines Gottes auf, sondern aus dem Anspruch eigener Verwirklichung, verwies nicht auf einen Ursprung und ein Ziel, die im Unsichtbaren blieben, sondern war als Erloschener selbst wandelndes Nirvana. Zuvor, bis zum Augenblick des Erwachens, entsprach seine Geschichte dem Weg zu diesem Ziel. »Der sichtbare Stifter will zuletzt der Gang selber sein, den er lehrt«, stellte Ernst Bloch diesbezüglich in *Das Prinzip Hoffnung* fest. »Kein Blick wird mehr nach oben gelenkt, Bekenntnis wird Nachfolge eines voran Schreitenden. *Buddha* wollte nichts anderes sein als dieser Wandel und sein Weg, ein leidbefreiter, weltloser, in einem Menschen für alle vorgezeichnet. Bei keinem der bisher erschienenen Stifter sieht man die Lehre so genau zum Wandel geworden, zu einem Wandel, der freilich geradlinig ins Nirwana führt.«[2]

Zur Faszination über solches Zusammenfallen von Methode und Ziel in einer Person ohne den Blick »nach oben«, trat die Fülle an Interpretationen, die Gautama in Asien erfahren hatte. Neben die historische Rolle als Stifter des Buddhismus traten die ihm entgegengebrachte religiöse Verehrung und Theorien unterschiedlicher Schulen des Ursprungslandes und Ostasiens über seine Funktion und sein Wesen.

Allein die Erzählung vom Fürsten, der Familie und Besitz verließ, sich rigoroser Askese unterwarf, sie wieder aufgab, um als vollkommen Erwachter ein »Lehrer der Götter und Menschen« zu werden, forderte schon im klassischen Buddhismus Indiens verschiedene Deutungen heraus. Dem Theravada war Gautama ein Mensch, ein bedingt entstandenes Wesen der Welt, dessen Läuterung während vieler Wiedergeburten schließlich im letzten Dasein zur Befreiung als Buddha führte. In diesem Sinn war er vor allem Vorbild und Wegweiser.

Andere Schulen sahen das auch von Hesse in *Siddhartha* herausgestellte Problem, daß ein Wesen, das nur in und durch Bedingungen besteht, gar nicht von diesen befreit werden kann, versteht man hierunter mehr als bloße Vernichtung. Zudem könnten der Impuls, über die Welt hinauszugelangen, und das hierzu notwendige Wissen gar nicht aus dieser heraus entstehen. Aus solchen schon eineinhalb Jahrhunderte nach Gautama in der Philosophie der *Mahasanghika*-Schule entfalteten Gedanken, stammt die Idee, der Buddha sei ein ewiges Wesen, dessen Deszendenz von einer ganz anderen Sphäre in die Welt dem Menschen erst die Befreiung ermöglichte.

Vor diesem Hintergrund galten das Lernen des Menschen Gautama und sein Ringen um Befreiung in der Biographie *Lalitavistara* als belehrendes Drama, das ein schon Wissender und grundsätzlich Freier zum Ansporn der Menschen auf Erden aufführt.[3] Voll entwickelt zeigt sich die Lehre vom immerwährenden Buddha, dessen irdischer Reflex Gautama war, im *Saddharmapundarikasutra*[4] und in der längeren Fassung des *Sukhavativyuhasutra*.[5]

Der ewige Buddha Amitabha (»Unendliches Licht«) letzteren Sutras genießt in Ostasien höhere Verehrung als der historische Gautama.

Im Spannungsfeld von konkretem Menschen und Ausdruck eines höchsten Prinzips lernte das Abendland im Buddha eine Gestalt kennen, die zugleich physisch und metaphysisch erschien. Der Gedanke, eine Person verkörpere das Höchste als Fleischgewordenes, hätte dem Westen durch die Auffassung von Christus als »wahrem Menschen und wahrem Gott« nicht fremd sein müssen. Doch ist im Buddhismus nicht eine einzige Person für den gesamten Prozeß der Geschichte die Verkörperung des Letzten, sondern viele einzelne waren vor Äonen und in dieser Epoche Buddha, und viele werden es zukünftig sein. Das Theravada lehrt Buddhas der Vergangenheit und erwartet für die Zukunft der Erde das Erscheinen des Buddha Maitreya. Das Mahayana sieht neben irdischen Buddhas der Vergangenheit und Zukunft das ganze Universum erfüllt von Ländern, in denen Buddhas lehren.

Obgleich diese nicht einmalige Natur Gautamas im Hinblick auf ihr negatives Wesen als Erloschensein nur konsequent ist, konnte sie abendländischen Betrachtern die Größe der Gestalt relativieren. Erhabenheit und Einmaligkeit gehörten im Westen meist zusammen. Schon Hegel stellte in seiner Interpretation des Christentums diesen prinzipiellen Unterschied zum Buddhismus heraus und verband ihn mit der zentralen Aussage, daß es in Europa um Subjektivität und Individualität, also Einzigartigkeit gehe. Dem Philosophen war die tibetische Praxis bekannt, nach Wiedergeburten hoher Lamas zu suchen, in denen sich Buddhas und Bodhisattvas verkörpern. Die Erscheinung des christlichen Gottes, stellt er im Vergleich fest, »kann nur einmal geschehen, denn Gott ist Subjekt und als erscheinende Subjektivität nur ausschließend *ein* Individuum. Die Lamas werden immer neu erwählt, weil Gott im Orient nur als Substanz gewußt ist, welcher deshalb die unendliche Form in einer Vielheit der Besonderung nur äußerlich ist.«[6]

Höchstes wird im Abendland entsprechend seiner metaphysischen Tradition abstrakt gedacht, als Essenz *hinter* der manifesten Form. Entsprechend mußte für Hegel eine historische Religion auf dem Weg der Selbstbewußtwerdung des Geistes um so entwickelter sein, je weniger konkret sie das Höchste darstellte. In seinen *Vorlesungen über die Philosophie der Weltgeschichte* heißt es, der »nur in der Innerlichkeit des Denkens und Vorstellens« angemessen faßbare Geist nehme auf der Entwicklungsstufe des Buddhismus noch eine grob materielle Gestalt an:

»Gott ist in unmittelbarer Form, nicht in Form des Gedankens gegenständlich. Diese unmittelbare Form ist aber die menschliche Gestalt. Die Sonne, die Sterne sind noch nicht der Geist, wohl aber der Mensch, welcher hier als *Buddha, Gautama, Fo,* in der Weise eines verstorbenen Lehrers, und in der lebendigen Gestalt des *Ober-Lama* göttlicher Verehrung teilhaftig wird. Der abstrakte Verstand wendet sich gewöhnlich gegen solche Vorstellung eines Gottmenschen, deren Mangelhaftes das sein soll, daß die Form des Geistes ein Unmittelbares, und zwar der Mensch, als dieser, sei.«[7]

Hegel differenziert zwar zwischen dem Vajrayana, in dem im Lama ein gegenwärtiger Mensch den Geist verkörpert, »während es im ursprünglichen Buddhismus ein verstorbener ist. Gemeinschaftlich haben beide das Verhältnis zu einem Menschen überhaupt. Daß nun ein Mensch als Gott verehrt wird, namentlich ein lebendiger, hat in sich etwas Widerstreitendes und Empörendes.«[8]

Wo keine Grenze zwischen Gott als Geistigem und dem physischen Menschen erkannt wird, kann geschichtliches Bewußtsein nicht entstehen, und es fehlt der Sinn für Einzigartiges und Herausragendes. Im Abendland besteht dieses Hervorragende für Hegel mit Christus als zentralem Punkt der Geschichte, und indem deren Bezugspunkt einzigartig ist, kommt auch allem anderen diese Qualität zu. Gegen die Gestalt des Buddha als Personifikation des Höchsten spricht unter dieser Perspektive nicht nur, daß sie es in physischer Gestalt verkörpert, sondern vor allem das vielfache Erscheinen von Buddhas, was nach Hegel kein geschichtliches Bewußtsein ermöglicht.

Schopenhauer wertete dieses vorgeblich negative Verhältnis der indischen Tradition zur Geschichte positiv, weil ihm die Abwesenheit eines eindeutigen erlösenden Moments im historischen Prozeß als Überlegenheit gilt. Er kritisiert das Hegelsche »Bestreben, die Weltgeschichte als ein planmäßiges Ganzes zu fassen«, dem ein »roher und platter Realismus« zugrunde liegt, der die Erscheinung »für das Wesen an sich der Welt hält«.[9] Schopenhauer verwies auf Platon »der unermüdlich wiederholt, daß der Gegenstand der Philosophie das Unveränderliche und immerdar Bleibende sei«, nicht jedoch die Geschichte, die »bald so, bald anders ist«.[10]

Da es sich um endlose zyklische Vorgänge handelt, ist es falsch, wenn das Christentum mit dem Erscheinen Jesu eine einzige historische Begebenheit zum »Wendepunkt der Welt und alles Daseins machen will«, glaubt Schopenhauer: »Wie weise ist dagegen im Buddhaismus die Annahme der tausend Buddhas, damit es sich nicht ausnehme wie im Christentum, wo Jesus Christus die Welt erlöst hat und außer ihm kein Heil möglich ist – aber viertausend Jahre, deren Denkmale in Ägypten, Asien und Europa groß und herrlich dastehn, nichts von ihm wissen konnten und jene Zeitalter mit aller ihrer Herrlichkeit unversehens zum Teufel fuhren!«[11]

Hegel wie Schopenhauer wußten als europäische Metaphysiker das Wesentliche hinter der Erscheinung. Ein Unterschied liegt im eindeutigen Verhältnis, in das Hegel dieses Wesentliche in die Weltgeschichte stellte. Schopenhauers Option für das wiederholte Erscheinen großer Gestalten, in denen der Wille sich verneint, läßt die Gleichwertigkeit von Kulturkreisen und Epochen zu, in denen Wahrheit sich in unterschiedlicher Gestalt offenbart. Die eindeutige Festschreibung Hegels schuf zugleich eine Rangordnung zwischen der christlichen Sphäre, in der man die Einmaligkeit der Offenbarung erkannte, und jener anderer Weltgegenden, die (noch) außerhalb dieser Erkenntnis stehen.

Was bei Hegel zum System wurde, entsprach dem Denken vieler Europäer. Wissenschaftler konnten und wollten Gautama, den seine Tradition als einen unter vielen Buddhas nannte, zunächst nicht als historische Gestalt anerkennen. Christlich Orientierte nahmen die andere Weltreligion ohnehin skeptisch auf. Doch dazu kamen die Zweifel der Religionskritik. Als Europa um 1850 buddhistischen Schriften begegnete, war der Thron Gottes ins Wanken geraten. Viele Gebildete mißtrauten schon biblischer Wahrheit, und kritische Forscher witterten im Buddhismus nur ein weiteres Wahnsystem.

Vor diesem Hintergrund bestritten Wissenschaftler Gautamas Geschichtlichkeit. Pioniere der Buddhismuskunde wie Hendrik Kern[12] (1833–1917) und Émile Senart[13] (1847–1928) hielten ihn für die Kunstfigur eines Astral- oder Sonnenmythos, eine Ansicht, die die asiatischen Quellen begünstigten. Sogar in Texten der Pali-Überlieferung, die einen nüchtern argumentierenden Buddha vorstellen, verkehrt dieser mit Göttern, spricht von früheren Dasein und versunkenen Kulturen, wandelt auf dem Wasser und fliegt durch die

Lüfte. Mehr noch in den Sanskrit-Quellen, die von europäischen Forschern zuerst ausgewertet wurden. Im Licht einer materialistischen Wissenschaft, die nicht mehr anerkennen wollte, daß Jesus Wasser in Wein und Wein in Blut wandelte, hatte Gautama als einer unter vielen Buddhas so zunächst kaum Chancen, als historische Person neben die Philosophen des griechischen Altertums zu treten.

Nachdem Oldenberg 1881 in seinem Buch *Buddha* eine Vita aus dem Wunderbaren schälte, die einen kritischen Abendländern akzeptablen Gautama hervorkommen ließ, räumte man die Möglichkeit ein, daß er gelebt haben könnte. Als der Archäologe W. C. Peppé 1898 eine Urne ausgrub, die laut Inschrift Asche des »erhabenen Buddha« enthielt, schwand weiterer Widerstand gegen seine Existenz, doch hielten sich Zweifel. Der Indologe Richard Otto Franke vermutete, es könnte »wie bei den meisten Reliquien frommer Irrwahn im Spiele sein«.[14]

Das gegen diese anfänglichen Vorbehalte erfolgte allmähliche Annehmen der Geschichtlichkeit des Buddha durch die Wissenschaft verleitete schließlich zum anderen Extrem. Besonders Vertreter der buddhistischen Bewegung neigten dazu, dem historischen Buddha einen mythischen Christus gegenüberzustellen, um damit die geschichtliche Fundiertheit und mithin Überlegenheit des Buddhismus gegenüber dem Christentum zu behaupten.

Doch bedeuten die seit Oldenberg geleisteten Versuche der Rekonstruktion keine Entdeckung historischer Wahrheiten. Belegt der Urnenfund zwar den konkreten Menschen, mag jedes Detail seines Wirkens anders gewesen sein, als dies Analysen von ihm handelnder Texte ergeben. Was wissenschaftliche Kritiker als Legende werten, kann glorifizierte Erinnerung an Ereignisse spiegeln; ihnen Plausibles deutet nicht zwingend auf Tatsachen und läßt immer Möglichkeiten späterer Zutat. Jede einzelne Station in Gautamas überliefertem Leben, etwa der Geburtsbericht oder das Erwachen, wurde von dem einen oder anderen Forscher daher als nachträgliche Erfindung ausgeschieden, was sehr abweichende Entwürfe von Gautama hervorbrachte. Auch über seine Lehre besteht keine Gewißheit. Älteste Aufzeichnungen entstanden Jahrhunderte nach ihm, was Erweiterungen und Veränderungen in nicht abschätzbarem Ausmaß nahelegt.

Im Suchen nach authentischem Leben, exakten Daten und echter Lehre

Gautamas trägt die Forschung, deren Perspektive von der traditionellen abweicht, auch dann zum Verstehen des Phänomens Buddha bei, wenn sie keine sicheren Fakten findet. Sie gestaltet durch Hinzufügen kritischer Facetten den Bau des Mythos weiter, in dem Gautama alles verkörperte, was der Tradition im Wandel der Geschichte vollkommenes Menschsein bedeutete. Sicher befindet sich die Wissenschaft in einer anderen Situation als interpretierende Philosophen, Literaten oder bekennende Buddhisten, indem sie den Quellen als objektivem Bezugspunkt verpflichtet ist. Sie kann nicht wie der dichtende Mauthner den sterbenden Buddha seine Lehre verleugnen lassen, wenn sie keinen alten indischen Text in Händen hält, der dies nahelegt. Doch sind Dichtung und Wahrheit im Gesamtbild des Buddha, das auch Erkenntnisse und Theorien der Forschung in sich integrierte, letztlich nicht trennbar.

Innere Widersprüchlichkeit prägte das Sprechen vom Erloschenen und doch wirkenden Buddha in Asien wie vom Beginn seiner Wahrnehmung an in Europa. Oldenberg machte einerseits die Geschichtlichkeit Gautamas als Menschen mit großer Wirkung plausibel. Andererseits sprach er ihm ganz im Sinn Hegels sein historisches Subjektsein im westlichen Sinn ab. Während das europäische Subjekt aktiv Geschichte schreibt, vegetiert der Asiate als Bestandteil der objektiven Natur, nicht Einzelwesen, sondern bloßer Typus, Vertreter einer Art. »Nur wo der Hauch der Freiheit weht, werden die stolzen Kräfte des Menschen entfesselt, welche wirken, daß er etwas Eigenes, allein sich selbst Gleiches zu sein vermag und zu sein wagt.« In Indien ist »das handelnde Subjekt nicht der einzelne, sondern immer nur der große indische Volksgeist«. Prinzipiell »wirkt ein unpersönlich Allgemeines, und der Einzelne trägt nur die Züge, die der Gemeingeist ihm aufgeprägt hat«.[15]

Neumann hatte dieses Typenhafte im Unterschied zu seinem Lehrer Oldenberg als bewußtes Unternehmen Gautamas gewürdigt, nicht alles aufzudecken, sondern sicher deutbare Bilder zu liefern, die in die Tiefe weisen. Der Buddha war ein »Künstler«, wie Neumann ihn nannte, der sich im Hinblick auf die Wirkung seiner Fertigkeit absichtlicher Beschränkung bediente.

Basierend auf der zitierten Darstellung Oldenbergs, von der er auch in der Diktion abhängt, interpretierte Karl Jaspers das Wesen Gautamas in *Die großen Philosophen* (1957) in gegenteiliger Weise. Er ist kein Künstler, der souverän auswählt, was seiner Lehrdarlegung hilft. Vielmehr gehört zum Bild seiner Persönlichkeit »der Mangel aller charakteristischen Züge. Das Eigene, Unverwechselbare und das Eigenwillige fehlen. Es gibt keine grundsätzlichen Unterschiede zwischen Buddha und seinen frommen Jüngern und zwischen diesen untereinander. Es sind alle kleine Buddhas. Buddha erscheint als Typus, nicht als Persönlichkeit. Andere Typen, die Bösen, die Ungläubigen, die Sophisten stehen ihm gegenüber. So ist die Paradoxie, daß eine Persönlichkeit gewirkt hat durch Verschwinden aller individuellen Züge. Die Verleugnung des Ich ist ein Grundsatz dieser Wahrheit. Buddhas Grunderfahrung kann nicht die eines geschichtlichen Selbstseins gewesen sein, sondern die der Wahrheit im Erlöschen des Selbst. Es ist die Macht der Persönlichkeit ohne das abendländische und ohne das chinesische Individualitätsbewußtsein.«[16]

Hugo von Hofmannsthal hatte aus der gleichen Beobachtung der Ähnlichkeit der Personen in den Reden Gautamas geschlossen, daß jede Person darin alle anderen zu durchschauen scheint. Was Jaspers in Bezug auf den Westen als Mangel des Erloschenen sieht, wurde für von Hofmannsthal zum Hinweis auf jene Überzeitlichkeit, die Europa eine neue Perspektive der Selbstschau bieten kann.

Der Buddha, bloßer Typus ohne individuelle Züge wie auch Persönlichkeit mit bedeutender Wirkung; historisch einmalig, aber als immer wiederkehrende Gestalt überzeitlich, also jenseits aller Geschichte; aus der Welt bedingt entstanden und überweltlich; erloschen und wirkend zugleich; Weg und Ziel in einem; – so erscheint er insgesamt als großer Widerspruch, der sich jedoch nicht zum Absurden neigt.

Die Widersprüchlichkeit des Buddha konnte als Inkonsequenz gedeutet werden, wie im Fall Albert Schweitzers. Für den großen Humanisten paßte es nicht zusammen, daß Gautamas Anweisungen zur liebenden Tat christlicher Moral um nichts nachstanden, obgleich sein negatives Ziel des Verlöschens in der Konsequenz keinen Wert in Bezug auf die Welt gelten lassen dürfte. »Bei Buddha ist die Ethik so stark entwickelt, daß sie bereits Selbstzweck ist. Dies gesteht er sich aber nicht ein. Er läßt sie weiter im Dienst der von Welt- und Lebensverneinung beherrschten Erlösung stehen.« Wo Gautama »selber sich zum Handeln in Liebe fortreißen« läßt, kommt seine »menschlich so große Persönlichkeit«[17] mit seiner eigenen verneinenden Lehre in Konflikt.

In diesen verschiedenartigen Gegensätzen, die im Buddha gewahrt wurden, klang als zentrales Motiv eine Tranzparenz an, bei der alles Konkrete auf seine Aufhebung weist: Das Dasein auf das Nicht-mehr-Sein, die wahrnehmbare Form auf das Nichts, das historische Faktum auf sein Verschwimmen im Ozean der Nichtdauer. Das Wesen des Buddha läßt sich in dieser Transparenz weder greifen noch begreifen.

Was dem Westen traditionell das Höchste personifizierte, Jesus als wahrer Mensch und wahrer Gott, war als Persönlichkeit faßbarer. Das ganz Andere, Gott, kam in Christus dem Menschen entgegen, um zu leiden wie ein Mensch. Gautama, dem alles Leid schwand, bewegte sich über dem Abgrund des Erloschenseins. Allein die Bilder, die man sich in der christlichen und der buddhistischen Tradition von der menschlichen Verkörperung des Höchsten oder Letzten machte, weisen auf die Kluft.

Die lateinische Kirche stellt Christus in der Kunst bevorzugt im Augenblick der Passivität, als Leidender am Kreuz dar, während die griechische Tradition den aktiven, triumphierenden Auferstandenen bevorzugt. Das zentrale Bild der buddhistischen Tradition, der ruhig Sitzende, scheint beide Aspekte zu vereinen, Passivität und Triumph, die einander auf diese Weise wieder aufheben. Die Unbeweglichkeit des Buddha ist vollkommene Passivität, doch keine Passion: Alles Leiden kam in der Schau des Erwachten zur Ruhe. Still sitzend gewahrt er das Entstehen und Vergehen von Welten und Wesen, sieht in endlosen Varianten die Grundmuster des Daseins, die er – und doch nicht er – in ihrer Nichtdauer ungezählte Male durchlief. Alles das, was er jemals war, ja alles das, was jemals war – hier gibt es in seiner sich weitenden Schau keine Grenze mehr –, kann er nur loslassen. Es lohnt nicht mehr. Jedes Festhalten eines Augenblicks, jeder Wunsch nach Verweilen brächte neues Leid. Diese Allwissenheit des Buddha ist kein Triumph menschlicher Erkenntnis, kein sich Erheben über ein Etwas, wie Christus sich als ewig Lebender über sein Grab erhebt und damit zugleich jeden Menschen über jedes Grab erheben soll, um für immer zu sein. Der Buddha entschied sich im Moment des Erwachens für das Ende der Welten und Wesen. Es gab für ihn kein Geheimnis im eitlen Auf und Ab des Daseins, das anderes geboten hätte, als schlicht aufzuhören. Er erhob sich nicht über die Welt, sondern ließ sie los, womit er, der aus den Bedingungen der Welt entstanden war, sich selbst losließ. Erreichen und Aufhören fallen in der Gestalt des Buddha zusammen. Hinter ihrer

Verwirklichung, die zugleich Entwirklichung ist, konnte man eine höhere Dimension ahnen als die blasse Leere des Nichts.

In verschiedenen Varianten spielten deutsche Interpreten Konsequenzen dieses Ans-Ende-Gelangens durch. Chamberlain sah das Wirken des Buddha als gelebten Selbstmord. Pannwitz sprach vom Attentat auf die den Menschen sonst zwingende Kausalität. Von Hofmannsthal ahnte in der vollkommenen Ruhe des Erwachten den Kontrapunkt zur bewegten Sphäre des Westens. Weil man hier an einer vollkommen anderen Erfahrung zu rühren glaubte, als jener, die dem Weg des Abendlandes entsprach, wurde das, was der Buddha verkörperte, zur einmaligen Bedrohung oder zur großen Chance.

Nur selten wurde der Buddha vor diesem Hintergrund eine Persönlichkeit, die auf emotionaler Ebene Identifikation erlaubte. Mauthners altersschwacher Gautama, der sein törichtes Lebenswerk widerruft, die gefühligen Buddhas der Versepen Widmanns und von Hornsteins sowie Döblins eher menschlicher Blick auf den Buddha bilden Ausnahmen. Häufiger war er jener transparente Typus, jene Idee, jenes Erhabene, das emotionale Teilnahme gar nicht erlaubte. Der Abstand zum zuvor abendländisch Vertrauten zeigt sich wiederum deutlich im Vergleich zu Jesus, der, obgleich auch Gott, in menschlicher Weise leidet, vor der Kreuzigung Zweifel durchläuft und hofft, dieser Kelch ginge an ihm vorüber. In aller Regel nahmen die deutschen Interpreten ihren Gautama schon vor seiner Befreiung in würdevoller, unnahbarer Ferne wahr. Sein Leben als Fürstensohn in vollkommenem Luxus, die Zeit seiner Askese in vollendetem Schmerz, sein Erwachen, das ihn zur Schau der Gesetze des Daseins und all dessen führte, was jemals war, jede Station des Lebens regieren Superlative, die sich der Teilnahme verweigern.

Dieser Abstand zur Gestalt des Buddha galt auch für die buddhistische Bewegung. Friedrich Zimmermanns Katechismus von 1888 beantwortet die Frage nach dem Wesen des Erwachten: »Der aus eigener Kraft zur Vollendung und Befreiung gelangte; schon in diesem Leben erlöste, heilige und weise Verkündiger der Wahrheit und Stifter der buddhistischen Religion.« Der Buddha sei weder ein Gott, der sich den Menschen offenbarte, noch ein Gottgesandter, der zur Erde herabstieg. So wird seine menschliche Natur hervorgehoben, doch zugleich seine überragende Stellung unterstrichen: »Ja, er war ein Mensch. Aber ein Mensch, wie er in vielen Jahrtausenden nur einmal geboren wird, einer jener erhabenen Weltüberwinder und Welterleuchter, die geistig und moralisch die irrende und leidende Menschheit so hoch überragen, daß sie der kindlichen Anschauung des Volkes als ›Götter‹ oder ›Gottgesandte‹ erscheinen.«[18] In dieser Eigenschaft des alle anderen Überragenden hatte sich Gautama dann in Deutschland auch zum Urbild des rassereinen Ariers stilisieren lassen.

Nur wenige Buddhisten, die sich am Mahayana orientierten, sprachen darüber hinausgehend von einer überweltlichen oder transzendeten Natur des Buddha. So erschien für Petzold in Gautama die Offenbarung eines überzeitlichen Buddha als »Inbegriff aller Kräfte der materiellen und der geistigen Welt«, der jedoch »im letzten Sinne als ›wunderbar‹ und ›undefinierbar‹« galt.

Ob metaphysisch oder rein menschlich, stets blieb die Vollkommenheit des Buddha Sinn- oder Vorbild eines letztlich überpersönlichen Fernziels. Seine Menschlichkeit hob sich derart von dem ab, was man gemeinhin darunter verstand, indem sie fließend ins Übermenschliche überleitete. Dies schloß weitgehend Beziehungen aus, die über das Befolgen seiner Lehre hinausgingen. So verliehen deutsche Buddhisten der frühen Zeit der Verehrung des Vorbildes in der Regel keine Formen, die sie zudem an aufgegebene christliche Praktiken erinnert hätten. Man wollte quasi im Kleinen die Selbst-Erlösung des genialen Entdeckers dieser Möglichkeit nachvollziehen. Doch man vermied die Begegnung mit der Gestalt in kultischen Handlungen, die in allen buddhistischen Traditionen, auch dem Theravada, üblich sind. Die Hingabe an Gautama sollte nicht mit Gefühlen verbunden sein, die Anhaften bedeutet hätten. Man »gedachte« des Buddha, dessen Weisungen man aus vernünftiger Einsicht folgen wollte. Das Verhältnis zu ihm als Wegweiser des einsam der Erlösung Zustrebenden, kommt in einem Gedicht Paul Dahlkes über sein Lebensende zum Ausdruck:

Einmal nur noch möcht' ich wandern
In der großen Wanderschaft,
Einsam, ohne einen andern,
Bis verhaucht die letzte Kraft.

Sterbend möcht' den Blick ich lenken
Auf das Schneeland himmelhoch,
Sterbend noch des Lehrers denken
Und der Lehre, die nie trog.[19]

Die Bedeutung Gautamas bestand in seiner Eigenschaft als Erlösungslehrer, dessen Botschaft wichtigster Bezugspunkt eines buddhistischen Lebens war. Seiner Person als Verkörperung des Ziels sollte Dahlkes vorletzter Gedanke gelten, der letzte der Lehre. Vasitthi und Kamanita in Gjellerups Roman widmeten gleichfalls ihre Gedanken vor dem Erlöschen dem Erwachten, indem sein Phantombild entstand, das die Richtung anzeigen sollte. Der Gedanke richtete sich weniger an den Menschen als an eine Funktion, die er wahrnahm: Gautama, der gewesene Lehrer.

Der traditionelle Buddhismus sprach zwar in Anbetracht der unendlichen Zeitläufe und Weltsysteme von ungezählten Buddhas, so »zahlreich wie die Sandkörner im Ganges«, doch im Hinblick auf eine flüchtige Welt wie jene des Menschen mit seiner kurzen Lebensdauer wird das Erscheinen eines Buddha zum äußerst seltenen Ereignis. »Drei unermeßlich lange Zeitalter« des Strebens als Bodhisattva über unzählbare Wiedergeburten, lehren klassische Texte, dauert das Heranreifen eines Buddha. Entsprechend erwarteten viele Schulen für die Menschheit nur fünf Buddhas, von denen Gautama als vierter galt. Maitreya, der letzte in der Reihe, wird in tausenden Jahren erscheinen, wenn keiner mehr sich Gautamas Lehre erinnert. In Ceylon, von wo deutsche Buddhisten die wesentlichen Quellen bezogen und Kontakte zur lebendigen Tradition unterhielten, war die Ansicht verbreitet, schon das Erlöschen auf dem von Gautama gewiesenen Weg sei kaum mehr zu verwirklichen. Die Möglichkeit des Buddhawerdens wurde gar nicht erst ins Auge gefaßt. Im Mahayana galt zwar die Buddhaschaft des einzelnen als Ziel, doch benötigte dessen Erreichen eine derartige Vielzahl von Wiedergeburten, daß dem Ziel kaum direkte Relevanz für die aktuelle Praxis zukam. In beiden Fällen meint Buddhaschaft nichts, womit Menschen augenblicklich und unmittelbar in Berührung treten könnten. Die nur theoretische Erreichbarkeit und ideale Natur des Ziels rückte Gautama trotz Betonung seiner Menschlichkeit für den Buddhisten ferner, als dem Christen der »Gottmensch« Jesus stand, der wie ein Mensch litt und zu dem man betend in Beziehung treten konnte. Gautama, der Buddha, hatte seine Lehre hinterlassen, durch welche der sonst eher historisch Bedeutende auf unpersönliche Weise fortwirkte.

Die dialektische Bruchstelle

Wie immer man den Buddha wertete, sein Erscheinen galt den meisten, denen er eine in Zustimmung oder Ablehnung mündende Auseinandersetzung wert war, als wichtige Station der Geschichte. Häufig wurde das Auftreten Gautamas als Bruch oder Einschnitt in der Entwicklung aufgefaßt, der Neues in die Welt treten ließ, zumindest aber eine radikale Änderung hervorrief.

Vertretern der buddhistischen Bewegung galt diese historische Bedeutsamkeit allemal: »Mit dem Auftreten des Buddha beginnt ein neuer Abschnitt in der Weltgeschichte, tritt eine neue Geisteskultur auf, die selbst den Untergang des Abendlandes überdauern und das Aussehen der nächsten Kulturwelle mitbestimmen wird.« Wolfgang Bohn vom Bund für buddhistisches Leben, widersprach damit implizit der einflußreich von Hegel vertretenen christlichen Auffassung, das Erscheinen Jesu sei der Wendepunkt der Weltgeschichte, und reklamiert, daß mit Gautama »im arischen Osten die wirkliche Geschichte beginnt«. Die Bedeutung des Buddha für die Geschichte besteht letztlich darin, daß er sie als einzelner verließ und auch anderen diese Möglichkeit eröffnete. Diese »ganze Welt der Erscheinung wird erfüllt von dem Andenken an den einen, der die Wesenlosigkeit, Vergänglichkeit, Halt- und Inhaltslosigkeit dieser Welt des Leidens lehrt, der mit einer großen Geste über diese Weh- und Wütenswelt hinstreicht und mit einem ›es lohnt sich nicht‹ sich abwendet und das Tor zu einem Jenseits allen Seins und Nichtseins öffnet, in dem zwar die Welt nicht unterzugehen vermag, in dem aber die sehnende und leidende Seele, der Ausdruck jeden Ichs zur Ruhe kommt«.[20]

Auch die Philosophen und Literaten jenseits buddhistischer Kreise betrachteten den Buddha als Verkörperung eines historischen Wendepunkts. Nietzsche hatte in Gautama erstmals einen Lehrer der Selbsterlösung gese-

Abb. 21

hen, der einen kraftvollen Schritt auf dem Weg der Emanzipation des Menschen vom Glauben an Abhängigkeiten von höheren Mächten nahm. Von Hofmannsthal würdigte das Auftreten des Buddha im weltgeschichtlichen Kontext gleichzeitiger Ereignisse als Einbruch einer höheren Dimension, ein Gedanke der später ähnlich bei Jaspers im Sinn eines Beginns der Geschichte der Vernunft wieder auftaucht. Auch wer im Buddha den greisenhaften Ausgang der einst großen indischen Kultur sah, gab dieser Station des Erlöschens einer zuvor bedeutenden Entwicklung einiges Gewicht.

Um das historische Wirken Gautamas zu klassifizieren, bediente sich der Westen schon früh einer vertrauten Kategorie. Der Buddha wurde als Protestant dargestellt.

Hermann Hesse schreibt in seinem *Kurzgefaßten Lebenslauf* (1925), daß man ihn wegen der asiatischen Motive in seinen Werken häufig als Buddhisten bezeichnet habe, »worüber ich nur lachen konnte, denn im Grunde wußte ich mich von keinem Bekenntnis weiter entfernt als von diesem«. Doch in einer Hinsicht wollte Hesse sich dem Buddha nahefühlen. Er sei nicht nur »Sohn frommer Protestanten«, sondern auch »dem Gemüt und Wesen nach Protestant (wozu meine tiefe Antipathie gegen die zur Zeit vorhandenen protestantischen Bekenntnisse durchaus keinen Widerspruch bildet). Denn der echte Protestant wehrt sich gegen die eigene Kirche wie gegen jede andere, weil sein Wesen ihn das Werden mehr bejahen läßt als das Sein. Und in diesem Sinne ist wohl auch der Buddha ein Protestant gewesen.«[21]

Die von Hesse hier aufgenommene Idee vom Buddha als Protestanten, fand sich schon seit einem Jahrhundert in der europäischen Literatur. In England diskutierte man seit den dreißiger Jahren des 19. Jahrhunderts die Frage, ob Gautama ein Luther vergleichbarer Reformator war, oder ob er mit den Grundlagen der indischen Religion vor ihm so radikal gebrochen habe, daß man nicht von einer Reformation spechen dürfe.[22] Oldenberg erwähnt den Vergleich Gautamas mit Luther in seinem Werk *Buddha* (1881) bereits als gängige Formel, die er nur mit Vorbehalten akzeptierte.

Gautama in religionsgeschichtlicher Hinsicht als Protestanten zu werten, war angesichts vieler Informationen, die zu seiner Biographie und Lehre vorlagen, nicht abwegig. Der Buddha wandte sich gegen viele Kulte und Traditionen im Indien seiner Zeit. Er lehnte nicht nur die blutigen Menschen- und Tieropfer ab, sondern zweifelte überhaupt am Sinn vieler Aspekte des reichen religiösen Zeremoniells. Gegenüber den verbreiteten rituellen Bädern und Waschungen zur Befreiung von Unreinheit und Schuld, propagierte er eine in Einsicht gründende Läuterung. Doch die vielleicht wichtigste Parallele zwischen Gautama und den christlichen Reformatoren ließ sich darin erkennen, daß der Mensch in religiösen Belangen nicht mehr der Vermittlung des Priesters bedurfte. Wie Luther das universelle Priestertum, verkündete der Buddha den religiösen Weg als Sache des einzelnen. Die Opferriten der Brahmanen hatten wie alle von außen verordneten Handlungen keinen Einfluß auf die Erlösung. Diese war nicht von Institutionen und Funktionären abhängig, sondern gründete einzig in der inneren Erfahrung. Vor diesem Hintergrund konnte Keyserling 1918 feststellen: »Buddha sowohl als Luther haben die Autorität der Kirche verleugnet und den Menschen für mündig erklärt.«[23]

Der erste, der systematisch über die Stellung des Buddha als Protestant nachdachte, war der Philosoph Leopold Ziegler (1881–1958), einer der frühen Goethepreisträger (1929). Sein damals vielbeachtetes Werk *Gestaltwandel der Götter* (1920) sucht nach dem großen Krieg, der für Ziegler den Untergang der bisherigen Welt markierte, nach Neuorientierung. Der »Aufgang einer neuen« Welt wird notwendig, für die auch Gott neu entstehen soll. Wenn »aber Gott geboren wird, ist er zuvor gestorben«.[24] Da sich Gott im

Sinne Hegels im historischen Prozeß verkörpert, gehört auch sein Tod zum Teil der sinnerfüllten Geschichte. Ziegler versucht vor diesem Hintergrund eine Erweiterung des Begriffs der Religion, damit dieser auch den Atheismus einschließen kann, der als Ausdruck der Suche nach Orientierung und damit notwendiger Offenheit für Kommendes gilt. Der »Atheos-Mythos« ist Ausdruck des »Mysteriums der Gottlosen«. So geht es Zieglers Religionsbegriff nicht primär um Glaubenssätze, sondern um inneres Erleben, eine grundlegende Form der Erkenntnis, die zugleich Empfinden ist.

Weil ein Neubeginn anstand, wurden die historischen Anfänge früherer Zivilisationen bedeutsam. Ziegler bemühte sich dabei um einen interkulturellen Standort, der von einer »Verwandtschaft indischer und griechischer Entwicklungen« ausgeht. Hier ist Ziegler von Karl Eugen Neumann beeinflußt, der ihm als »einer der ganz seltenen, wirklich groß zu nennenden Gelehrten« gilt. Neumann hatte im reichen Anmerkungsapparat zu seinem Übersetzungswerk versucht, Elemente der Lehre und des Wirkens Gautamas im Spiegel der klassischen abendländischen Tradition zu reflektieren. Hierauf bezog sich Ziegler, wenn er meinte, Neumann erläutere »in seiner gleichsam palisierenden Eindeutschung der Reden Gautamo Buddhos fast jeden Zug des gotamidischen Antlitzes an entsprechenden Zügen der griechischen Seele«.[25]

Im 1922 erschienenen Buch *Der ewige Buddho* geht Ziegler unter der Überschrift »Buddho der Protestant«[26] auf die religionsgeschichtliche Stellung Gautamas ein. Was sich in Europa im Konflikt der Reformation mit der katholischen Kirche und Lehre zeigte, deutete er als ein in verschiedenen Kulturen und Epochen auftretendes Phänomen: Eine auf kodifizierten Inhalten und Riten basierende Religion wird von einer Bewegung in Frage gestellt, die sich auf die persönliche Erfahrung gründet. Wie in Europa Luther die Religion auf das Maß des Menschen zurückführte, löste in Indien »der Mensch Gotamo den Gottmenschen Krischna auf dem Weltenschauplatz ab, und mit ihm gleichsam der Mensch überhaupt den Gott überhaupt«. Dies gilt Ziegler als »mythische Umschreibung des Tatbestandes, daß mit Gotamo Buddho *der* Protestant in Erscheinung trat!«[27]

Ziegler, dem die Begegnung mit dem Buddhismus nur eine Station bedeutete, zog sein Buch *Der ewige Buddho* später wieder zurück. Doch dachte er in einem Aufsatz *Buddho* (1931) nochmals über das Wesen Gautamas nach. Er erkennt es darin, daß der Buddha »als einzelner in unerhört verstärktem Maß betroffen wird von dem Erlebnis der Gattung, und daß er dieses Erlebnis zu seinem Schicksal macht«.

Jeder Mensch greift im von ihm Erfahrenen nach Dingen, die er als herausragend wertet und die ihm nahegehen. Aus ihnen gestaltet er seinen ihm erinnerbaren persönlichen Weg, »ein Schicksal, das nur auf ihn zielte und nur ihn traf, sein eigenes urpersönliches Glück oder Verhängnis, seine eigene und unvergleichliche innere Geschichte«.[28]

Diese innere Selektion führt dazu, daß die Menschen »nicht einerlei sondern vielerlei Erlebnis haben«, und läßt sie somit zu unterschiedlichen, also getrennten Individuen werden, die einander im Tiefsten nicht verstehen können. »Denn wer nicht das Erlebnis seines Nächsten hat, wie sollte der seinem Nächsten wirklich lebensnah sein?« Es käme zur heillosen Polarisierung und zum zerstörerischen Gegeneinander in der Gesellschaft, wäre da nicht zuweilen ein einzelner, »der gleichsam gar nichts Besonderes und Unterscheidendes für sich erlebte, vielmehr nur eben das, was ausnahmslos alle irgend einmal erfahren haben oder erfahren werden«.

Ein derart allgemeiner Mensch, der sich in keinem Element seines Erlebens von anderen sondert, um stattdessen intensiver zu erfahren, was allen gemeinsam ist, war Gautama nach Ziegler. Er »erlebt auf einzige Weise nicht mehr individuell, sondern generell, erlebt auf einzige Weise, was jedem und allem zufällt und beschieden ist, erlebt auf einzige Weise nicht sein Schicksal, sondern das Schicksal des gesamten menschlichen Genus«.[29]

Was Übersetzungen und Interpretationen klassischer Texte als Nicht-Ich oder Verneinung der Persönlichkeit wiedergeben, wurde so als Freiheit von jeder Besonderheit im Erleben gedeutet. Der Buddha ist kein eigenes Wesen, sondern das Wesen aller Wesen, in dem allein und ganz die Grundbefindlichkeit jedes Menschen zur Erfahrung kommt: »Vergänglichkeit, Leidbehaftetheit, Wesenlosigkeit heißt also das Urerlebnis Gotamos, in vielerlei Beziehung wirklich und immerdar das Urerlebnis unserer Gattung.«[30] Gautama war damit »gleichsam der erste Mensch, der die sonnige Schwelle göttlicher Wunschwelten überschreitet und das Ödland der Wirklichkeit betritt«.

Schon einige Jahre früher, 1903, hatte Rudolf Kassner das Wirken des

Buddha als Erschütterung einer zuvor heilen Welt gedeutet. Für Kassner bricht Buddha mit einem zuvor als Welterklärung in Indien unbezweifelten Idealismus, der Erkenntnis und Tat noch nicht trennte: »Der Erkennende hat wirklich und wörtlich jede mögliche Tat getan. Es ist für ihn immer alles geschehen. Im Leben Buddhas nun ist der Bruch, die Möglichkeit des Bruchs angedeutet. Nichts erscheint mir so schwermütig im Leben Buddhas als die Empfindung dieses Bruches. Für Buddha ist noch nicht alles geschehen, da er erkannt hat. Hier trennt sich Buddha für immer vom Glauben seines Stammes.«[31]

Als ein Beleg diente Kassner der kanonische Bericht, wie Gautama nach seinem Erwachen zweifelte, ob er seine Erkenntnisse verkünden sollte, wäre dies doch bei Unverständnis sinnlose Mühe. Kassner sieht hier für die bisherige indische Welt »ein neues Motiv. Ein neuer Mensch erlebt es. Hier ist Buddha für den alten Idealismus unbegreiflich. Hier beginnt eine neue moralische Epoche, wie mit Hamlet, wie mit Sokrates eine neue moralische Epoche begonnen hat. Man hat diesen Gegensatz selten klar beschrieben. Es ist auch der Gegensatz von Kaste und Individuum. Im alten Indien ist er einmal lebendig geworden, im Abendlande und unter uns ist er immer gegenwärtig. Da Buddha Furcht hat, seine Erkenntnis könnte ihm nur Mühe und Erschöpfung bringen, fürchtet er, in seiner Erfahrung zurück zu müssen. Nie nun kann ein Mensch in seiner Erfahrung zurück, es genügt aber, daß er sich fürchtet. Buddha fürchtet es, das war der Bruch. Buddha fürchtet die Illusionen. Der Idealist erlebt nie Illusionen. Das ist gleichsam das Naturgesetz seiner Seele.«[32]

Für Kassner wie für Ziegler trat der Buddha aus einer Welt, die auch Täuschung war, in die Realität. Diese besteht in Zieglers Deutung im Erlebnis dessen, was allen gemein ist, und damit im Gegensatz zu einem Individualismus, der immer auf Sonderung von anderen beruht. Dagegen wird aus Kassners Perspektive der Buddha, der sich um die mögliche Vergeblichkeit sei-nes Tuns sorgt, durch seinen Schritt in die Wirklichkeit zum Individuum im abendländischen Sinn.

Diese Interpretationen, die beide im Hinblick auf die Quellen ebenso beweisbar wie widerlegbar sind, weisen wieder auf jenen grundlegenden Gegensatz, den der Erloschene in seiner deutschen Rezeption insgesamt verkörperte: Ein in Überlieferung und Wirkungsgeschichte herausragender Mensch, dessen wesentliches Kennzeichen seine Freiheit vom Ich war. In der Gesamtheit der vielen unterschiedlichen Konzepte, die man sich von ihm machte, überschritt der Buddha stets die Grenzlinie zwischen positivem Individuum und Nicht-Ich, zwischen Wirken und Erlöschen, zwischen Sein und Nichts. Ernst Bloch sprach im Hinblick auf Gautamas Wunsch nach Wunschlosigkeit von der »dialektischen Bruchstelle von Auszug und Einzug, von Zerfall und Bedeutung« und vom »gewaltigen Willkomm und Abschied«, den die Gestalt des Buddha verkörpert. Vielleicht beschreibt dieser Begriff der »dialektischen Bruchstelle«, also jenes (hypothetischen) Punkts, an dem eine Entwicklung in ihr Gegenteil umzuschlagen scheint, am treffendsten das Wesen des Buddha. Zwar in Richtung zweier Extreme offen, gehört es doch keinem an und bewahrt einen mittleren Weg zwischen den Polen. So ist die Gestalt des Buddha, wie sie uns in Summe im Spiegel der deutschen Geistesgeschichte entgegentritt ein Wesen der Grenze, des Umbruchs. Dies erwies sich auf allen Ebenen. Im Historischen ist der Buddha ebenso Neuerer oder Reformator und damit Exponent einer Aufwärtsentwicklung wie Repräsentant eines ungeschichtlichen Bewußtseins, wie er im Ontologischen auf der Grenzscheide von Sein und Nichts sich bewegt oder ruht.

Wie Bloch andeutete, zeigt sich diese Gestalt im Vergleich zu anderen »Endfiguren« offener, weil sie nicht metaphysisch eindeutig festgelegt ist: »Der Buddha hat aber trotz des subjektlos-objektlosen Nirwana den Vorzug vor den anderen versuchten Endfiguren, daß er – im Nichts seines Alles – kein Perfectissimum bereits als seiendes setzt, als im Wesen vorhandenes, wenn auch hinter der Erscheinung.«[33]

Diese Freiheit vom metaphysisch Zwingenden führte zu jener Offenheit, die so viele Interpretationen zuließ. Was in der Rezeptionsgeschichte auch als Beliebigkeit erscheinen mag, in der ein jeder Philosoph, Dichter oder Anhänger sich vor dem Hintergrund seiner spezifischen Anschauungen einen Buddha schuf, ist doch von zwingender Konsequenz, solange das Charakteristikum der dialektischen Bruchstelle mitschwingt.

Dies gilt für alle die verschiedenen Ansätze, für Mauthners Buddha, der seine Lehre widerruft, wie für Hesses Buddha, dessen Verwirklichung über der widersprüchlichen Lehre steht, für Pannwitz' Buddha, der den Menschen lehren soll, vom Selbstzweck zum Mittel zu werden, für Petzolds überzeitlichen Buddha, der auch durch Goethe sprechen konnte, wie für alle die anderen Buddhas, die sich zwischen den Welten und Widersprüchen bewegen, sie umfassen und doch niemals ausgleichen: »Willkomm und Abschied« einer gewaltigen Bruchstelle.

Jene, denen zumindest in einem Durchgangsstadium der Buddha bedeutsam wurde, dürfte genau dieser Aspekt angesprochen haben. Auch Christus verkörperte als Mensch und Gott ein Wesen der Grenze. Doch war das Wesen dieses Gottes als Schöpfer und Richter mythisch wie metaphysisch festgelegt. Und mit Gottes Tod blieb in Christus einzig der Mensch Jesus. Der Buddha als Mensch und totale Verneinung all dessen, was jemals war, ist und sein wird, schien als Ausweg aus der Orientierungslosigkeit. Er war Gestalt und dennoch offen für das andere, das so anders war, daß man es verschiedenst wie widersprüchlichst benennen durfte.

Buddhas Glorie und untergehendes Bewußtsein

Ernst Bloch hatte das Wesen des Buddha als dialektische Bruchstelle nicht allein über die Lehre erfaßt, sondern in besonderem Maß durch Betrachten der Darstellung des Erwachten als Bild vollkommenen In-sich-selbst-Seins gewonnen: »In sich wohnend aber ist Buddha als Entrückter, in der Form der schwierigsten Ekstase, der apathischen: der Sitzende ist in ein Dreieck gefaßt, die Arme bilden um den Leib nochmals zwei Dreiecke, in der Höhe des Solarplexus ruhen beide Hände flach ineinandergelegt im ›Siegel der Lehre‹; diese Gebärde bedeutet, daß im Erleuchteten das Rad der Lehre sich um sich selber dreht. Das ist die Buddha-Figur oder das indische Erfüllungssiegel des letzten Wunsches: keinen Wunsch mehr zu haben.«[34]

Die plastische Darstellung dieses wunschlos Ruhenden, dessen Verhältnis zur Welt ein apathisches ist, inspirierte auch Lyriker. 1944, zur selben Zeit, als Bloch an *Das Prinzip Hoffnung* arbeitete, schrieb Georg Kaiser (1878–1945), der bedeutende expressionistische Dramatiker (*Die Bürger von Calais*), im Exil in der Schweiz das Gedicht *Der Buddha*.[35] Kaiser sieht die Gestalt nicht als Symbol eines Rückzugs von der Welt in vollkommene Leere. Die Apathie ist nur eine scheinbare. So bedeuten dem Dichter die geschlossenen Lider des Buddha, die »Sonnenuntergänge seiner Augen«, keine Sehnsucht danach, »aus vollem Dunkel volle Nacht zu saugen«. Vielmehr geht es um eine geheime Konzentration aller Kräfte:

> Dies ist in allem nur ein Selbstverhüllen
> und ein Versammeln zu der letzten Stärke,
> die ihn befähigt zu dem stillsten Werke
> und laut doch, um das Nichts mit ihm zu füllen.

Der Widerspruch vom stillen Werk des Buddha, das doch laut genug ist, um das Nichts zu erfüllen, weist auch hier auf jene Bruchstelle, an der Gegebenheiten in ihr Gegenteil umschlagen.

Schon vier Jahrzehnte zuvor, zwischen 1905 und 1908, ließ Rainer Maria Rilke (1875–1926) die berühmteste deutsche Lyrik zur Gestalt des Buddha entstehen. Die drei Gedichte mit je drei Strophen lassen sich insgesamt als Prozeß der Begegnung lesen, der mit einem Ahnen der Bedeutung des Buddha beginnt, um über den Weg der Annäherung zum Gewahren seines Wesens zu führen. Prägnant klingen dabei die wesentlichen Motive an, die in der Auseinandersetzung mit dem Buddha in der deutschen Geistesgeschichte aufkamen. Auch Rilkes Lyrik geht vom Eindruck der Statue des in sich ruhenden Erwachten aus.

Das Gedicht *Buddha*[36] (1905) läßt noch den großen Abstand spüren, den Abendländer empfinden, die unvermittelt vor den schweigend Sitzenden kommen.

> ALS ob er horchte. Stille: eine Ferne...
> Wir halten ein und hören sie nicht mehr.
> Und er ist ein Stern. Und andre große Sterne,
> die wir nicht sehen, stehen um ihn her.

Nachdem die Betrachter vor dem Buddha, dessen Ruhe in die Weite weist, selbst passiv wurden, erscheint er ihnen wie einer jener Lichtpunkte im Universum, die als nur winziger Abglanz ehrfurchtgebietender Größe vor Augen treten. Damit steigt die Ahnung auf, daß diese Gestalt bloß eine sichtbare unter vielen gleichartigen ist, die den Schauenden verborgen bleiben: Der Buddha muß mehr sein, als der Mensch an ihm in Maß und Zahl gewahrt. Daraus entspringt die überwältigende Einsicht, daß es nichts gibt, das er nicht umfaßt.

> O er ist Alles. Wirklich, warten wir,
> daß er uns sähe? Sollte er bedürfen?
> Und wenn wir hier uns vor ihm niederwürfen,
> er bliebe tief und träge wie ein Tier.

Schließt sein Blick nach innen die Gesamtheit der Dinge und Wesen ein, braucht er sich nie nach außen zu wenden. Der Allumfassende, dem das Vielerlei Eines wurde, ließ jedes Interesse am einzelnen los. Die Verehrung, die sich den Gekommenen aufdrängt, fände darum keinen Widerhall in ihm. Aus individueller Perspektive bedeutete ein allumfassendes Gewahrsein, das sich keiner Besonderheit mehr zuwendet, ein Zurücksinken ins Unbewußte. Die Tiefe, die ins Alles hinabragt, geht mit der Trägheit einher, die auf der Ebene der Vereinzelung nichts mehr bewegen möchte.

> Denn das, was uns zu seinen Füßen reißt,
> das kreist in ihm seit Millionen Jahren.
> Er, der vergißt was wir erfahren
> und der erfährt was uns verweist.

In seiner erhabenen Passivität, mit der er über dem Werden und Vergehen unerdenklicher Zeitläufe weilt, muß der Buddha auch für den von ihm Überwältigten in weitester Ferne bleiben. Zwischen dem Menschen, der sich in der Zeitlichkeit bewährt, und den Ewigkeiten des Buddha scheint keine Brücke in Sicht. Doch versuchte das nächste Gedicht *Buddha*[37] (1907) eine erneute Näherung.

SCHON von ferne fühlt der fremde scheue
Pilger, wie es golden von ihm träuft;
so als hätten Reiche voller Reue
ihre Heimlichkeiten aufgehäuft.

Der zaghafte Fremde findet sich in der Situation des Abendländers, der von weitem auf den Buddha zugeht und zunächst nur Äußerliches gewahrt. Der Glanz einer monumentalen Statue mag blenden wie das ganze komplexe System des Buddhismus, das von Europa wie ein strahlender Koloß im Osten wahrgenommen wurde. Soviel Glitter weckt auch Mißtrauen. Die Statue – und mit ihr das, was sie repräsentiert –, scheint das schlechte Gewissen Ungezählter zu kompensieren, die sich durch Goldspenden von geheimer Seelenschuld loskaufen wollten. Ist der Buddha also ein Denkmal menschlicher Schwäche, ein mit viel Aufwand errichtetes Götzenbild, das von dem entlasten soll, was den Menschen an Unbewältigtem quält? – So begleiten auch Zweifel die Schritte zur Begegnung mit dem Buddha.

Aber näher kommend wird er irre
vor der Hoheit dieser Augenbraun:
denn das sind nicht ihre Trinkgeschirre
und die Ohrgehänge ihrer Fraun.

Die unmittelbare Anschauung macht den Pilger schließlich »irre«, bringt ihn im positiven Sinn um den Verstand, der ihn zuvor noch Vorbehalte bewegen ließ. Die monumentale Statue sitzt still mit geschlossenen Lidern. So trifft ihr Auge nicht auf den, der vor ihr steht und zu ihrem Kopf emporblickt, an dem sich die Brauen vom glänzenden Gesicht abheben. Obwohl er Konturen der Buddhafigur gewahrt, erinnert doch nichts mehr an die Gaben, die man zum Bau der Statue brachte. Das Wertvollste alles Materiellen, der Schmuck und die goldenen Becher vergingen für immer, um unerkennbar, als wären sie nie gewesen, in der erhabenen Gestalt aufzugehen.

Wüßte einer denn zu sagen, welche
Dinge eingeschmolzen wurden, um

dieses Bild auf diesem Blumenkelche
aufzurichten: stummer, ruhiggelber
als ein goldenes und rundherum
auch den Raum berührend wie sich selber.

Der Buddha ist aus einer Vielzahl verschwundener Objekte gestaltet, Symbole all des Vergänglichen, das dem Menschen lieb und teuer ist. Die Gestalt des Erloschenen nahm alles in sich auf, als wäre es nie gewesen. Und nun ruht sie auf einer Lotosblüte in stiller Fühlung mit sich und allem um sie. Der am Anblick irregewordene Pilger wird zum Schluß nicht mehr erwähnt, als sei auch er letztlich in der erhabenen Gestalt aufgegangen.

Daß der Buddha hier den Raum berührt, also eine subtile Beziehung des Erwachten zur Umgebung geahnt wird, relativiert bereits den Eindruck vollkommener Ferne des ersten Gedichts. Das dritte Gedicht *Buddha in der Glorie*[38] (1908) erkennt schließlich das Wesen der Beziehung des Erwachten zur Welt des Menschen: Die Gestalt wird zum Herzen dessen, was ist, zum Zentrum, auf das alles bezogen ist.

MITTE aller Mitten, Kern der Kerne,
Mandel, die sich einschließt und versüßt, –
dieses Alles bis an alle Sterne
ist dein Fruchtfleisch: Sei gegrüßt.

Sieh, du fühlst, wie nichts mehr an dir hängt;
im Unendlichen ist deine Schale,
und dort steht der starke Saft und drängt.
Und von außen hilft ihm ein Gestrahle,

denn ganz oben werden deine Sonnen
voll und glühend umgedreht.
Doch ist in dir schon begonnen,
was die Sonnen übersteht.

Daß er nicht nur zur Mitte wird, auf die alles bezogen ist und die letztlich alles einschließt, sondern daß auch das Licht von außen sein Reifen fördert, macht die Beziehung des Buddha zur Welt wechselseitig und damit vollkommen. Doch ein absolutes Außen kann es für den, der alles umfaßt, nicht geben. Darum wird die Beziehung im höchsten Sinn zur Rückbezüglichkeit: Die Sonnen, die dem Buddha helfen, werden seine Sonnen genannt, denn sie sind in ihm wie sie in der Welt sind.

Die Passivität des Buddha ist hier vollkommen aufgehoben. Er wird zu einem Prozeß, der alles Werden der Welt umfaßt, und so das Vergehen jeder seiner Sonnen überdauert. Er ist das Zeitliche, das als starker Saft zum Werden drängt, und zugleich die überzeitliche Nabe im Zentrum, um die das Rad der Zeiten und Welten sich dreht.

Waren es im ersten Gedicht ›wir‹, die vor dem Erwachten standen, und beobachtete im zweiten Gedicht der Lyriker den Weg der dritten Person des Pilgers zum Erwachten, ermöglicht die erkannte Beziehung in *Buddha in der Glorie* ein deutliches subjektives Verhältnis. Der Dichter als einzelner wendet sich zur Mitte seiner Welt, auf die er klar bezogen ist. Fast betet er, indem er ›Du‹ zum Buddha sagt und ihn grüßt. Doch ein wichtiges Motiv des zweiten Gedichts, die ausbleibende Antwort, spielt keine Rolle mehr. Der Dichter erwartet sie nicht, denn er wendet sich letztlich keinem anderen zu, sondern spricht zur Mitte, die seinen Ort bestimmt, zum allumfassenden Prozeß, der ihn hervorbringt. Dieser Buddha ist das Un- oder Vorbewußte in ewiger Tiefe, vor dessen Hintergrund das Bewußtsein des einzelnen seinen zeitlich begrenzten Bestand hat. Das Sprechen zum Buddha ist in diesem Sinn ein Akt des Bewußtwerdens.

1938, dreißig Jahre nachdem *Buddha in der Glorie* entstand, reiste der Arzt und Psychologe Carl Gustav Jung nach Indien. Bei den Stupas von Sanchi, einem frühbuddhistischen Heiligtum, erlebte er, was Buddha ihm bedeuten sollte. »Der weite Blick über die Ebene, die Stupas selber, die Tempelruinen und die einsame Stille des heiligen Ortes bilden ein unbeschreibliches Ganzes, das mich ergriff und festhielt. Nie zuvor war ich von einem Ort derart verzaubert worden.« Jung trennte sich von seinen Reisegefährten und »versank in die überwältigende Stimmung«. Eine japanische Pilgergruppe kam rezitierend vorbei, »und etwas in mir bedankte sich schweigend bei ihnen dafür, daß sie meiner Unartikuliertheit in so trefflicher Weise zu Hilfe gekommen waren«.[39] Sein Ergriffensein zeigte ihm, wie die Hügel von Sanchi »etwas Zentrales« für sein Leben aussagten: »Buddha hat die kosmogonische Würde des menschlichen Bewußtseins wohl gesehen und verstanden; darum sah er deutlich, daß, wenn es einem gelänge, das Licht des Bewußtseins auszulöschen, die Welt ins Nichts versänke.«[40]

Hier wird der Buddha an der dialektischen Bruchstelle von Nichtsein und Bewußtsein gesehen, die letztlich allen anderen Orten des Umschlagens in Gegenteiliges, für welche er in der Wahrnehmung durch deutsche Dichter und Denker stand, zugrundeliegt. In der vertrauten Gestalt eines Menschen im Sein verkörpert er neben der All-Wissenheit den Untergang, der im Erlöschen des Bewußtseins das Universum zunichte macht. Was wäre noch wahr, wenn keiner wahrnähme?

9. Kapitel

SEIN ODER NICHTSEIN: ICH, WIEDERGEBURT UND NIRVANA

Die Daseinskette

Was Gautama zum Buddha werden ließ, war nach dem überlieferten Bericht seine Schau des Entstehens und Vergehens der Welten wie Wesen. Er entdeckte derart im Erwachen die Wiedergeburt und die Gesetze, nach denen sich diese vollzieht. Indem er das gesamte Dasein durchblickte, konnte er dieses und damit sich selbst loslassen. So wurde er zur Bruchstelle von der reichen und bunten Welt des Wandels, in der immer neue Lebensbereiche und Daseinsformen hervorkommen, zu deren vollständiger Negation, dem Erlöschen des Wesens.

Der Kontrast von Wiedergeburt und Erlöschen (Nirvana), der sich in der Gestalt des Stifters wie in der Lehre spiegelt, trug im Westen wesentlich zur Faszination des Buddhismus bei und zu der Rätselhaftigkeit, die er für die Interpreten besaß.

Immer noch klangen in der Tradition des Abendlandes Vorstellungen einer Hierarchie des Existierenden nach. Gott als höchstes Sein ging der geschaffenen Welt voraus und stand gewissermaßen an ihrer Spitze. Bei Leibniz war klar zum Ausdruck gekommen, was sich bis zur platonischen Linie des klassischen griechischen Denkens zurückverfolgen läßt: Es gibt keine Lücke im vollkommenen Sein, das Nichts hat keinen Raum. So geht auch in Hegels Dialektik der Geist ohne Leerstelle in die von ihm hervorgebrachte Welt über. Das Bild von Erlösung hatte das Auferstehen in einer anderen, besseren Welt im Auge, war gleichfalls als Sein gedacht und nicht als Aufhören.

Mit dem Rückgang des Religiösen führte die Naturwissenschaft das Prinzip der Lückenlosigkeit weiter. Im mechanistischen Gesetz der Kausalität, wie es die materialistische Naturwissenschaft des 19. Jahrhunderts verstand, ging nichts verloren, sondern Ursachen setzten sich in Wirkungen um. Letztlich blieb in einer Materie, die nur Transformationsprozesse kannte, alles erhalten. Was wie Vernichtung aussah, war doch immer nur Umwandlung. Die Evolutionslehre, der zufolge kontinuierlich eine Lebensform aus der anderen hervorging, kehrte die alte Idee der Hierarchie des Existierenden in eine Linie um, die von der Entstehung des Lebens bis zum Menschen verläuft. Nachdem die neue Welt keinen Platz mehr für Gott hatte, blieb sie doch ein lückenloser Ort des Seins. Gottes Verschwinden hatte sie ihres Sinns beraubt, nicht ihrer Qualität als geschlossenes Ganzes.

Dieser Verlust des Sinns ließ westliche Menschen am Tod Gottes leiden. Der Wegfall ihrer ersten Ursache machte alle Prozesse der Welt grundlos. Menschliche Vernunft wurzelte in chemischen Vorgängen; das Wahre, das Schöne und das Gute wurden naturwissenschaftliche Kategorien. Ein nicht mehr vom Schöpfer gesetztes menschliches Leben konnte vollständig unter dem Blickwinkel innerweltlicher Nützlichkeit betrachtet werden. Und so blieb, war erst die Evolution als Programm erkannt, nichts mehr sicher, was dem christlichen Abendland einst als heilig galt. Sogar von »lebensunwertem Leben« ließ sich sprechen, begriff man nicht mehr jede Person als Ebenbild Gottes.

Vom Mittel des Schöpfers war der Mensch sich zum Selbstzweck geworden. Was sollte er nun anfangen mit seinem Dasein, dem der von der Metaphysik gesetzte Sinn abhanden kam? Sich als Mittel eines künftigen Zwecks definieren, wie Nietzsche und Pannwitz vorschlugen? Das Sinn-Vakuum belastete die Erben Gottes mit einer schweren Hypothek. Dazu kam, daß die Welt mit dem Tod Gottes zum ausbruchsicheren Gefängnis wurde. Kein Weg führte mehr aus dem weltlichen Jammertal, in dem Masse und Energie sich transformierend erhalten blieben, ins Himmelreich oder zur Höllenqual. Doch offenbar war es schwer, allemal für den Denkenden, das Leben je nach Temperament schlicht zu genießen oder einfach aufzugeben.

Schopenhauer war der erste, der die Chance wahrnahm, die das buddhistische Nirvana, vor dem zu Lebzeiten Gottes die Philosophen erschraken, in der neuen geistesgeschichtlichen Situation bot. Es konnte an die von Gott hinterlassene Stelle treten, weil es diese in der verneinenden Eigenschaft als

Erloschensein geradezu charakterisierte. An den vakanten Ort eines positiven Ursprungs trat ein negatives Ziel. Damit war wieder ein Schlupfloch aus der Welt gewährt. Auch wenn sie in die Verneinung des Willens und die Vernichtung der Existenz führte, der Weg des Menschen behielt im innerweltlichen Prozeß eine Richtung. Das Gefängnis stand einen Spalt offen.

Das Nirvana rettete so die Struktur, die im Weltbild mit Lebenssinn bestand, ohne selbst einen Sinn zu behaupten: Es gab einen Weg zu einem Ziel und damit Orientierung für die menschliche Praxis. Zusätzlich attraktiv wurde die Lehre vom Nirvana dadurch, daß sie mit jener von der Wiedergeburt einherging. Durch Selbsttötung war das Erlöschen nicht zu erreichen, weil sich der Daseinsstrom fortsetzte. Es bedurfte der schrittweisen Korrektur von Einstellung und Verhalten. Die vollständige Verneinung des Willens zum Haben und Sein war damit kein Nah- sondern eher ein Fernziel. Es mußte also gar nicht wirklich um die Verneinung des konkreten Daseins gehen, das man lebte. Richard Wagner konnte sich nach dem Land des Nicht-mehr-Seins sehnen und dennoch an *Tristan und Isolde* arbeiten.

Wiedergeburt und Nirvana boten so eine taugliche Strategie, den Tod Gottes und die eigene Verlorenheit in einem zweckfreien Universum zu bewältigen. Indem man im Hinblick auf das Ziel des Erlöschens nach ethischen Richtlinien handeln mußte, kannte das Leben Werte und war damit in gewisser Weise positiv besetzt. Andererseits mußte man nicht verdrängen, was mit dem Schwinden des Glaubens an Gott offenbar wurde: Man akzeptierte, daß ein auf Nichts gegründetes Dasein auch im Nichts münden sollte, doch konnte man sich in der Vorstellung langsam auf dieses zubewegen. Die Lehre von der Wiedergeburt ermöglichte auf diese Weise, das Erlöschen, vor dem man sich im Grunde fürchtete, in die Ferne zu projizieren und zugleich Todesangst zu kompensieren, indem sich die Linie des Lebens noch lange, zumindest aber in einem folgenden Dasein fortsetzen würde.

Diese Strategie buddhistisch Orientierter unterscheidet sich deutlich von Nietzsches Reaktion auf den Verlust von Gott und Sinn, die im vollkommenen Annehmen der Welt als »ewiger Wiederkehr des Gleichen« bestand. Im buddhistischen relativen Akzeptieren der Welt schwingt ein resignierter Unterton mit: Das Wiederkehren fügt sich dem endlichen Erlöschen. Es wirkt wie ein Trost angesichts der sinnlosen Welt, eine Galgenfrist, die zwingend zum Ende führt. Nietzsche wollte kein Ende. Sein Ja zur sinnlosen Welt ist ein absolutes: Sogar um den Preis, in aller Ewigkeit jedes Leid und jede Langeweile immer wieder zu erleben, hält er am Willen zum Dasein fest.

Das Qualifizieren der buddhistischen Haltung als resignativ im Unterschied zu Nietzsches trotzigem Ja zur Welt hält jedoch nur oberflächlichem Vergleich stand. In der Konsequenz beinhaltet der buddhistische Ansatz die größere Potenz der Hoffnung. Nietzsches vollkommenes Ja erlaubt letztlich nur die totale Hingabe an das Schicksal. Zwar will er der Sinnlosigkeit des Daseins trotzen, doch nicht dessen Verlauf. Der Buddhist hingegen fügt sich in die Sinnlosigkeit, doch trotzt er dem konkreten Verlauf des Lebens und lenkt es in andere Bahnen, weil er das Leid überwinden möchte. Auch wenn am Ende das Erlöschen steht, wird damit die Möglichkeit einer bewußten Veränderung angenommen. Indem bereits der frühe Buddhismus eine absichtsvolle Entwicklung im Ablauf der Wiedergeburten bejahte, war in ihm schon angelegt, was später als Weg des Bodhisattva, der dem gänzlichen Erlöschen entsagt, bedeutend wurde. Weil der Bodhisattva für sich wie andere Leid mindern will, also den Lauf der Dinge verändern, ist sein Ja zur Welt nicht »Amor fati« im Sinne Nietzsches, sondern Verwirklichung eines Programms gegen den Strom.

Als buddhistische oder buddhistisch inspirierte Wiedergeburtslehren im 19. Jahrhundert durch Schopenhauer und die Literatur der Theosophischen Gesellschaft in bürgerlichen Kreisen Deutschlands populär und diskussionswürdig wurden, war die Idee nicht vollkommen neu und dem Gebildeten nicht unbedingt fremd. Vorstellungen von Wiedergeburt fand man nicht nur in antiken Quellen, etwa bei Platon und ausgereifter im Neuplatonismus. In neuerer Zeit hatten Gotthold Ephraim Lessing (1729–1781) in seiner Schrift über die *Erziehung des Menschengeschlechtes* oder die Romantiker das Motiv wieder aufgenommen.

Im westlichen Kontext war die Wiedergeburt meist mit dem Aspekt des Reifens verknüpft. Erneute Leben, die bei Platon im Sinn einer Strafe für Verfehlungen dieses Daseins anklangen, wurden vom Neuplatonismus zum Weg der Höherentwicklung der Seele. Nachdem die vom Christentum unterdrückte Idee in der Neuzeit wieder an Attraktivität gewann, stand sie wie bei Lessing unter dem Leitmotiv der Erziehung.

Auch in Asien war die Idee der Wiedergeburt durch die Lehre vom Karma mit Vorstellungen von Reifen und Erziehung verbunden. Das Konzept, daß das Wirken früherer Leben die Qualität künftiger bestimmt, dürfte in Indien knapp vor der Epoche Gautamas aufgekommen sein.[1] Dies hing mit dem steigenden Bewußtsein der Subjektivität zusammen. Im Zuge einer Revolution des Ackerbaus, der Verstädterung und eines aufblühenden Handels erhob sich der Mensch zunehmend über die Natur und löste sich aus deren Abhängigkeiten, indem er erkannte, wie seine Initiative den Fortgang der Wirklichkeit beeinflußt. Die Karma-Idee verband sich vor diesem Hintergrund mit der älteren Wiedergeburtslehre, die wohl aus der Beobachtung natürlicher Rhythmen herrührte. Ursprünglich glaubte man die Wiederkehr nicht vom Handeln bestimmt, sondern ging, soweit überhaupt Theorien bestanden, von einer unbeeinflußbaren Abfolge aus oder nahm den letzten Bewußtseinsinhalt eines Sterbenden als richtungweisend für die Zukunft.

Die frühen Vorstellungen stets neuer Dasein traten in Indien noch nicht mit negativer Bewertung wie im buddhistischen Kontext des Nirvana auf. Man begrüßte die Wiederherstellung. Erst mit dem steigenden Gewahrsein der Subjektivität erhielt die Aussicht der Wiedergeburt etwas Bedrohliches und Leidhaftes. Zum neuen Machtgefühl des den Fortgang seines Lebens lenkenden Subjekts mußte sich zwingend ein gesteigertes Ohnmachtsempfinden gesellen, denn Gewahrsein des individuellen Erfolgs ist zugleich eines des eigenen Scheiterns. Zudem war das Bewußtsein der Subjektivität mit erhöhter Einsamkeit erkauft. In dem Ausmaß, in dem der einzelne sich als souverän Wirkender und Scheiternder erfuhr, trat er auch aus Natur und Gesellschaft heraus, war in seinen Errungenschaften und Fehlschlägen letztlich allein. Er lebte nicht mehr selbstverständlich als Teil seiner Sippe mit ihr und nach seinem Tod in ihr fort, sondern verfolgte eigene Interessen und stand vor der Tatsache seiner eigenen Endlichkeit.

So schlug sich die gestiegene Bedeutung des Subjektseins nicht nur in der Karma-Idee nieder, welche die Fähigkeit des einzelnen zum Gestalten reflektiert. Sie fand auch Ausdruck im Empfinden, daß die Existenz als Ich, das vereinzelt und auf sich reflektierend der Welt gegenübersteht, ein schmerzhafter Zustand ist, der ein Ende finden sollte. Wiedergeboren zu werden galt insgesamt als leidhaft.

Weil jedes menschliche Handeln künftiges Dasein programmiert, war ein Ende der Wiedergeburten nur denkbar, wenn alles Karma aufhörte. Dies bedeutet, daß man letztlich nicht durch Aktivität zur Befreiung aus der Kette des Daseins gelangen konnte, sondern einzig durch das Loslassen aller Absichten, die sich aus der Perspektive des zu überwindenden Ich bilden. Menschliches Wirken kann damit nur relativ zur Erlösung beitragen, indem es die äußeren Rahmenbedingungen schafft, die das Erlöschen durch Loslassen von Ich und Welt ermöglichen.

Obwohl damit auch die indischen Begriffe von Wiedergeburt und Karma einen Erziehungsprozeß beinhalten, wird hier der Unterschied zu den westlichen Vorstellungen deutlich. Von den Neuplatonikern bis zu Lessing wird Wiedergeburt als ein Reifen verstanden, das die Seele oder Individualität von einem Dasein zum folgenden zu immer höherer Erkenntnis führt. Es geht um das Wachstum des einzelnen, der ein zunehmend volleres Wesen wird. Das indische Verständnis zielt letztlich nicht auf Wachstum, sondern auf Abnahme und schließlich auf Erlöschen der Vereinzelung. Das ganze Wissen, das Gautama im Erwachen um unermeßlich viele Welten und Existenzen erlangte, war am Ende kein positiver Erkenntnisgewinn eines einzelnen, sondern Anlaß, mit all dem sich selbst loszulassen.

Beim indisch und buddhistisch inspirierten Interesse an der Wiedergeburt, das im 19. Jahrhundert erwachte, begegnen wir diesen beiden Ansätzen wieder. Die Auffassung der Theosophischen Gesellschaft war, obwohl sie sich auf Tibetisches, Indisches und in der Person Olcotts auf das Theravada Ceylons berief, eher vom westlichen Verständnis geprägt, während Schopenhauer und in seiner Folge die buddhistische Bewegung eher dem indischen Modell folgte. In der Praxis gab es jedoch zahlreiche Überschneidungen und Beeinflussungen beider Linien.

Den Anstoß, daß über Wiedergeburt ernsthaft und breiter diskutiert werden konnte, gab das Werk Schopenhauers. Schon bevor er auf indische Lehren aufmerksam wurde, konnte er die prinzipielle Idee aus westlichen Quellen schöpfen sowie am Lebensgefühl der Romantik anknüpfen. Für den Philosophen ergab sich die Notwendigkeit der Wiedergeburt aus dem Denken und lebte im Gefühl als dunkle Ahnung. Nur der Buddha, so Schopenhauer, verfügt über eine Bewußtseinskontinuität in frühere Dasein. Jedem anderen bleiben sie »eine nicht zum deutlichen Bewußtseyn zu bringende und auf eine unendliche Ferne hindeutende Erinnerung«.[2] Da es um ein Beenden der Existenzen durch Verneinung des Willens ging, waren frühere Lebensläufe auch nicht von primärem Interesse. Die Beschäftigung mit ihnen hätte eher einem Bejahen des Lebens, einem Haften an der Welt entsprochen als einem Loslassen des Willens zum Dasein.

Dennoch überstrahlte bei vielen Lesern Schopenhauers die Faszination, die vom Gedanken wiederholten Daseins ausging, die erstrebte Verneinung. So empfand Richard Wagner die Idee der Wiedergeburt sowohl als Trost in den Wirren seines Lebenslaufs und zugleich als Inspiration für sein Werk.

Das Motiv gewährte Hoffnung im Hinblick auf ein Überdauern des sicheren Todes und weckte Phantasien und Neugierde in Bezug auf die eigene verborgene Vergangenheit, in der die Lösungen für alle Rätsel und Schläge des gegenwärtigen Schicksals zu finden wären. Indem diese Lehre mit dem Buddhismus verbunden wurde, war sie nicht länger ein skurriler Gedanke, den die abendländische Tradition in ihrer Entwicklung hinter sich gelassen hatte. Der Buddhismus, so glaubten mit Schopenhauer viele während der frühen Phase der Rezeption, war die am meisten verbreitete Weltreligion, und ihre Lehrsätze galten somit dem größten Teil der Menschheit als Wahrheit.

Als die Theosophische Gesellschaft ihre Anschauung von der Wiedergeburt verkündete, war durch Schopenhauer in dafür empfänglichen Kreisen der Boden schon bereitet. Die theosophischen Interpreten wollten es jedoch, was die früheren Leben betrifft, nicht bei einer dumpfen Ahnung belassen. Wiedergeburt galt ihnen nicht als Glaubenslehre, sondern als überprüfbare Tatsache. Ein Mensch, der sich konsequent einem geistigen Schulungsweg unterzöge, könnte nicht nur Klarheit über eigene Vorleben erlangen, sondern auch jene anderer erschauen.

Daß die Theosophie einer Erfahrbarkeit der Wiedergeburt großen Wert beimaß, hing auch mit dem Anspruch ihres Weltbildes auf Wissenschaftlichkeit zusammen, der die Beweisbarkeit vorgetragener Behauptungen erforderte. Man legte Nachdruck auf die Übereinstimmung theosophischer Standpunkte mit neuesten Errungenschaften der Naturforschung. Hübbe-Schleiden, einer der Gründer des deutschen Zweiges der Gesellschaft, hatte versucht, Darwinismus und Wiedergeburt in Einklang zu sehen: Erst durch die Kenntnis der geistigen Höherentwicklung der Wesen nach der indischen Wiedergeburtslehre erscheine die materielle Evolution im rechten Licht und könne ihren Platz im abendländischen Geistesleben finden.

Ihre parallele Struktur zur neuen Theorie von der Entstehung der Arten, wie sie Darwin und Haeckel vertraten, trug tatsächlich wesentlich zum Erfolg der evolutionär interpretierten Wiedergeburtslehre der Theosophen bei. Die Evolutionsidee der Naturwissenschaftler kam ohne Gott aus. Der Mensch war zwar noch Krone der Schöpfung, jedoch als Endprodukt rein materieller, blinder Prozesse. Aus Zufällen und Notwendigkeiten entstanden, erforschte seine bewußte Vernunft die Welt und sich selbst. Doch in all dem lag weder Sinn noch Bestimmung, wonach in der metaphysisch geprägten Kultur viele verlangten.

Die als Höherentwicklung gedeutete Wiedergeburtslehre lieferte hier das Vermißte, indem sich die materielle Evolution als kleiner Ausschnitt einer universellen Höherentwicklung erwies, der ebenso eine geistige Wirklichkeit zukam. Auch wenn es ihnen ganz fern gelegen haben dürfte, waren Darwin und Haeckel damit ebenso wichtige Wegbereiter für die Akzeptanz der Wiedergeburt und damit auch für einen Buddhismus im Westen wie Schopenhauer.

Mit ihrer Affinität zur Evolutionslehre hing ein weiterer Aspekt zusammen, welcher der Wiedergeburtsidee in theosophischer Deutung bei Anhängern der Lebensreformbewegung, bei Vegetariern und Tierschützern zum Erfolg verhalf: Tier und Mensch rückten näher zueinander. War in der materiellen Evolution der Mensch aus dem Tierreich hervorgegangen, übertrug die Lehre von der Wiedergeburt dies auf die Ebene des Individuellen: Die Seelen der Menschen waren einst Tierseelen gewesen; die Tierseelen der Gegenwart würden einst Menschenseelen sein.

Den weitaus größten Erfolg unter den deutschsprachigen Propagandisten der Wiedergeburt erntete Rudolf Steiner, der seit 1902 die Theosophische Gesellschaft in Deutschland leitete. Steiner beanspruchte, durch Schau in »höheren Welten« individuelle Ketten der Wiedergeburten zu verfolgen. Die Hörer seiner Vorträge über das Karma als Schicksalsgestaltung des menschlichen Lebens erfuhren etwa von Heinrich Heines Vorleben als Inder, daß Ernst Haeckel in einem früheren Erdenleben Papst Gregor VII. gewesen sei, und von Friedrich Schillers einstiger Existenz auf dem Saturn.[3] Das Zurückverfolgen der Wiedergeburten diente Steiner auch zur Demonstration von ihm gesehener geistesgeschichtlicher Zusammenhänge. Die Beachtung, die er mit seiner Anthroposophie und deren Ablegern gewann – den Waldorfschulen und dem biologisch-dynamischen Landbau –, weist auf die starke Akzeptanz für Ansätze, die auf dem Wiedergeburtsmotiv basierten.

Unter den exponierten Persönlichkeiten der buddhistischen Bewegung nahm niemand explizit für sich in Anspruch, direkt auf eigene oder anderer Dasein zurückzuschauen. Dies galt gleichermaßen für die unterschiedlichen Konzepte buddhistischer Wiedergeburt, die in Deutschland bestanden. Weder Grimm, der von einem ewigen Ich ausging, das sich im Prozeß der Wiedergeburt mit »Beilegungen« verbindet, die nicht wesenhaft zu ihm gehören, noch Dahlke, für den in einem energetischen Prozeß nichts auf Dauer Bestand hatte, beriefen sich auf eigene Rückschau. Govindas publizierte Anspielung auf sein Vorleben als Novalis ist die Ausnahme. In der Regel wollte man die Idee der Wiedergeburt als Grundlage buddhistischen Erlösungsstrebens plausibel machen, nicht jedoch zur unmittelbaren Erinnerung an Vorleben führen.

Paul Dahlke bediente sich hierzu auch der literarischen Erzählung,[4] hauptsächlich jedoch eines Argumentierens, das die Annahme des Wiedergeburtsgedankens als vernunft- und erfahrungsgemäß nahelegen sollte. In seinem Buch *Heilkunde und Weltanschauung,*[5] das auf einem Vortrag vor (nichtbuddhistischen) Ärzten beruht, geht er davon aus, daß der Mensch immer versucht, das gegebene Leben über seine Grenzen hinaus zu verfolgen. Sah der Glaube den Ursprung in Gott, neige man inzwischen zur genetischen Erklärung des Daseins. Doch sage die Genetik nichts über den Anfang des Lebens. Kombiniere man darum Glaube und Wissenschaft, um den Körper als von den Vorfahren bereitgestellte Hülle zu betrachten, die eine von Gott her stammende Persönlichkeit birgt, ergebe man sich einem »fiktiven Verfahren«.

Seine Lösung der Herkunftsfrage gründet Dahlke auf die Erfahrung, daß sich jedes Dasein selbst als etwas Einheitliches erlebt. Dies scheint ihm gegen eine rein biologische Konstitution des Menschen zu sprechen, die ein Bewußtsein persönlicher Ganzheit gar nicht zuließe: »Wären Ei- und Samenzelle das Leben selber, so wäre Leben nicht das Einheitliche, als welches es sich selber erlebt, sondern ein unendlich Zusammengesetztes, in dem hinter dem von den Eltern eines bestimmten Lebewesens gelieferten Zeugungsmaterial die anfanglose Reihe der Voreltern mit all den entsprechenden Gabelungen stehen würde.«

Leben als Gewahrsein des Daseins ist also eine andere Dimension der Wirklichkeit als die biologische. Ein Bewußtsein des Existierens entspringt nicht materiellen Bedingungen, sondern dem Leben selbst, das sich in Selbstreflexion und persönlichen Regungen äußert: »Bin ich, so kann ich nie nicht gewesen sein. Wäre ich aber restlos aus dem Zeugungsmaterial meiner Eltern entstanden, so wäre ich vorher nicht dagewesen und mit dem Geschlechtsakt der Eltern erst entstanden als ein Sprößling der Lust und ihrer Zufälligkeiten. Das unergründlich Schicksalhafte meines Lebens wäre dahin; die Verantwortlichkeit mir selber gegenüber, die ich doch in jedem Augenblick als ›Gewissen‹ fühle, wäre dahin. Woher sollte denn auch eine Verantwortlichkeit mir selber gegenüber kommen, wenn ich nichts wäre als stofflich ein Produkt aus Ei- und Samenzelle und geistig ein Produkt der Lust zweier anderer Wesen?«

Das eigentliche Leben galt Dahlke als einem Magnetfeld vergleichbarer Spannungszustand, den jeder Mensch auch als sein Wollen erfährt. Es handelt sich um einen energetischen Prozeß, der zu seiner Fortsetzung der Materie bedarf, obgleich er selbst nicht materiell ist. Er ergreift den Stoff der Außenwelt und assimiliert ihn. Leben und Materie, also der von den Eltern empfangene Leib, stehen im gleichen Verhältnis zueinander wie eine Flamme zum Brennstoff. Die Genetik ist darum nach Dahlke nicht dem Leben auf der Spur, sondern lediglich dem Lebensmaterial. »Auf die Frage ›Woher stammt die Geburt?‹ gibt es nur *eine* wirkliche Antwort: Aus dem eigenen Sterben, und auf die Frage: ›Wohin führt das Sterben?‹ gibt es nur *eine* wirkliche Antwort: Zur neuen Geburt.«

An anderer Stelle vergleicht Dahlke den energetischen Prozeß, bei dem mit dem Tod der Wille in ein neues Dasein übergeht, mit von ihm als nicht materiell gedeuteten Vorgängen der Übertragung: Wenn Belehrungen vom Lehrer zum Schüler fließen oder »zwei Augenpaare sich treffen und das aufspringt, was man Liebe oder Haß nennt, so ist das ein unmittelbares Übergehen zwischen zwei energetischen Systemen«.[6]

Darin, daß kein greifbares Etwas von einem Dasein zum nächsten wandert, sondern Prozesse sich umsetzen, folgte Dahlkes Neubuddhismus weitgehend der Lehre des Theravada, wie sie auch Nyanatiloka vertrat, wenngleich dieser vorzugsweise auf klassische Beispiele zurückgriff. So zog er zur Wiedergeburt die Erklärung heran, die in *Milindapañha* (II. 2.1.) der griechische König Menandros vom buddhistischen Weisen Nagasena erhält:

»›Ist wohl, ehrwürdiger Nagasena, derjenige, der wiedergeboren wird, derselbe wie der Abscheidende, oder ist er ein anderer?‹

›Weder derselbe noch ein anderer.‹

›Gib mir ein Gleichnis!‹

›Was meinst du, o König: bist du wohl jetzt als Erwachsener noch ebenderselbe, der du damals als kleiner junger, unmündiger Säugling warst?‹

›Das nicht, o Ehrwürdiger. Denn eine andere Person war ja der kleine, junge, unmündige Säugling, eine ganz andere Person aber bin ich jetzt als Erwachsener.‹ ...

›... aufgrund eben dieses Körpers werden (in unserem Denken) alle diese Zustände (Lebensstadien) zu einer Einheit zusammengefaßt.‹ ...

... ›Brennt wohl eine Lampe in der ersten Nachtwache, eine andere in der mittleren, und wieder eine andere in der letzten Nachtwache?‹

›Das nicht, o Ehrwürdiger. Denn das Licht war während der ganzen Nacht abhängig von ein und derselben Lampe.‹

›Genau so, o König, schließt sich die Kette der Erscheinungen aneinander. Eine Erscheinung entsteht, eine andere schwindet, doch reihen sich alle ohne Unterbrechung aneinander. Auf diese Weise langt man weder als dieselbe Person noch als eine andere bei der letzten Bewußtseinsverfassung an.‹«[7]

Die Wiedergeburt wird somit als Fortsetzung dessen gedeutet, was bereits in einem Dasein ohne unveränderliche Entität abläuft: »Gerade nun, wie in diesem Prozesse der beständig wechselnden körperlichen und geistigen Daseinsphänomene nichts gefunden werden kann, was von einem Augenblicke zum nächsten überginge, so auch gibt es keine Wesenheit oder Ichheit, die von einer Geburt zur anderen überginge.«[8]

Den sich im Lebensprozeß neu bildenden und unausgesetzt wandelnden Wesen ist keine Bewußtseinskontinuität beschieden. Das gilt auch für die vom klassischen Theravada abweichende Lehre Grimms, der von einem ewigen Ich jenseits von allem Erkennbaren ausgeht, das von Dasein zu Dasein ihm wesensfremde Beilegungen ergreift. Eine solche Kontinuität der Erinnerung wurde von jenen, die sich als orthodoxe Buddhisten begriffen, auch gar nicht angestrebt. Ein Erforschen früherer Leben galt im Hinblick auf die verlangte Befreiung im Erlöschen als nicht geraten, kettet das Interesse an vergangenen oder künftigen Daseinsformen doch an die Welt und das Dasein.

Trotz aller Versuche, die Wiedergeburt argumentativ plausibel zu machen, besaß diese Idee letztlich die Qualität eines Mythos, in den der neue Buddhist sein Leben stellte. Betonte die buddhistische Bewegung gern, daß ihre Lehren mit der modernen Wissenschaft konform seien, basierten sie in dieser wichtigen Frage auf einem schlichten Glaubensinhalt. Daß seit anfangloser Zeit Leid erfahren würde, an das man gar keine bewußte Erinnerung besitzt, blieb als Motivation zur religiösen Praxis auf breiter Basis schwer vermittelbar.

Und so trat neben den Enthusiasmus mancher in der frühen buddhistischen Bewegung, mit buddhistischen Impulsen auch eine Reform der Gesellschaft einzuleiten, zugleich die Erkenntnis, daß sich die eigentliche Lehre nur an wenige Entwickelte und dafür Reife richtet, die das erforderliche Grundgefühl teilten.

Entsprechend war Dahlke sich bewußt, daß er einem Menschen, der gleich Nietzsche sagt, er freue sich, immer wiederzukehren, »im Grunde gar nichts erwidern« kann. Um die Last der Wiedergeburten und darum die »Saugkraft« des Nirvana zu empfinden, müsse ein Mensch etwas vom »Schauer der Anfanglosigkeit gekostet haben«, um zu erkennen: »Es lohnt nicht! Hier gibt es keine Sicherheit, nicht auf Erden, nicht im Himmel. Es gibt nur eine Sicherheit, nur eine Ruhe: das Loslassen, das Entsagen, das Verlöschen für immer!«[9]

Hier zeigt sich etwas Charakteristisches dieses Glaubens an die Wiedergeburt. Das gegenwärtige Leben wird als unzulänglich erfahren. Doch mündet der Überdruß am konkreten Dasein nicht im Freitod, weil die dunklen Schauer der Anfanglosigkeit, die das Leben unerwünscht scheinen lassen und das Erlöschen gebieten, zugleich mit noch längerer Fortexistenz drohen, wollte man dieses eine Leben beenden. Der Mythos der Wiedergeburt gestattet derart das Paradox, sein eigenes Dasein in der Weltanschauung abzulehnen und doch, quasi gezwungen, daran festzuhalten und es bestimmten Regeln der Religion und Moral zu unterwerfen.

Indem das überschaubare Leben in eine Abfolge von Wiedergeburten gestellt wird, läßt sich eine Gratwanderung zwischen Sinnlosigkeit und Sinn vollziehen: Das einzelne Dasein wird als flüchtiger Moment in einer anfanglosen Kette bedeutungslos, und zugleich steht es durch diese Kette in einem überindividuellen Zusammenhang, der dem täglichen Leiden und Tun durch die Lehre vom Karma einen zumindest provisorischen Sinn verleiht.

Dieses Paradoxe des Wiedergeburtsglaubens erklärt auch die Kombination zwischen dem Nirvana-Gedanken und theosophischen Ideen der Höherentwicklung bei buddhistisch Interessierten. Wie Gjellerups erfolgreicher Kamanita-Roman zeigt, besaß diese einige Anziehungskraft. Aufeinanderfolgende Leben wurden als evolutionärer Reifungsprozeß gedeutet, der zuletzt in einem Nirvana, das sich jeder Erklärung entzieht, mündet.

Freilich blieben Vorstellungen der Wiedergeburt insgesamt eine Außenseiteridee, die von den meisten darüber Nachdenkenden, auch solchen, die der Gestalt des Buddha und seiner Lehre einiges abgewinnen mochten, als unversöhnliches Gegenstück zum historischen Lebensentwurf des Abendlandes gewertet wurde. Rudolf Kassner faßte 1903 die Bedenken zusammen: »Buddha, so heißt es in seiner Legende, ward vollkommen, da er sich aller seiner Geburten erinnerte. Der Glaube an eine Seelenwanderung ist in den ältesten Denkmälern indischer Schrift nicht bezeugt, er lebt auf, als das indische Volk sozusagen Geschichte hätte bilden können. Nun, es liegt in der Natur dieses Glaubens, daß er alle Geschichte widersinnig, ja unmöglich macht, sie gleichsam verschluckt. Von einer Moral der Geschichte sprechen meist diejenigen, die an die Willensfreiheit glauben, und die Willensfreiheit ist durch die Seelenwanderung vernichtet.«[10]

Die Karma-Theorie, nach welcher Wirkungen aus früheren Leben in dieses hineinspielen, hatte schon der frühe deutsche Buddhist Theodor Schultze abgelehnt. Sie widerstritt für viele der westlichen Idee der Freiheit des Willens und bewußten Gestaltung des Daseins. Doch wollte die buddhistische Wiedergeburtslehre nicht gerade dieses Ich, das als historisches Subjekt freie Entscheidungen trifft, als Täuschung entlarven?

Das unrettbare Ich

Der Mythos der Wiedergeburt relativiert das konventionelle Ich in zweifacher Weise: Einmal geht das gegenwärtige subjektive Gewahrsein in einer Reihe gleichartiger Phänomene auf und gilt dadurch als weniger wichtig, als es sich gemeinhin nimmt. Sodann wurde von Dahlke und Nyanatiloka dieses Prinzip der Abfolge auf das konkrete Dasein selbst angewandt: Es zerfließt gleichfalls in eine Serie von Augenblicken, in denen das als dauerhaft empfundene Ich bloßer Widerschein ist.

Für andere stand hinter diesem Prozeß ein ewiges Prinzip, wobei zwei Modelle zu unterscheiden sind. In jenem Grimms hat das Ewige hinter der Erscheinungswelt im Grunde nichts mit dieser zu tun. Das gänzliche Loslassen der Welt, die in der Gesamtheit ihrer Elemente Nicht-Ich ist, befreit das unzerstörbare Ich. Grimm wollte diese Lehre in einem »Großen Syllogismus«, der sich freilich in den buddhistischen Quellentexten nicht findet, durch logische Beweisführung entwickeln:

»Was ich entstehen und vergehen und infolge dieser seiner Vergänglichkeit mir Leiden bringen sehe, das kann ich nicht selbst sein.

Nun sehe ich alles Erkennbare an mir und um mich entstehen und vergehen und infolge dieser seiner Vergänglichkeit mir Leiden bringen.

Also ist nichts Erkennbares mein Ich.«[11]

Alles Erkennbare am eigenen empirischen Wesen gehört dabei für Grimm folgerichtig zur Welt: die Körperlichkeit, das Wahrnehmen, Fühlen, Wollen und Denken. Damit erhebt Grimm einen durch abstraktes Denken gewonnenen Begriff, der keinen Bezug zum persönlichen Erfahren des Menschen erkennen läßt, zu dessen wahrem Wesen. Seidenstücker dachte schon früher in diese Richtung, ging er 1913 in seiner Dissertation davon aus, daß nach dem Zurruhekommen des Kreislaufs der Existenzen in der Erlösung »ein Einheitliches, Verharrendes und unbedingt Reales« offenbar werde.[12]

Das andere Modell, das mehr vom Mahayana beeinflußt ist, sieht das ewige Ich oder Selbst mit der gegebenen Welt verbunden. Der Prozeß der Wiedergeburten wird zu einem solchen zunehmender Selbstverwirklichung. Das Wesen wächst oder erkennt seine immer schon vorhandene Potentialität, indem es mehr und mehr Aspekte der Wirklichkeit erfährt, in sich aufnimmt oder als zu sich gehörend erkennt.

Dieser Gedanke findet sich bei der Theosophischen Gesellschaft und in ähnlicher Weise bei Bruno Petzold, der eine derart verstandene Wiedergeburtsidee als eine der inhaltlichen Entsprechungen des Mahayana mit der Weltanschauung Goethes wertete. Nach Goethe, so Petzold »enthält das Wesen des Menschen das Wesen aller sichtbaren Natur. Der Mensch trägt Pflanze und Tier in sich. Ja unser ewiges Ich steht mit dem Wesen der Sternenwelt in geistiger Verbundenheit: es trägt das Sonnensystem in sich. So schließt unser Selbst den Geist der irdischen Welt und den Geist des Himmels in sich ein und ist identisch mit der Weltseele, aufgefaßt als Einheitsprinzip und verbindendes Medium von Naturkraft und menschlichem Empfinden, Wollen und Erkennen. Das Selbst Goethes ist im wahrsten Sinne des Wortes die Welt im kleinen: ein Mikrokosmos.«[13]

Da dieses Selbst – für Petzold die Buddha-Natur – der unmittelbaren Wahrnehmung verschleiert ist, besteht geistiger und sittlicher Fortschritt »lediglich darin, diesen Schleier mehr und mehr wegzuziehen, also daß das unter- und überbewußte Wahre Ich mehr und mehr zu einem bewußten Ich wird. Unsere eigene Ewigkeit lernen wir so immer tiefer erfahren, und das unser Wesen verdunkelnde Vergängliche wird so mehr und mehr ins Unvergängliche hinübergeführt. Das ist der Läuterungsprozeß im Menschen. Er beschränkt sich nicht auf ein einziges Leben, sondern setzt sich unter Teilnahme höherer, freundlicher, helfender Wesen fort durch unzählige Wiedergeburten. Immer wieder geht der Kern unseres Wesens durch neue Verselbstung, immer wieder verpuppt er sich aufs neue und sprengt die ihn umgebende Schale.«[14]

Allen diesen unterschiedlichen Wiedergeburtsinterpretationen war ein grundlegendes Element gemeinsam: Das gegebene Bewußtsein der Subjektivität wurde als Täuschung bezeichnet. Die Art und Weise, in welcher der Mensch sein Ich erlebt, entsprach nicht der Wirklichkeit. Das empirische Ich war überhaupt nicht existent, nicht das eigentliche Ich oder nur ein verengter Ausschnitt einer umfassenderen Wahrheit. In jedem Falle war es etwas ganz anderes, als die tägliche Erfahrung zu erweisen schien.

Damit zeigt sich als zentrales Motiv aller Theorien und Spekulationen zur Wiedergeburt ein Relativieren des Ich und der Versuch seiner Neudefinition.

Abb. 22 Bruno Petzold (1873–1949)

Eine solche lag nahe, als der Buddhismus in Deutschland ab den fünfziger Jahren des 19. Jahrhunderts ernstgenommen wurde. Die Entthronung Gottes konnte sein Ebenbild, den Menschen, nicht unberührt lassen. War die Idee der Person keine metaphysische Wahrheit, konnte sich die des Schöpfers beraubte physische Person auch nicht mehr sicher fühlen. Die vom Buddhismus inspirierten Lehren von der Wiedergeburt sind so im Kontext einer Zeit zu sehen, die überhaupt das Wesen des Menschen in Frage stellte. Es ließ sich weder fortan eine unsterbliche Seele behaupten, die als solche nicht erkennbar war, noch galt die Wahrnehmung, daß ich denke, im letzten Sinn als Gewähr dafür, daß ich tatsächlich bin.

Ein früher Versuch der Rettung des Ich vor dem Hintergrund des Atheismus und mit ihm zerbrochener traditioneller Werte stammt von Max Stirner (1806–1856), einem Schüler Hegels. Der als Journalist und Lehrer in Berlin lebende Stirner war von Feuerbach beeinflußt, der ihm jedoch in den Konsequenzen der Kritik am spekulativen Idealismus nicht weit genug ging.

Feuerbach wollte das, was man zuvor in die jenseitige Person Gottes projizierte, als diesseitiges Programm des Menschen erkennen. Die Vollkommenheit Gottes wurde zur menschlichen Aufgabe, wobei der überlieferte Kanon der Werte ebenso intakt blieb wie die Idee eines sinnvollen oder zumindest zielgerichteten historischen Prozesses. Stirner wollte dagegen grundsätzlich das vom Christentum bestimmte Denken verlassen und damit vor allem die Kategorie des Geistes.

Der Mensch der Antike hatte für Stirner im Geist lediglich ein Instrument gesehen, um in der natürlichen Welt, die ihm als Wahrheit galt, zurechtzukommen. Mit dem Christentum vollzog sich hier ein Bruch, indem es die Wirklichkeit in Geist und Welt spaltete. Dem Geist kam dabei Wahrheit zu, während die Welt letztlich ein Nichts war.

Nach Stirner steht nun die Erkenntnis an, daß einzig das individuelle Ich, das jeder als solches erfahren kann, als unmittelbare Wahrheit gelten darf. Schon die Einleitung seines Werks *Der Einzige und sein Eigentum* (1845) betitelt er programmatisch: »Ich hab' Mein Sach' auf Nichts gestellt«. Wie Stirner feststellt, beruhen alle bisherigen Werte wie Gott oder Vaterland auf keiner gesicherten Grundlage, also auf Nichts, obwohl der einzelne dafür geopfert wird. »Betrachtet einmal das Volk, das von ergebenen Patrioten geschützt wird. Die Patrioten fallen im blutigen Kampfe oder im Kampfe mit Hunger und Not; was fragt das Volk darnach? Das Volk wird durch den Dünger ihrer Leichen ein ›blühendes Volk‹! Die Individuen sind ›für die große Sache des Volks‹ gestorben, und das Volk schickt ihnen einige Worte des Dankes nach und – hat den Profit davon. Das nenn' Ich Mir einen einträglichen Egoismus.«

Aus diesem und anderen Beispielen will Stirner lernen, daß der Egoist am besten vorankommt. »Ich Meinerseits nehme Mir eine Lehre daran und will, statt jenen großen Egoisten ferner uneigennützig zu dienen, lieber selber ein Egoist sein. Gott und die Menschheit haben ihre Sache auf nichts gestellt, auf nichts als auf Sich. Stelle Ich denn meine Sache gleichfalls auf *Mich*, der Ich so gut wie Gott das Nichts von allem Andern, der Ich mein Alles, der Ich der Einzige bin.«

Aus dem Absolutsetzen des Ich ergibt sich als ethische Konsequenz, daß jeder nur um seiner selbst willen agiert. Religionen oder Staaten vermögen dem Egoismus, der im Kampf jedes gegen jeden resultiert, nicht durch Liebesgebote oder Gesetze entgegenzuwirken. »Fort denn mit jeder Sache, die nicht ganz und gar Meine Sache ist! Ihr meint, Meine Sache müsse wenigstens die ›gute Sache‹ sein? Was gut, was böse! Ich bin ja selber Meine Sache, und Ich bin weder gut noch böse. Beides hat für Mich keinen Sinn. Das Göttliche ist Gottes Sache, das Menschliche Sache ›des Menschen‹. Meine Sache ist weder das Göttliche noch das Menschliche, ist nicht das Wahre, Gute, Rechte, Freie usw., sondern allein das *Meinige*, und sie ist keine allgemeine, sondern ist – *einzig*, wie Ich einzig bin. Mir geht nichts über Mich!«

Gegenüber allem anderen, was man auf Nichts baute, das höchste Wesen wie Ideale der Mitmenschlichkeit, besitzt das Ich den klaren Vorteil seiner unmittelbaren Erfahrbarkeit. Alle Allgemeinbegriffe des Menschen sind dagegen bloße Konstrukte und als solche für das Ich nicht bindend. Es ist keiner Ethik, keinem Gebot oder Gesetz verpflichtet.

Stirner, der damit wesentlich zur Theorie des Anarchismus beitrug, versuchte bei aller Distanz zum Christentum doch eine der wichtigsten christlich-abendländischen Ideen zu retten, jene der Person. Aber der Versuch, allein durch individuelle Erfahrung an einem Personbegriff festzuhalten, der zuvor metaphysisch untermauert und damit für alle bindend und somit verbindend war, setzte den einzelnen nicht nur absolut, sondern entließ ihn zugleich in die Einsamkeit.

Gleichfalls von einem Kritiker der Metaphysik stammt ein gänzlich anderer Versuch, den Standort des Ich neu zu bestimmen. Der Österreicher Ernst Mach (1838–1906) behauptete 1886 in seiner *Analyse der Empfindungen*[15] die Relativität und letztliche Nichtexistenz des Ich. In der »Antimetaphysische Vorbemerkung« betitelten Einleitung heißt es: »Das Ich ist unrettbar. Teils diese Einsicht, teils die Furcht vor derselben führen zu den absonderlichen pessimistischen und optimistischen, religiösen, asketischen und philosophischen Verkehrtheiten. Der einfachen Wahrheit, welche sich aus der psychologischen Analyse ergibt, wird man sich auf die Dauer nicht verschließen können.«

Für den Physiker Mach löst sich die Welt einschließlich der menschlichen

Subjektivität in einen Strom von Elementen auf. Zeitweilig scheinen sich Elemente zu unbeständigen Komplexen zu verdichten, den wahrgenommenen Dingen und Erfahrungen. Doch kommt diesen keine Wirklichkeit in sich zu. Als zusammengehörige Komplexe erfaßte Gegebenheiten helfen lediglich der Orientierung in einer sonst für den Menschen wirren Wirklichkeit. So nimmt man die Welt in einer Ordnung wahr, die sie nicht aufweist, aber es ermöglicht, sich darin zu bewegen. Als ein wichtiges Komplexmuster gilt Mach das Ich. Es bildet sich gleichfalls als Notbehelf zur Orientierung, ist aber an sich nicht vorhanden und besitzt keine klaren Grenzen, die es von seiner Umgebung sondern.

Seine Erkenntnisse, die Mach auf persönliche Erfahrungen und naturwissenschaftliche wie psychologische Reflexionen gründet, führen ihn auch zu ethischen Folgerungen. Wer der Hinfälligkeit des Ich gewahr wurde, »wird dann auf das Ich, welches schon während des individuellen Lebens vielfach variiert, ja beim Schlaf und bei Versunkenheit in eine Anschauung, in einen Gedanken, gerade in den glücklichsten Augenblicken, teilweise oder ganz fehlen kann, nicht mehr so hohen Wert legen. Man wird dann auf individuelle Unsterblichkeit gern verzichten und nicht auf das Nebensächliche mehr Wert legen als auf die Hauptsache. Man wird hierdurch zu einer freieren und verklärten Lebensauffassung gelangen, welche Mißachtung des fremden Ich und Überschätzung des eigenen ausschließt.« Das darauf gegründete ethische Ideal soll weder das des Asketen, noch des »frechen« Übermenschen im Sinne Nietzsches sein, sondern ein maßvolles Leben im Bewußtsein der Relativität seinerselbst.

Als Mach seine Gedanken formulierte, wußte er noch nichts von deren Ähnlichkeiten mit buddhistischen Konzepten. Mit deren Entdecken begann seine Wertschätzung für Gautamas Lehre. So stand er mit Paul Carus in Kontakt und schrieb 1912 an Fritz Mauthner: »Für den Buddhismus habe ich – seit ich etwas davon weiss – immer die größte Sympathie gehabt, wenngleich meine Analyse der Empfindungen nicht auf buddhistischer Anregung, sondern durch die naivsten Überlegungen entstanden ist.«[16]

Umgekehrt schätzten Buddhisten Machs Gedanken als Bestätigung der Anatman-Lehre durch einen modernen Naturwissenschaftler. Mehr noch als im deutschen Sprachraum wurde *Analyse der Empfindungen* in Ceylon beachtet. Ins Singhalesische übersetzt, wurde sie dort als objektiver Beleg der Richtigkeit buddhistischer Grundannahmen gewertet.

So vollzog sich die Rezeption der buddhistischen Aussagen zur Frage des Ich in einem Spannungsfeld, das auftrat, als mit dem Tod der Person Gottes auch die einst feste Überzeugung der Personhaftigkeit des Menschen in Theorie und Erfahrung wankte. Die neuen Lösungen dieses Ich-Problems, die in Deutschland im Interpretieren des Buddhismus gefunden wurden, entsprachen in der Struktur den Ideen des weiteren Umfeldes. Dem Absolutsetzen des Ich als Erfahrung (Stirner) oder metaphysischer Entität (Grimm) stand die Tendenz gegenüber, alle Formen endlicher Subjektivität wie eines ewigen und eigentlichen Seins für obsolet zu erklären. Bei buddhistisch Bewegten und ihrem Umfeld war diese Tendenz zum vollständigen Erlöschen des Ich oder seinem Aufgehen in einem Umfassenderen die stärkere. Sogar für Grimms Ewigkeit mußte das Ich der Alltagserfahrung völlig vergehen. Erlöschen, das Nirvana, war das bedeutende Thema.

Aufhören: »Die größte Tat des Menschen«

Was es mit dem Nirvana auf sich habe, war schon im klassischen Buddhismus alles andere als unumstritten. Gautama selbst sprach nach den Quellen vom vollkommenen Erlöschen und andererseits von einem Ungeschaffenen und Ungewordenen als Voraussetzung des Entrinnens aus der Daseinskette. In seiner Nachfolge gab es Schulen, die von Nirvana gar nicht reden wollten, und solche, die sehr weite Theorien darüber besaßen. So entstand die Lehre vom Nirvana als vollständigem Aufhören der Subjektivität und alles ihr Verknüpftem. Wie nach dem Fällen eines Baums, weder dieser existiert noch ein ›Fällen‹ fortbesteht, lehrte die Sautrantika-Schule, besteht nach dem Erlöschen des vermeintlichen Wesens weder dieses noch sein ›Erlöschen‹ weiter. Nirvana bezeichnet damit lediglich das eintretende Ende, doch keinen Zustand, der damit erreicht wäre. Im Mahayana kam es zu Theorien, welche die Kette der Dasein und das Nirvana als identisch bezeichneten, einmal erlebt aus der verblendeten Perspektive des von Gier, Haß und Verblendung Bestimmten, das andere Mal aus jener des von diesen negativen Wurzeln befreiten Bodhisattva.

Es tat sich also seit Beginn der Forschungen über den Buddhismus und seine Interpretationen das Problem auf, was eigentlich unter *dem* Nirvana zu verstehen sei: Vernichtung oder eine in irgendeiner Weise positiv zu wertende Erlösung. Es ist charakteristisch, daß Max Müller, der Pionier der Indologie und Religionswissenschaft, schwankte, ob das Nirvana tatsächlich nihilistisch zu verstehen sei. Träfe die nihilistische Interpretation zu, wäre es laut Müller kaum denkbar, daß sich der Buddhismus zur Weltreligion ausgebreitet hätte. Andererseits erwog er die Möglichkeit, daß einem großen Teil der Anhänger das endgültige Ziel nicht gewärtig sein mochte.[17] Oldenberg versuchte in die Diskussion einzubringen, daß für das Phänomen der Religiosität und des Erlösungsstrebens die Frage nach Sein oder Nichts keine bedeutsame sei:

«Ist dies Ziel das Nichts? Vielleicht. Wir können auf diese Frage hier noch nicht antworten. Was es aber auch sein mag, der Buddhist ist fern davon, die Ordnung der Dinge, welche dem Dasein gerade dies und eben nur dies Ziel gewährt hat, als ein Unglück, als eine Unbill zu beklagen oder sich mit trüber Resignation in sie als in ein unabänderliches Verhängnis zu ergeben. Er strebt dem Nirvana mit derselben Siegesfreudigkeit entgegen, mit welcher der Christ auf sein Ziel, das ewige Leben, hinblickt.«[18]

Mancher, mit der Tatsache konfrontiert, daß der Buddhismus eine Weltreligion ist, wollte sich nicht damit abfinden, ein großer Teil der Menschheit könne dem Nichts als Ziel anhängen. Max Nordau, der den Hang zum nihilistisch verstandenen Buddhismus in Europa als Entartungserscheinung kritisiert hatte, zeigt in diesem Zusammenhang eine differenzierte Sicht, indem er zwischen dem verfälschten Buddhismus und dessen Deutung des Nirvana als Vernichtung und der authentischen Lehre unterscheiden wollte, die Nirvana als höchstes Bewußtsein deute. In seinem Roman *Die Krankheit des Jahrhunderts* läßt er eine Gestalt den »Schwindel« des Nirvana als Nichts kritisieren, wobei ein entsprechender Hinweis in Nordaus 1908 erschienener Abhandlung *Buddha und der Buddhismus*[19] zeigt, wie diese Gestalt seine eigene Auffassung wiedergibt:

»Nirwana ist nicht, wie die europäischen Buddhisten zu glauben scheinen, das Nichts, das Aufhören des Bewußtseins und Wunsches, sondern im Gegentheil das höchste Bewußtsein, die Erweiterung des individuellen Seins zum Allsein. Der indische Weise denkt sich dies so: der beschränkteste Egoismus hat nur für das eigene Ich Interesse; in dem Maße, in welchen er aus seiner Beschränktheit heraustritt, erweitert sich der Kreis seines Interesses, er nimmt an immer mehr Dingen, Wesen, Erscheinungen ebensolchen Antheil, wie an sich selbst, er macht sie also dadurch gleichsam zu Bestandtheilen seines eigenen Ichs, und das kann so weit fortgesetzt werden, bis das Interesse das ganze Weltall umfaßt, bis man an dem Sandkorn und am entferntesten Fixstern, an der Ameise und an den Saturn-Bewohnern eben solchen Antheil nimmt, wie am eigenen Magen oder an der eigenen Fußzehe.«[20]

Auf diese Weise würde das ganze Weltall identisch mit dem eigenen Ich, dessen Wünsche damit zur Ruhe kämen, weil es außerhalb des Weltalls nichts gäbe, dessen Aneignung zu wünschen wäre. Auch das eigentliche Ich-Bewußtsein käme zur Ruhe, weil sich dieses nicht mehr in einem Gegensatz zum Nicht-Ich erleben müßte. Somit wäre das Nirvana nicht ein Nichts oder eine Unbeweglichkeit, sondern das Alles, »die ungeheure, rastlose Bewegung des Weltlebens«.

Durch die vorangegangene Geschichte der philosophischen Rezeption, welche das Nichts der östlichen Lehre der westlichen Auffassung entgegengesetzt hatte, war man jedoch in der breiteren Wahrnehmung geneigt, Nirvana als einen negativen Wert zu sehen. Daß es wirklich das Erlöschen im Sinne vollkommenen Aufhörens bedeuten sollte, machte für ihre Anhänger seit Schopenhauer und Wagner den Charme der Lehre aus. Sie ließ sich mit dem atheistischen und materialistischen Denken der Zeit verbinden und gab der Vernichtung einen guten Klang. Der Musiker Hans von Bülow (1830–1894), Cosima Wagners erster Mann, schuf in pessimistischer Stimmung eine Symphonische Dichtung *Nirwana*. Und Ernst Haeckel schrieb im Jahr vor seinem Tod über »die ersehnte letzte Reise nach ›Nirvana‹ in aller Seelenruhe, vergnügt wie bei einem Sonnenuntergang«.[21]

Schon der zunächst fremde Sanskrit-Begriff des Nirvana mystifizierte das gänzliche Aufhören, um das es ging. Man wußte oder ahnte hinter ihm eine ganze asiatische Tradition, der das Ende kein Schrecken bedeutete, sondern ein Geheimnis zu umschließen schien.

Rudolf Kassner ging auf diese eigenartige Stimmung ein, die mit dem Nirvana als Nichts und darin doch als etwas verbunden war: »Als die Jünger Buddhas diese Frage stellten, da gab der Meister das einzig mögliche Dogma: danach nicht zu fragen. Dogmen sind notwendig nur schlau, dieses Dogma ist wahrhaft genial und darum widersinnig. Buddha hätte wissen müssen, daß die Logik, welche er seine Jünger lehrte, diese neugierig mache, und daß man Neugier nur Kindern und Dienern verbieten dürfe. Warum hat Buddha die Menschen neugierig gemacht? Warum war seine Lehre vom Kausalnexus so logisch? Der Logik darf man das Letzte nie vorenthalten. Die Logik interessiert nur das Ende; der Anfang und das Ende interessieren sie. Der Indische Idealismus hat nie die Neugier der Menschen erregt, dazu war er zu vornehm. Der Unterschied zwischen ihm und dem Buddhismus ist auch der Unterschied zwischen der Einbildungskraft und der Neugier.«[22] Was hier die breitere Faszination des Nirvana ausmachte, war seine angedeutete Offenheit.

Die Anhänger der buddhistischen Bewegung wollten die Frage nach dem Erlöschen gerade nicht offen lassen. Dahlke ging es um das absolute Aufhören, das er als »größte Tat des Menschen« feierte.[23] Aus seiner Analyse der Persönlichkeit als scheinbarer Wirklichkeit innerhalb der Wandlungen eines energetischen Prozesses ergibt sich die Konsequenz, Nirvana ausschließlich im Sinn einer Leidbefreiung und somit als bloßen Ausfallwert zu definieren.

»Nibbana im echten Buddhawort ist nichts als ein rein relativer Begriff, der Sinn und Bedeutung erst daraus erhält, daß man Leben in jeder Form, diesseitiges wie jenseitiges, als etwas begreift, das Leiden nicht *hat*, sonder(n) *ist*. Damit ergibt sich naturgemäß dieser rein relative Seligkeitsbegriff: das *Nicht-mehr-leiden*. Dieser Seligkeitsbegriff entspricht durchaus dem Begriff der Schmerzlosigkeit. Wie diese an sich nichts ist, sonder(n) Sinn und Bedeutung erhält erst aus einem vorher erlittenen Schmerz, ebenso ist Nibbana an sich nichts. Es erhält Sinn und Bedeutung erst aus dem vorher begriffenen Leiden heraus.«[24]

Man muß erkennen, daß Nirvana »überhaupt nichts Positives enthält; daß es der rein relative Begriff der Schmerzlosigkeit ist, an dem es so wenig zu hängen gibt, wie an einem Schatten«.[25]

Dahlkes Kontrahent Grimm gibt eine positive Deutung des Nirvana als Ziel der unerkennbaren Ichs des Menschen, die er hier »X« nennt:

»Diese Nibbana-Sphäre ist die Heimat aller der X, durch deren Wollen die zahllosen, in ihrer Zusammenfassung ›Welt‹ genannten Erscheinungen bedingt sind, eben weshalb es denn auch vom ausgegangenen Feuer sowohl als auch vom erloschenen Vollendeten heißt, sie seien ›heimgegangen‹, wobei diese Heimat speziell mit Bezug auf die erloschenen Vollendeten ›die Stätte der dahingegangenen Erwachten, dem Kreislauf Entfahrenen‹ genannt wird.

Damit ist die äußerste Grenze aller möglichen Erkenntnisse erreicht. In welchem Verhältnis die X zueinander stehen, bleibt ewig unerkennbar. Denn sie sind transzendent, liegen über alle Erkenntnis hinaus.«[26]

Über das Verhältnis des Ich zum Nirvana hebt Grimm an anderer Stelle hervor: »Die Nibbana-Sphäre (nibbana-dhatu) ist die -ewige- Heimat des Ich und als solche vom Ich geradeso verschieden wie meine natürliche Heimat nicht mein Ich ist. Nibbanam selbst aber ist der dem Ich allein angemessene -absolute- Zustand«.[27] Damit bleibt das Wesen des Menschen nach erlangter Erlösung eine gesonderte Entität.

Der absolute ewige Urgrund des Ich, in welchem dieses eine freilich unerkennbare Eigenexistenz führt, wird nun für Grimms System konsequent zum Ursprung aller Phänomene erklärt: »Wie der gestorbene Vollendete für ewig in das Todlose oder An-Sich der Welt untertaucht, so war er auch seit Ewigkeiten auf dem Wege immer wieder neuen *Ergreifens*, wie wir bereits gesehen haben, aus ihm emporgetaucht. Von dort her ist dann aber auch alles andere emporgetaucht und taucht immer wieder neu empor. *Dort* also gründet das Wunder des menschlichen und jedes anderen Organismus mit allen Geisteskräften und Kunst- und Schönheitstrieben. Dort gründen die Wunder der Pflanzen- und Mineralwelt. *Dort* gründen auch all die zahlreichen Welten, die sich uns als der Gestirnte Himmel darbieten, mit ihren eisernen Gesetzen. *Dort* gründet überhaupt *alles.*«[28]

Grimm nimmt hier entgegen dem klassischen Buddhismus an, der unheile erlösungsbedürftige Zustand der Welt und ihrer in Leiden verstrickten Wesen wäre aus dem Zustand der Leidfreiheit und Erlöstheit hervorgegangen. Er folgt hier Schopenhauer, der bereits über die Verursachung der Welt durch das Nirvana gerätselt hatte. Indem dem Unerkennbaren aber ein erkennbares Merkmal beigelegt wird, nämlich der Drang zum Dasein, eine Art Wille im Sinn Schopenhauers, der das Emporsteigen aus dem Urgrund veranlaßt, bleibt es kein wirklich Unerkennbares. Nirvana wird hier letztlich zum schöpferischen Prinzip, zu Gott als Ursprung und Ziel aller Wesen.

Die am meisten verbreitete Interpretation des Nirvana war jene der Theosophischen Gesellschaft. Hier sprach man von einem »Nirvana, wo man ›eins mit dem Leben ist und – doch nicht lebt!‹«[29] Erlöschen wird im Sinn der Evolutionstheorie der Theosophischen Gesellschaft als ein Durchgangsstadium verstanden, einer Ruhephase im unendlichen Prozeß der Höherentwicklung:

»Wenn der letzte Zyklus des Menschen-Gebärens von jener letzten fruchtbaren Erde vollendet ist und die Menschheit in der Masse die Stufe der Buddhaschaft erreicht hat und aus der objektiven Existenz in das Mysterium von Nirwana übergegangen ist, dann ›schlägt die Stunde‹: das Sichtbare wird unsichtbar, das Konkrete nimmt wieder seinen vorzeitlichen Zustand atomarer Zerstreuung an.«

Doch hält dieser Zustand der »toten Welten« nicht an: »Der Schauer des Lebens wird die Atome wieder verbinden, und er wird den leblosen Planeten wieder wachrütteln, wenn die Zeit kommt. Obgleich alle seine Kräfte in statu quo ante geblieben sind und jetzt schlafen, wird er – sobald die Stunde wieder schlägt – sich allmählich für einen neuen Zyklus Menschen gebärender Mutterschaft weiten und noch höheren moralischen und physischen Typen zur Geburt verhelfen«.[30]

Die Anschauung eines kollektiven Erlangens des Nirvana durch die gesamte Menschheit läßt man hier die mythischen Meister aus Tibet vertreten, die an anderer Stelle ergänzen, wenn die entsprechende Zeit gekommen sei, »taucht die ganze geläuterte Menschheit in Nirwana ein und wird aus diesem intersolaren Nirwana in höhere Systeme wiedergeboren werden.«[31]

Neben dieser aus dem angelsächsischen Raum importierten theosophischen Variante eines positiven kollektiven Nirvana entstanden in Deutschland durch Schüler Schopenhauers zwei negative Nirvana-Modelle, die sich auf die gesamte Menschheit beziehen. Eduard von Hartmann (1842–1906) ging davon aus, daß die Menschheit als ganze dem Nichts entgegengehe. Da nicht der einzelne für sich erlischt, konnte von Hartmann Schopenhauers Gedanken der Askese relativieren.

Radikaler noch als von Hartmann war Philipp Mainländer, der schon im Zusammenhang mit seinem Buddha-Drama erwähnt wurde. Mainländer versuchte eine Synthese von Schopenhauer und Hegel. Gott brachte nach seinem Modell die Welt nicht zum Zweck seiner Selbsterkenntnis hervor, sondern als ein Selbsttötungsprojekt. Der Schöpfer möchte erlöschen. Die Menschheit lebt darum die aktiven Tendenzen Gottes aus, bis ihre Entwicklung schließlich an ein Ende gelangt. Was als Wille zum Leben erscheint, ist letztlich ein Wille zum Tode, zum Aufhören. Da ein Wille sich nur auf etwas beziehen kann, was man nicht hat, gilt Mainländer die Annahme eines Willens zum Leben als widersinnig. Jeder Wille strebt nach dem Tod.

Mainländer nahm hier vorweg, was Sigmund Freud als Nirwanaprinzip bezeichnete, »die herrschende Tendenz des Seelenlebens, vielleicht des Nervenlebens überhaupt, das Streben nach Herabsetzen, Konstanterhaltung, Aufhebung der inneren Reizspannung«.[32] Freud fragte nach den Konsequenzen der Identifikation des Lustprinzips mit dem Nirwanaprinzip. »Jede Unlust müßte also mit einer Erhöhung, jede Lust mit einer Erniedrigung der im Seelischen vorhandenen Reizspannungen zusammenfallen, das Nirwana- (und das mit ihm angeblich identische Lust-)prinzip würde ganz im Dienst der Todestriebe stehen, deren Ziel die Überführung des unsteten Lebens in die Stabilität des anorganischen Zustandes ist, und würde die Funktion haben, vor den Ansprüchen der Lebenstriebe, der Libido, zu warnen, welche den angestrebten Zustand des Lebens zu stören versuchen.«[33] – Erlöschen als Rückkehr des Lebens in den anorganischen Zustand? Nirvana als Todessehnsucht?

Bertold Brecht, der in seinem frühen Werk eine Auseinandersetzung mit dem Nihilismus vollzogen hatte, deutete später im Gedicht *Gleichnis des Buddha vom brennenden Haus*[34] die Frage nach dem Nirvana auf eine eigene Weise. Die Schüler wollen vom Buddha wissen:

Ob dies Nichts, in das wir dann eingehen
Etwa so ist wie dies Einssein mit allem Geschaffenen
Wenn man im Wasser liegt, leichten Körpers, im Mittag
Ohne Gedanken fast, faul im Wasser liegt oder in Schlaf fällt
Kaum noch wissend, daß man die Decke zurechtschiebt
Schnell versinkend, ob dieses Nichts also

So ein fröhliches ist, ein gutes Nichts, oder ob dies dein
Nichts nur einfach ein Nichts ist, kalt, leer und bedeutungslos.

Nach langem Schweigen verweigert der Buddha die Antwort. Erst als die Schüler gingen, gibt er jenen, »die nicht gefragt hatten« ein Gleichnis: Gautama kam an einem Haus vorbei, das in Flammen stand. Er trat zur Tür, um die Menschen herauszurufen. Doch die Menschen erkannten den Ernst der Lage nicht. Schon versengt die Hitze ihre Brauen, doch sie fragen, wie das Wetter draußen ist und andere Belanglosigkeiten. Gautama erkennt, daß sie verbrennen müssen und kommentiert:

Wem der Boden noch nicht so heiß ist, daß er ihn lieber
Mit jedem anderen vertauschte, als daß er da bliebe, dem
Habe ich nichts zu sagen. So Gothama, der Buddha.

Es ist der dringende Wunsch nach Veränderung, der Brecht mit Gautama verbindet. Doch da ist Distanz zum großen passiven Erwachten:

Aber auch wir, nicht mehr beschäftigt mit der Kunst des Duldens
Eher beschäftigt mit der Kunst des Nichtduldens und vielerlei Vorschläge
Irdischer Art vorbringend und die Menschen lehrend
Ihre menschlichen Peiniger abzuschütteln, meinen, daß wir denen, die
Angesichts der heraufkommenden Bombenflugzeuggeschwader des
    Kapitals noch allzulange fragen
Wie wir uns dies dächten, wie wir uns das vorstellten
Und was aus ihren Sparbüchsen und Sonntagshosen werden soll nach der
    Umwälzung
Nicht viel zu sagen haben.

Der Europäer Brecht wendet sich ab von den verschiedenen Arten, das Nichts zu interpretieren, und der Veränderung der Welt zu.

10. Kapitel

ORIENT KONTRA OKZIDENT?

Die Frage des Leidens: Emil Lucka

Das Erlöschen als Aufhören der empirischen Persönlichkeit wird im alten Buddhismus nicht vorrangig deshalb zum Ziel, weil ihre dauerhafte Existenz auf einer Täuschung beruht. Es geht nicht eigentlich um die Erkenntnis der Wahrheit. Das Erlöschen wird vielmehr angestrebt, weil die Täuschung des an sich bestehenden Ich zum Leiden führt. Mit dem Erlöschen des Ich soll der von ihm erfahrene Schmerz verschwinden. So ist in den klassischen Formulierungen des Buddhismus viel vom Leiden die Rede. Das Grundschema der Lehrverkündigung, die Vier Edlen Wahrheiten, behandeln das Leiden, sein Entstehen, sein Beenden und den Weg, der zum Ende des Leidens führt.

Auch im traditionellen Denken des christlichen Abendlandes spielte das Leiden eine zentrale Rolle. Symbolhaft für die Auffassung unserer Kultur gelten die Leiden Jesu als Voraussetzung zur Erlösung der Menschheit. Doch wurde, seit wir den Buddhismus kennenlernten, ein Unterschied erkannt.

Im westlichen Verständnis hat Leiden einen Sinn. Da die Geschichte einem zielgerichteten Plan unterliegt, sind auch alle Beschwernisse letzten Endes sinnvoll. Jesus nimmt Leid auf sich, um die Menschheit zu befreien. Märtyrer ertragen um einer höheren Wahrheit willen Schmerzen und nehmen das Sterben auf sich. Ihr Leiden erscheint als ein Mittel zum Zweck.

Persönliches Leiden war für den Westen stets auch Ausdruck individueller Einzigartigkeit. Die Helden der griechischen Tragödie sind in ihrem Scheitern groß. Bis in unsere Gegenwart können Krankheit und Schicksalsschläge gerade im Schmerz, den sie bereiten, die Aura des Geheimnisvollen besitzen und zur Frage nach dem Sinn führen: Warum ausgerechnet ich?

Der Buddhismus beantwortet die Frage mit dem Karma. Der Schicksalsschlag ist eine Botschaft aus der Vergangenheit, in der gefehlt wurde. Es verbirgt sich keine höhere Bestimmung darin. Die Fragen des Hiob, den Gott leiden ließ, stellen sich dort nicht, wo durchschaut wurde, wie sich ein klares Gesetz vollzieht: Auch in diesem Leben wird man wieder fehlen und neues Leid für die Zukunft produzieren. Sogar unter denkbar glücklichsten Umständen bleibt Leid im Buddhismus die Grundsituation des Daseins: Alter, Krankheit und Tod kann man nicht ausweichen. Während des Lebens erreicht der Mensch oft nicht, was er will, und wenn er es erreicht, muß es spätestens mit dem Tod wieder losgelassen werden. Immer wird die Vergänglichkeit zum Leiden führen, sei es auch subtilster Art, wie Gjellerup es im Kamanita-Roman seine Liebenden in einer Himmelswelt erfahren ließ.

Der Kontrast zu einem vorgeblich traditionellen westlichen Lebensgefühl, das ewige Lust ersehnt, aber auch angesichts des Leidens Ewigkeit wünscht, war für die Anhänger und Sympathisanten des Buddhismus reizvoll. Die Lehre von der Sinnlosigkeit des Leidens und damit des Daseins überhaupt, bestätigten den Pessimismus und Nihilismus, die dem Tod Gottes folgten.

Auch viele Kritiker buddhistischer Gedanken setzten an diesem Punkt ein. Köppen war in seiner historischen Darstellung des Buddhismus davon ausgegangen, dessen Pessimismus müsse das Produkt langer politischer Unterdrückung sein. Eine ähnliche Idee formulierte später Rudolf Kassner. Unterdrückung nimmt dem einzelnen seine Würde und macht ihn zum Bestandteil einer Masse. Statt individuellem Leid, das den einzelnen sich in einzigartigen schicksalhaften Bezügen erfahren läßt, entsteht ein gleichartiger kollektiver Schmerz. Der Buddhismus »empfand nicht mehr den Adel im ›Kummer‹, sondern nur noch den Kummer«. Er »setzt den Unterdrückten und nicht den tragischen Menschen voraus. Der Unterdrückte hat nur als Masse Realität, er lebt nur in der Masse. Als einzelner ist der Unterdrückte unschöpferisch und darum lächerlich, man kann gleichsam nur indirekt mit ihm verkehren. Der Buddhismus hat sich auch nur an die Masse gewendet. Er hängt von der Zahl ab; es klingt sehr paradox, aber schließlich ist der Buddhismus doch nur originell, weil er heute, ich glaube, fünfhundert Millionen Bekenner zählt.«[1]

Hier schwingt wiederum der Gedanke des Typus, der sich bei vielen Interpreten gezeigt hatte: Im Buddhismus geht es nicht um den einzigartigen einzelnen, nicht um durch Besonderheiten charakterisierte Wesen, sondern um letztlich austauschbare Größen. Der hier anklingende Gegensatz zwischen westlichem Individualismus und buddhistischem Pessimismus wurde von den meisten Autoren geteilt. Eine pointierte Ausnahme zeigt sich in Gottfried Benn (1886–1956),[2] dem »der Buddhismus, die Inkarnation alles dessen, was je der Pessimismus an Ausdruck und Inhalt fand«, mit der grundlegenden Denkweise des Abendländers zutiefst übereinstimmt. »Vielleicht dachten die Primitiven kollektiv, die Indiander, am deutlichsten die Neger«, was jedoch »die weiße Rasse« betrifft, ist ihr Denken »ichgebunden und solitär« und in dieser Einsamkeit pessimistisch. »Der Pessimismus ist das Element ihres Schöpferischen. Wir leben allerdings in einer Epoche, in der er als entartet gilt.« Benn weist darauf hin, daß jedoch die bedeutendsten Kulturleistungen des Westens auf der »Verneinung der Welt« beruhen. »Ihre Folgen sind bis heute um uns: die reinste monotheistische Religion, die Literatur der Antike, die Philosophie der Ideen und Bilder, kurz: das Abendland.« Von Sophokles bis zu Goethe, der bekannte, »daß er in fünfundsiebzig Jahren keine vier Wochen eigentlichen Behagens verlebt habe«, eine lange Reihe schöpferischer Abendländer, die von pessimistischem Denken erfüllt waren.

Der Buddhismus wird darum von Benn als eine die Grundintentionen des westlichen Individuums auf den Punkt bringende Erscheinung begrüßt. Entsprechend weist er im Gegensatz zu Köppens und Kassners Auffassung, die er gekannt haben mag, darauf hin, daß der Buddhismus keine Stimmung geknechteter Unterschichten war, sondern der denkenden Klasse entsprang. »Es ist höchst auffallend, festzustellen, daß dieser erste echte, man könnte sagen volkhafte Pessimismus, der sich als System und Massenüberzeugung in der Weltgeschichte zeigte, nicht in den unterdrückten unteren Ständen Indiens auftrat, sondern innerhalb des mächtigen Brahmanismus.«

Benn hebt die Radikalität hervor, mit welcher der Buddhismus ins »sternenlose Nichts« zielte, »nicht Übel irgendwelcher Art, soziale, moralische, physische Leidenszustände aufheben wollte, sondern *die Existenz selbst*, die Substanz des Daseins überhaupt. Das Leben als solches wirft eine Handvoll Staub in die Luft, in den Kreislauf des Werdens, vor Sansaras Rad – also auslöschen es – auswehen jeden Durst des Verlangens – keine Götter – das Nichts. Am Anfang steht eine Form des Pessimismus, der jede geschichtliche

Arbeit verneint, den Staat, jede Gemeinschaft – ein *existentieller* Pessimismus mit erklärter Richtung auf Keimzerstörung.«

Auch für den Westen gilt, »nur die Verneinung wird jene neue Welt mit erschaffen helfen, zu der nicht nur der Mensch, sondern nicht weniger die Natur selbst drängt, in der sie ihre Verwandlung fühlt, *die Ausdruckswelt*«.

Diese Idee, daß radikale Verneinung, mithin Destruktion, Neues zum Ausdruck bringt, mag eine tiefere Ursache dafür sein, das sich der Expressionist und avantgardistische Lyriker Benn zum Nationalsozialismus hingezogen fühlte, dessen auch destruktive Programmatik ihm kaum entgangen sein dürfte. Er erhoffte sich von Hitlers Partei einen Beitrag zur Wiedergeburt Deutschlands. Doch die Liebe blieb einseitig. Zwar durfte er für die Machthaber 1933 in Rundfunkvorträgen wie *Der neue Staat und die Intellektuellen* die NS-kritischen literarischen Emigranten kritisieren. Doch zu seinem fünfzigsten Geburtstag befand 1936 das SS-Organ *Das Schwarze Korps* Benns Lyrik für »widernatürliche Schweinereien«. Zwar gab es neben Gedichten über die Banalität des Daseins, der Menschenverachtung oder dem von Paul Hindemith vertonten Oratorium *Das Unaufhörliche* (1931), das wegen seines Nihilismus abgelehnt wurde, auch manches, was den Machthabern gefallen durfte, von Nietzsche inspirierte Gedichte und die lyrische Verherrlichung eines männlichen Heroismus. 1938 erfolgte schließlich das Verbot weiterer Veröffentlichungen.

Im Unterschied zu Benns Verbindung von Buddhismus und Abendland im Pessimismus, sahen die meisten Interpreten hier einen schroffen Gegensatz.

Pointiert kommt er im Werk des österreichischen Literaten Emil Lucka (1877–1941) zum Ausdruck. Luckas Romane und philosophische Bücher waren vor der NS-Ära weit verbreitet. Ab 1938, mit dem Anschluß Österreichs an das Reich, wurde das Werk des gebürtigen Juden totgeschwiegen.

In Luckas Geschichtsbild stehen zwei grundsätzlich verschiedene Lebensempfindungen einander gegenüber, das abendländische Weltgefühl und das orientalische, das auch im indischen Kulturkreis herrscht. Zum Werden abendländischen Weltgefühls trafen der »noch unkultivierte europäische Geist« und das Christentum aufeinander, die in der Auffassung von einer individuellen Seele eine wichtige Gemeinsamkeit besaßen:

»Durch das Christentum wird dieses neue Weltgefühl, dem die menschliche Seele der selbstverständlichste und höchste Wert ist, Mittelpunkt des Lebens und des Glaubens – eine Position, die auch Platon noch nicht erreicht hat (galt ihm doch die objektive metaphysische Idee als das Wesentlichste); es ist das eigenste Erlebnis Jesu, und die neuen Völker haben es nach Jahrhunderten als ihr tiefstes Wertgefühl wieder entdeckt. Mit dieser Tatsache ist aber das Christentum als die natürliche Religion des europäischen Menschen und als Kern seines sich neu bildenden Kultursystems legitimiert. Es steht im entschiedenen Gegensatze zu allem Asiatentum, auch zu Brahmanismus und Buddhismus, was man seit Schopenhauer gern übersieht.«[3]

Dieser abendländische Wert der Persönlichkeit ist eine psychologische Tatsache, die sich jedem durch subjektive Empfindung erweist. Nach Luckas Ansicht sollte dieser Wert nicht hinterfragt werden. Versuche wie jener Machs, das Ich zu analysieren oder zu relativieren, weist er, auch wenn sie in der Sache Recht hätten, als Angriff auf die Substanz des westlichen Lebensgefühls zurück:

»Alle theoretischen Betrachtungen über das Wesen dieses Ichs sollen vermieden werden, es soll nicht gefragt werden, ob dieses Ich ein besonderer seelischer Inhalt neben allen übrigen sei oder vielleicht etwas ganz anderes, eine Kraft, eine Funktion, eine eigentümliche Art, Inhalte zu ergreifen, am Ende gar nur ein ›kraftsparender Begriff‹, der allerlei Wirkliches bequem zusammenfaßt. Alle diese Fragen sind philosophisch zweifelhaft; sicher ist dagegen, daß jeder Mensch ein unmittelbares Bewußtsein von sich selber hat, daß er fühlt, eine Person zu sein, die ›ich‹ sagen kann.«[4]

Selbstverständlich muß sich diese Annahme eines Ich, dessen Gewißheit kein Hinterfragen zuläßt, an der buddhistischen Analyse der Subjektivität stoßen, die zur Relativität alles Persönlichen gelangt. Lucka setzte sich immer wieder mit dieser Provokation seines Menschenbildes auseinander, prägnant in einem 1917 erschienenen Essay.[5]

Hier legt Lucka zu Beginn Nachdruck auf ein korrektes Verständnis der buddhistischen Wiedergeburt: Nicht ein Ich oder eine Seele gehe in einen Körper ein, keine mit sich selbst identische Individualität wandere durch die Zeiten. Vielmehr sei das Ich nichts Wirkliches, lediglich eine Denkgewohnheit, ein kraftsparender denkökonomischer Begriff. So akzeptiere der Buddhismus kein »einmaliges, endgültig geformtes Sein, sondern nur halbfertiges, ewig drängendes Werden, das von Existenz zu Existenz taumelt«.

Zwar wird Lucka, indem er aus westlicher Perspektive vom »halbfertigen« Werden spricht, dem buddhistischen Weltgefühl nicht gerecht, für das es, ausgenommen das Erlöschen, ein Fertiges gar nicht geben kann: Im reinen Werden befindet sich jeder Augenblick jenseits von fertig und unfertig. Wo es nur Übergänge gibt, kann das Fehlen einer Ganzheit letzlich nicht als Mangel erscheinen.

Doch trifft Luckas Einschätzung wohl einen Unterschied zwischen beiden Sphären im Kern. Für den Buddhismus wirkt nicht das Ich »fort, über den Tod hinaus, baut sich ein Karma, ein Schicksal für die nächste Geburt – das Ich ist ja nicht vorhanden. Der Buddhist isoliert jede einzelne Tat, jede Willensregung, und wahrscheinlich ist dies sogar ganz folgerichtig so zu verstehen, daß jede von ihnen zu einem abgesonderten Karma führt – wohl das Unfaßbarste für einen abendländischen, am Ich orientierten Geist.«

Lucka geht, indem er Unterschiede zwischen Ost und West herausarbeiten möchte, über seine Quellen hinaus, als die er Karl Eugen Neumann, Hermann Oldenberg und den anthroposophischen Indologen Hermann Beckh (1875–1937) angibt. Neumann hatte keine großen Differenzen zwischen den Grundlagen abendländischer Kultur und dem Buddhismus gesehen. Auch Oldenberg und Beckh bemühten sich, den Kontrast zu relativieren. Obgleich ihre Interpretation in die Richtung tendierte, daß der Buddhismus kein Ich akzeptierte, bemühten sie sich, die Frage als offen stehen zu lassen. Einmal widersprach eine solche Lehre zu sehr ihrem eigenen Empfinden, andererseits erlaubten die Quellen unterschiedliche Interpretationen, und so war es Grimm später möglich, seine Ansicht vom ewigen Ich mit Belegstellen aus den Lehren Gautamas zu untermauern.

Oldenberg stellte mit Bezug auf die klassischen Texte fest: »Man bemerke, daß nicht gesagt wird; ›Es gibt kein Ich‹, sondern nur: ›Die Dhamma – also alles das, was den Inhalt dieser Welt ausmacht – sind kein Ich.‹«[6] Auch warnte er vor dem falschen Schluß aus der Anatman-Lehre, nur das Ich habe für den Buddhismus keine Existenz, unterscheide sich also grundlegend von der Wirklichkeit: »Wenn der Buddhismus die Existenz der Seele verneint, darf man das nicht in einem Sinne verstehen, der diesem Gedanken irgendwie ein materialistisches Gepräge aufdrücken würde. Es ließe sich mit dem selben Recht sagen, daß der Buddhismus die Existenz des Körpers leugnet. Körper wie Seele existiert nicht als eine in sich geschlossene, sich in sich selbst behauptende Substanz, sondern allein als ein Komplex von mannigfaltig sich verschlingenden Prozessen des Entstehens und Vergehens.«[7]

Auch Beckh deutete die Offenheit des Buddhismus in der Frage des Ich anläßlich seiner Beschreibung buddhistischer Kontemplation an: »Der meditierende Jünger verliert auf jeder Stufe der Meditation dasjenige, was er auf der früheren Stufe als sein Ich empfunden hat. Und nun ist es dem Buddhismus durchaus wesentlich, daß er sich über diese relativen ›Selbste‹ nicht erhebt, zu einem absoluten höchsten Selbst oder Ich nicht vordringt. Es wird ein solches Ich nicht geleugnet, sondern nur gesagt, daß alles, was auf irgendeiner Stufe als Ich erlebt wird, in Wirklichkeit nicht das Ich sei.«[8]

In seinem Bestreben, den zentralen Unterschied zwischen Ost und West herauszuarbeiten, gibt Lucka die Vorbehalte seiner Quellen auf, im Buddhismus könne doch stillschweigend das Wesen des Menschen jenseits der erfahrenen Prozesse angenommen werden. So liest sich bei ihm die Wiedergabe des von Beckh beschriebenen Meditationsvorganges klar als Verneinung des Ich:

»Es gibt eine ganze Leiter höherer Bewußtseins-Zustände, die man durch schweigende Übung erreicht. Je höher man kommt, desto relativer wird das menschliche Bewußtsein empfunden, es bildet sich ein neuer Mittelpunkt, ein neues ›Ich‹, das aber auf der nächsten Stufe wieder schwindet, um einem noch höheren Platz zu machen. Und auch das kann nicht dauern, bis endlich, was noch mit Empfinden und Leiden zusammenhängt, abgetan ist und nichts Seelenhaftes oder Subjekthaftes zurückbleibt. So erscheint uns jetzt das ›Ich‹ des Buddhisten wie das ›Synthetische Ich‹: immer neue Schalen werden von einer Zwiebel gelöst, um das Ich zu finden – aber nichts ist zu finden, alles ist in Beziehungen und Täuschungen aufgegangen.«[9]

Gemessen an seinen Quellen gelangte Lucka zu diesem eindeutigeren Urteil, weil das buddhistische Relativieren des Ich sein abendländisches Weltgefühl in den Grundfesten angriff. Es ging ihm nicht um einen Kompromiß zwischen der westlichen und der buddhistischen Haltung, sondern um deren letzte Konsequenzen, die zum Gegensatz führen.

Doch hat im Hinblick auf die buddhistischen Quellen die Vorsicht zitierter Indologen manches für sich. Zweifellos ging Gautama auf der Ebene der Erfahrung vom Gegebensein des empfundenen und empfindenden Ich aus. Dies galt besonders für das Leiden. Das subjektive Leid des Ich war es, das es zur Suche nach seinen Ursachen und Mitteln zu dessen endgültiger Vernichtung veranlaßte. Der Weg führt über die Erkenntnis der Relativität des Ich: Es erlebt sich selbst als bedingt entstanden, aber auch das ist ein subjektives Erleben. In seinem Bedingt- und Gewordensein erweist sich das Ich als existent. Zugleich fallen jedoch durch diese Erkenntnis der eigenen Relativität jene Schranken, die das Ich zuvor in täuschender Weise von seiner unendlichen Bedingtheit sondert; nach buddhistischem Sprachgebrauch: Die Verblendung ist vergangen.

Lucka schließt wie manch anderer Kritiker des Buddhismus vom endlichen Erlöschen des Ich auf dessen Nichtsein, setzt also die gemeinte Relativität einer Sache mit ihrer Nichtexistenz gleich. Auch wenn Subjektivität für den Buddhisten bedingt entstanden ist, wird sie dadurch weder unwirklich, noch unwahr im metaphysischen Sinn. Letzteres Problem der Wahrheit stellte sich zumindest dem frühen Buddhismus, auf dessen Quellen Lucka sich bezieht, überhaupt nicht. Es ging nicht um die eigentliche Natur der Dinge, sondern lediglich um das unmittelbare Erleben, das leidvoll und damit erlösungsbedürftig war.

Das empirische Ich der buddhistischen Argumentation ist kein denkökonomischer *Begriff* im Sinne Ernst Machs, den Lucka im Auge gehabt haben dürfte, sondern ein subjektiv empfundenes leidvolles *Erleben*, das sich beim Erwachten in ein ebenso subjektives Erleben der Freiheit von Gier, Haß und Verblendung verwandelt.

Den Buddhismus wertet Lucka darum zu Unrecht als eine frühe Form jenes analytischen Denkens, welches das von ihm verteidigte »Urgut der Seele« zu verschütten drohte, nämlich die unmittelbare Anschauung, das »unmittelbare Gefühl« vor jeder Abstraktion, welches die Welt als »körperhaft und gestaltet, wirklich« erlebt. Im Hinblick auf das System von Abstraktionen, welches die Wissenschaft seiner Zeit aufzurichten schien, wird Luckas Anliegen, »das ursprünglich Menschliche unabhängig von der Welt des Denkens wieder zur Geltung zu bringen«[10] verständlich. Der Gegensatz von Abstraktion und unmittelbarer Anschauung, oder mit Ludwig Klages *Der Geist als Widersacher der Seele*, wurde vielfach formuliert und war eine im historischen Kontext sicher nicht unangebrachte Sicht in einer Zeit, in der Wissenschaft und Denken mit der beginnenden technologischen Revolution die Basis für erhebliche Probleme in Gesellschaft und Umwelt schufen.

Daß die buddhistische Bewegung sich auf ihre Konformität mit der Wissenschaft berief, sich im Menschenbild durch Mach und in den materiellen Entsprechungen der Wiedergeburtslehre durch Haeckel bestätigt fühlen konnte, zeigt, wie die Nähe des Buddhismus zur modernen Wissenschaft von Sympathisanten wie Gegnern gesehen wurde. Oswald Spengler (1880–1936), der über den »Untergang des Abendlandes« nachdachte, betrachtete Buddhismus, Stoizismus und Sozialismus als gleichartige Erscheinungen, die für Indien, die westliche Antike und das moderne Europa die spezifische Form darstellen »seelisch zu verlöschen«.[11] Jede der drei Anschauungen wertete Spengler als materialistisch, weil sie »wissenschaftliche« und darum »oberflächliche Welten, praktische, seelenlose, rein extensive Welten« erkennen.[12] Dem Buddhismus wie dem Sozialismus wird das Wesen des Menschen durch Analyse, deren Ergebnis immer begriffliche Abstraktion ist, erklärbar. Doch die restlos erklärte Seele hört auf zu sein. Was einst Tiefe des Erlebens war, wird zur Oberfläche des Begriffs. Darum ist der Buddhismus »keine Religion«, sondern »eine letzte, rein praktische Weltstimmung müder Großstadtmenschen, die eine angeschlossene Kultur im Rücken und keine innere Zukunft mehr vor sich haben«.[13]

Wie die Interpretation Theodor Lessings zeigte, ließ sich der Buddhismus allerdings auch unschwer als Kronzeuge für das gegenteilige Anliegen anrufen. Lessing hatte in der Lehre Gautamas gerade den Gegenpol zum Rationalismus und der praktischen Zweckorientierung des Abendlandes begrüßt.

Was Lucka vorschwebte, nämlich Wissenschaft und Abstraktionen unangetastet zu lassen und dennoch in unmittelbarer Fühlung mit der Wirklichkeit zu bleiben,[14] ließe sich auch als buddhistisches Anliegen interpretieren. Hier könnte man auf die Meditation verweisen, die ein direktes Erleben der Wirklichkeit anstrebt, sowie auf die Vorbehalte des Buddhismus gegenüber bloßer Theorie und Begrifflichkeit, die für Lessing bedeutend waren.

Bei Lucka jedoch wird jede Form buddhistischer Praxis als Mittel der

Betäubung interpretiert, was am Beispiel des Lehrgesprächs Gautamas mit seinen Schülern gezeigt sei, wie er es nach den Übersetzungen Neumanns empfand:

»Ernste Männer sitzen mit untergeschlagenen Beinen und starrem Oberleib in einem Palmenhain, jeder legt umständlich seine Gedanken dar, wird respektvoll angehört, empfängt gemessene Antwort. Wenn der Mönch über Buddha spricht, wiederholt er stets alle seine Titel: ›Er, der Erhabene, der Erkennende, der Seher, der Heilige, der völlig Erwachte usf.‹; und niemals wird gesagt: die sechs Sinne (das Denken gilt als sechster), sondern jedesmal werden sie einzeln aufgezählt. Man antwortet nicht mit Ja oder Nein, sondern man wiederholt die Frage Wort für Wort und erwidert Satz um Satz ohne jede Eile. – Alles trägt dazu bei, den Geist einzulullen, ihn unter glühendem Sonnenbrand in eine leise Hypnose zu versenken.«[15]

Ein hypnotisierendes Einlullen soll die Vorstellung des vermeintlichen Denkfehlers »Ich« aufheben. Auch hier bestimmt die Einschätzung der Gesamtintention des Buddhismus die Interpretation der Details. Die zahlreichen Wiederholungen in den kanonischen Texten, die ihren historischen Grund in der ursprünglich nur mündlichen, auf dem Gedächtnis beruhenden Weitergabe haben dürften, hier als hypnotische Absicht gedeutet, galten von Hofmannsthal als ein Hinweis auf Überzeitlichkeit, ein Abstandnehmen von Bewegung, Zeitlichkeit und Eile, die das westliche Dasein beherrschen, also gerade jener tieferen Dimension des Erlebens, die Lucka wie Spengler dem Buddhismus absprechen.

Vor dem Hintergrund der Leugnung von Ich und Seele, was durch ein Betäuben der Bewußtheit zur Praxis wird, findet Lucka »das Schwerste, was sich gegen den Buddhismus überhaupt vorbringen läßt: daß er seinen eigentlichen und einzigen Gegenstand, das Leiden nämlich, gar nicht versteht. Es ist ihm ein abstrakter Begriff, gleichförmig, undifferenziert, ohne jede Beziehung zur unendlichen Vielfalt des wirklichen Schmerzes, ein Teufel, der erbarmungslos über der Welt steht; und es gibt nur die eine Weisheit: ihm zu entfliehen.«[16]

Der europäische Begriff des Leidens und der vermeintlich buddhistische werden einander gegenübergestellt:

»Es ist nun merkwürdig, daß das Leiden, der einzige Inhalt des Buddhismus, doch niemals so recht unmittelbar gefühlt und erlebt zu sein scheint. In einer Tragödie von Shakespeare pulst mehr wirkliches Leid als in allen buddhistischen Traktaten zusammengenommen. Nur die abgezogen klare Einsicht in die mißliche Beschaffenheit der Welt ist hier zu finden, daß mit Geburt, Alter und Tod das Leben in seiner Gänze erschöpft und als Übel entlarvt sei. Nirgends spürt man etwas von unmittelbarem persönlichem Schmerz, es gibt keinen Schrei aus den Tiefen, kein Verstummen in Trauer.«[17]

Da der Buddhismus der Seele keine wahre Existenz zubillige, könne er nichts von der tiefen Erfahrung ihres Schmerzes wissen. Leid sei nicht »ein schwarzes Unding, sondern der heimliche Besitz der einzelnen Seele, von ihrer besonderen Art gezeichnet, eine Welt mit Lust und Schmerz und nicht nach einer so einfachen Formel zu bewerten, zu erledigen«.[18]

Nun würden viele Buddhisten an dieser Stelle argumentieren, daß Leid kaum als der »einzige Inhalt des Buddhismus« bezeichnet werden darf. Die »Wahrheit vom Leiden« sei zwar der Ausgangspunkt der buddhistischen Analyse des Lebens, doch ginge es um den »Pfad, der zur Aufhebung des Leidens führt«. Bereits Beckh bezeichnete es als Irrtum, »in der Aufstellung jenes ›Satzes vom Leiden‹ einen Ausfluß pessimistischer Seelenstimmung zu sehen«. Pessimismus lag Gautama »ganz fern, und wer sein Urteil nicht aus zweiter Hand, sondern aus den urtextlichen Quellen schöpft, wird sich bei unbefangener Betrachtung gestehen müssen, daß von einer eigentlichen pessimistischen Stimmung, wie wir ihr etwa bei Schopenhauer und Hartmann begegnen, in diesen Quellen nicht das Geringste zu finden ist. Die Stimmung des Buddhismus ist überall eine schlichte, ruhige Heiterkeit, nicht ohne das ausgesprochene Bewußtsein (vgl. Dhammapada 197–200), daß auch an wahrer irdischer Glückseligkeit dem Jünger des Pfades ein weit höheres Maß beschieden ist, als dem in der Weltlichkeit Beharrenden, wenn auch dem letzteren zur Erkenntnis dieser Tatsache jeder Maßstab fehlen mag. Nicht die Empfindung des Weltleidens, sondern der Sieg, den er über dieses Leiden errungen hat, gibt der Stimmung des buddhistischen Jüngers ihr charakteristisches Gepräge.«[19] Eine ähnliche Bewertung dieser Frage fand auch Oldenberg.[20]

Da Lucka der Buddhismus als Gegenstück seines abendländischen Weltgefühls diente, mochte er vielleicht den eigentlichen Stellenwert des Leidens in der Lehre nicht verstehen. Den buddhistischen Texten konnte gar nicht wie der westlichen Tragödie daran gelegen sein, das Leid zur Darstellung zu bringen. Es ging ihr nicht darum, heroisches Sterben, Schicksalsbewältigung oder Liebesschmerz darzustellen oder irgend eine andere Form weltlicher Verstrikkung. All dies wurde für jeden Menschen auf dessen persönlicher Ebene als hinlänglich bekannt vorausgesetzt, und sei es nur in der Gestalt der Todesangst oder des alltäglichen Unbefriedigtseins. Gerade weil sie dem Leiden keinen Wert an sich zuerkennen will, kann sich die buddhistische Literatur mit der formelhaften Aufzählung dessen bescheiden, was Leiden ist, und sich den Methoden der Überwindung zuwenden.

Doch auch wenn er dem Buddhismus nicht in jedem Punkt gerecht werden sollte, weist die Kritik Luckas auf einen wesentlichen Unterschied zu der Kultur, in die dieser mit seiner abendländischen Rezeption trat. Das Relativieren des empirischen Ich und sein schließliches Erlöschen haben wichtige Auswirkungen auf das, was der Mensch als Erleben erstrebt. Der Buddhismus lehrt mit dem Überwinden des Leidens letztlich das Überwinden jeden Erlebens. Es geht nicht darum, Leiden in Freude zu verwandeln, sondern um Gleichmut, vollkommene Geduld gegenüber dem Leben. Der buddhistische Mensch lehnt sich nicht auf gegen das, was ihm als Folge des Karma früherer Leben widerfährt. Er erträgt es und übt sich in Gleichmut auf dem Weg zur vollkommenen Ruhe. Der Held der griechischen Antike lehnte sich gegen sein Schicksal und die Götter auf, wie in der Moderne Bertold Brecht sich anstatt der Kunst des Duldens in jener des Nicht-Duldens üben wollte.

Trotz vieler Überschneidungen zu Abendländischem und mancher Fehleinschätzung war es legitim, den Buddhismus als ein ganz anderes zu werten. In diesem Sinn trat Lucka Versuchen entgegen, die Nirvana-Idee in einer Weise zu relativieren, daß da vielleicht doch etwas bliebe. Der Ansicht »Nirvana wäre nicht ein wirkliches Nichts«, hält er schlicht entgegen: »Was sollen wir uns unter diesem Zustand, der zu allem, was wir kennen, nein sagt, anderes denken als ein Nicht-Seiendes, ein Nichts?«[21]

Das autonome Ich: Rudolf Steiner

Ein weiterer Kritiker des Buddhismus, der von einem explizit abendländischen Standpunkt ausgehen will, ist der Gründer der Anthroposophie. Rudolf Steiners Haltung zum Buddhismus ist deshalb von besonderem Interesse, weil er selbst während seiner Mitgliedschaft in der Theosophischen Gesellschaft und als im deutschen Sprachraum populärster Interpret theosophischer Ideen ein Verhältnis der Nähe zu buddhistischen Lehren hatte, aus dem einiges in seine Lehre einfloß. Andererseits hielt er große Distanz zum Buddhismus als solchem, den er im Grunde für überholt hielt.

Die einstige Nähe ist in Steiners Anthroposophie vor allem noch an der Terminologie zu erkennen, indem hier durch die Rezeption aus der Theosophie viele Begriffe indischen Ursprungs, etwa ›Karma‹, oder aus dem Tibetischen (z. B. ›Devachan‹) Verwendung finden. Auch nahm Steiner aus der Theosophie die Lehre von Wiedergeburt und Karma auf.

Dem steht der Abstand zum Buddhismus und zur Theosophie gegenüber, den Steiner und seine Anhänger immer wieder betonen. In seiner Autobiographie erklärt Steiner, seine Beziehungen zur Theosophischen Gesellschaft hätten keinen Einfluß auf seinen inneren Weg gehabt.[22] Die Lehre von Karma, Wiedergeburt, bestimmten geistigen Exerzitien und Motiven aus dem Mahayana-Mythos, die sich bei Sinnett und Blavatsky finden, wollte Steiner in eigenen übersinnlichen Erkenntnissen erfahren haben.[23] In diesem Sinn findet sich in seinem Buch *Wie erlangt man Erkenntnisse der höheren Welten?* im Zusammenhang mit Angaben, die indischen Quellen entstammen dürften, die Anmerkung: »Daß sie mit gewissen Lehren des Buddha übereinstimmen, kann nicht hindern, sie an sich für wahr zu finden.«[24] Die Bemerkung impliziert, daß vom Buddhismus nicht grundsätzlich Wahrheit zu erwarten sei.

Neben Steiners Anspruch, von ihm Verkündetes sei Schau aus übersinnlichen Quellen, der die Annahme jedes äußeren Einflusses für die Herkunft seiner grundlegenden Lehren zurückwies, wirken hier Umstände, die ihn zum Bruch mit der Theosophischen Gesellschaft veranlaßten.

Steiner hatte nie die indophile Tendenz geteilt, die in der Theosophischen

Gesellschaft herrschte, sondern sich in seiner Interpretation theosophischer Lehren mehr als die angelsächsischen Vertreter auf Quellen der europäischen Geistesgeschichte bezogen. Spätestens als die internationale Präsidentin der Gesellschaft Annie Besant einen Kult um den von ihr 1909 adoptierten Inder Jiddu Krishnamurti (1895–1986) anstieß, den sie als Buddha Maitreya und nächsten bedeutenden Weltlehrer nach Jesus Christus bezeichnete, entfernte sich der deutsche Generalsekretär innerlich vom offiziellen Kurs. Innerhalb der Theosophischen Gesellschaft entstand der »Orden vom Stern des Ostens«, der zur Plattform für Krishnamurtis Wirken als kommender Buddha werden sollte. Mit der gespannten Heilserwartung ging der Glaube an höhere Geisteskräfte einher, das bevorstehende Erreichen einer nächsten Evolutionsstufe der Menschheit, das schon seine Schatten vorauswarf. Steiner wünschte kein damit verbundenes Zurschaustellen vorgeblich höherer Geisteskräfte. Hatten sich schon in H. P. Blavatskys Umfeld Briefe tibetischer Meister materialisiert, so ging es Steiner um eine rein geistige Schau in höhere Wirklichkeiten, die auf die Präsentation sentioneller Phänomene verzichtet. Weil er alles vermeiden wollte, was seine Anliegen in der öffentlichen Meinung auf das Niveau von Jahrmarktszauber stellen könnte, duldete er den Orden vom Stern des Ostens in der deutschen Sektion der Gesellschaft nicht. Viele deutsche Mitglieder folgten ihm 1913 schließlich in seine Anthroposophische Gesellschaft. Daß Krishnamurti später seine Buddha- und Messiasrolle widerrief, um zum Philosophen der »Wahrheit als wegeloses Land« zu werden, was die Theosophische Gesellschaft in eine schwere Krise stürzte, von der sie sich nie erholte, sollte Rudolf Steiners Einschätzung rechtgeben. Doch ging es bei diesem Konflikt um mehr als nur darum, daß Steiner das Proklamieren eines Inders zum neuen Heiland und die Skurrilitäten in dessen Orden abschreckten. Es trat auch eine tiefe inhaltliche Kluft zutage. Schon die Idee, es könnte sich wiederholen, was mit dem Erscheinen Christi geschah, war für Steiner inakzeptabel.

Die vom Buddhismus inspirierte theosophische Idee, auf der Erde erschienen in Abständen immer wieder bedeutende Lehrer, die im Grunde gleichwertig sind, konnte Steiner schon in seiner Zeit als theosophischer Funktionär nicht teilen. Sein Gesamtwerk ist tief von der abendländischen Idee der Geschichte als Heilsgeschichte geprägt und von Hegels hierauf gründendem

Bild einer zielgerichteten Entwicklung der Welt, die für Steiner unter dem Einfluß von Evolutionslehre und Theosophie eine Aufwärtsentwicklung bedeutete.

Grundlegend für das heilsgeschichtliche Verständnis ist es nun, daß die Entwicklung der Menschheit nicht in Zyklen zerfließt, sondern einen klaren Bezugspunkt aufweist, der traditionell mit dem Erscheinen Christi gegeben ist. Auch für Steiner wird dieses zum zentralen Ereignis der Weltgeschichte. Wie danach weitere Heilsbringer nicht mehr notwendig sind, werden die früheren als bloße Vorstufen zum Wirken Christi interpretiert.

In seinen im Jahre 1902, also noch zu seiner Zeit als Theosoph gehaltenen Vorträgen über die Beziehungen des Christentums zu den antiken Mysterienkulten[25] brachte Steiner schon die Überlegenheit Christi gegenüber dem Buddha zum Ausdruck.

Mit dem Christentum wurde die Erkenntnis des Ewigen oder das Streben nach Gottwerdung, das in den antiken Mysterien einzelnen Eingeweihten vorbehalten war, für alle Menschen zugänglich. »Nicht der besondere einzelne, sondern alle sollten der Wahrheit teilhaftig werden.« Entsprechend holte das Christentum »den Inhalt der Mysterien-Entwicklung aus der Tempeldunkelheit in das helle Tageslicht«.[26]

Wie Jesus, der die Mysterien von Tod und Auferstehung allgemein verbreitete, war auch Gautama ein in die Mysterien Eingeweihter. Steiner demonstriert dies an ihren Lebensläufen, in denen er mit Bezug auf den Theologen Rudolf Seydel[27] auf Parallelen verweist. Für Steiner ging das Wirken Christi erheblich weiter, was er durch einen Vergleich dessen begründet, was er in der Biographie Gautamas und Jesu als die Station der »Verklärung« begreift. Gautama erfuhr diese, wie Steiner einer Legende entnimmt, im Augenblick seines Todes: Buddhas »Leib fing von innen an zu leuchten. Er endete verklärt, als Lichtkörper, mit dem Ausspruche: ›Nichts ist langwährend.‹«[28]

Damit hörte der Buddha dort auf, wo Jesus begann, denn die bedeutsamsten Ereignisse seines Lebens finden erst nach der Verklärung auf dem Berg Tabor statt. »Buddha ist bis zu dem Punkte gelangt, wo in dem Menschen das göttliche Licht anfängt zu glänzen. Er steht vor dem Tode des Irdischen. Er wird das Weltlicht. Jesus geht weiter. Er stirbt nicht physisch in dem Augenblicke, in dem ihn das Weltlicht durchklärt. Er ist in diesem Augenblicke ein

Buddha. Aber er betritt auch in diesem Augenblicke eine höhere Stufe, die in einem höheren Grad der Initiation ihren Ausdruck findet. Er leidet und stirbt. Das Irdische verschwindet nicht. Seine Auferstehung erfolgt. Er enthüllt sich als Christus für seine Gemeinde. Buddha zerfließt im Augenblicke seiner Verklärung in das selige Leben des Allgeistes. Christus Jesus erweckt diesen Allgeist noch einmal in menschlicher Gestalt in das gegenwärtige Dasein.«[29]

Der auf dem Mythos basierende Vergleich ist freilich willkürlich gezogen. Als Augenblick, in dem Gautama vom »Weltlicht durchklärt« wird, müßte ein unbefangenes Betrachten der Quellen wohl eher das Erwachen des Buddha sehen, als dessen Sterben. Gerade im deutschen Sprachraum stand das Erwachen mit dem verbreiteten Begriff der »Erleuchtung« im Kontext einer Lichtsymbolik. Auch beinhaltet die Dramaturgie des Erwachens den beinahe eingetretenen Tod, denn Gautama magert zuvor bis zum Skelett ab, und die Rückkehr ins Leben als Erwachter.

Doch besiegt der Buddha, und dies ist der wesentliche Punkt für Steiner, nicht den physischen Tod. Christi Auferstehung markiert für Steiner den Triumph des Ich über alle Bedingungen, von denen es abzuhängen scheint. Der Buddha geht bei seinem Tod im Allgeist auf, denn er besitzt noch kein Gewahrsein der Freiheit von den Bedingungen der Welt. Entsprechend läßt seine Lehre das Wesen des Menschen auch in Bedingungen aufgehen. Christus markiert nicht nur eine entwickeltere Stufe, sondern weist zugleich endgültig auf das Ziel der Menschheitsentwicklung. Mit ihm kam ein Göttliches in die Welt, das im Ich jedes Menschen wirkt und es auf das verweist, was es sein soll: ein Wesen, das zunehmend Autonomie verwirklicht, indem es sich von äußeren Bedingungen löst. Tod und Auferstehung Christi nehmen damit das Ziel der Menschheit vorweg, das Ausbilden eines Ich, das keinen Zwängen der Welt mehr unterliegt.

»Der Eintritt des göttlichen Bewußtseins, das durch das Ich spricht, ist das Wesen des Christus-Impulses. Und daß dieser Christus-Impuls in die Menschheit eintreten konnte, hat eben das Historischwerden des alten Einweihungsprinzipes bewirkt, wie es dargestellt worden ist. Das eine – das Mysterium von Golgatha – ist die Ursache. Was in den Menschenseelen im Lauf der Erdenentwicklung noch bis in ihre fernste Zukunft immer mehr und mehr hervortreten wird, das ist, daß ein klares Erkennen des Göttlich-Geistigen, dem der Mensch angehört und durch das er unabhängig wird von allem Erdenwerden, durch das Ich spricht.«[30]

Mit anderen Worten: Das Erscheinen Christi bringt im Menschen das Ich deutlicher zum Vorschein mit dem Ziel von dessen vollkommener Freiheit. Daß sich nach Steiners Programm der Mensch dabei tatsächlich auch von materiellen Bedingungen der Erde emanzipieren soll, erläuterte er an anderer Stelle am Beispiel der Abhängigkeit des Menschen von der Pflanze, die ihm den notwendigen Sauerstoff zum Leben produziert: »Was die Pflanze heute draußen macht, wird später durch ein Organ der Zukunft, das der Mensch durch die Schulung jetzt schon in sich ausbildet, in ihm selbst bewirkt. Das bereitet sich langsam vor. Durch den geregelten Atmungsprozeß wird der Mensch das Instrument zur Bereitung des Sauerstoffs in sich selbst tragen.«[31]

Steiner sieht diese zunehmende Autonomie des Menschen von seiner Umwelt als Schritt seiner zukünftigen Vergeistigung. Dies betrifft den einzelnen wie die gesamte Menschheit, die ihren Weg durch die Materie nimmt, um dabei einen Lernprozeß zu durchlaufen. Auf individueller Ebene muß das Wesen durch mehrere Wiedergeburten gehen und in »wiederholten Erdenleben« reifen, in denen das Gesetz des Karma gilt, bis es das autonome Ich vollkommen in sich verwirklicht. Andererseits durchläuft die Menschheit als ganze Entwicklungsstufen, in denen sich der jeweilige kollektive Reifegrad der vielen einzelnen spiegelt. In groben Umrissen entspricht diese Verknüpftheit individueller und kollektiver Entwicklung den Lehren der Theosophie. Doch in der Vorstellung vom sich entfaltenden Ich und der Rolle, die Christus dabei zukommt, nahm Steiners System gegenüber dem theosophischen eigene, abendländische Konturen an. Dies gilt trotz des Vorbehalts, daß die Gestalt Christi in Steiners Interpretation in jeder Hinsicht stark von der traditionellen Theologie des Abendlandes abweicht. Nicht nur ist Christus für Steiner die Inkarnation einer Sonnengottheit, sein Erscheinen steht auch im Kontext eines dualistischen Weltbildes, das mehr Verwandtschaft mit dem Manichäismus als mit dem traditionellen Christentum aufweist.

Doch gerade in jenen Punkten, in denen Steiner sich vom Buddhismus klar absetzen möchte, erweist er sich als christlicher Abendländer; in der Sicht einer heilsgeschichtlichen Entwicklung mit klarem Bezugspunkt, die entgegen dem Buddhismus, wie Steiner betonte, »von rückwärts nach vorwärts auf ein solches einmaliges Ereignis hinweist«,[32] und indem er der buddhistischen Idee der Nichtbeharrung und Relativität des Ich »ein volles Ich, das Bestand hat«[33] entgegensetzt.

Derart steht Steiner auch im Menschenbild seiner Wiedergeburtslehre, obwohl er diese zunächst an der buddhistisch geprägten Theosophie entwickelte, viel näher an abendländischen Entwürfen als an irgendwelchen indischen Lehren. Sein »volles Ich« entstammt der Tradition platonischer Ideen einer unsterblichen Seele, der Monadenlehre Leibniz' oder Max Stirners, mit dem Steiner sich intensiv auseinandersetzte.

Stirners trotziges Beharren auf dem Ich, das er ohne Gott oder metaphysische Absicherungen quasi als absolute Größe auf dem Nichts gründen will, und Steiners Zukunftsprogramm eines von den Bedingungen der Welt autonomen Ich verfolgen mit dem Versuch einer Rettung der Subjektivität eine ähnliche Intention. In einer Welt, die von Religionskritik und Wissenschaft zunehmend verobjektiviert wurde, sollte dem Menschen das letzte und einzige gerettet werden, was ihm bleiben konnte, das Gewahrsein seinerselbst als eines Handelnden, Leidenden und Wollenden.

Buddhistische Versuche, auch das Ich zu objektivieren, indem es in begrifflich benennbare Bedingungen zerfloß, waren dieser Absicht Steiners abträglich. Sie stammten aus einer früheren Entwicklungsstufe der Menschheit, die das volle Gewahrsein des Ich noch nicht erlebte. Wollte man sie namentlich in Europa wieder zur Anwendung bringen, bedeutete dies einen Rückfall in eine für Steiner als überholt geltende Stufe der Menschheitsentwicklung.

Dies gilt auch im Hinblick auf die Praxis, die im Buddhismus auf eine Relativierung des Ich zielt und damit auf alle Formen der Askese, die im Grunde überwundenen Stufen der Menschheitsentwicklung angehören. Entsprechend sah Steiners Schau in höhere Welten den Buddha, nachdem er seine irdische Mission erfüllte, auf dem Mars wieder ins Dasein treten, wo er nun den Rückzug von der Welt und die Askese lehrt. Was für den Menschen überholt ist, wird damit von der irdischen in eine andere Sphäre verlagert, wo es von Wesen, die dieses Entwicklungsstadium benötigen, auf dem Weg der Wiedergeburten durchlaufen werden kann.[34]

Steiners Verbannung des Buddhismus von der Erde versteht sich vor dem

Hintergrund der Tatsache, daß er in der Lehre Gautamas das vollkommene Gegenmodell seiner Bestrebungen erkennen mußte. Die Aussage von der bedingt entstandenen Subjektivität hatte keinen Platz mehr, nachdem mit dem Erscheinen Christi das Programm der Menschheit im Ausbilden eines autonomen Ich bestand. So wurde auch die buddhistische Bewegung in Steiners umfangreichem Werk, das sich mit nahezu allen Strömungen des deutschen Geisteslebens auseinandersetzte, nicht reflektiert, wohl nicht einmal erwähnt. Umgekehrt finden sich jedoch Zeugnisse dafür, daß Steiner in buddhistischen Kreisen eine gewisse, wenn auch vorsichtige Anerkennung genoß.

Eine im Grunde zustimmende Rezension Wolfgang Bohns zur Darstellung des Buddhismus durch den Indologen und Steiner-Schüler Beckh, die das Werk »nicht nur gelehrt und klar, sondern auch durchaus überzeugend« nennt, meldet nur in »Einzelansichten« Vorbehalte an, etwa »über das Verhältnis des Buddhismus zur Gottesidee«. Hier spüre man »etwas vom Hauche Steiners in den warmherzigen Darstellungen, – in seiner meditativen Einseitigkeit aber bildet die Darstellung und Auffassung Beckhs eine gute Ergänzung zu der rein intellektuellen Auffassung Dahlkes, bei dem die Meditation etwas zu kurz kommt«. Wenig später fügt Bohn den grundlegenden buddhistischen Vorbehalt an Steiner an, »wenn es im Ich ein bleibendes Wesen gäbe, dann wäre eine Erlösung nicht möglich«.[35]

Hier schwingt die Erkenntnis eines Aspektes mit, den die Schule Steiners der buddhistischen Bewegung voraushatte, jenen der Praxis. Die buddhistische Bewegung war, wie Bohns Anmerkung treffend charakterisiert, vor allem intellektuell geprägt. Es ging darum, die Lehre einzusehen und daraus ein entsprechendes Handeln folgen zu lassen, das auf eine Loslösung von allem Weltlichen zielt. Sogar bei Nyanatiloka, der das Leben eines buddhistischen Mönchs auf sich genommen hatte, stand die Ergründung der Lehre im Vordergrund, keinesfalls die Meditation. Steiners Schule sprach nicht nur breit von geistiger Schulung und dem Erlangen der Erkenntnisse höherer Welten, was geistige Exerzitien erfordert, sie versuchte auch die Umsetzung ihrer Prinzipien, etwa der Konsequenzen aus der Lehre von Wiedergeburt und Karma, auf der Ebene des täglichen Lebens, so in der Pädagogik, der Landwirtschaft, der Medizin, den Künsten oder in Steiners Entwurf einer »Dreigliederung des sozialen Organismus« in der Politik.

Die Betonung der Loslösung und des Erlöschens gestattete es den Buddhisten nicht, Aspekte ihrer Lehrer für praktische Lebensfragen nutzbar zu machen. Außer Dahlkes Versuch, auch die Homöopathie vor buddhistischem Hintergrund zu reflektieren, gab es in dieser Richtung keine weiteren Bestrebungen, sieht man von Schumachers Ideen eines arischen Buddhismus als Religion des nationalsozialistischen Staates ab. Was der Buddhismus zu einer Lebensreform beitragen sollte, blieb letztlich auch dann, wenn man programmatisch die Gesellschaft im Auge hatte, auf der Ebene individueller Ethik, die sich den Vegetarismus und den Tierschutz zu eigen machte.

In jenem Feld, das man als das der spirituellen Übung bezeichnen könnte, mangelte es dem deutschen Buddhismus an Beziehungen zur lebendigen Tradition Asiens, die für eine entsprechende Vermittlung unerläßlich gewesen wäre. Andererseits bestand bei vielen eine Skepsis, ob in Asien gewachsene Formen der Meditation für den westlichen Anhänger überhaupt geeignet wären und ob nicht aus der Auseinandersetzung mit der reinen Lehre eigene westliche Übungsformen entstehen müßten.

Dieser umfassende Mangel an Praxis, im individuellen Sinne der Übung wie im kollektiven eines Fruchtbarmachens der Lehren auf gesellschaftlicher Ebene, war wohl zum Teil mitverantwortlich dafür, daß bei der großen Attraktivität, welcher sich die Lehre von Karma und Wiedergeburt erfreute, weder die buddhistische Bewegung noch die Theosophische Gesellschaft zu einer breiten Bewegung im deutschen Sprachraum wurde, sondern Rudolf Steiners Anthroposophie.

Was als ein letzter Rest des zyklischen Weltbildes, wie es die Theosophie aus Indien transportierte, in Steiners Anthroposophie erscheinen könnte, die Lehre von der Wiedergeburt, erfährt durch Steiner gleichfalls eine Deutung vor dem Hintergrund christlicher Erwartung. Der Gedanke der Wiedergeburt, durch die ein Wesen entsprechend seines Karma unterschiedliche Dasein durchläuft, wird von Steiner mit der Idee der christlichen Auferstehungshoffnung verbunden, der sie zu widersprechen scheint, weil es dieser um die Wiederherstellung eines konkreten Wesens am Ende der Zeiten geht. Steiner interpretiert die Idee dahingehend, daß am Ende der Wiedergeburten das voll entwickelte Ich, das aus Tod und Wiedergeburt aufersteht, das beste all dessen umfaßt, was es in seinen verschiedenen Leben erfuhr und verkörperte.[36]

Obwohl Steiner zuweilen wegen seiner Rezeption der Lehre von Karma und Wiedergeburt sowie terminologischen Überschneidungen mit dem Buddhismus in Verbindung gebracht wird, ist sein Abstand zu buddhistischen Lehren evident. Für seine Lehre gilt die in der Autobiographie formulierte Erkenntnis, »welch einen gewaltigen Fortschritt das Mysterium von Golgatha gegenüber dem Buddhaereignis bedeutet und wie die Entwicklung der Menschheit, indem sie dem Christusereignis entgegenstrebt, zu ihrer Kulmination kommt«.[37]

Die Rückkehr nach Westen

Zumindest in jener Phase, in der Steiner sich der Theosophischen Gesellschaft anschloß, waren für ihn im Osten formulierte Gedanken wie die Theorien zu Karma und Wiedergeburt attraktiv. Doch durch die Proklamation Krishnamurtis zum neuen Weltheiland mit den Konsequenzen eines zyklischen Weltbildes konfrontiert, entfernte er sich wieder von der Gesellschaft, welche die höchste Weisheit in Asien ansiedelte. Er suchte nun auch nach einem westlichen Anknüpfungspunkt für den Wiedergeburtsgedanken, den er bei Gotthold Ephraim Lessing finden konnte, obwohl die Begegnung mit Indien im Begriff des Karma manifest blieb.

Diese Näherung an den Osten oder an das, was man dafür hielt, die dann schließlich im Bruch oder einer Entfernung mündete, war eine wiederholte Beobachtung in der deutschen Geistesgeschichte. Es fand sich bei den Romantikern, deren Begeisterung für Indien und dessen Pantheismus zu großer Skepsis und einer Rückkehr zu traditionell und konservativ Abendländischem führte. Friedrich Schlegel hatte erkannt, daß die pantheistische Lehre Indiens, nach der alles Eins sei, letztlich dieselbe Konsequenz hervorbringt wie die Lehre des Buddha, daß alles Nichts sei. In jedem Falle ging es um das Aufhören des einzelnen, das letztlich nicht die Sache der Romantiker war.

Auch bedeutende Gründer der buddhistischen Bewegung Deutschlands wie Karl Seidenstücker und Wolfgang Bohn hatten sich, nachdem sie die Sache des Buddhismus begeistert vertraten, Organisationen gründeten und für die Lehre missionierten, schließlich dem Christentum zugewandt. Bohn, der noch im Jahr vor seiner Konversion zum Katholizismus jeden Transzendenzglauben zurückgewiesen und die Wahrheit des Erlöschens vertreten hatte, scheint von einem plötzlichen Schrecken vor dem Nichts, auf das er da zustrebte, erfaßt worden zu sein. Bei Seidenstücker, der schon früh zur Auffassung neigte, das Erlöschen dürfe nicht mit vollkommener Vernichtung gleichgesetzt werden, führte der Weg zum Katholizismus über Georg Grimms Anschauung vom ewigen Ich hinter den vergänglichen Beilegungen, die im Weltprozeß offenbar werden.

Andere Beispiele des Rückzuges ließen sich anführen, etwa jenes Leopold Zieglers, der nach einer Phase tiefen Berührtseins vom Buddha und seiner Lehre, das Buch *Der ewige Buddho* wieder zurückzog.

Gerade jene, die eine intensivere Begegnung mit indischen und buddhistischen Quellen vollzogen, standen damit vor dem, was seit frühester Kenntnisnahme westliche Denker an dieser Lehre erschreckt hatte, dem Nichts, dem Aufhören, dem Erlöschen, einem Aufgehen in unendlichen Prozessen und Bedingungszusammenhängen, günstigstenfalls einer Identität mit der universellen Ganzheit allen Seins, die jedoch ebenfalls mit dem Aufgeben der konkret erlebten Identität erkauft werden sollte.

Was hier als die zentrale Botschaft des Ostens erfahren wurde, scheint nur für einige wenige auf Dauer attraktiv gewesen zu sein. So haben Nyanatiloka und Dahlke in der Aussicht des Aufhörens wohl ihren Frieden und die Basis für ein Schaffen in der Welt gefunden, einen relativen Sinn des Lebens.

Doch vielen anderen, die sich nah an diese Gedanken wagten, schien ab einem gewissen Punkt die Rückkehr ins geistige Abendland näherzuliegen. Oft wurde das Abendland in seinen grundlegenden Anschauungen trotz des buddhistischen Bekenntnisses und indischer Terminologie gar nicht verlassen. So projizierte Grimms Buddhismus die abendländische Idee der Transzendenz und des ewigen Wesens in die indische Lehre.

Auch wenn man sich nach Asien begab und dort den Buddhismus annahm, religiöse Weihen empfing und geistliche Gewänder trug, konnte man ganz der abendländischen Geisteswelt verpflichtet bleiben. Dies zeigten die Beispiele des Tendai-Priesters Bruno Petzold, der im Buddhismus Ostasiens seinen Goethe wiederfand, und Anagarika Govindas. Dieser lebte physisch ganz in Asien, nahm einen indischen Namen an, nannte sich einen tibetischen Lama und trug nurmehr östliche Gewänder, doch in seiner metaphysischen Grundhaltung und vor allem darin, daß er seine tibetische Mystik nicht an tibetischen und indischen Klassikern entwickelte, sondern vor dem Hintergrund Nietzsches, Rilkes und Klages' verstand, blieb er ganz in der deutschen Kultur verwurzelt.

Wenn bis auf wenige Ausnahmen am Beginn der Buddhismus-Rezeption die intensiver von ihm Angezogenen entweder nur Äußerliches übernahmen, um im Herzen den Denk- und Empfindungsgewohnheiten des Westens treu zu bleiben, oder verschreckt von Verlöschen und Nichts den Rückzug ins volle Ich antraten, spricht dies dann für jene, die im Buddhismus und Abendland unversöhnliche Gegensätze sahen?

Dem italienischen Asienwissenschaftler und Fotografen Fosco Maraini (geb. 1912), einen Mitarbeiter Giuseppe Tuccis, der lange Jahre in Japan verbrachte, darunter die Zeit des Zweiten Weltkriegs, galt bereits jeder Versuch eines Europäers, die geistigen Grundlagen des Abendlandes zu verlassen als ein Verrat. Maraini berichtet in diesem Zusammenhang, von einer Begegnung, die er und Tucci mit Anagarika Govinda und seiner Frau auf einer Tibetreise hatten.[38]

Maraini schildert Govinda als einen Mann »der sich einen buddhistischen Namen und den buddhistischen Glauben zulegte und seither ein langes indotibetisches Priestergewand von schärfstem Gelb trägt. Um das Handgelenk hängt ihm der Rosenkranz, sein graues Haar fällt ihm bis auf die Schultern wie einem bescheidenen Musikprofessor, den das Leben nicht unterkriegen konnte.«

Die Darstellung scheint zunächst ambivalent, als schwanke der Forscher Maraini zwischen einer Anerkennung der Lebensweise Govindas, seiner Konsequenz und Ernsthaftigkeit einerseits und der Verwunderung über die seltsame Gestalt eines Europäers, der sich in einer anderen Lebensweise versucht: »Gemeinsam wandern« Govinda und seine Frau »von Kloster zu Kloster, kopieren Bilder und nähren sich von Speisen aus dem Mehl gerösteter Gerste. Sie wirken ein wenig heroisch, ein wenig lächerlich und zweifellos außergewöhnlich. Jedenfalls machen sie nicht viel von sich reden, was darauf schließen läßt, daß sie es ernst meinen.« Doch dann folgt das Verdikt: »Aber letzten Endes verraten sie den Okzident. Und das ist bedauerlich.«

Der Verrat besteht nicht in einer Beschäftigung mit der anderen Sphäre, die auch Maraini betreibt und als Bereichung begrüßt: »Den Orient studieren und ihn lieben, heißt noch lange nicht, unsere Kultur zu verleugnen. Der Stolz des Okzidents ist die Wissenschaft. Nicht nur die Naturwissenschaften, wie man es so oft hört, sondern, in einem viel umfassenderen Sinn, das Wissen um die Welt, die uns umgibt. Es ist richtig, daß der Okzident den Orient geistig aufwertet; er vertieft den Gedanken des Rechts, des Guten und der Zeit. Hier bestätigt sich der Okzident, bleibt sich treu.«

Was Maraini Govindas Praxis vorwirft, ist das Unternehmen, die Perspektive des Abendländers zu verlassen. Versucht ein Europäer »den Aspekt zu verrücken, das Weltall nicht mit den eigenen Augen zu betrachten, dann beginnt der Verrat. Europa, das ist Leonardo, Descartes, Tizian, Shakespeare, Goethe, die Welt als Kraft, Farbe, Leidenschaft. Aber in jedem dieser Aspekte ist die Welt Extroversion. Für den Orient ist die Welt Introversion. Der Okzident ist zentrifugal; er befindet sich in einem dynamischen Gleichgewicht. Der Orient ist zentripetal, in wirklichem Gleichgewicht. Deshalb wird er uns auch wahrscheinlich überdauern.« Maraini argumentiert in einem typischen Muster erklärter Abendländer, die den westlichen Menschen, wenn auch zum tragischen, so doch zum Helden machten, der selbstbewußt den Platz einnimmt, den das Schicksal ihm zuwies: »Trotzdem darf der Europäer seinen Posten an jener Stelle dieses so glorreichen und tollen Planeten, an der er geboren ist, nicht verlassen!«

Maraini, der hier beispielhaft für zahlreiche Modelle des Ost-West-Gegensatzes steht, konnte nicht wissen, zu welchem Maß Govinda in seiner asiatischen Erscheinung doch Europäer geblieben war. Die physische Erscheinung verfremdete sein Abendländertum, aber ließen ihn nicht wirklich die Welt mit nicht-europäischen Augen sehen.

Viele buddhistische Versuche blieben letztlich verfremdetes Abendländertum. Man denkt hier an die Bemerkung Jungs, der in Indien keinen wirklich dort lebenden Europäer getroffen haben wollte, sondern nur Wesen, die sich gleichsam in einer mit europäischer Luft gefüllten Flasche befanden.

Jung selbst hatte auf seiner Reise nach Indien erlebt, daß er sich trotz allem

Bedeutenden, das er erlebte wie die Erschütterung, welche die geistige Begegnung mit dem Buddha in Sanchi in ihm auslöste, nicht wirklich auf das Land einlassen konnte. Bewußt vermied er die Begegnung mit Menschen, die im Ruf der Weisheit und Heiligkeit standen. »Ich habe sie umgangen, weil ich mit meiner eigenen Wahrheit vorlieb nehmen mußte und nichts anderes nehmen durfte als das, was ich selber erreichen konnte. Es wäre mir wie ein Diebstahl vorgekommen, wenn ich von den Heiligen hätte lernen und ihre Wahrheit für mich akzeptieren wollen. Ihre Weisheit gehört ihnen, und mir gehört nur das, was aus mir selber hervorgeht. In Europa vollends kann ich keine Anleihen beim Osten machen, sondern muß aus mir selber leben – aus dem, was mein Inneres sagt, oder was die Natur mir bringt.«[39]

Daß der Europäer nicht aus seiner Haut kann, weil ihm quasi eingeboren ist, welche Bilder er überhaupt zu verstehen mag, schloß Jung gegen Ende seiner Indienreise, als vor dem Hintergrund der »Mannigfaltigkeit der indischen Eindrücke« ein »ureuropäischer Traum« auftauchte. Jung träumte, er müsse den Heiligen Gral suchen. »Der Traum wischte mit starker Hand alle noch so intensiven Tageseindrücke weg« und erinnerte Jung daran, »daß Indien nicht meine Aufgabe war, sondern nur ein Stück des Weges – wenn auch ein bedeutendes – der mich meinem Ziel annähern sollte. Es war, als ob der Traum mich fragte: ›Was tust du in Indien?‹ Suche lieber für deinesgleichen das heilende Gefäß, den salvator mundi, dessen ihr dringend bedürft. Ihr seid ja im Begriff, alles zu ruinieren, was Jahrhunderte aufgebaut haben.«[40]

Mit anderen Worten: Was wirksam zum Überwinden der Probleme Europas führt, kann letztlich nicht in Asien gefunden werden, sondern nur im eigenen kulturellen Erbe. Der Osten taugt dafür allenfalls als Durchgangsstation, die letztlich dazu dient, sich des eigenen angestammten Standortes bewußt zu werden.

Hiermit verwandt ist die Haltung Hermann Hesses, der seine Sehnsucht nach Asien als Ausdruck eines Fluchtversuchs vor Europa verstand.[41] Ausschlaggebend war die Erfahrung seiner Indienreise, die ihm zwar alle Klischees, die mit dem Land verbunden werden vor Augen führte, jedoch nichts von dem offenbarte, was ihn nach dort getrieben hatte. Er sah »wohl die Palmen und Tempel stehen, roch den Weihrauch und das Sandelholz, aß die herben Mangos und die zarten Bananen, und mitten in Kandy unter den

Buddhapriestern hatte ich nach dem wahren Indien, nach Indiens Geist, nach einer lebendigen Berührung mit ihm das ungestillte Heimweh wie vorher in Europa. Indiens Geist gehörte noch nicht mir, ich hatte noch nicht gefunden, ich suchte noch. Darum floh ich damals auch Europa, denn meine Reise war eine Flucht.«

Es verlangte ihn nach einem Gegenbild zum Abendland. »Ich floh es und haßte es beinahe, in seiner grellen Geschmacklosigkeit, seinem lärmenden Jahrmarktbetrieb, seiner hastigen Unruhe, seiner rohen, tölpelhaften Genußsucht.«

Ähnlich wie Jung erkannte, daß seine Aufgabe in Europa liegt, verstand Hesse, wie er nicht in der Ferne suchen kann, woran er in der Heimat Mangel empfand. Er spürte, daß er mit dem Abendland Frieden schließen mußte, bevor er daran denken konnte, etwas von Asien zu verstehen. Jung wollte »keine Anleihen beim Osten machen«, sondern aus dem leben, »was mein Inneres sagt, oder was die Natur mir bringt«. Auch Hesse suchte das, wonach er zuvor in Indien Ausschau hielt, in sich:

»Mein Weg nach Indien und China ging nicht auf Schiffen und Eisenbahnen, ich mußte die magischen Brücken alle selber finden. Ich mußte aufhören, dort die Erlösung von Europa zu suchen, ich mußte aufhören, Europa im Herzen zu befeinden, ich mußte das wahre Europa und den wahren Osten mir im Herzen und im Geist zu eigen machen, und das dauerte wieder Jahre um Jahre, Jahre des Leidens, Jahre der Unruhe, Jahre des Krieges, Jahre der Verzweiflung.« Es war vorbei mit seinem Drang nach Indien, denn Ost und West, Buddha und Goethe waren ihm keine Gegensätze mehr, sondern eine geistige Welt, aus der er schöpfen konnte.

Der Weg, den Hesse hier beschreibt, so idealisiert er sein mag, gibt etwas von den Strukturen wieder, die bewußt oder meist unbewußt in der frühen Phase der deutschen Buddhismus-Rezeption bestimmend waren. Der Tod Gottes, das neue Menschenbild des Darwinismus, industrielle Revolution, nationale Einigung und der Erste Weltkrieg hatten die geistige und soziale Welt ins Wanken gebracht. Nicht wenige haßten die Wirklichkeit in der sie leben mußten, litten an ihr. Auf der Suche nach rettenden Rezepten bot sich auch Indien, das Land der romantischen Sehnsüchte an, zu dessen Bewohnern man sprachliche und ethnische Affinitäten annahm, und als dessen wirkungsgeschichtlich bedeutendste Tradition in jener Zeit schrittweise der Buddhismus entdeckt wurde.

Doch das buddhistische Rezept mußte in dieser Phase bei der Rettung versagen. Nicht nur weil es auf Ablehnung der meisten stieß, die entweder in irgendeiner Form die alten Werte des Westens, allen voran das Christentum, bewahren wollten, oder wie der Marxismus an diese anknüpfend nach einem neuen positiven Programm suchten. Sondern vor allem, weil zu viele Angehörige der buddhistischen und theosophischen Bewegung mit ihrer Hinwendung zum Buddhismus in der Verneinung des Westens verblieben, die Hesse als Fluchtverhalten deutete. Die traditionelle westliche Bejahung des Daseins fand ihr konsequentes Gegenbild im Ideal des Erlöschens des Ich, des Bewußtseins und damit des Seins.

Jene Intellektuellen, wie Theodor Lessing, Pannwitz oder von Hofmannsthal, die den Westen nicht fliehen, sondern verändert sehen wollten und sich hierzu Impulse vom Buddhismus erwarteten, hatten, wie Hesse es für sich ausdrückte, einen Osten in sich selbst gefunden. Ihre abweichenden Interpretationen und Bilder dessen, was sie jeweils als Zentrales der Botschaft des Buddha für Europa empfanden, wurde gelesen, doch verhallte. Zu unterschiedlich war, was hier als Buddhismus gezeigt wurde. Und trotz dieser konstruktiven Ansätze, denen Buddhismus zu einer neuen Renaissance, einem neuen Menschen oder einer freien Gesellschaft führen sollte, überwog in der Öffentlichkeit das Bild vom passiven und pessimistischen Buddhismus, das »die Indisierung Europas«, vor der auch die Tagespresse warnte, zu einer Schreckensvorstellung werden ließ.[42]

Die Folgen Schopenhauers, die Theosophie und die buddhistische Bewegung Seidenstückers, Dahlkes und Grimms blieben so historisch und gesamtgesellschaftlich betrachtet eine bürgerliche Laune der Zeit, von der nach dem Zweiten Weltkrieg nichts mehr zu spüren war. Der in quantitativer Hinsicht einzig erfolgreiche Ableger dieser Stimmung und indirekt auch des Buddhismus-Interesses vor dem Zweiten Weltkrieg war die aus der Theosophie herkommende Anthroposophie. Daß deren Gründer die Lehre von Karma und Wiedergeburt in den Kontext eines zielgerichteten Geschichtsbildes stellte und vom Osten abrückte, zeigt symptomatisch, wie die Begegnung wieder zurück in den Westen führte.

Vielleicht hatte die Geschichte des Buddhismus im deutschen Sprachraum noch gar nicht begonnen, weil den frühen Versuchen wichtige Elemente fehlten. Karl Jaspers weist auf den Punkt der Praxis hin, der von der westlichen Bewegung weitgehend vernachlässigt wurde:

»Wer nicht die Meditationsübungen in der gehörigen Weise, mit den Glaubensvoraussetzungen und dem Ethos der Lebensführung, selber vollzogen und erfahren hat, wie weit er darin kommt, kann nur das verstehen, was im Gedanken als solchem mitteilbar wird. Wir dürfen nie vergessen, daß bei Buddha und im Buddhismus eine Quelle fließt, die wir für uns nicht haben fließen lassen, und daß hier eine Grenze des Verstehens liegt. Wir müssen den außerordentlichen Abstand des Ernstes sehen und die billigen schnellen Annäherungen verwehren. Wir müßten aufhören zu sein, was wir sind, um an der Wahrheit Buddhas wesentlichen Anteil zu gewinnen. Der Unterschied ist nicht der von rationalen Positionen, sondern der von Lebensverfassung und Denkungsart selbst.«[43]

Aber müßten westliche Menschen wirklich aufhören zu sein, was sie sind, um an der Wahrheit des Buddha wesentlichen Anteil zu gewinnen? Die Konsequenz dieser Aussage bedeutete, daß es in den wenigsten Ländern des buddhistischen Asien authentischen Buddhismus gegeben hätte. Denn überall paßte sich Lehre und Praxis den Bedürfnissen an, auf die sie trafen. Der chinesische Buddhismus ist in seinen Lehren und Praktiken von Beginn an stark daoistisch geprägt, was sich durchwegs in den Übersetzungen der Texte niederschlug. Man könnte ihn als Modifikation bezeichnen oder als etwas gänzlich Neues, abhängig von der Definition dessen, was man als Buddhismus gelten lassen will.

Sollte es mit gleichem Recht möglich sein, den frühen deutschen Buddhismus als eine neue Richtung zu bezeichnen, die sich vornehmlich mit der intellektuellen Interpretation der Texte beschäftigte? Oder geht das, was daran buddhistisch war, gänzlich, im westlichen geistesgeschichtlichen Hintergrund auf? Jeder Versuch, den Buddhismus in neuem Kontext darzustellen, mußte zumindest im gleichen Ausmaß Konstruktion sein, wie er Übertragung sein konnte. Vielleicht werden Fragen nach dem jeweiligen Anteil in der Zeit zunehmender Globalisierung auch zunehmend müßig? Was ist buddhistisch, was östlich, was westlich?

Im Jahr 1958 besuchte der moderne Zen-Interpret Shinichi Hisamatsu Carl Gustav Jung in der Schweiz, um in einer Diskussion Klarheit über das Verhältnis von Zen und Psychoanalyse zu gewinnen. In einer japanischen Zeitschrift faßte Hisamatsu zusammen, was ihm als Ergebnis schien. Er verglich die Begriffe des Selbst und des Unbewußten in Jungs Sprachgebrauch mit seinen eigenen Konzepten von Zen und kam zu deutlichen Schlüssen. Als man Jung um Erlaubnis zum Druck des mitgeschriebenen Gesprächs bat, lehnte dieser strikt ab.

Das Treffen mit Hisamatsu habe nur seinen guten Willen zur Verständigung zeigen sollen. Doch Jung bezweifelte, ob Hisamatsu und er mit Begriffen wie »Bewußtsein« und »Individuum« dasselbe meinten. Um einen echten Dialog zu beginnen, so Jung, müsse er ein Jahr in Japan Zen beziehungsweise Hisamatsu bei ihm in Zürich analytische Psychologie lernen. Bloßes Reden ließen ihn Zen und damit Hisamatsus Fragen nicht wirklich begreifen. Dann brachte es Jung auf den Punkt: »Je mehr Worte, umso weniger Verständnis.«[44]

Ein bemerkenswerter Tausch der Rollenklischees: Der japanische Zen-Buddhist glaubte wie mancher westliche Theoretiker an Erkenntnisgewinn aus dem Gegenüberstellen von Begriffen. Der gelehrte Arzt aus der Schweiz mißtraute Worten und wies in der Art eines Zen-Meisters auf die Praxis als den einzigen Weg zu wahrer Einsicht.

Die Episode handelt nicht von typischen Vertretern des Zen und der westlichen Wissenschaft. Hisamatsu gehört der Kyoto-Schule an, einer tief von der Auseinandersetzung mit europäischem Denken geprägten Gruppe japanischer Philosophen. C. G. Jung lernte trotz seiner sehr bewußten Position als Abendländer viel von Asien und wandte als Wissenschaftler und einer der ersten Vertreter westlicher Moderne wieder den Blick nach innen. Dies erklärt ein wenig den Rollentausch.

Nicht Ost und West, sondern zwei Menschen gingen nach einem Gespräch über »das Selbst« auseinander. Einer fühlte sich an Erkenntnis, der andere nur an ungelösten Fragen reicher.

Schlußwort

AUF DEN GLÜCKSELIGEN INSELN

Die mißglückte Renaissance

Der Religionswissenschaftler Mircea Eliade (1907–1986) bezeichnete das Erschließen des Denkens und der Kultur Asiens, des Sanskrit und des Buddhismus, das im 18. Jahrhundert einsetzte und um die Mitte des 19. Jahrhunderts zum ersten Höhepunkt kam, als mißglückte Renaissance. Den Grund des Mißlingens sah er im Vergleich zur ersten erfolgreichen Renaissance an der Schwelle zur Neuzeit: In dieser wurden die Quellen europäischer Antike von Wissenschaftlern aller Disziplinen wie von Künstlern und Theologen aufgenommen, während die Entdeckung Indiens und des Buddhismus vornehmlich von Philologen getragen worden sei und keinen Widerhall in Kunst, Literatur und Wissenschaften gefunden habe.[1]

Zumindest für den deutschen Raum trifft diese Feststellung nicht zu, daß die geistige Welt des Ostens von Literatur und Kunst unbeachtet und ganz im Bereich philologischer Forschung blieb. Abgesehen von der China-Begeisterung bei Leibniz und anderen sowie der besonderen Liebesgeschichte, die Deutschland lange mit Indien verband, stieß namentlich der Buddhismus auf Interesse bei Persönlichkeiten, die bis heute zu den bedeutenden Namen des Kulturkanons gehören. Schopenhauer und Wagner bezeichneten sich als Buddhisten, von Hofmannsthal erwartete aus der Begegnung mit Gautama eine neue Renaissance, andere wie Döblin erhofften einen heilsamen Impuls für das Abendland. Rilke widmete dem Buddha gefeierte Gedichte, Hesse ließ ihn in einem der meistgelesenen Werke der Weltliteratur auftreten.

Die große Renaissance blieb trotzdem aus, und vielen erscheint im Rückblick das literarische Interesse am Buddhismus als exotistische Phase, die mit dem Reiz des Fremden spielte. Wie hätte eine solche Renaissance überhaupt aussehen können? Wäre es nur darum gegangen, buddhistische Stoffe aufzugreifen, Buddhas in die Literatur und auf die Bühne zu bringen, hätte dies sicher vor allem Exotismus bedeutet.

Von Hofmannsthal hatte eine Renaissance anderer Art im Auge: Die Begegnung mit dem Buddha als der Personifikation dessen, was Asien für Europa bedeutet, sollte im echten Sinn des Wortes zur »Wiedergeburt« des Westens führen, indem die eigene Antike als Grundlage abendländischer Existenz aus anderer Perspektive neue Relevanz erhält.

Diese Idee europäischer Wiedergeburt schließt unausgesprochen ein notwendiges Scheitern der Begegnung mit dem Buddha ein, zumindest ein Umwenden nach ihrem Vollzug. Der Westen nimmt die große Gestalt im Osten nicht an, sondern kehrt bestärkt zu den eigenen Ursprüngen zurück. Von Hofmannsthal fand dieses Programm in Neumanns umfangreichen Anmerkungen zu den Übersetzungen der Reden Gautamas, die den Buddha und Aspekte abendländischer Geistesgeschichte aneinander spiegelten. So konnte auch Ziegler bedeutsam werden, daß Neumann Griechisches und Indisches in Beziehung setzte. Doch sahen wenige diese Bedeutung Gautamas für ein tieferes Verständnis der Grundlagen westlicher Kultur. Kaum einer nahm Neumanns »großen Zettelkasten«, über den der Indologe Franke spottete, ernst. Der buddhistischen Bewegung schließlich galt Neumann vor allem als Übermittler des Buddhawortes, nicht als jemand, der Brücken schlagen wollte.

Fand die breite Renaissance mit dem Buddhismus als Katalysator nicht statt, vollzog sich der Prozeß der Wiedergeburt als Rückkehr zu den Ursprüngen vielfach doch auf individueller Ebene. Viele näherten sich dem Buddha, um wieder Abstand zu nehmen oder zu einer westlichen Deutung seiner Lehre zu finden, einem verfremdeten Abendländischen wie Grimms metaphysischer Buddhismus oder die Systeme Petzolds und Govindas.

Das Motiv der Rückkehr, des letztlichen Scheiterns der Begegnung, zeigte sich seit den frühesten Versuchen immer wieder. Trotz aller Begeisterung für den Stoff gelang es Wagner nicht, für *Die Sieger* einen Buddha auf die Bühne zu bringen; dessen Freiheit von Leidenschaft, sein Wohnen im Land des Nicht-mehr-Seins, machte den Erwachten unfaßbar.

Wo es aber gelang, den Buddha zu konkretisieren, konnte er jedem alles bedeuten. Er wurde Idealbild des arischen Übermenschen, Botschafter einer dogmen- und kirchenfreien Religiosität, Philosoph mit klaren Lehrsätzen, ein müder Passiver, der seinen Selbstmord lebt, und der Tatmensch, der absichtsvoll gegen die Triebe kämpft, um Leid zu überwinden.

Nirvana, das von ihm verkündete Erlöschen des empirischen Ich, erschien als vollkommenes Nichtsein wie allumfassendes Bewußtsein, als Rückzug auf einen innersten Wesenskern wie kollektives Ziel der Menschheit, auch dieses als Verschwinden wie als Vorstufe weiterer Entwicklung interpretiert. Die glückseligen Inseln – in der Misere nach Gottes Tod und dem Zusammenbruch des Kaiserreiches – hatten unterschiedlichste Gestalt.

Die Möglichkeit, viele Buddhas mit einander widersprechenden Lehren zu konstruieren, entspricht dem Wesen der dialektischen Bruchstelle vom Sein zum Nichtsein. Wo jedes Ding und Konzept vor dem Nichts vollkommen relativiert werden, mag alles gleichermaßem wahr wie unwahr werden. Es ist die Duldsamkeit des Nichts, die jede Aussage als provisorisch erklärt und sogar Widersprüchliches stehenzulassen vermag.

Schon der Buddhismus Asiens brachte eine Vielzahl einander widersprechender Konzepte hervor, und man findet in ihm wohl alle Motive, die der Westen andachte, in der einen oder anderen Form vorgeprägt. Vielfalt und Gegensätze erklärten die bedeutenden Schulen des Mahayana als notwendige Kunstgriffe des Buddha, um potentiell alle Menschen, deren Horizont und Perspektive voneinander abweichen, anzusprechen und zu befreien. Die Schulen fanden zwar Klassifikationen, die ihren besonderen Lehren auf der Skala des provisorisch Wahren einen höheren Stellenwert einräumten als jenen der anderen. Doch im Letzten galten sogar die am meisten geschätzten Interpretationen als provisorisch im Angesicht einer Erfahrung, für die es keine Worte gibt.

Zu dieser Haltung gelangten die westlichen Interpreten nicht. Sie suchten die jeweils wahre Rekonstruktion dessen, was Buddhismus bedeuten sollte, und wahr meinte in aller Regel *einzig* wahr. Der Offenheit vor dem Erlöschen, welche sich die meisten Schulen Asiens bewahrten, stellte sich die abendländische Tradition der Metaphysik der einen Wahrheit entgegen. Richtig verstandener Buddhismus hatte eine klare Entscheidung zwischen Fortdauer und Aufhören, Sein oder Nichtsein zu treffen. Eine widerspruchsfreie Position war gerade deshalb gefragt, weil man sie in der Regel verwendete, um dem Abendland eine deutliche Antithese entgegenzusetzen.

In solchem Polarisieren wurde die geistige Grenze zwischen Europa und Asien, seit der Antike konstituierender Bestandteil europäischen Selbstverständnisses, während der frühen Begegnung mit dem Buddhismus kaum wirklich überschritten. Seine Anhänger sowie Literaten und Intellektuelle, die ihn fruchtbar machen wollten, werteten zwar anders als die Gegner, doch teilten sie deren Grundschema. Wie Chamberlain, Lucka oder dem christlichen Apologeten Dahlmann galt ihnen die Lehre als Antipode zum Westen. Den einen wurde sie deshalb zur Gefahr, den anderen zum Heilmittel. Die Projektion der Angst oder empfundener Mängel prägte das Wahrnehmen.

Daß die Auseinandersetzung auch von den Anhängern vor allem intellektuell betrieben wurde und dem Wahrnehmen das Korrektiv der Praxis fehlte, förderte das Projizieren von Buddhismen, die Europa gefährden oder befreien konnten. Wertete Max Weber den historischen Buddhismus als »ganz spezifisch vornehme Intellektuellen-Soteriologie«[2], sagt dies auch viel über jene Gestalt, die der Buddhismus seiner Zeit angenommen hatte.

Nach dem Zweiten Weltkrieg wandelte sich die Buddhismus-Rezeption in Deutschland. Ein Interesse richtungweisender Intellektueller war kaum mehr spürbar. Keine bedeutende Buddha-Dichtung entstand, kein Aufsehen erregender Roman, weder Dramen noch buddhistische Rettungsentwürfe für das Abendland. Was nach dem Ersten Weltkrieg vielen als Perspektive schien, ein rettender Impuls aus Asien, war nach Auschwitz kein Thema mehr. Man hätte als Schwärmer gegolten, der ins Exotische flieht, hätte man als Dichter oder Philosoph solche Wege erwogen. Pannwitz ließ nochmals seine im Ersten Weltkrieg entstandene Schrift erscheinen, die den Buddha und seine Ethik als Alternative für Europa vorschlug. Wurde sie drei Jahrzehnte zuvor in gebildeten Kreisen diskutiert und konnte einen von Hofmannsthal begeistern, blieb sie nun unbeachtet.

Die buddhistische Bewegung, klein und ohne Außenwirkung, hielt sich bis in die fünfziger Jahre an das, was vor dem großen Zusammenbruch wuchs, zehrte von Dahlke und Grimm. Erst in den späten sechziger Jahren, als die Gesellschaft insgesamt in Bewegung geriet, erwachte erneut ein Interesse. Zunächst war es Zen, das Tausende anzog, dazu traten ab den siebziger

Jahren zunehmend die Schulen des tibetischen Buddhismus, die auf Grund der Exilsituation vieler Lamas zugänglich wurden.

Diese neue buddhistische Bewegung unterscheidet sich seit Beginn grundlegend von ihrer Vorläuferin. Nicht länger die Theorie steht im Mittelpunkt, sondern die Praxis, statt der reinen Lehre zählt vor allem die Meditation. Wenn Theorie eine Rolle spielt, geht es dabei weniger um das Reflektieren buddhistischer Impulse vor dem traditionellen Hintergrund westlicher Interpreten, das eigene Systeme hervorbringt, sondern man nimmt vor allem die Darlegungen der Lehrer asiatischer Schulen auf. Indem die Lehre so als vorgegeben und nicht erst zu ergründen gilt, entstanden seit dem Zeiten Weltkrieg keine deutschen Versuche einer Neuformulierung des Buddhismus mehr, die sich mit dem theoretischen Niveau dessen messen könnten, was Seidenstücker, Dahlke und Grimm leisteten.

Entsprechend bestehen die Kontroversen nicht mehr in der Frage, was unter Nirvana oder dem Ich zu verstehen sei. Wird dies von den traditionellen Schulen, zu denen man sich jeweils bekennt, festgeschrieben, betreffen die neuen Konfliktpunkte unter deutschen Buddhisten heute eher Probleme der Art, welcher von zwei rivalisierenden Kandidaten die wahre Wiedergeburt eines tibetischen Würdenträgers sei.

Dies weist auf die große Bedeutung, die neben der Praxis der Gemeinschaft zukommt, mit deren Geschichte und Tradition man sich identifiziert. Was Menschen inzwischen im Buddhismus suchen, ist nicht länger die Theorie des Erlöschens, sondern scheint wesentlich die Geborgenheit eines menschlichen und praktischen Bezugssystems zu sein.

Zweifellos waren die Anhänger der früheren Rezeptionsphase die radikaleren Buddhisten, indem sie die Frage nach Sein oder Erlöschen ins Zentrum stellten. Sie lagen im Zwist mit dem Abendland, das sie, nachdem sein traditionelles Gefüge an Werten und Institutionen am Zerbrechen war, zumindest geistig verlassen wollten. Der frühe deutsche Buddhismus war so wesentlich auch ein Produkt der Verzweiflung.

Der neue Buddhismus seit den sechziger Jahren hat einen anderen Hintergrund, jenen des Wirtschaftswunders. Er wird weniger von Verzweifelten getragen, als von Menschen, die nach dem ökonomischen Aufbau Orientierung über das Materielle hinaus suchen. Sie sind versöhnter mit dem Abendland und der Welt als ihre Vorgänger, die unter den Nachbeben des Todes Gottes litten. Der Verlust einer metaphysischen Verbindlichkeit wurde ihnen längst selbstverständlich.

Immer noch erweist sich der Mythos von der Wiedergeburt als bedeutend für Buddhisten in Deutschland, doch an die Stelle des Ausbruchs ins Nicht-mehr-Sein trat für die nun vom Mahayana Geleiteten das Leitbild des Bodhisattva. Dieses Motiv vermag vielleicht in der Praxis zu überbrücken, was in der Theorie der frühen Rezeption den gewaltigen Unterschied zwischen Buddhismus und Abendland ausmachte, die Entscheidung zwischen Sinn und Nicht-Sinn. Bin ich Teil eines zielgerichteten Prozesses in einem sinnerfüllten Universum, wie das Christenum es lehrte und wie es noch im Marxismus nachklingt? Oder bin ich verloren in einer sinnlosen Welt, in der meine menschliche Vernunft letztlich nur eine Laune des Zufalls ist, nicht mehr wert, als zu vergehen? – Vielleicht verlangten viele der Fragen, die in der früheren Rezeptionsgeschichte des Buddhismus im Westen anklangen, danach, das Konzept des Bodhisattva zu aktualisieren.

Zwischen Sisyphos und Übermensch

Während die Nationalsozialisten in Europa Millionen hinmordeten, um den neuen nordischen Menschen zu schaffen, und deutsche Truppen sein Paris besetzt hatten, versuchte im New Yorker Exil der Surrealist André Breton (1896–1966) das Grauen zu begreifen. Man konnte es rational auf ökonomische Gründe zurückführen, aber Breton spürte jenseits vernünftigen Erklärens die Kraft des Mythos am Werk. Damit traf er das Selbstverständnis der Mörder, deren Ideologe Alfred Rosenberg den *Mythus des zwanzigsten Jahrhunderts* schrieb. Breton stimmte in gewisser Weise auch mit C. G. Jung überein, der 1936 vom Wiedererwachen Wotans, des alten Gottes der Deutschen, sprach.[3]

Galt Jung gewalttätiges Nazitum als Durchgangsphase vor bedeutenderen Aspekten des Wirkens Wotans, hielt Breton »die Renaissance gewisser Mythen germanischen Ursprungs« einem heilen Weg der Menschheit generell für abträglich.[4]

Doch dachte Breton in dieser Situation nicht an ein generelles Überwinden aller Mythen, die er als Ausdruck jener unbewußten Dimension achtete, die sich auch im Traum bildhafter Sprache bedient. Sie folgt nicht den Gesetzen der Vernunft und lenkt doch die Richtung des Lebens, die sekundenkurze Traumbilder oft nachhaltiger bestimmen als lange rationale Argumente. Inhalte des Unbewußten, die in Mythen kollektive Träume werden, nährten zwar Haß und Kriege, boten aber zugleich Motive und Antriebe aufbauender Hoffnungen.

Erste Mythen entstanden mit dem Gebrauch von Werkzeug und Feuer. Der absichtsvoll die Natur verändernde Mensch erlebte sich nicht mehr als deren Teil und empfand die Kluft zwischen sich und anderem als Verlust an Geborgenheit. Mythen linderten diesen Schmerz, weil sie den Menschen mit Tieren, Ahnen oder Göttern verbanden und so über das eigene Dasein hinaus orientierten. Immer schrieb der Drang aus der Einsamkeit des Ich religiöse und soziale Mythen, die oft im rationalen Gewand auftreten.

Der Buddhismus stellt den einzelnen in ein Größeres, indem der Mythos der Wiedergeburt jetziges Leiden mit früherem Tun und gegenwärtiges Tun mit künftigem Leiden verknüpft. Der kommunistische Mythos der klassenlosen Gesellschaft und der faschistische von reinrassiger Volksgemeinschaft träumen vom Überwinden der Schranken des Ich in einer Gemeinschaft. Edward Conze hatte das Streben ihrer Anhänger nach einem Verschwinden in der Masse mit dem eines Buddhisten verglichen, der im Nirvana aufgehen möchte wie ein Tautropfen im Ozean.

Entspringen der Mythos von der Harmonie aller Menschen und jener vom kriegerischen Herrenvolk, das als fremd oder minder Empfundenes vernichtet, demselben Wunsch nach Wiedereinbinden des Ich in ein Größeres, käme alles darauf an, diesen Wunsch in heile Bahnen zu lenken. Breton sprach von der Notwendigkeit einer »Entschlackung der Mythen«. Es galt, sich aufbauenden kollektiven Träumen zuzuwenden, sei es im Rückgriff auf positive alte oder im Schreiben neuer Mythen.

Der Atheist Breton skizzierte 1942 seinen Mythos der Großen Transparenten: Der Mensch ist nicht Zentrum oder Gipfelpunkt des Universums. Es gibt ihm verborgene gegenwärtige Wesen, deren Größe ihn bescheiden werden läßt. Der Name weist auf ihre Unerkennbarkeit, blickt man doch durch Transparentes wie durch Glas. Zugleich deutet er auf das Gegenteil, denn transparent heißt durchschaubar, also erkennbar. In unerkennbarer Erkennbarkeit verkörpern die Großen Transparenten das Ziel des Surrealismus, eine Erfahrung, für die »Leben und Tod, Reales und Imaginäres, Vergangenes und Zukünftiges, Mitteilbares und nicht Mitteilbares, Oben und Unten nicht mehr als widersprüchlich empfunden werden«.[5]

Die Ganzheit, nach der die Menschheit in dieser Situation zu suchen hätte, war ein Überwinden aller Widersprüche, ein Programm, wie es einem Mahayana-Text entstammen könnte. Auf ein Europa blickend, das im Blutrausch rassistischen Irrsinns versank, fragte er: »Diese Wesen, soll man sie darin bestärken, Wahngebilde zu sein, oder ihnen Gelegenheit geben, sich uns zu entdecken?«[6]

Wenige Jahre nach Bretons Tod (1966) begannen dann in der neuen buddhistischen Bewegung Große Transparente, die aus Asien kamen, in Europa zu wirken. In indischen Texten, die dort von diesen Wesen berichteten, hieß es, sie weilten jenseits des Gegensatzes von Sein oder Nichtsein und erführen die leidvolle Welt des Werdens und Vergehens als nicht verschieden von vollkommener Freiheit von ihr. Denen so die Widersprüchlichkeit der Widersprüche aufhört, sind die Bodhisattvas des Mahayana. Viele Europäer lernten seither von tibetischen Lamas, Bodhisattvas als transparente Lichtgestalten zu visualisieren, die sich aus ungestalteter Leerheit manifestieren, in die sie nach der Begegnung wieder eingehen. Der Bodhisattva soll dem so Meditierenden zu größerer Freiheit vom Ich verhelfen, und tatsächlich, sagt der Text *Astasahasrikaprajñaparamita*, führt er ungezählte Wesen zur Befreiung, obwohl es für ihn keinen zu Befreienden gibt.

Vor seiner Ankunft in Europa erfuhr der Mythos vom Bodhisattva in Asien eine lange und vielfältige Geschichte. Sie hatte mit dem Staunen vor der Größe Gautamas begonnen, der vom Ausweg aus leidvollem Dasein sprach. Den frühen Buddhisten Indiens schauderte wie vielen der frühen deutschen Buddhisten vor dem Entstehen und Vergehen der Welten und Wesen. Ohne Sinn und Zweck trieben sie durch endloses Werden, in dem hinter jeder vergänglichen Freude der Tod lauerte.

Das Lebensgefühl entspricht dem westlichen Mythos von Sisyphos, der verdammt war, einen Stein auf den Berg zu bringen, der jedesmal herabrollte und wieder hinaufgeschafft werden mußte. Jede Kraftanstrengung des Sisyphos ist von vornherein vergeblich, jede seiner Bewegungen war schon unendliche Male vollzogen, und sein Dasein bleibt ein unendlicher Zirkel nutzloser Bürde.

Ein Buddha fand den Ausweg aus diesem Ausweglosen, weil er durch viele Dasein als ›erwachendes Wesen‹ (Bodhisattva) ging. Wie jeder andere brachte der Bodhisattva unendliche Male den Stein nach oben. Doch etwas unterschied ihn von anderen: Weder hatte er Sinn in sein zweckloses Tun projiziert, um in trügerischer Freude sein Los zu erleichtern, noch sich dem Leid über sein Geschick ergeben. Fand er so einen Weg, den Stein auf dem Gipfel zu fixieren? Ließ er ihn einfach am Fuß des Berges liegen? Hatte er Freiheit zu oder von beidem? Trug er den Stein in neuer Weise? Die vielen, denen Gautama wurde, verstanden es nicht, doch erlebten, wie seine Hinweise noch Generationen nach seinem Tod taugten, Leid zu lindern. Sie konnten nur versuchen, der Spur dieses Buddha gewordenen Bodhisattva zu folgen, doch durften sie nicht einmal davon träumen, ihm gleichzukommen. Maitreya, der nächste Bodhisattva, würde erst nach Jahrtausenden auf der Erde zum Buddha werden.

Als die Weisungen Gautamas einige Jahrhunderte wirkten, glich die Welt seiner Anhänger nicht mehr dem Berg des Sisyphos. Sie schien freundlicher und einladender, was nicht zuletzt damit zu tun hatte, daß man in ihr immer weitere Bodhisattvas entdeckte. Man erkannte sie in Göttern und Geistern, die man seit alten Zeiten verehrte und fürchtete. Der Buddhismus inkludierte die vorangegangene Kulturentwicklung.

Diese Wesen, die weit auf dem Weg des Erwachens gekommen waren, es schon erlangt hatten, wirkten als Große Transparente unter den Menschen, gewährten Bitten, linderten Schmerzen, heilten. So würdigt das *Saddharmapundarikasutra* den Bodhisattva Avalokiteshvara, der einer Frau, die sich an ihn wendet, wunschgemäß einen Sohn oder eine Tochter empfangen läßt. Die Bodhisattvas bejahten derart auch weltlichstes Verlangen.

Die Möglichkeit des Bodhisattva rückte so allen Menschen näher. Geschichten von den Taten der Großen Wesen galten als nachahmenswerte Beispiele, und viele gelobten, aus Dank für empfangene Hilfe selbst den Weg eines Bodhisattva zu gehen. Oft war dies ein theoretischer Gedanke, der motivierte, doch nur eine kleine Rolle in der Gegenwart spielte. Man blieb auf die eigene Praxis konzentriert, und das Bodhisattvatum war ein künftiges, im nächsten oder einem ferneren Dasein wollte man anderen helfen.

Für andere war Bodhisattvatum eine Frage der Gestaltung dieses Daseins. Shantideva forderte von sich das Entfalten einer Haltung, die andere Wesen so zu ihm gehörig empfand wie die eigenen Gliedmaßen. Viele Texte versuchten systematisch den Weg eines Bodhisattva zu beschreiben. In bestimmter Reihenfolge entwickelt er Tugenden und gelangt zu einer Stufe, von der kein Rückfall mehr möglich ist. Viele dieser Darstellungen sind jenseits menschlicher Reichweite. Doch wurde der Weg oft auch ganz konkret verstanden. Saicho, der Gründer der Tendai-Schule in Japan, schuf sein Lehrzentrum auf dem Berg Hiei zur Ausbildung von Bodhisattvas, die nach zwölf Lehrjahren wieder in die Welt gehen, um in allen Bereichen des Lebens Diener der Gesellschaft zu sein.

Immer gab es auch eine Tendenz, den Bodhisattva weniger in sich als in anderen manifestiert zu sehen. Shinran erfuhr in einer Vision, die Frau mit der er sexuell verkehre, sei die Bodhisattva, die im Leben seinen Trieb stillt und ihn im Tod zur Buddhaschaft führt. Staatstheorien sahen in Königen buddhistischer Monarchien wiedergeborene Bodhisattvas, und in Tibet suchte und sucht man nach Tulkus.

Solche Konkretisierungen widerstritten oft hergebrachtem europäischem Empfinden, das Höchstes in metaphysischer Tradition nur als Essenz *hinter* der manifesten Form ahnt. In Bezug auf das eigene Streben sprechen sogar westliche Buddhisten vom Bodhisattva-Ideal und entfernen es damit unmerklich vom physischen Leben. Für Hegel, *den* Denker des Westens, hatte der tibetische Glaube, Verkörperungen des Höchsten in lebenden Menschen zu verehren, darum »in sich etwas Widerstreitendes und Empörendes«.

Immer ist es Chance wie Gefahr, daß der westliche Mensch Buddhistisches vor dem Hintergrund seines Erbes verstehen muß. Die Verehrung der Lamas gleicht einen Mangel des metaphysischen Weltbilds aus und leitet zugleich in die Niederungen kirchlicher Machtpolitik.

Was wird aus dem Versuch, den Mythos vom Bodhisattva im Westen zu konkretisieren? Wird er zur Personifikation eines mehr oder weniger dogmatisch fixierten ethischen und meditativen Programms? Zur konkreten Führergestalt, um deren wahre Wiederverkörperungen eifrig gestritten werden kann? Zum mythischen Überbau für Egotrips, die den eigenen Fortschritt zur Buddhaschaft zelebrieren? Der Action-Schauspieler Steven Seagal, der sich 1997 zeremoniell zum Tulku küren ließ, war nicht der erste und wird nicht der letzte westliche Mensch sein, der sich seiner erlangten Stufe in der Laufbahn des Bodhisattva versichern will.[7]

Nietzsche, der schrieb, er könne zum Buddha Europas werden, war das Sisyphos-Erlebnis vom sinnleeren Existieren nicht fremd: »In irgendeinem abgelegenen Winkel des in zahllosen Sonnensystemen flimmernd ausgegossenen Weltalls gab es einmal ein Gestirn, auf dem kluge Thiere das Erkennen erfanden. Es war die hochmüthigste und verlogenste Minute der ›Weltgeschichte‹: aber doch nur eine Minute. Nach wenigen Athemzügen der Natur erstarrte das Gestirn, und die klugen Thiere mußten sterben.« Nietzsche sah, »wie kläglich, wie schattenhaft und flüchtig, wie zwecklos und beliebig sich der menschliche Intellekt innerhalb der Natur ausnimmt; es gab Ewigkeiten, in denen er nicht war; wenn es wieder mit ihm vorbei ist, wird sich nichts begeben haben. Denn es giebt für diesen Intellekt keine weitere Mission, die über das Menschenleben hinausführte.«[8]

Am Buddhismus schätzte Nietzsche, daß auch dieser die Sinnlosigkeit der Welt erkannte und deswegen weniger »verlogen« schien als das metaphysische Christentum. Doch Nietzsche wollte im Unterschied zum frühen Buddhismus die Welt nicht fliehen. Er fand zum Gedanken, die ewige Wiederkunft anzunehmen, die Welt in ihrem sinnlosen Kreisen von Leid und Grauen, Glück und Lust, Leben und Tod zu akzeptieren. Hierzu bedarf es freilich des Übermenschen, eines Wesens, das mehr ist, als wir heute sind. Rief Nietzsche in all seinen festgestellten Differenzen zum Buddhismus wie später Breton vielleicht doch auch nach dem Bodhisattva?[9]

Das umfassende Ja des Bodhisattva zur Welt konkretisiert sich in seinem Pranidhana, das heute vielen westlichen Buddhisten zur Orientierung wurde. Der Sanskrit-Begriff besitzt in buddhistischem Gebrauch verschiedene Bedeutungen, bezeichnet einen tiefen Wunsch, ein Versprechen, einen unverrückbaren Entschluß, ein bestimmendes Begehren, einen Schwur oder ein

Gelübde, welches das Leben bewußt in eine Richtung weist. Es ist die Annahme des ewigen Werdens von Welten und leidenden Wesen. Die klassischen Texte beschreiben die Gelübde eines Bodhisattva oft sehr spezifisch. Er definiert seine Zielgruppe entsprechend seinen Möglichkeiten, will heilen oder helfen, für Kinder da sein, für Schwangere oder Reisende. Das Ja zur Welt ist kein abstraktes, sondern geht vom konkreten eigenen Vermögen aus.

Aus einer westlichen Perspektive betrachtet drückt dieses Gelübde den Wunsch aus, an sich zweckfreiem Existieren Sinn zu verleihen. Der Bodhisattva erhebt sich über den Kreislauf, indem er ihn in seinen Höhen und Abgründen vollkommen annimmt. Sein Gewahrsein distanziert ihn vom blinden Treiben der Welt, für das er durchlässig, transparent, wird und zeigt ihm zugleich seine Bedingtheit aus Ursachen dieser Welt und seine Untrennbarkeit von ihr. Sisyphos leidet nicht länger unter der Aufgabe, den Stein nach oben zu tragen, sondern erkennt als einzige Möglichkeit des Ausbruchs die vollständige Annahme stets neuen Herabrollens.

Auf dieser Ebene verschwimmen Absicht und Notwendigkeit. Bretons Denken hatte darum gerungen, die Rolle des Ich, das frei zu entscheiden scheint, mit seinem Empfinden zu versöhnen, Opfer unausweichlicher Bedingungen zu sein. In den Großen Transparenten, die in sich tragen, was dem Menschen Widerspruch bedeutet, hatte er seine mythische Lösung gefunden.

Auch der Weg des Bodhisattva umfaßt immer das Gegenteil jedes seiner Aspekte. Leicht deutet man ihn im Westen als Aufwärtsentwicklung zur Buddhaschaft. Doch stimmt diese Evolution wenn überhaupt nur im Einklang mit ihrem Widerspruch: Erwachendes Wesen sein bedeutet zugleich Abstieg. Letztlich, das heißt *bewußt*, wird erst der Buddha zum Bodhisattva.

Was ist Erwachen? Da saß nach den klassischen Quellen ein Mensch unter einem Baum und sprengte die Grenzen des Augenblicks. Er schaute zurück auf ihm zuvor verborgene vergangene Dasein und erkannte, wer alles er war. Wieviele Fehltritte, Morde und Bestialitäten nahm er dabei als die seinen an? Er entfernte sich mit jedem aktualisierten Dasein weiter vom Bild des strahlenden Weisen unter dem Baum, den die Nachwelt als Buddha verehrte, und wurde es dabei um so mehr. In diesem Buddhawerden klafften alle Abgründe, und es ist ebenso Weg in den Sumpf wie aus dem Sumpf heraus.

Viele Schulen des Buddhismus sprechen dies in ihrer Praxis an. Das Vajrayana kennt Bekenntnisformeln, in denen man bereut, auf seinem langen Weg Vater und Mutter getötet oder die Sangha gespalten und beraubt zu haben. Jodo Shinshu-Praktizierenden wird gelehrt, als Bedingung des Erwachens die Hölle als verdienten Bestimmungsort zu akzeptieren.

All dies ist mit der Übernahme des Mythos vom Bodhisattva auch für den abendländischen Buddhisten leicht rezitiert. Wie geschähe einem westlichen Menschen, der auf dem Weg kommender Buddhaschaft zugleich in die Vergangenheit seines Werdens dringt? Er mag wie der Hollywood-Schauspieler vom vorigen Dasein als tibetischer Weiser träumen. Vielleicht erkennt er auch eine andere Wirklichkeit: Ich war ein Scherge Heinrich Himmlers, ein Massenmörder, und dies nicht einmal, sondern hunderttausend Male in der Ewigen Wiederkehr des Gleichen. Bin ich nicht all das, aus dem ich komme?

Der Mensch als Bodhisattva bleibt subjektiv Sisyphos, der niemals gut machen kann, was er in Jahrmillionen verdarb, oder was die Jahrmillionen verdarben, die seine Vorgeschichte sind. Wieviele herabrollende Steine er hinaufschleppen mag, er gelangt an kein Ende. Indem er gelobt, ja zu dieser Welt zu sagen, greift er nach der Rolle des Übermenschen, der sein Schicksal vollkommen annehmen kann. Doch er bleibt scheiternder Mensch, den seine Entscheidung unter ein aufsteigendes Zeichen stellte.

Das weitere Schicksal des Buddhismus im Westen ist ungewiß. Wird er sich am Leitmotiv des Bodhisattva entwickeln, um engagiert gesellschaftlichen und kulturellen Einfluß zu gewinnen? Oder wird man die Buddhismus-Welle in ferner Zukunft als Modeerscheinung einiger Jahrzehnte betrachten, in der sich Menschen im schwarzen Gewand des Zen-Mönchs oder mit tibetischen Zweitnamen gefielen, vergleichbar jener Zeit, als man in bürgerlichen Salons über Tagore, Schopenhauer, Blavatsky und die wahre Natur des Nichts diskutierte?

Bliebe der neue Buddhismus für die meisten letztlich nur jene Durchgangsstation, die der frühere vielen war, bedeutet er doch denen, die sich auf ihn einlassen, mehr als nur Mode. Wer einen Weg einschlägt, kommt sogar dann, wenn er um- oder zurückkehrt, nicht als derselbe zum Ausgangspunkt. Seidenstückers oder Bohns äußere Wendung zur abendländischen Metaphysik in ihren traditionellen Formen und Werten nahm diese nach der Annäherung an das Nirvana zweifellos bewußter an, als dies durch die bloße Geburt und traditionelle Sozialisierung innerhalb ihres Kulturkreises jemals hätte geschehen können.

An dieser Steigerung der Bewußtheit ändert auch die Tatsache wenig, daß der Buddhismus, dem sie begegneten, nicht zuletzt ihre eigene Konstruktion war. Unschwer ließ sich erkennen, wie für die Geschichte der Buddhismus-Rezeption gleichfalls gilt, was Edward W. Said überzeugend für Europas Bilder vom Vorderen Orient zeigte:[10] Darstellungen von Inhalten aus anderen Kulturkreisen sind eine Neuschöpfung, die auf Faktoren wie Sprache, Denkmustern und kulturellen Bedingungen derer beruht, die sich um Verständnis bemühen. Westliche Bilder vom Orient sagen daher nach Saids These mehr über das Abendland und seine Art des Begreifens aus als über orientalische Wirklichkeiten. Der Buddhismus, wie er sich im Westen darstellt, ist in diesem Sinn nichts, was irgendwo in Asien vorhanden wäre, sondern eine Schöpfung von Übersetzern, Interpreten, Reisenden und in neuerer Zeit westlichen Buddhisten. Dies trifft immer noch zu, auch wenn buddhistische Lehrer aus Asien in Europa ihre Lehren interpretieren. Schon die verwendeten Begriffe, ob sie selbst westliche Sprachen beherrschen oder übersetzt werden, spiegeln ein im Abendland gewachsenes Verstehen, und das Hören der Anhänger vollzieht sich vor dem Hintergrund ihrer kulturellen Prägungen.

Es geht hier nicht um die extreme Konsequenz, daß ich andere nie verstehen kann, weil mein Bild vom anderen eben immer mein Bild vom anderen ist. Unbestreitbar sind Wissenschaft und Öffentlichkeit im Verständnis buddhistischer Lehren und Kulturen heute weiter als vor einhundertfünfzig Jahren. Und doch ist das Gewahrsein bedeutend, daß man immer mit einem Bein im Verkennen steht, unvermeidlich verzerrt, verändert und erschafft, wenn man in anderem Kontext Gewachsenes in eigene Worte und Bezugssysteme überträgt.

Trotzdem, was ihm als Buddhismus erkennbar wird, vermag den Abendländer vor die Entscheidung zu stellen. Dies gilt ungeachtet der psychoanalytischen Binsenweisheit, daß man im anderen am ehesten das sieht, was man in sich selbst verdrängt. Für Karl Jaspers wies allein die Möglichkeit des buddhistischen Weges mit dem Ziel des Erlöschens auf »die Fragwürdigkeit des Menschseins. Der Mensch ist nicht, was er nun einmal ist, sondern er ist offen. Er kennt nicht *eine* Lösung, nicht *eine* Verwirklichung als die allein richtige.«[11] Gerade in seinen radikalen Formen, die sich der Metaphysik verweigern, führt der Buddhismus so zur Wahl zwischen dem Annehmen des Lebens als eines Daseins zum Tode in sinnfreier Welt und dem Trotz der Metaphysik, die hinter diesem Leben mehr als nur den Tod sehen will. Vielleicht führt er auch zur Erkenntnis, daß eine rationale Entscheidung hier gar nicht möglich ist. – Ist der Buddhismus ein Weg des Loslassens, sind vielleicht gerade jene die konsequentesten Buddhisten, die ihn wieder verlassen.

Anmerkungen

Aus technischen Gründen wurde auf die Verwendung diakritischer Zeichen bei asiatischen Fachtermini verzichtet.

EINFÜHRUNG

1 »72. Verordnung des Bundesministers für Unterricht und Kunst vom 13. Dezember 1982 betreffend die Anerkennung der Anhänger des Buddhismus als Religionsgesellschaft. – Auf Grund des Paragraph 2 des Gesetzes vom 20. Mai 1874, RGBL. Nr. 68, betreffend die gesetzliche Anerkennung von Religionsgesellschaften wird verordnet: Die Anerkennung der Anhänger des Buddhismus als Religionsgesellschaft unter der Bezeichnung ›Österreichische Buddhistische Religionsgesellschaft‹ wird hiermit ausgesprochen. Sinowatz« *Bundesgesetzblatt für die Republik Österreich,* 33. Stück, Jahrgang 1983 (11. Feber 1983).

2 Ein »Antrag auf Verleihung der Rechte einer Körperschaft des öffentlichen Rechts an die Buddhistische Religionsgemeinschaft in Deutschland (BRG)« wurde laut Schreiben des Baden-Württembergischen Ministeriums für Kultus und Sport an die Deutsche Buddhistische Union e.V. vom 27. Oktober 1986 (Aktenzeichen Zu Ki 7502/22) zurückgestellt, da die »qualitative und quantitative Entwicklung der BRG noch abgewartet werden sollte« (Minister Gerhard Mayer-Vorfelder).

3 Die Wendung vom »Erwachen des Westens« gebraucht der Buddhist Stephen Batchelor: *The Awakening of the West. The Encounter of Buddhism and Western Culture.* London 1994.

4 *Time,* Vol. 149 (No. 16) vom 21.4.97.

5 Tony Emerson und Carla Power: »Tibet Goes Chic.« *Newsweek* Vol. CXXIX, No. 20, May 19, 1997, S. 12–16, hier S. 13.

6 Die starke Bewunderung des Dalai Lama fand freilich vereinzelt auch in scharfer Kritik ein Echo (Victor und Victoria Trimondi: *Der Schatten des Dalai Lama. Sexualität, Magie und Politik im tibetischen Buddhismus.* Düsseldorf 1999; Colin Goldner: *Dalai Lama – Fall eines Gottkönigs.* Aschaffenburg 1999).

7 Vgl. das Schlußkapitel in Volker Zotz: *Konfuzius.* Reinbek bei Hamburg 2000.

8 Die Fülle des Materials zur Buddhismus-Rezeption im Westen ist heute so beträcht-

lich, daß auch das Literaturverzeichnis im Anhang dieses Buchs nur eine Auswahl wichtiger Werke bieten kann, um die Bandbreite der Arbeiten anzudeuten.

9 Es ist freilich nicht unproblematisch, von *dem* Buddhismus zu sprechen, als sei dieser ein einheitliches Phänomen. Von verschiedenen Interpretationsschulen abgesehen, unterscheiden sich die konkreten Buddhismen eines tibetischen Nomaden, singhalesischen Nationalisten, japanischen Industriellen, König Sihanouks von Kambodscha oder des thailändischen Abts Phra Atscharn Alongott, der sein Kloster in ein Aids-Hospiz verwandelte. Vorliegendes Buch geht davon aus, daß all dies auch in seiner Widersprüchlichkeit auf eine gemeinsame Mitte weist, weshalb der Gebrauch des Begriffs Buddhismus gerechtfertigt ist. Vgl. dazu Volker Zotz: *Geschichte der buddhistischen Philosophie.* Reinbek bei Hamburg 1996 (rowohlts enzyklopädie 537), S. 291–297, sowie derselbe: »Verborgene Einheit: Schulen des Buddhismus.« *Ursache & Wirkung. Zeitschrift für Buddhismus* 8.1998, Sondernummer Herbst, S. 14–21.

10 Die deutsche Sonderentwicklung beschränkt sich nicht auf den Buddhismus, sondern betrifft umfassender die Beziehung zu Indien. So findet sie sich auch beim Yoga, worauf Karl Baier in seiner umfassenden Studie zu dessen Rezeptionsgeschichte hinwies: »Es läßt sich etwa in Bezug auf die philosophische Interpretation des Yoga nirgends eine denkerische Bemühung finden, die der deutschen Philosophie des 19. Jahrhunderts ebenbürtig wäre. Auch die in Österreich, Deutschland und der Schweiz entstandenen tiefenpsychologischen Sichtweisen des Yoga sind singulär und haben außerdem die Yoga-Rezeption weltweit beeinflußt.« Karl Baier: *Yoga auf dem Weg nach Westen.* Würzburg 1998, S. 13.

11 Karl Jaspers: *Vom Ursprung und Ziel der Geschichte.* München ^{3}1952, S. 97.

12 Reaktionen auf diesbezügliche Gedanken am Ende meiner *Geschichte der buddhistischen Philosophie* (rowohlts enzyklopädie, Reinbek bei Hamburg 1996, S. 298–304) zeigten, wie solche kulturelle Selbstkritik auch zu Mißverständnissen führt. Jens Heise bemerkte, »daß westliches Denken schlicht auf den Kontrast zum buddhistischen herabgestimmt ist und nur als Totalitarismus auftritt«, wobei »die Dialektik der Aufklärung entschieden zu kurz« greife. (*Nachrichten der Gesellschaft für Natur- und Völkerkunde Ostasiens/Hamburg. Zeitschrift für Kultur und Geschichte Ost- und Südostasiens* 161–162, 1997, S. 272–273). Die Presse faßte es simpler: »So richtig Volker Zotz die Defizite der europäischen Buddhismusrezeption einordnet, so sehr verrennt er sich am Ende des Buches in einen Euromasochismus. Alles was sich vom christlichen Monotheismus herleitet, ist für ihn totalitär, gefährlich und moralisch minderwertig.« (Elisabeth Endres: »Buddhas Wandeln.« *Süddeutsche Zeitung* 11.01.1997). Nun bezeichnete ich nie alles im christlichen Monotheismus Gründende als »gefährlich und moralisch minderwertig», was meinen Absichten und Anschauungen diametral zuwiderliefe. Wird jedoch ein solches Reflektieren des westlichen Standorts derart projizierend *gelesen* und der Versuch radikalen Fokusierens eigener Defizite als Maso-

chismus interpretiert, mag dies als Beleg der von mir gesehenen totalitären Perspektive erscheinen, deren Selbstherrlichkeit jedes Hinterfragen als Angriff auf »alles« oder masochistische Perversität des Verfassers erklärt. Jedes interkulturelle Lernen bedarf wie alles Lernen des Gewahrseins eigener Schwachpunkte. Hier sei die Antwort an einen anderen Kritiker zitiert: »Bekenne ich mich zum Subjektiven mag ich ihm weniger erliegen als mancher, der es hinter der Fiktion des Objektiven vor sich und anderen verbirgt. Parteilich erwähne ich Mängel Europas und Stärken Asiens. Mich interessieren vor allem eigene Fehler und anderer Vorzüge – eine wichtige Voraussetzung, will ich lernen, statt nur ›objektiv‹ beschreiben. Das Schwarz-Weiß-Malerei zu nennen, trifft zu, denn es geht mir um Kontraste, die in der Kürze um so schärfer ausfallen.« (Volker Zotz: »Wer richtet hier?« *Lotusblätter. Zeitschrift für Buddhismus* 11. 1997, Ausgabe 2, S.54–55).

13 *Der Spiegel* 11/1992, S. 152.

14 Jaspers, *Ursprung*, S. 93.

15 *Newsweek* 29.5.1995, S. 24.

16 *Koran*, Sure 109 (nach der Übersetzung von Max Henning). Freilich ließen sich andere Belege entgegenhalten. So heißt es (nach Henning) in Sure 47: »Und wenn ihr die Ungläubigen trefft, dann herunter mit dem Haupt, bis ihr ein Gemetzel unter ihnen angerichtet habt; dann schnüret die Bande.« Doch ist im gegebenen Zusammenhang wesentlich, daß die Offenbarung Gottes im Islam explizit auch erlaubt, dem sich nicht Bekehrenden seine Überzeugung zu lassen, was die Heilige Schrift des Christentums in dieser Ausdrücklichkeit nicht fordert.

17 Vgl. Jean W. Sedlar: *India and the Greek World. A Study in Transmission of Culture.* Totowa N. J. 1980, S. 72.

18 Hugo von Hofmannsthal: *Gesammelte Werke in Einzelausgaben. Prosa* IV. Frankfurt am Main 1955, S. 68–69.

19 *Majjhimanikaya* 36 (Mahasaccakasutta).

20 Karl Jaspers: *Die maßgebenden Menschen. Sokrates, Buddha, Konfuzius, Jesus.* München 1964, S. 128.

21 Carl Friedrich von Weizsäcker: *Der Garten des Menschlichen. Beiträge zur geschichtlichen Anthropologie.* München/Wien 1977, S. 529.

22 Martin Buber: *Schriften zur Philosophie.* Werke I. München/Heidelberg 1962, S. 1023.

23 Vgl. das Vorwort in Gottfried Wilhelm Leibniz: *Das Neueste von China* (1697). *Novissima Sinica.* Hg., übersetzt und erläutert von Heinz Günther Nesselrath und Hermann Reinbote. Köln 1979.

24 Die entsprechenden Texte wurden von Antonin Artaud für die Zeitschrift *La Révolution surréaliste* (Nr. 3) verfaßt.

25 Houston Stewart Chamberlain: *Die Grundlagen des neunzehnten Jahrhunderts.* München 1899, S. 129.

26 Aus dem 1936 erschienenen Aufsatz »Wotan«, in dem Jung den Nationalsozialismus, Hitlers Machtergreifung und die ›Deutsche Glaubensbewegung‹ im Licht des Erwachens des Wotan-Archetypus als des Gottes der Deutschen wertet. Zitiert nach Carl Gustav Jung: *Zivilisation im Übergang.* (Gesammelte Werke. Zehnter Band). Olten und Freiburg im Breisgau ^{2}1981, S. 211.
27 Wilhelm Müller: »Geschichte meines Lebens.« *Bodhi Baum. Buddhistische Zeitschrift für Gesellschaft und Kultur* 18. 1993, Nr.1, S. 26–32, hier S. 32.
28 Golo Mann: *Deutsche Geschichte des 19. und 20. Jahrhunderts.* Frankfurt am Main 1958, S. 963.
29 Helmuth Plessner: *Die verspätete Nation. Über die politische Verfügbarkeit bürgerlichen Geistes.* Frankfurt am Main 1974.
30 Karl Jaspers: *Wohin treibt die Bundesrepublik? Tatsachen, Gefahren, Chancen.* München 1966, S. 177.
31 Jung, *Zivilisation,* S. 211.
32 Erich Fromm: *Haben und Sein* (1976). Zitiert nach *Analytische Charakterkunde,* Gesamtausgabe, Band II, Stuttgart 1980, S. 385.
33 Vgl. dazu Peter Kratz: *Die Götter des New Age. Im Schnittpunkt von »Neuem Denken«, Faschismus und Romantik.* Berlin 1994.

1. KAPITEL

1 Karl Vorländer: *Philosophie des Altertums. Geschichte der Quellen der Philosophie I.* Bearbeitet von Erwin Metzke. Reinbek bei Hamburg 1963, S. 8.
2 Werner Ekschmitt: *Weltmodelle. Griechische Weltbilder von Thales bis Ptolemäus.* Mainz am Rhein 1989, S. 88.
3 Vgl. W. Kirfel: »Was verdankt das ältere Abendland Indien?« H. O. Günter (Hg.): *Indien und Deutschland.* Frankfurt am Main 1956, S. 91–103.
4 I. B. Horner: *Milindas Questions.* 2 Bände. London 1963–64.
5 Vgl. J. Kennedy: »Buddhist Gnosticism, the System of Basilides.« *Journal of the Royal Asiatic Society* 1902.
6 Vgl. Hippolytus: *Heresies* 7.21.4.
7 Clemens von Alexandrien: *Stromata* (Teppiche) I.15.71.
8 Hieronymus: *Adv. Iovinianum,* I, 42.
9 Kirfel, *Was verdankt,* S. 102–103.
10 Vgl. Peter Jackson und David Morgan: *The Mission of Friar William of Rubruck.* London 1990.
11 Vgl. Jacques Gernet: *China and the Christian Impact. A Conflict of Cultures.* Cambridge 1985 sowie Jonathan D. Spence: *The Memory Palace of Matteo Ricci.* London 1985.

12 Pater Gruebers Reise findet sich dokumentiert in: *Athanasii variis naturae et artis spectaculis... illustrata.* Amstelodami 1667.

13 Englische Ausgabe: *Memoirs and Observations* [...] *Made in a late Journey Through the Empire of China.* London 1699.

14 Johann Heinrich Zedler: *Grosses-vollständiges Universal-Lexicon aller Wissenschaften und Künste* [...]. Halle/Leipzig 1733.

15 Benjamin Bergmann: *Nomadische Streifereien unter den Kalmüken in den Jahren 1802 und 1803.* Riga 1804–5. Neuausgabe: Oosterhout 1969.

16 Vgl. Franz Babinger: »Isaak Jakob Schmidt, 1779–1847«. *Festschrift für Friedrich Hirth.* Berlin 1920. S. 7–21. Von Schmidt stammt die erste Übersetzung eines kanonischen Textes des Mahayana-Buddhismus in eine europäische Sprache: 1837 veröffentlichte er in St. Petersburg eine französische Fassung des *Vajracchedikaprajñaparamitasutra.*

17 Vgl. das Vorwort in Gottfried Wilhelm Leibniz: *Das Neueste von China (1697). Novissima Sinica.* Hg., übersetzt, erläutert von Heinz Günther Nesselrath und Hermann Reinbote. Köln 1979.

18 Gottfried Wilhelm Leibniz: *Essais de Théodicée sur la bonté de dieu, la liberté de l'homme et l'origine du mal* (1710), zitiert nach der deutschen Übersetzung von A. Buchenau. Leipzig 1924, S.41.

19 Aus einem Brief Leibnizens an Samuel König, den dieser 1751 veröffentlichte.

20 *Allgemeine Historie der Reisen oder Sammlung aller Reisebeschreibungen.* Leipzig 1747–1774; *Bibliothek der neuesten Reisebeschreibungen.* Frankfurt/Leipzig 1780; *Magazin von merkwürdigen Reisebeschreibungen.* Berlin 1790–1839.

21 Die von Friedrich Theodor Rink 1802 herausgegebene Sammlung *Immanuel Kants Physische Geographie* ist in jenen Teilen, die sich auf Buddhistisches beziehen, unvollständig. Die Lücken schloß durch Auswertung erhaltener Vorlesungsmitschriften Helmuth von Glasenapp: *Kant und die Religionen des Ostens.* Kitzingen am Main 1954.

22 Immanuel Kant: *Rezensionen über Herders Ideen zur Philosophie der Geschichte, Teil 2.* Zitiert nach *Werke* Bd. 10, Darmstadt 1970, S. 801.

23 Zitiert nach Helmuth von Glasenapp, *Das Indienbild deutscher Denker.* Stuttgart 1960, S. 10–11.

24 Glasenapp, *Kant,* S. 55.

25 Glasenapp, *Kant,* S. 58.

26 Folgende Zitate aus Johann Gottfried Herder: *Ideen zur Philosophie der Geschichte der Menschheit.* Herders sämtliche Werke. Hg. Bernhard Suphan. Leipzig 1877–1913, Band 14, S. 21.

27 Christoph August Heumann: *Einleitung zur Historia philosophica, Acta philosophorum* [...] 1. Teil, Halle 1715, S. 633.

28 Zitiert nach Glasenapp, *Indienbild,* S. 36.

29 Hegels Philosophie der Religion, zitiert nach Glasenapp, *Indienbild*, S. 56.

30 Georg Wilhelm Friedrich Hegel: *Die Naturreligion* (Meiners Philosophische Bibliothek, 60). Leipzig 1927, S. 124.

31 Georg Wilhelm Friedrich Hegel: *Philosophie der Weltgeschichte.* Hg. von Georg Lasson. Leipzig 1917/18, S. 232.

32 Georg Wilhelm Friedrich Hegel: *Ästhetik.* Band I. Nach der zweiten Ausgabe Heinrich Gustav Hothos (1842) redigiert (...) von Friedrich Bassenge. Berlin/Weimar [3]1976, S. 327.

33 Arthur Schopenhauer: *Über den Willen in der Natur.* 2. Auflage. Frankfurt am Main 1854. Der Buddhismus wird hier unter der Kapitel-Überschrift »Sinologie« abgehandelt.

34 Gustav Bertold Volz (Hg): *Die Werke Friedrichs des Großen in deutscher Übersetzung.* Berlin 1913, 8. Band, S. 115–126.

35 Christoph Meiner: *Abhandlungen sinesischer Jesuiten über die Geschichte, Wissenschaften, Künste, Sitten und Gebräuche der Chinesen.* Leipzig 1796.

36 Aus dem erstmals 1819 publizierten Text »Neuere und neueste Reisende«. Zitiert nach der Anthologie von Siegfried Unseld: *Goethe, unser Zeitgenosse.* Frankfurt am Main und Leipzig 1998, S. 47.

37 Friedrich Schlegel: *Ueber die Sprache und Weisheit der Indier. Ein Beitrag zur Begründung der Alterthumskunde.* Heidelberg 1808.

38 Schlegel, *Sprache und Weisheit*, S. X–XI.

39 Schlegel, *Sprache und Weisheit*, S. 123.

40 Schlegel, *Sprache und Weisheit*, S. 140–141.

41 Schlegel, *Sprache und Weisheit*, S. 201.

42 Heinrich Heine: *Die Romantische Schule.* Zitiert nach *Werke* Band IV, Basel/Stuttgart 1956, S. 67.

43 Die klassische Phase der deutschen Indologie dokumentiert in kurzen Lebensläufen Valentina Stache-Rosen: *German Indologists. Biographies of Scholars in Indian Studies Writing in German.* Second revised edition by Agnes Stache-Weiske. New Delhi 1990.

44 Hermann Oldenberg: *Buddha. Sein Leben, seine Lehre, seine Gemeinde.* Stuttgart und Berlin [6]1914 ([1]1881), S. 12.

2. KAPITEL

1 Theodore Duka: *Life and Works of Alexander Csoma de Körös.* London 1885.

2 Vgl. Padmanabh S. Jaini: »Buddhist Studies in Recent Times. Some Eminent Buddhist Scholars in India and Europe.« P. V. Bapat (Hg): *2500 Years of Buddhism.* New Delhi 1956, S. 333–346.

3 Friedrich Spiegel: *De officiis sacerdotum Buddhicorum. Palice et latine.* Bonn 1841.

4 Erinnerung aus dem Tagebuch des Indologen und Religionswissenschaftlers Max Müller. (Vgl. Friedrich Max Müller: *My Autobiography.* London, 1901.)

5 Rudolf Borch: *Schopenhauer. Sein Leben in Selbstzeugnissen, Briefen und Berichten.* Berlin 1941, S. 347. Zitat aus einem Brief des Philosophen vom Mai 1856.

6 Arthur Schopenhauer: *Sämtliche Werke.* [= *SW*] Textkritisch bearbeitet und hg. von Wolfgang Frh. von Löhneysen. 5 Bände. Frankfurt am Main 1986, V, S. 356.

7 Schopenhauer, *SW* II, S. 218.

8 Schopenhauer, *SW* V, S. 435–436.

9 Schopenhauer, *SW* V, S. 327.

10 Schopenhauer, *SW* I, S. 558.

11 Arthur Schopenhauer: *Die Welt als Wille und Vorstellung.* Zweiter Band. Sämtliche Werke. Wiesbaden 1972, S. 698–699.

12 Schopenhauer, *Welt,* Zweiter Band, S. 698.

13 Arthur Schopenhauer: *Parerga und Paralipomena II,* § 156.

14 *Udana* VIII.

15 Schopenhauer, *SW* I, S. 487.

16 Schopenhauer, *SW* V, S. 269.

17 Schopenhauer, *SW* III, S. 462.

18 Schopenhauer, *SW* III, S. 776.

19 *Franz Liszt – Richard Wagner. Briefwechsel.* Hg. und eingeleitet von Hanjo Kesting. Frankfurt am Main 1988, S. 430.

20 Brief Wagners vom 22. Februar 1859; zitiert nach Julius Kapp (Hg): *Richard Wagner an Mathilde und Otto Wesendonck.* Leipzig 1915, S. 174.

21 Günter Lanczkowski: »Richard Wagner und Indien.« H. O. Günther (Hg.): *Indien und Deutschland.* Frankfurt/Main 1956, S. 23–44.

22 *Franz Liszt – Richard Wagner. Briefwechsel,* S. 430–431. Brief Wagners vom 7. Juni 1955.

23 Vgl. Volker Zotz: *Der Buddha im Reinen Land. Shin-Buddhismus in Japan.* München 1991, S. 101–102.

24 Pero Slepcevic: *Buddhismus in der deutschen Literatur.* Wien 1920.

25 Brief Wagners vom August 1860 zitert nach Kapp, *Richard Wagner,* S. 324.

26 *Franz Liszt – Richard Wagner. Briefwechsel,* S. 430–431. Brief Wagners vom 7. Juni 1955.

27 Richard Wagner: *Die Musikdramen.* Hamburg 1971, S. 826, 840, 851.

28 Angelo Neumann: *Erinnerungen an Richard Wagner.* Leipzig 1907.

29 München 1905. Neumann ließ diese 1899 beendete Arbeit unter dem Pseudonym A. Paul erscheinen, wohinter sich der Vorname der Mutter Paula verbirgt.

30 Brief vom 27. August 1897 an Giuseppe de Lorenzo; zitiert nach Karl Eugen Neu-

mann: *Übertragungen aus dem Pali-Kanon. Gesamtausgabe in drei Bänden.* Zürich/ Wien 1957, Bd. III, S. 959.

31 Josef Quint: Meister Eckehart. *Deutsche Predigten und Traktate.* Zürich 1979, S. 171 (Predigt 4) und S. 355 (Predigt 42).

32 *Buddhistische Anthologie. Texte aus dem Pali-Kanon zum ersten Mal übersetzt* von Dr. Karl Eugen Neumann. Leiden 1892. *Der Wahrheitspfad. Ein buddhistisches Denkmal.* Aus dem Pali in den Versmaßen des Originals übersetzt. Leipzig 1893.

33 Die Reden der *Mittleren Sammlung* erschienen zwischen 1896 und 1902 bei Wilhelm Friedrich in Leipzig. Die beiden ersten Bände der *Längeren Sammlung* kamen 1907 und 1912 bei Piper & Co in München heraus. Die beiden Folgebände erschienen posthum 1918 und 1928.

34 Zitiert nach Neumann, *Gesamtausgabe*, Bd. III, S. 978.

35 Neumann, *Gesamtausgabe*, Bd. II, S. XX–XXI (Vorrede zu einer Sonderausgabe des *Mahaparinibbanasutta* der Sammlung *Dighanikaya*).

36 Neumann, *Gesamtausgabe*, Bd. II, S. 741.

37 Neumann, *Gesamtausgabe*, Bd. II, S. 748.

38 Dieses und folgende Zitate nach Neumann, *Gesamtausgabe*, Bd. III, S. 891–892.

39 Karl Eugen Neumann: »Das buddhistische Kunstwerk.« In: *Süddeutsche Monatshefte* 1904 (S. 131–137, S. 821–829), 1905 (S. 516–529), 1906 (S. 179–191). Im Folgenden zitiert nach dem leicht gekürzten Nachdruck in Hellmuth Hecker (Hg.): *Buddhismus und Kunst.* Konstanz 1974 (Buddhistische Handbibliothek 10), S. 49–131, Zitate S. 56–60.

40 Hermann Oldenberg: *Buddha. Sein Leben, seine Lehre, seine Gemeinde.* Stuttgart und Berlin ^{6}1914 (^{1}1881), S. 158.

41 Neumann in der Einleitung zu *Dhammapada*, zitiert nach der Gesamtausgabe, Bd. III, S. 821.

42 *Majjhimanikaya* 2 zitiert nach Neumann, *Gesamtausgabe*, Band I, S. 13–14.

43 Vgl. auch die Liste als »irreführend, zumindest aber zweideutig« angesehener Begriffsübersetzungen Neumanns bei Nyanatiloka: *Buddhistisches Wörterbuch.* Konstanz 1953. (Buddhistische Handbibliothek 3), S. 7.

44 Neumann, *Gesamtausgabe*, Bd. II, S. 918 Anm. 961.

45 Neumann, *Gesamtausgabe*, Bd. III, S. 676.

46 Paul Dahlke: *Dhammapada. Die älteste buddhistische Spruchsammlung aus dem Pali übersetzt.* (Neuauflage) Heidelberg 1970, S. 58.

47 Neumann weist zur Übersetzung von *nibbano* auf Schopenhauers Auffassung im zweiten Band von *Die Welt als Wille und Vorstellung* hin. Neumann, *Gesamtausgabe* Bd. III, S. 833, Anm. 283.

48 R. Otto Franke: *Dighanikaya. Das Buch der Langen Texte des buddhistischen Kanons.* In Auswahl übersetzt. Göttingen und Leipzig 1913, S. LXX.

49 Hugo von Hofmannsthal: »K. E. Neumanns Übertragung der buddhistischen heiligen Schriften« (1921). *Gesammelte Werke in Einzelausgaben. Prosa IV.* Frankfurt am Main 1955, S. 73.

3. KAPITEL

1 Arthur Schopenhauer: *Sämtliche Werke.* [= *SW*] Textkritisch bearbeitet und hg. von Wolfgang Frh. von Löhneysen. 5 Bände. Frankfurt am Main 1986, III, S. 151–154.
2 Schopenhauer, *SW* V, S. 278.
3 Karl Eugen Neumann: *Die Reden Gotamo Buddhas. Mittlere Sammlung.* Dritter Band. München ^{2}1921, S. XI.
4 Carl Friedrich Köppen: *Die Religion des Buddha und ihre Entstehung.* Berlin 1857; derselbe: *Die lamaistische Hierarchie und ihre Kirche* (Die Religion des Buddha, II. Band) Berlin 1859.
5 Marx an Engels am 10. Mai 1861. Karl Marx, Friedrich Engels: *Werke Band 30.* Berlin 1964, S. 166.
6 Vgl. Karl Marx: »Die Revolution in China und Europa«, Karl Marx und Friedrich Engels: *Über China.* Berlin 1955, S. 11–20.
7 Köppen, *Hierarchie und Kirche,* S. 388.
8 Köppen, *Hierarchie und Kirche,* S. 388.
9 Handschriftlicher Zusatz Schopenhauers zu *Über den Willen in der Natur,* erstmals in der Auflage 1877 erschienen.
10 Brief Wagners vom 9. Juli 1859 zitiert nach Julius Kapp (Hg): *Richard Wagner an Mathilde und Otto Wesendonck.* Leipzig 1915, S. 223.
11 Dieses und folgende Zitate Köppen, *Religion des Buddha,* S. 213–219.
12 Buddhaghosa: *Visuddhimagga* VIII.
13 Joseph Dahlmann S. J.: *Nirvana. Eine Studie zur Vorgeschichte des Buddhismus.* Berlin 1896, S. 23.
14 Joseph Dahlmann: *Buddha.* Berlin 1898, S. 216.
15 *Majjhimanikaya* 22.
16 Houston Stewart Chamberlain: *Die Grundlagen des neunzehnten Jahrhunderts.* München ^{14}1922, S. XV.
17 Alfred Rosenberg: *Der Mythus des 20. Jahrhunderts. Eine Wertung der seelisch-geistigen Gestaltungskämpfe unserer Zeit.* München 1942 (186. Auflage), S. 420.
18 Chamberlain, *Grundlagen,* S. 237–238.
19 Dieses und folgende Zitate Chamberlain, *Grundlagen,* S. 213–222.
20 Karl Eugen Neumann: *Gesamtausgabe,* Bd. II, S. 741.
21 Chamberlain, *Grundlagen,* S. 227.

22 Zitiert nach Friedrich Wilhelm Fischer: »Geheimlehren und moderne Kunst. Zur hermeneutischen Kunstauffassung von Baudelaire bis Malewitsch.« Roger Bauer u.a. (Hg.): *Fin de siècle. Zur Literatur und Kunst der Jahrhundertwende.* Frankfurt am Main 1977 (Studien zur Philosophie und Literatur des neunzehnten Jahrhunderts 35), S. 350.
23 Ulrich Horstmann: *Das Untier.* Frankfurt am Main 1985.
24 Friedrich Nietzsche: *Kritische Gesamtausgabe.* Hg. G. Colli, M. Montinari. Berlin 1967 VII, I; 4 (2), S. 111.
25 Friedrich Nietzsche: *Der Antichrist.* § 20.
26 Nietzsche, *Antichrist,* § 23.
27 Dieses und folgende Zitate Nietzsche, *Antichrist,* § 20.
28 Nietzsche, *Morgenröte,* § 96.
29 Nietzsche, *Nachlaß,* Ausgabe Schlechta, Bd. III, S. 450 und S. 488.
30 Nietzsche, *Jenseits von Gut und Böse,* § 56.
31 Nietzsche, *Die fröhliche Wissenschaft,* § 347.
32 Rosenberg, *Mythus,* S. 530–531.
33 Friedrich Nietzsche, *Kritische Studienausgabe.* Berlin 1986, Bd. III, S. 521.

4. KAPITEL

1 Einflußreich wurde *The Gospel of Buddha* (Chicago 1894), 1895 in erster deutscher Auflage als *Das Evangelium des Buddha* in Leipzig erschienen.
2 Moritz Brasch: *Die Ziele der ethischen Bewegung.* Leipzig 1893.
3 Arthur Pfungst: *Aus der indischen Kulturwelt.* Stuttgart 1904.
4 Arthur Pfungst: *Ein deutscher Buddhist.* Stuttgart 1899.
5 So der Titel eines 1893 in Leipzig erschienenen Werks.
6 Th. Schultze: *Das Dhammapadam. Eine Verssammlung, welche zu den kanonischen Büchern der Buddhisten gehört.* Aus der englischen Übersetzung von Professor F. Max Müller in Oxford, Sacred Books of the East, vol. X., metrisch ins Deutsche übertragen. Mit Erläuterungen. Leipzig 1885.
7 Houston Stewart Chamberlain: *Die Grundlagen des neunzehnten Jahrhunderts.* München [14]1922, S. 213–214.
8 Vgl. die deutsche Ausgabe der offiziellen Festschrift zum einhundertjährigen Bestehen der Theosophischen Gesellschaft 1975: L. H. Leslie-Smith (Hg): *Funken aus Kosmischer Flamme. Eine Sammlung von Essays über die ewige Suche des Menschen nach dem Wirklichen.* Graz/Adyar/London/Wheaton 1978, S. 211.
9 Für eine fundamentale Kritik der Behauptungen Blavatskys vgl. Helmuth von Glasenapp: *Das Indienbild deutscher Denker.* Stuttgart 1960.

10 Immanuel Kant: *Physische Geographie.* Auf Verlangen des Verfassers aus seiner Handschrift herausgegeben und zum Teil bearbeitet von Friedrich Theodor Rink 1802, S. 228.

11 Vgl. Helmuth von Glasenapp: *Kant und die Religionen des Ostens.* Kitzingen am Main 1954, S. 79–82.

12 Zitiert nach Arthur Schopenhauer: *Die Welt als Wille und Vorstellung.* Zweiter Band. Wiesbaden 1972, S. 186–187.

13 Alfred Percy Sinnett: *Die esoterische Lehre oder Geheim-Buddhismus.* Leipzig 1884.

14 Norber Lauppert (Hg.): *Die Mahatma-Briefe an A. P. Sinnett und A. O. Hume.* In chronologischer Ordnung herausgegeben und kommentiert. 3 Bände. Graz 1977–1982.

15 Vgl. dazu Glasenapp, *Indienbild,* S. 189–190.

16 Vgl. Norbert Lauppert: »Kurze Geschichte der theosophischen Bewegung.« Leslie-Smith, *Funken,* S. 209–230.

17 H. P. Blavatsky: *Isis entschleiert. Ein Meisterschlüssel zu den Geheimnissen alter und neuer Wissenschaft und Theologie.* – Hier zitiert nach dem zweibändigen Nachdruck der deutschen Erstausgabe; 2 Bände (Verlag J. J. Couvreur) Den Haag o. J.

18 Blavatsky, *Isis,* Band I, S. XI.

19 Glasenapp, *Indienbild,* S. 201.

20 Blavatsky, *Isis,* Band I, S. 290.

21 Blavatsky, *Isis,* Band II, S. 123–124.

22 Henry Steel Olcott, »German Experiences.« *Old Diary Leaves,* XIII, Adyar 1931, S. 164–178.

23 Diese Lehre der Höherentwicklung wird in weitem Umfang im Hauptwerk Blavatskys *The Secret Doctrine* (1888) ausgeführt, das als *Die Geheimlehre* 1899 im Deutschen vorlag.

24 Vgl. zum Beispiel *Majjhima-Nikaya* 12.

25 *Majjhima-Nikaya* 129.

26 Wilhelm Hübbe-Schleiden: *Das Dasein als Lust, Leid und Liebe. Die altindische Weltanschauung in neuzeitlicher Darstellung. Ein Beitrag zum Darwinismus.* Braunschweig 1891, S. 139.

27 Karl Eugen Neumann: *Übertragungen aus dem Pali-Kanon. Gesamtausgabe in drei Bänden.* Zürich/Wien 1957, III, S. 824.

28 Subhadra Bhikshu: *Buddhistischer Katechismus. Zur Einführung in die Lehre des Buddha Gotama. Nach den heiligen Schriften der Südlichen Buddhisten zum Gebrauche für Europäer zusammengestellt und mit Anmerkungen versehen.* Braunschweig 1888.

29 Vorwort zur sechsten Auflage 1898.

30 Max Nordau: *Entartung.* 2 Bände. Berlin 1892–1893.

31 Nordau, *Entartung* I, S. 112.

32 .Nordau, *Entartung* I, S. 39.

33 Bruno Freydank: *Buddha und Christus. Eine buddhistische Apologetik.* Leipzig 1902.

34 Karl Seidenstücker: »Die nichtmenschlichen Welten und ihre Bewohner.« *Buddhistischer Weltspiegel* 3.1921/22, S. 295–303, 345–383, 421–436, 451–473.

35 Folgende Einteilung der buddhistischen Bewegung wird im abschließenden Kapitel von Freydank, *Buddha und Christus* ausführlich dargelegt.

36 Rudolf Seydel: *Das Evangelium von Jesus in seinen Verhältnissen zu Buddha-Sage und Buddha-Lehre.* Leipzig 1882 sowie *Die Buddha-Legende und das Leben Jesu nach den Evangelien.* Leipzig 1884.

37 Karl Seidenstücker: »Der Buddhismus in Europa.« *Die Buddhistische Warte,* 3.1911, S. 61–65, hier S. 62.

38 Karl Seidenstücker: »Was bringt uns die Zukunft?« *Die Buddhistische Warte* 1.1907, S. 257–269.

39 *Die Buddhistische Welt* 1.1905, S. 9.

40 *Die Buddhistische Warte* 1.1907, S. 31.

41 Ein anonymer Autor in *Die Buddhistische Warte* 1.1907/08, S. 371.

42 Wolfgang Bohn: *Die Selbstheilung der kranken Seele durch Erkenntnis und Vertiefung. Zweiter Teil: Die Lösung der Konflikte des Lebens und die Aufhellung des dunklen Zieles.* Leipzig 1922, S. 57.

43 Wolfgang Bohn: »Nach fünf Jahren (Ein Rückblick auf die buddhistischen Strömungen der letzten Jahre.« *Zeitschrift für Buddhismus* 2.1920, S. 4–8, hier S. 8.

44 Bohn, *Selbstheilung,* S. 127.

45 Karl Seidenstücker: *Pali-Buddhismus in Übersetzungen.* München 1911.

46 Ulrich Steinke, der eine Monographie über Seidenstücker vorlegte (*Karl Bernhard Seidenstücker: Leben, Schaffen, Werk.* Magisterarbeit. Universität Tübingen 1989), forschte nach dem Fall der Mauer nach den Töchtern Seidenstückers, von denen er Näheres über dessen Hinwendung zum Katholizismus erfuhr. Vgl. dazu die 1996 aktualisierte Online-Fassung seiner Studie (http://www.payer.de/steinke/steink0.htm).

47 Vgl. Seidenstückers Rezension zu »Alfred Bertholet: Buddhismus im Abendland der Gegenwart. *Orientalische Literaturzeitung* 32.1929, S. 582–584.

48 So im Organ des Bundes *Der Pfad* 1.1921, S.17.

49 Vgl. dazu Kapitel 6, Anmerkung 3 und 11.

50 Für die von einem Anhänger verfaßte Biographie Grimms vgl. Max Hoppe: »Georg Grimm.« *Yana. Zeitschrift für Buddhismus und religiöse Kultur auf buddhistischer Grundlage* 26.1973, S. 1–39.

51 Georg Grimm: *Die Lehre des Buddha, die Religion der Vernunft.* Leipzig 1915; derselbe: *Die Wissenschaft des Buddhismus.* Leipzig 1923.

52 Grimm, *Lehre des Buddha,* S. 124.

53 Grimm, *Lehre des Buddha,* S. 148.

54 Georg Grimm: *Ewige Fragen. Die religiösen Grundprobleme und ihre Lösung im indischen Geiste.* Weilheim/Obb. 1970 ([1]1936), S. 49.

55 Grimm, *Ewige Fragen,* S. 59.

56 Grimm, *Ewige Fragen,* S. 57–58.

57 Vgl. Georg Grimm: *Die Lehre des Buddho. Die Religion der Vernunft und der Meditation.* Freiburg im Breisgau 1988 (20. Auflage), S. XXVIII – XLVIII.

58 Grimm, *Lehre des Buddho,* S. 345–352.

59 Brief Muchs an seine Ehefrau vom 12.6.1917 zitiert nach Hellmuth Hecker: *Lebensbilder deutscher Buddhisten. Ein bio-bibliographisches Handbuch. Band II: Die Nachfolger.* Konstanz 1997, S. 206.

60 Alfred Kubin: *Aus meinem Leben.* Wiesbaden 1970, S. 90–91.

61 Rezension der beiden Hauptwerke Grimms von Ernst Lothar Hoffmann in der *Zeitschrift für Buddhismus* 7.1926, S. 430–434.

62 Georg Grimm: *Buddha und Christus.* Leipzig 1928, S. 241.

63 Paul Dahlke: »Ordnung für das Buddhistische Haus.« *Die Brockensammlung* 2.1925, S. 8–10.

64 Paul Dahlke: *Buddhismus als Weltanschauung.* Breslau 1912, S. 6.

65 Dieses und folgende Zitate nach einem anonym erschienenen Vortrag Dahlkes, herausgegeben vom Neubuddhistischen Verlag unter dem Titel *Was ist Buddhismus und was will er? Eine Einführung in die Gedankenwelt des Buddha Gotama.* Berlin o. J., S. 38.

66 Dahlke, *Buddhismus als Weltanschauung,* S. 8.

67 Rudolf Tischner: *Geschichte der Homöopathie.* Leipzig 1939, S. 708.

68 Paul Dahlke: *Heilkunde und Weltanschauung.* Stuttgart/Leipzig/Zürich 1928.

69 Dahlke, *Heilkunde,* S. 162.

70 Paul Dahlke: »Wie wir uns das Leben im buddhistischen Hause denken.« *Neubuddhistische Zeitschrift,* Sommer 1920, S. 38–46, hier S. 39.

71 Dahlke, *Heilkunde,* S.162–162.

72 Paul Dahlke: »Studien zum Weltkriege.« *Neubuddhistische Zeitschrift,* Winter 1917/1918, S. 86.

73 Hermann Graf Keyserling: *Weg zur Vollendung.* Heft 10 (1925), S. 40.

5. KAPITEL

1 Seidenstückers Rezension zu »Alfred Bertholet: Buddhismus im Abendland der Gegenwart.« *Orientalische Literaturzeitung* 32.1929, S. 582–584.

2 Georg Grimm: *Die Lehre des Buddho. Die Religion der Vernunft und der Meditation.* Freiburg im Breisgau 1988 (20. Auflage), S. XLVI, Anm. 13.

3 Edward Conze: *The Memoirs of a Modern Gnostic.* Part II. Sherborne 1979, S. 30–31.

4 Biographisches zu Nyanatiloka: Nyanaponika Thera: »Nyanatiloka Mahathera. His Life and Work.« Nyanaponika Thera (Hg.): *Nyanatiloka Centenary Volume. On the Occasion of the 100th Birth Anniversary of the Venerable Nyanatiloka Mahathera, 19th February 1978.* Kandy (Sri Lanka) 1978, S. 1–16. Hellmuth Hecker (Hg.): *Der erste deutsche Bhikkhu. Das bewegte Leben des Nyanatiloka (1878–1975).* Konstanz 1995, in der Folge zitiert als Nyanatiloka, *Autobiographie.*

5 Nyanatiloka, *Autobiographie*, S. 8.

6 Nyanatiloka, *Autobiographie*, S. 23.

7 Fritz Stange, dessen Ordensname Sumano lautete, hinterließ die Aufzeichnungen *Pabbajja – der Gang in die Hauslosigkeit.* Breslau 1910.

8 Vgl. Nyanatiloka, *Autobiographie*, S. 26.

9 Karl Seidenstücker: »Was bringt uns die Zukunft?« *Die Buddhistische Warte* 1.1907, S. 257–269.

10 Vgl. Einführung, Anmerkung 2.

11 *Die Buddhistische Warte* 1.1907/08, S. 370–371.

12 Vassettho [Wolfgang Bohn]: »Die Einführung des Sangho in Deutschland.« *Die buddhistische Welt* 3.1909, S. 18–20.

13 *Die buddhistische Welt* 4.1911, S. 167.

14 Nyanatiloka, *Autobiographie*, S. 29–30.

15 Nyanatiloka, *Autobiographie*, S. 24.

16 *Die buddhistische Welt* 4.1911, S. 167.

17 *Die Brockensammlung* 1925, S.86.

18 Dieses und folgendes Zitat nach Nyanatiloka, *Autobiographie*, S. 32.

19 C. Nyanasatta Thera: »Nyanatiloka and His Methods of Teaching Dhamma.« Nyanaponika, *Nyanatiloka Centenary Volume*, S. 17–24, hier S. 18.

20 Zitate nach Nyanatiloka: *Buddhistisches Wörterbuch. Kurz gefaßtes Handbuch der buddhistischen Lehren und Begriffe.* Konstanz 1953, hier die Stichworte Anatta und Nibbana.

21 Nyanatiloka, *Autobiographie*, S. 40.

22 Nyanatiloka, *Autobiographie*, S. 58–59.

23 Nyanatiloka, *Autobiographie*, S. 137.

24 *Die buddhistische Welt* 4.1911, S. 232.

25 Friedrich Heiler: *Die buddhistische Versenkung.* München 1918, S. 49–50.

26 Rudolf Otto: »Über Zazen als Extrem des numinosen Irrationalen« *Aufsätze das Numinose betreffend.* Gotha 1923, S. 119–132, hier S. 120. Vgl. auch die frühere Fassung »Über eine besondere Form des japanischen Buddhismus.« *Zweites Mitteilungsblatt des Religiösen Menschheitsbundes* 1922, S. 6–11.

27 Karl Heim: »Der Zen-Buddhismus in Japan.« *Zeitschrift für Theologie und Kirche* 4.1923, S. 245–259.

28 Reinhard May (*Ex Oriente lux. Heideggers Werk unter ostasiatischem Einfluß.* Stuttgart 1989) führt wesentliche Elemente in Heideggers Denken auf solche Begegnungen zurück.
29 Schuej Ohasama und August Faust: *Zen – der lebendige Buddhismus in Japan.* Stuttgart 1925.
30 Eugen Herrigel: *Zen in der Kunst des Bogenschießens.* Bern/München/Wien 1999 ([1]1951), S. 24–25.
31 Herrigel, *Zen*, S. 41.
32 Herrigel, *Zen*, S. 37.
33 Herrigel, *Zen*, S. 90–91.
34 Nyanatiloka, *Autobiographie*, S. 129.
35 Zur Vita Petzolds vgl. Shinsho Hanayama: »Reminescences about Mr. Bruno Petzold« in *Tendai Buddhism. Collection of the Writings by Bruno Petzold.* International Buddhist Exchange Center (Hg.) o. O. 1979, S. 423–426; Arnulf H. Petzold: »Lebenslauf von Bruno Petzold« in Bruno Petzold: *Goethe und der Mahayana-Buddhismus.* Wien 1982, S. 111–116.
36 Hanayama, »Reminescences«, S. 425–226.
37 Bruno Petzold: »Mahayana will link East and West«. *Tendai Buddhism. Collection of the Writings,* S. 344–349, hier S. 345.
38 Petzold veröffentlichte 1936 im *Jahrbuch der Goethe Gesellschaft in Japan* seinen Aufsatz »Goethe und der Mahayana-Buddhismus«. Hier zitiert nach der Neuausgabe in Buchform Wien 1982.
39 Dieses und folgende Zitate Petzold, *Goethe*, S. 25–46.
40 Bruno Petzold: »Japanese Buddhism and Its Propagation to Foreign Countries.« *Tendai Buddhism*, S. 351–367.
41 Zitiert nach Petzold, *Goethe*, S. 114–115.
42 Edward Conze: »Spurious Parallels to Buddhist Philosophy.« *Thirty Years of Buddhist Studies.* Oxford 1968.
43 Karl Seidenstücker: *H. S. Olcotts Buddhistischer Katechismus neu bearbeitet und stark erweitert.* Leipzig o. J. [1908/09], S. 177.
44 Nyanatiloka, *Autobiographie*, S. 126.
45 Ernst Lothar Hoffmann: *Die Grundgedanken des Buddhismus und ihr Verhältnis zur Gottesidee.* Leipzig 1920.
46 Ernst Lothar Hoffmann: *Rhythmische Aphorismen.* Dresden 1927.
47 Ernst Lothar Hoffmann: *Gedanken und Gesichte.* Dresden 1928.
48 Hierzu und zu weiteren Details zum Leben und Selbstverständnis vgl. die Autobiographie Lama Anagarika Govinda: *Der Weg der weißen Wolken.* Zürich 1969.
49 »Abhidammattha-Sanghaha. Ein Compendium buddhistischer Philosophie und Psychologie« erschien in fünf Folgen 1926 und 1928 in der *Zeitschrift für Buddhismus.*

50 Govinda, *Wolken*, S. 34.

51 Brief Govindas an Nyanatiloka vom 12.1.1932, zitiert nach Nyanatiloka, *Autobiographie*, S. 168.

52 So der Titel eines kleinen Buchs Govindas: *Art and Meditation*. Allahabad 1936.

53 Anfang der fünfziger Jahre erwachte der Orden zur Wirklichkeit, als der Schauspieler und Yogalehrer Hans Ulrich Rieker (1920–1979), durch Veröffentlichungen auf Govinda aufmerksam geworden, von diesem die Erlaubnis zum Aufbau eines westlichen Zweiges erhielt. Bis in die siebziger Jahre fand der Orden in Deutschland Aufmerksamkeit bei buddhistisch Interessierten, die allerdings mit dem Bekanntwerden authentischer Traditionen des tibetischen Buddhismus rasch verebbte. Nach mehrfachen Kurswechseln und Spaltungen an Spitze und Basis ist Govindas Schöpfung in der buddhistischen Welt heute praktisch bedeutungslos.

54 Brief vom 1.8.1934 an Nyanatiloka. Zitiert nach Nyanatiloka, *Autobiographie*, S. 170.

55 Lama Anagarika Govinda: *Grundlagen tibetischer Mystik*. Zürich 1957 u. ö.

56 Vgl. z. B. Lama Anagarika Govinda: *Das Buch der Gespräche*. Bern/München/Wien 1998, S. 190.

57 Govinda, *Wolken*, S. 206.

58 Carl Gustav Jung: *Zivilisation im Übergang*. (Gesammelte Werke. Zehnter Band). Olten und Freiburg im Breisgau [2]1981, S. 567.

6. KAPITEL

1 *Zeitschrift für Buddhismus* 2.1920, S. 242.

2 Zum Beispiel Dietrich Bronder: *Bevor Hitler kam. Eine historische Studie*. Hannover 1964 (Genf 1975).

3 Martin Baumann: *Deutsche Buddhisten. Geschichte und Gemeinschaften* (Marburg 1995, zweite Auflage), eine umfangreiche religionswissenschaftliche Untersuchung, widmet der NS-Zeit ganze 38 Textzeilen, die den Eindruck des Buddhismus als einer verfolgten Bewegung erwecken. Rassistische Tendenzen im deutschen Buddhismus vor der NS-Ära und Beziehungen von Buddhisten zum Nationalsozialismus bleiben unerwähnt.

4 Daniel Goldhagen: *Hitlers willige Vollstrecker*. Berlin 1996.

5 Vassettho [Wolfgang Bohn]: »Die irdische Erscheinung des Buddha.« *Zeitschrift für Buddhismus* 2.1920, S. 217–219.

6 Vassettho [Wolfgang Bohn]: »Buddha und die soziale Frage.« *Die Buddhistische Welt* 4.1910, S. 9–13.

7 Wolfgang Schumacher: *Arische Religion*. Berlin 1933, erweiterte Auflage 1934.

8 *Wiedergeburt und Wirken,* Heft 3 (1933), S. 18–19.

9 Johannes Hannemann: »Brief an die NSDAP.« *Yana* Oktober 1933, S. 1–3.

10 Hellmuth Hecker (*Lebensbilder deutscher Buddhisten. Ein bio-bibliographisches Handbuch.* Band II, Konstanz ²1997) führt 129 Persönlichkeiten aus der Geschichte des deutschen Buddhismus an, die durch organisatorisches oder publizistisches Wirken hervortraten, darunter 12 Buddhisten jüdischer Herkunft.

11 Martin Baumann (Hg.): *Helmut Klar. Zeitzeuge des Buddhismus in Deutschland.* Konstanz 1995, S. 105. Der buddhistische Zeitzeuge Klar gibt im selben Interview an, er habe sich bei seinem Eintritt in die Wehrmacht zur Gotterkenntnis nach Ludendorff bekannt, um sich nicht als Christ deklarieren zu müssen. Dieses Bezugnehmen auf eine antibuddhistische und NS-freundliche religiöse Bewegung war dem Herausgeber offenbar keine Nachfrage wert. Bei zitiertem Band handelt es sich um die 11. Folge der Forschungsberichte des Projekts »Buddhistischer Modernismus« des Arbeitsbereichs Entwicklungsländer/Interkultureller Vergleich der Universität Konstanz. Auch Hellmuth Heckers *Lebensbilder* und die gleichfalls von Hecker herausgegebene und ergänzte Autobiographie Nyanatilokas erschienen im Rahmen dieser Reihe, die damit wertvolles Quellenmaterial zugänglich macht. Leider sind die Bände dieser Reihe jedoch in der Regel nicht im wissenschaftlichen Sinn kritisch bearbeitet, wie man es von einem universitären Forschungsprojekt erwarten würde, sondern folgen wertend einer Perspektive der buddhistischen Bewegung.

12 Zu Dürckheim siehe Gerhard Wehr: *Karlfried Graf Dürckheim.* München 1988.

13 Alfred Rosenberg: *Der Mythus des 20. Jahrhunderts.* München 1942, S. 660–664.

14 Erich Frauwallner: »Der arische Anteil an der indischen Philosophie.« *Wiener Zeitschrift für die Kunde des Morgenlandes* 46.1939, S. 267–261.

15 Rosenberg, *Mythus,* S. 660–664.

16 Vgl. Gustavo Benavides: »Giuseppe Tucci, or Buddhology in the Age of Fascism.« Donald S. Lopez, Jr. (Hg.): *Curators of the Buddha. The Study of Buddhism under Colonialism.* Chicago/London 1995, S. 161–196.

17 Das Dokument findet sich als Faksimile in der Studie des Psychoanalytikers Wilfried Daim: *Der Mann, der Hitler die Ideen gab.* Berlin 1991, S. 217. Bei aller bei Hitler-Handschriften gebotenen Vorsicht könnte es in Bezug auf den Inhalt authentisch sein.

18 Werner Maser: *Adolf Hitler. Legende, Mythos, Wirklichkeit.* München/Eßlingen 1971, S. 187.

19 Walter Görlitz und Herbert A. Quint: *Adolf Hitler. Eine Biographie.* Stuttgart 1952, S. 54.

20 Rede Hitlers vom 24. 2. 1935. Werner Siebarth: *Hitlers Wollen. Nach Kernsätzen aus seinen Schriften und Reden.* München 1936, S. 19.

21 Rosenberg, *Mythus,* S. 341.

22 Karl Löwith: *Mein Leben in Deutschland vor und nach 1933. Ein Bericht.* Stuttgart 1986, S. 117.

23 Löwith, *Mein Leben*, S. 120.

24 Hellmuth Hecker (Hg.): *Der erste deutsche Bhikkhu. Das bewegte Leben des Nyanatiloka (1878–1975).* Konstanz 1995 (in der Folge zitiert als Nyanatiloka, *Autobiographie*), S. 174.

25 Vgl. den Kommentar Heckers in Nyanatiloka, *Autobiographie*, S. 188.

26 Kommentar Heckers in Nyanatiloka, *Autobiographie*, S. 240. Zur Wertung vgl. oben Anm. 11.

27 Hecker, *Lebensbilder* II, S. 354.

28 Edward Conze: *The Memoirs of A Modern Gnostic.* Part II. Sherborne 1979, S. 133.

29 Vgl. Volker Zotz: »Rennyo nach 500 Jahren. Zur Aktualität eines buddhistischen Meisters der Muromachi-Zeit.« *Nachrichten der Gesellschaft für Natur- und Völkerkunde Ostasiens* 68.1998, S. 5–21.

30 Daisetz T. Suzuki: *Zen and Japanese Culture.* Princeton 1973, S. 63.

31 Eugen Herrigel: *Zen in der Kunst des Bogenschießens.* Bern/München/Wien 1999 ([1]1951), S. 90–91.

32 Giuseppe Tucci: »Lo Zen e il carattere del popolo giapponese.« *Asiatica* 5.1939, S. 1–9.

33 Georg Grimm: *Die Lehre des Buddha.* München 1920, aus dem Vorwort zur 6. Auflage. Vgl. auch derselbe: »Das Karmagesetz und die soziale Frage.« *Buddhistischer Weltspiegel*, 1.1920, S. 236–243.

34 Vgl. Volker Zotz: *Der Buddha im Reinen Land. Shin-Buddhismus in Japan.* München 1991, S. 126.

35 Peter Schalk: »Buddhistische Kampfgruppen in Sri Lanka.« *Asien* 1986, Nr. 21, S. 30–62.

7. KAPITEL

1 Heimito von Doderer: *Die Strudlhofstiege oder Melzer und die Tiefe der Jahre.* Wien 1951, S. 116–120.

2 Carl Zuckmayer: *Als wär's ein Stück von mir.* Wien 1966, S. 242–243.

3 Stefan Zweig: »Erhabenes Vermächtnis.« *Neue Freie Presse* (Wien), 26. September 1919.

4 Theodor Lessing: *Europa und Asien oder Der Mensch und das Wandellose. Sechs Bücher wider Geschichte und Zeit.* Hannover 1916, hier zitiert nach der 4. Auflage 1923.

5 Lessing, *Europa*, S. 16.

6 Lessing, *Europa*, S. 92.

7 Lessing, *Europa*, S. 100.

8 Rudolf Pannwitz: *Die Krisis der europäischen Kultur.* Nürnberg 1917. Zitiert nach dem Nachdruck 1947.

9 Pannwitz, *Krisis*, S. 4.

10 Pannwitz, *Krisis*, S. 46.

11 Pannwitz, *Krisis*, S. 48.

12 Pannwitz, *Krisis*, S. 180.

13 Pannwitz, *Krisis*, S. 180.

14 Pannwitz, *Krisis*, S. 193–194.

15 Pannwitz, *Krisis*, S. 181.

16 Pannwitz, *Krisis*, S. 184.

17 Für eine ausführliche Studie der reichen Beziehungen von Hofmannsthals zum Denken des Ostens und den Einfluß auf das Werk vgl. Hartmut Zelinsky: »Hugo von Hofmannsthal und Asien.« Roger Bauer et al. (Hg.): *Fin de Siècle. Zur Literatur und Kunst der Jahrhundertwende.* Frankfurt am Main 1977, S. 506–566.

18 Lafcadio Hearn: *Buddha. Neue Geschichten und Studien aus Japan.* Frankfurt am Main 1910. Hier zitiert nach der Ausgabe von 1919 (4.–6. Tausend), S. 187–188.

19 *Die Reden Gautama Buddhos*, der 1921 in den *Münchner Neuesten Nachrichten* erschienene Aufsatz wird hier zitiert nach Hugo von Hofmannsthal: *Gesammelte Werke in Einzelausgaben, Prosa* IV. Frankfurt am Main 1955, S. 65–74; hier S. 67.

20 Hofmannsthal, *Prosa* IV, S. 68–69.

21 Hofmannsthal, *Prosa* IV, S. 69.

22 Hofmannsthal, *Prosa* IV, S. 71.

23 Hofmannsthal, *Prosa* IV, S. 71.

24 Hofmannsthal, *Prosa* IV, S. 69–70.

25 Hofmannsthal, *Prosa* IV, S. 70.

26 Hofmannstahl, *Prosa* IV, S. 73.

27 Pannwitz, *Krisis*, S. 49.

28 Alfred Döblin: *Unser Dasein.* Olten/Freiburg im Breisgau 1964 (^{1}1932), S. 343.

29 Alfred Döblin: »Buddho und die Natur« *Neue Rundschau*, November 1921, S. 1197.

30 Döblin, *Dasein*, S. 342.

31 Döblin, »Buddho«, S. 1199.

32 Felix Emmel: »Die Seele Asiens.« *Neue Rundschau* 34.1923 (3), S. 195–212, hier 195.

33 Emmel, »Seele«, S.204.

34 Joseph Victor Widmann: *Buddha.* Bern ^{2}1912.

35 Philipp Mainländer: *Die Philosophie der Erlösung.* Frankfurt am Main 1876.

36 Philipp Mainländer: Buddha. Ein dramatisches Fragment. Hg. Hans Ludwig Held. *Religiöse Kultur* 8/9, 1913.

37 Ferdinand von Hornstein: *Buddha. Legende in drei Akten.* München 1899.

38 Rudolf Kassner: *Der indische Idealismus* (1903). *Sämtliche Werke.* Erster Band. Pfullingen 1969, S. 457.

39 Aus einer Sammelrezension in der *Zeitschrift für Buddhismus* 2. 1920, S. 247.

40 Max Vogrich: *Der Buddha.* Große Oper. (Klavierauszug und Libretto) Leipzig 1901.

41 Adolf Vogl: *Maja.* Klavierauszug. Stuttgart 1905.

42 Vgl. Hellmuth Hecker (Hg.): *Der erste deutsche Bhikkhu. Das bewegte Leben des Nyanatiloka (1878–1975).* Konstanz 1995 (in der Folge zitiert als Nyanatiloka, *Autobiographie*), S. 29.

43 Im Anhang der *Weltwanderer* weist Gjellerup auf Sinnetts Buch *The occult world* hin.

44 Karl Gjellerup: *Der Pilger Kamanita.* ([1]1906) Frankfurt am Main 1920 (39. bis 50. Tausend), S. 322.

45 Gjellerup, *Kamanita*, S. 194.

46 Gjellerup, *Kamanita,* S. 257.

47 Gjellerup, *Kamanita*, S. 311–312.

48 Gjellerup, *Kamanita*, S. 314.

49 Gjellerup, *Kamanita*, S. 311.

50 Zitierte Ausgabe: Karl Gjellerup: *Die Weltwanderer.* 2 Bände Jena [2]1914 ([1]1910).

51 Gjellerup, *Weltwanderer*, S. 236.

52 Kapp, *Richard Wagner*, S. 149.

53 Fritz Mauthner: *Der letzte Tod des Gautama Buddha.* München und Leipzig 1913, S. 139–140.

54 Fritz Mauthner: *Der Atheismus und seine Geschichte im Abendlande.* Band IV. Stuttgart/Berlin 1923, S. 416.

55 Mauthner, *Atheismus* IV, S. 415–416.

56 Mauthner, *Atheismus* IV, S. 416.

57 Mauthner, *Atheismus* IV, S. 416.

58 Mauthner, *Tod*, S. 62.

59 Mauthner, *Tod*, S. 87.

60 Mauthner, *Tod*, S. 88.

61 Mauthner, *Tod*, S. 110–111.

62 Mauthner, *Tod*, S. 115.

63 Mauthner, *Tod*, S. 116.

64 Mauthner, *Atheismus* IV, S. 417.

65 Hermann Hesse: *Aus Indien.* Frankfurt am Main 1980, S. 112.

66 Hermann Hesse: »Tagebuchblatt aus Kandy.« *Aus Indien,* S. 97–100.

67 Rezension zum Übersetzungswerk Neumanns (1921). Zitiert nach Hermann Hesse, *Schriften zur Literatur* II. Gesammelte Werke 12. Frankfurt am Main 1970, S. 21.

68 Hesse, *Indien,* S. 184.

69 Hesse, *Schriften zur Literatur* II, S. 21.

70 Der 1922 erschienene Roman wird hier aus dem Kapitel *Gotama* zitiert nach Hermann Hesse, *Gesammelte Werke*, Frankfurt am Main 1970.

71 Hermann Hesse, Thomas Mann: *Briefwechsel.* Frankfurt am Main 1968, S. 17–18, Brief Hesses vom 31. Dezember 1931.

72 Vgl. Hesse, *Indien*, S. 241–244.

73 Hesse, *Schriften zur Literatur* II, S. 21.

8. KAPITEL

1 Rudolf Kassner: »Zen, Rilke und ich.« *Sämtliche Werke.* Band 10. Pfullingen 1991, S. 499–510, hier S. 505.

2 Ernst Bloch: *Das Prinzip Hoffnung.* Gesamtausgabe Band 5, Frankfurt am Main 1977, S. 1474 (geschrieben 1938–1947).

3 Philippe Edouard Foucaux: *Le Lalita Vistara. Développement des jeux, contenant l'histoire du Bouddha Çakya-Mouni.* 2 Bände. Paris 1884, 1885.

4 Hendrik Kern: *Saddharma-Pundarika. Or The Lotos of the True Law.* New York 1963 (Oxford [1]1884, Sacred Books of the East 21).

5 Max Friedrich Müller: »The Larger Sukhavati-vyuha-sutra.« *Sacred Books of the East 49.* Oxford 1894.

6 Georg Wilhelm Friedrich Hegel: *Vorlesungen über die Philosophie der Geschichte.* Werke 12. Frankfurt am Main 1980 ([1]1970), S. 393.

7 Hegel, *Philosophie der Geschichte*, S. 211–212.

8 Hegel, *Philosophie der Geschichte*, S. 212–213.

9 Arthur Schopenhauer: *Die Welt als Wille und Vorstellung* II. Sämtliche Werke Band II. Darmstadt 1980 ([1]1844), S. 567.

10 Schopenhauer, *Welt*, S. 568.

11 Arthur Schopenhauer: *Parerga und Paralipomena II.* Sämtliche Werke Band V, Darmstadt 1976, Paragraph 182, S. 465.

12 Hendrik Kern: *Der Buddhismus und seine Geschichte in Indien.* Leipzig 1882–84.

13 Émile Senart: *Essai sur la légende du Buddha.* Paris 1873–75, [2]1882.

14 Richard Otto Franke: *Dighanikaya. Das Buch der langen Texte des buddhistischen Kanons.* Göttingen/Leipzig 1913, S. L.

15 Hermann Oldenberg: *Buddha. Sein Leben, seine Lehre, seine Gemeinde.* Stuttgart und Berlin [6]1914 ([1]1881), S. 158–159.

16 Zitiert nach Karl Jaspers: *Die maßgebenden Menschen. Sokrates, Buddha, Konfuzius, Jesus.* (Neuausgabe) München 1964, S. 122.

17 Albert Schweitzer: *Die Weltanschauung der indischen Denker. Mystik und Ethik.* München 1935, S. 84 und 86–87.

18 Subhadhra Bhikshu [Friedrich Zimmermann]: *Buddhistischer Katechismus zur Einführung in die Lehre des Buddha Gotama.* Braunschweig 1888. Vgl. hier die Fragen 8 bis 11.

19 Zitiert nach Dorothea Girod: *Dr. Paul Dahlke, Arzt und Buddhist.* Berlin 1972, S. 26.

20 Wolfgang Bohn: »Buddhistische Grenzfragen.« *Zeitschrift für Buddhismus,* 2.1920, S. 140–144, hier S. 141–142.

21 Hermann Hesse: »Kurzgefaßter Lebenslauf.« Volker Michels (Hg.): *Hermann Hesse - Leben und Werk im Bild. Mit dem »Kurzgefaßten Lebenslauf«.* Frankfurt am Main 1973, S. 18–19.

22 Vgl. Philip C. Almond: *The British discovery of Buddhism.* Cambridge 1988, S. 73–75.

23 Hermann Graf Keyserling: *Das Reisetagebuch eines Philosophen.* Frankfurt am Main und Berlin, 1990 ([1]1918), S. 61.

24 Leopold Ziegler: *Gestaltwandel der Götter.* Band 1. Darmstadt 1920, S. 41.

25 Leopold Ziegler: *Spätlese eigener Hand.* München 1953, S. 274–275.

26 Das erste Kapitel wurde 1920 in Graf Keyserlings Jahrbuch vorab veröffentlicht: Leopold Ziegler: »Buddho der Protestant.« *Der Leuchter* 2.1920, S. 179–234.

27 Ziegler, »Protestant«, S. 232–233.

28 Leopold Ziegler: »Buddho.« *Zeitschrift für Buddhismus* 9.1931, S. 3- 22, hier S. 8.

29 Ziegler, »Buddho«, S. 8–9.

30 Ziegler, »Buddho«, S. 10.

31 Rudolf Kassner: *Der indische Idealismus* (1903). *Sämtliche Werke.* Erster Band. Pfullingen 1969, S. 489.

32 Rudolf Kassner, *Idealismus,* S. 489–490.

33 Bloch, *Prinzip Hoffnung,* S. 1585.

34 Bloch, *Prinzip Hoffnung,* S. 1584.

35 Georg Kaiser: *Stücke, Erzählungen, Aufsätze, Gedichte.* Köln und Berlin 1966, S. 748.

36 Rainer Maria Rilke: *Gesammelte Gedichte.* Frankfurt am Main 1962, S. 252.

37 Rilke, *Gesammelte Gedichte,* S. 284.

38 Rilke, *Gesammelte Gedichte,* S. 398.

39 C. G. Jung: *Erinnerungen, Träume, Gedanken.* Aufgezeichnet und herausgegeben von Aniela Jaffé. Olten/Freiburg im Breisgau 1971, S. 282.

40 Jung, *Erinnerungen, Träume, Gedanken,* S. 282–283.

9. KAPITEL

1 Vgl. zum Entstehen der Lehre von Wiedergeburt und Karma in Indien Volker Zotz: *Geschichte der buddhistischen Philosophie.* Reinbek 1996, S. 29–40.

2 Arthur Schopenhauer: *Welt als Wille und Vorstellung.* Sämtliche Werke. Wiesbaden 1972, Zweiter Band, S. 578.

3 Rudolf Steiner: *Karma als Schicksalsgestaltung des menschlichen Lebens.* Freiburg im Breisgau [2]1955.

4 Paul Dahlke: *Aus dem Reiche des Buddha.* Leipzig 1920. Der Band enthält sieben Erzählungen.

5 Paul Dahlke: *Heilkunde und Weltanschauung.* Stuttgart/Leipzig/Zürich 1928, S. 76–77.

6 Dahlke, *Buddhismus als Weltanschauung,* S. 125.

7 Zitat nach Nyanatiloka: *Buddhistisches Wörterbuch. Kurz gefaßtes Handbuch der buddhistischen Lehren und Begriffe.* Konstanz 1953, hier das Stichwort ›patisandhi‹ (wörtl. Wiederverbindung, d. i. Wiedergeburt).

8 Nyanatiloka, *Wörterbuch,* Stichwort ›paticcasamuppada‹.

9 Dahlke, *Buddhismus als Religion und Moral.* Neubiberg [2]1923 (Breslau und Leipzig [1]1914), S. 161–162.

10 Rudolf Kassner: *Der indische Idealismus. Eine Studie* (1903). *Sämtliche Werke. Erster Band.* Pfullingen 1969, S. 436–37.

11 Georg Grimm: *Die Botschaft des Buddha.* Pfullingen/Württ. o. J., S. 41.

12 Vgl. Karl Seidenstücker: *Das Udana: eine kanonische Schrift des Pali-Buddhismus.* Leipzig 1913, S. 126–127.

13 Bruno Petzold: *Goethe und der Mahayana-Buddhismus.* Wien 1982, S. 48.

14 Petzold, *Goethe,* S. 49.

15 Ernst Mach: *Beiträge zur Analyse der Empfindungen.* 1886. Titel späterer Auflagen: *Analyse der Empfindungen.*

16 Zitiert nach John Blackmoore (Hg.): *Mach als Außenseiter.* Wien 1985, S 105.

17 Vgl. Guy Richard Welbon: *The Buddhist Nirvana and Its Western Interpreters.* Chicago/London 1968, S. 101–127.

18 Oldenberg, *Buddha,* S. 235.

19 Max Nordau: »Buddha und der Buddhismus«. *Die Gartenlaube* (Leipzig), Jahrgang 1908, S. 588–593.

20 Max Nordau: *Die Krankheit des Jahrhunderts,* I. Band Leipzig [2]1888, S. 179–180.

21 Ernst Haeckel: *Briefe.* Ausgewählt und erläutert von Georg Uschmann. Leipzig/Jena/Berlin 1961, S. 270.

22 Kassner, *Der Indische Idealismus,* S. 457–458.

23 Dahlke, *Buddhismus als Religion und Moral,* S. 164.

24 Dahlke, *Buddhismus als Religion und Moral*, S. 154–155.
25 Dahlke, *Buddhismus als Religion und Moral*, S. 157.
26 Georg Grimm: *Buddhistische Weisheit*. Gelnhausen [4]1961, S. 72.
27 Grimm, *Die Lehre des Buddho*, S. 415 Anm. 86.
28 Grimm, *Die Botschaft des Buddha*, S. 68.
29 Lauppert, *Mahatma-Briefe* II, S. 167–168.
30 Lauppert, *Mahatma-Briefe* II, S. 29.
31 Lauppert, *Mahatma-Briefe* II, S. 137.
32 Sigmund Freud: »Jenseits des Lustprinzips.« *Gesammelte Werke*. Dreizehnter Band. Frankfurt am Main [7]1972, S. 60.
33 Sigmund Freud: »Das ökonomische Problem des Masochismus.« *Gesammelte Werke*. Siebzehnter Band. Frankfurt am Main [5]1972, S. 372.
34 Zitiert nach Bertold Brecht: *Gedichte 2. Sammlungen 1938–1956*. (Bertold Brecht Werke, Bd. 12) Berlin/Weimar/Frankfurt am Main 1988, S. 36–37.

10. KAPITEL

1 Rudolf Kassner: *Der indische Idealismus*. Eine Studie (1903). Sämtliche Werke. Erster Band. Pfullingen 1969, S. 457.
2 Folgende Zitate aus Gottfried Benn: »Pessimismus.« *Essays, Reden Vorträge*. Gesammelte Werke in vier Bänden hg. von Dieter Wellershoff. Band 1. Stuttgart [5]1986, S. 356–361.
3 Emil Lucka: *Die drei Stufen der Erotik*. Berlin [6]1917, S. 27–28.
4 Emil Lucka: *Stufen der Genialität*. Berlin 1916, S. 41.
5 Emil Lucka: »Buddhismus«. *Neue Rundschau*, Jahrgang 1917, S. 945–956 (nachfolgend als *Buddhismus* zitiert).
6 Hermann Oldenberg: *Buddha* (Erstausgabe 1881), zitiert nach der von Helmut von Glasenapp herausgegebenen Neuausgabe (Stuttgart o. J.), S. 264.
7 Oldenberg, *Buddha*, S. 267.
8 Hermann Beckh: *Buddhismus*. II. Band. Berlin/Leipzig 1916, S. 71.
9 Lucka, *Buddhismus*, S. 950.
10 Emil Lucka: *Urgut der Menschheit*. Berlin/Leipzig 1924, S. 371.
11 Oswald Spengler: *Der Untergang des Abendlandes. Umrisse einer Morphologie der Weltgeschichte*. München 1923 ([1]1918), S. 455.
12 Spengler, *Untergang*, S. 451.
13 Spengler, *Untergang*, S. 455.
14 »Wir tasten das System von Abstraktionen, das die Wissenschaft erbaut hat, nicht an, aber wir suchen darüber hinaus unmittelbare, lebendige Fühlung. Es handelt sich

darum, das ursprünglich Menschliche unabhängig von der Welt des Denkens wieder zur Geltung zu bringen, das Urgut der Seele zu retten.« Lucka, *Urgut*, S. 371.

15 Lucka, *Buddhismus*, S. 949–950.
16 Lucka, *Buddhismus*, S. 952.
17 Lucka, *Buddhismus*, S. 952.
18 Lucka, *Buddhismus*, S. 952.
19 Beckh, *Buddhismus* II, S. 90.
20 Oldenberg, *Buddha*, S. 235.
21 Lucka, *Buddhismus*, S. 953–954.
22 Vgl. Rudolf Steiner: *Mein Lebensgang*. Dornach 1925, S. 278–312.
23 Zu den indischen, buddhistischen und theosophischen Elementen in Steiners Anthroposophie vgl. die ausführliche Analyse bei Helmuth von Glasenapp: *Das Indienbild deutscher Denker*. Stuttgart 1960.
24 Rudolf Steiner: *Wie erlangt man Erkenntnisse der höheren Welten?* Dornach [20]1961, S. 125.
25 Rudolf Steiner: *Das Christentum als mystische Tatsache und die Mysterien des Altertums*. Frankfurt am Main 1985 ([1]1902, überarbeitete Fassung 1910).
26 Steiner, *Christentum als mystische Tatsache*, S. 173.
27 Rudolf Seydel: *Buddha und Christus*. Breslau 1884.
28 Steiner, *Christentum als mystische Tatsache*, S. 105.
29 Steiner, *Christentum als mystische Tatsache*, S. 106–107.
30 Rudolf Steiner: *Menschengeschichte im Lichte der Geistesforschung*. Dornach [2]1983, S. 305–306, aus dem Vortrag »Christus und das zwanzigste Jahrhundert« (1912).
31 Rudolf Steiner: *Theosophie des Rosenkreuzes*, S. 162–163.
32 Rudolf Steiner: *Wendepunkte des Geisteslebens*. Dornach 1927, S. 67.
33 Rudolf Steiner: *Buddha und Christus*. Dornach 1939, S. 117.
34 Zur »Mission des Gautama Buddha auf dem Mars« vgl. Rudolf Steiner: *Der Mensch im Lichte von Okkultismus, Theosophie und Philosophie*. Dornach 1973, sowie derselbe: *Das esoterische Christentum und die geistige Führung der Menschheit*. Dornach 1977.
35 *Zeitschrift für Buddhismus* 2.1920, S. 244.
36 Vgl. Steiner, *Buddha und Christus*, S. 123–145.
37 Steiner, *Lebensgang*, S. 280–281.
38 Fosco Maraini: *Geheimnis Tibet*. München/Wien o. J. [1953], S. 55–56.
39 Carl Gustav Jung: *Erinnerungen, Träume, Gedanken*. Aufgezeichnet und herausgegeben von Aniela Jaffé. Olten/Freiburg im Breisgau 1984, S. 278–279.
40 Jung, *Erinnerungen*, S. 286.
41 Hermann Hesse: *Aus Indien*. Frankfurt am Main 1980, S. 241–242.
42 Beispielhaft für viele Warnungen, sei der Artikel »Die Indisierung Europas« im Berli-

ner *Tag* vom 12.2.1920 genannt, in dem Ernst Bergmann schrieb: »Was aber kann uns der Buddha frommen? Nur umgeformt wäre er bei uns möglich. Dann aber bleibt er nicht, was er ist. Er ist Feind der Kultur, Untergehenwollen, verblassende Abendsonne, Glück der letzten, feiernden Stunde. Wir aber sind das Morgenrot.«

43 Karl Jaspers: *Die maßgebenden Menschen. Sokrates, Buddha, Konfuzius, Jesus.* München 1964, S. 130.

44 Vgl. Daniel J. Meckel und Robert L. Moore: *Self and Liberation, The Jung-Buddhism-dialogue.* Mahwah, N. J. 1992, S. 114–115.

SCHLUẞWORT

1 Mircea Eliade: *Die Sehnsucht nach dem Ursprung.* Wien 1973, S. 76.

2 Max Weber: *Gesammelte Aufsätze zur Religionssoziologie.* Band 2. Tübingen 1921, S. 218.

3 Carl Gustav Jung: »Wotan«. *Neue Schweizer Rundschau,* Neue Folge III/11 (1936), S. 657–669.

4 André Breton: *Das Weite suchen. Reden und Essays.* Frankfurt a.M. 1981, S. 51.

5 André Breton: *Die Manifeste des Surrealismus.* Reinbek bei Hamburg 1977, S. 55.

6 Breton, *Manifeste,* S. 123.

7 Tim McGirk: »Just Right for the Part. A Tibetan monk upsets believers by declaring a U.S. movie star is the reincarnation of a revered lama.« *Time,* 8. September 1997, S. 39.

8 Friedrich Nietzsche: *Über Wahrheit und Lüge im außermoralischen Sinne.* Kritische Studienausgabe. Berlin/New York 1986, I, S. 875.

9 Für einen Versuch, Nietzsche buddhistisch zu lesen vgl. Ryogi Okochi: *Wie man wird, was man ist. Gedanken zu Nietzsche aus östlicher Sicht.* Darmstadt 1995.

10 Edward W. Said: *Orientalism. Western Conceptions of the Orient.* London 1978 (deutsche Ausgabe: *Orientalismus.* Frankfurt am Main/Berlin/Wien 1981.)

11 Karl Jaspers: *Die maßgebenden Menschen. Sokrates, Buddha, Konfuzius, Jesus.* München 1964, S. 131.

Literaturverzeichnis

Angeführt werden ausgewählte konsultierte und weiterführende Werke zum Hauptthema des Buches. Nicht jede in den Anmerkungen zitierte Arbeit wurde hier nochmals aufgenommen.

1. ZUR REZEPTION DES BUDDHISMUS

1.1. Abendland allgemein

Almond, Philip C.: *The British discovery of Buddhism.* Cambridge 1988.

Batchelor, Stephen: *The Awakening of the West. The Encounter of Buddhism and Western Culture: 543 BCE – 1992.* London 1994.

Bertholet, Alfred: *Der Buddhismus im Abendland der Gegenwart.* Tübingen 1928.

Duka, Theodore: *Life and Works of Alexander Csoma de Körös.* London 1885.

Halbfass, Wilhelm: *Indien und Europa. Perspektiven ihrer geistigen Begegnung.* Basel/Stuttgart 1981.

Jaini, Padmanabh S.: »Buddhist Studies in Recent Times. Some Eminent Buddhist Scholars in India and Europe.« P. V. Bapat (Hg.): *2500 Years of Buddhism.* New Delhi 1956, S. 333–346.

Lauppert, Norbert: »Kurze Geschichte der theosophischen Bewegung.« Leslie-Smith, L. H. (Hg): *Funken aus Kosmischer Flamme. Eine Sammlung von Essays über die ewige Suche des Menschen nach dem Wirklichen.* Graz/Adyar/London/Wheaton 1978.

Lubac, Henri de: *La Rencontre du Bouddhisme et de l'Occident.* Paris 1952.

Schwab, Raymond: *The Oriental Renaissance. Europe's Rediscovery of India and the East 1680–1880.* New York 1984.

Welbon, Guy Richard: *The Buddhist Nirwana and its Western Interpreters.* Chicago/London 1968.

Yamamoto, Kosho: *Buddhism in Europe.* Ube 1967.

1.2. Deutscher Sprachraum

Auster, Guido et. al. (Hg.): *50 Jahre Buddhistisches Haus.* Berlin 1974.

Baumann, Martin: *Deutsche Buddhisten. Geschichte und Gemeinschaften.* Marburg 1995 ([1]1993).

– (Hg.): *Helmut Klar. Zeitzeuge zur Geschichte des Buddhismus in Deutschland.* (Forschungsprojekt Buddhistischer Modernismus, Band 11) Konstanz 1995.

Bertholet, Alfred: *Der Buddhismus und seine Bedeutung für unser Geistesleben.* Tübingen/Leipzig 1904.

Bitter, Klaus: *Konversionen zum tibetischen Buddhismus.* Göttingen 1988.

Buttler, Paul-Gerhard: »Die buddhistische Bewegung in Deutschland.« Kurt Hutten und Siegfried von Kortzfleisch (Hg.): *Asien missioniert im Abendland.* Stuttgart 1962, S. 73–120.

Dumoulin, Heinrich: »Das Buddhismusbild deutscher Philosophen des 19. Jahrhunderts.« *Zeitschrift für katholische Theologie,* 101.1979, S. 386–401.

Falke, Robert: *Der Buddhismus in unserem modernen deutschen Geistesleben. Eine Studie.* Halle an der Saale 1903.

Frauwallner, Erich: *Geschichte und Aufgabe der Wiener Indologie.* Graz/Wien/Köln 1961.

Gennrich, Paul: *Moderne buddhistische Propaganda und indische Wiedergeburtslehre in Deutschland.* Leipzig 1914.

Girod, Dorothea: *Dr. Paul Dahlke, Arzt und Buddhist.* Berlin 1972.

Glasenapp, Helmuth von: *Kant und die Religionen des Ostens.* Kietzingen am Main 1954.

–: »Schopenhauer und Indien.« 36. *Schopenhauer-Jahrbuch fuer das Jahr 1955,* Frankfurt am Main 1955, S. 32–48.

–: *Das Indienbild deutscher Denker.* Stuttgart 1960.

Glawe, Walther: »Buddhistische Strömungen der Gegenwart.« *Biblische Zeit- und Streitfragen zur Aufklaerung der Gebildeten,* 8.1913, S. 419–456.

Hecker, Hellmuth: *Buddhismus in Deutschland. Eine Chronik.* Hamburg ^{3}1985.

–: *Karl Eugen Neumann, Erstübersetzer der Reden des Buddha, Anreger zu abendländischer Spiritualität.* Wien 1986.

–: *Lebensbilder deutscher Buddhisten.* 2 Bände. Konstanz 1990–92.

Hoppe, Max: »Georg Grimm.« *Yana. Zeitschrift für Buddhismus und religiöse Kultur auf buddhistischer Grundlage* 26.1973, S. 1–39.

Kantowsky, Detlef: »Buddhismus in Deutschland heute.« *Spirita. Zeitschrift für Religionswissenschaft* 5.1991, S. 22–32.

–: *Der Weg der weißen Wolken. Texte, Bilder und Dokumente aus dem Leben von Lama Anagarika Govinda (1898–1985).* (Forschungsprojekt Buddhistischer Modernismus, Band 12) Konstanz 1996.

Lanczkowski, Günter : »Richard Wagner und Indien.« H. O. Günther (Hg.): *Indien und Deutschland.* Frankfurt/Main 1956.

May, Reinhard: *Ex Oriente lux. Heideggers Werk unter ostasiatischem Einfluß.* Stuttgart 1989.

Mildenberger, Michael: »Religiöser Humanismus. Zum europäischen Erbe im deutschen Buddhismus.« Günther Kehrer (Hg.): *Zur Religionsgeschichte der Bundesrepublik Deutschland.* München 1980, S. 49–76.

Notz, Klaus-Josef: *Der Buddhismus in Deutschland in seinen Selbstdarstellungen.* Frankfurt am Main/Bern/New York 1984.

Römer, Hermann: »Die Propaganda für asiatische Religionen im Abendland.« *Basler Missions-Studien,* Basel 1910 (Heft 36), S. 153–205.

Schumann, Hans Wolfgang: *Buddhismus und Buddhismusforschung in Deutschland.* Wien 1974.

Sedlar, Jean W.: *India in the Mind of Germany. Schelling, Schopenhauer and their Times.* Washington 1982.

Slepcevic, Pero: *Buddhismus in der deutschen Literatur.* Wien 1920.

Stache-Rosen, Valentina und Stache-Weiske, Agnes: *Biographie of Scholars in Indian Studies Writing in German. With a Summary on Indology in German Speaking Countries.* New Delhi [2]1990 ([1]1980–81).

Steinke, Ulrich: *Karl Bernhard Seidenstücker, Leben – Schaffen – Wirken.* (Magisterarbeit) Tübingen 1989.

Usarski, Frank: »Das Bekenntnis zum Buddhismus als Bildungsprivileg.« Peter Antes und Donate Pahnke (Hg.): *Die Religionen von Oberschichten.* Marburg 1989, S. 75–86.

Waldschmidt, Ernst: »The Influence of Buddhism on German Philosophy and Poetry.« *University of Ceylon Review,* 22, 1, 1963, S. 1–13.

Zelinsky, Hartmut: »Hugo von Hofmannsthal und Asien.« Roger Bauer et al. (Hg;): *Fin de Siècle. Zur Literatur und Kunst der Jahrhundertwende.* Frankfurt am Main 1977, S. 506–566.

Zotz, Volker: *Zur Rezeption, Interpretation und Kritik des Buddhismus im deutschen Sprachraum vom Fin-de-Siècle bis 1930.* Wien 1986.

–: »Einige Anmerkungen zum Buddhismus-Bild deutschsprachiger Denker.« *Bodhi-Baum. Zeitschift für Buddhismus* 2/3, 1986, S. 72–82.

–: »›Das Erzeugnis heißer Klimate‹ – Zum Werden des Buddhismus-Bildes deutscher Philosophen und Historiker.« *Horin. Vergleichende Studien zur japanischen Kultur* 1.1994, S. 169–183.

–: »Martin Baumann, Deutsche Buddhisten. Geschichte und Gemeinschaften« (Rezension) *Horin. Vergleichende Studien zur japanischen Kultur* 1.1994, S. 193–197.

–: »Zur Buddhismus-Rezeption in Europa.« *Geschichte der Buddhistischen Philosophie.* Reinbek 1996, S. 266–290.

2. QUELLENMATERIAL ZUR BUDDHISMUS-REZEPTION

2.1. Philosophen, Theoretiker, Wissenschaftler, Ideologen

Borch, Rudolf: *Schopenhauer. Sein Leben in Selbstzeugnissen, Briefen und Berichten.* Berlin 1941.

Chamberlain, Houston Stewart: *Die Grundlagen des neunzehnten Jahrhunderts.* München [14]1922.

Dahlmann, Joseph: *Nirvana. Eine Studie zur Vorgeschichte des Buddhismus.* Berlin 1896.

–: *Buddha.* Berlin 1898.

Franke, R. Otto: *Dighanikaya. Das Buch der Langen Texte des buddhistischen Kanons.* In Auswahl übersetzt. Göttingen/Leipzig 1913.

Frauwallner, Erich: »Der arische Anteil an der indischen Philosophie.« *Wiener Zeitschrift für die Kundes des Morgenlandes* 46.1939, S. 267–261.

Freud, Sigmund: »Jenseits des Lustprinzips.« *Gesammelte Werke.* Dreizehnter Band. Frankfurt am Main [7]1972.

–: »Das ökonomische Problem des Masochismus.« *Gesammelte Werke.* Siebzehnter Band. Frankfurt am Main [5]1972.

Haeckel, Ernst: *Briefe.* Ausgewählt und erläutert von Georg Uschmann. Leipzig/Jena/Berlin 1961.

Hegel, Georg Wilhelm Friedrich: Werke 12. *Vorlesungen über die Geschichte der Philosophie.* Frankfurt am Main 1970.

–: *Ästhetik.* Band I. Nach der zweiten Ausgabe Heinrich Gustav Hothos (1842) redigiert [...] von Friedrich Bassenge. Berlin und Weimar [3]1976, S. 327.

–: *Die Naturreligion.* (Philosophische Bibliothek, 60).

Heiler, Friedrich: *Die buddhistische Versenkung.* München 1918.

Herder, Johann Gottfried: *Ideen zur Philosophie der Geschichte der Menschheit.* Suphan, Bernhard: Herders sämtliche Werke. Leipzig 1877–1913, Band 14.

Jaspers, Karl: *Vom Ursprung und Ziel der Geschichte.* München [3]1952 ([1]1949).

–: *Die maßgebenden Menschen. Sokrates, Buddha, Konfuzius, Jesus.* München 1964.

Jung, Carl Gustav: *Erinnerungen, Träume, Gedanken.* Aufgezeichnet und herausgegeben von Aniela Jaffé. Olten/Freiburg im Breisgau 1984 ([1]1971).

–: »Die träumende Welt Indiens.« (1939) *Zivilisation im Übergang* (Gesammelte Werke. Zehnter Band). Olten/Freiburg im Breisgau [2]1981, S. 563–574.

–: »Was Indien uns lehren kann.« (1939) *Zivilisation im Übergang* (Gesammelte Werke. Zehnter Band). Olten/Freiburg im Breisgau [2]1981, S. 575–580.

Kant, Immanuel: *Physische Geographie.* Auf Verlangen des Verfassers aus seiner Handschrift herausgegeben und zum Teil bearbeitet von Friedrich Theodor Rink 1802.

Lessing, Theodor: *Europa und Asien oder Der Mensch und das Wandellose. Sechs Bücher wider Geschichte und Zeit.* Hannover 1916 ([4]1923).

Köppen, Carl Friedrich: *Die Religion des Buddha und ihre Entstehung.* Berlin 1857.

–: *Die lamaistische Hierarchie und ihre Kirche.* (Die Religion des Buddha, II. Band) Berlin 1859.

Leibniz, Gottfried Wilhelm: *Das Neueste von China (1697). Novissima Sinica.* Hg., übersetzt, erläutert von Heinz Günther Nesselrath und Hermann Reinbote. Köln 1979.

–: *Essais de Théodicée sur la bonté de dieu (...)* (1710), deutsche Übersetzung von A. Buchenau, Leipzig 1924.
Lucka, Emil: *Die drei Stufen der Erotik.* Berlin ^{6}1917.
–: *Stufen der Genialität.* Berlin 1916.
–: »Buddhismus«. *Neue Rundschau,* Jahrgang 1917, S. 945–956.
–: *Urgut der Menschheit.* Berlin/Leipzig 1924.
Mainländer, Philipp: *Die Philosophie der Erlösung.* Frankfurt am Main 1876.
Mauthner, Fritz: *Der Atheismus und seine Geschichte im Abendlande.* Band IV. Stuttgart/Berlin 1923.
Nietzsche, Friedrich: *Kritische Gesamtausgabe.* Hg. G. Colli, M. Montinari. Berlin 1967 VII, I; 4 (2), S. 111.
Nordau, Max: *Die Krankheit des Jahrhunderts.* Band I. Leipzig ^{2}1888.
–: *Entartung.* 2 Bände. Berlin 1892–1893.
–: »Buddha und der Buddhismus.« *Die Gartenlaube* (Leipzig) Jahrgang 1908, S. 588–593.
Ohasama, Schuej und Faust, August: *Zen – der lebendige Buddhismus in Japan.* Stuttgart 1925.
Oldenberg, Hermann: *Buddha. Sein Leben, seine Lehre, seine Gemeinde.* Stuttgart und Berlin ^{6}1914 (^{1}1881).
Otto, Rudolf: »Über Zazen als Extrem des numinosen Irrationalen« *Aufsätze das Numinose betreffend.* Gotha 1923
Schlegel, Friedrich: *Ueber die Sprache und Weisheit der Indier. Ein Beitrag zur Begründung der Alterthumskunde.* Heidelberg 1808.
Schopenhauer, Arthur: *Über den Willen in der Natur.* 2. Auflage. Frankfurt am Main 1854.
–: *Sämtliche Werke.* Textkritisch bearbeitet und hg. von Wolfgang Frh. von Löhneysen. 5 Bände. Frankfurt am Main 1986.
Spengler, Oswald: *Der Untergang des Abendlandes. Umrisse einer Morphologie der Weltgeschichte.* München 1923 (^{1}1918)
Spiegel, Friedrich: *De officiis sacerdotum Buddhicorum. Palice et latine.* Bonn 1841.
Steiner, Rudolf: *Das Christentum als mystische Tatsache und die Mysterien des Altertums.* Frankfurt am Main 1985 (^{1}1902, überarbeitete Fassung 1910).
–: *Mein Lebensgang.* Dornach 1925.
–: *Wendepunkte des Geisteslebens.* Dornach 1927.
–: *Buddha und Christus.* Dornach 1939.
–: *Karma als Schicksalsgestaltung des menschlichen Lebens.* Freiburg im Breisgau ^{2}1955.
–: *Wie erlangt man Erkenntnisse der höheren Welten?* Dornach ^{20}1961.
–: *Der Mensch im Lichte von Okkultismus, Theosophie und Philosophie.* Dornach 1973.
–: *Das esoterische Christentum und die geistige Führung der Menschheit.* Dornach 1977.
–: *Menschengeschichte im Lichte der Geistesforschung.* Dornach ^{2}1983.

Ziegler, Leopold: *Gestaltwandel der Götter.* Band 1. Darmstadt 1920.
–: »Buddho der Protestant.« *Der Leuchter* 2.1920, S. 179–234.
–: *Der ewige Buddho.* Darmstadt 1922.
–: »Buddho.« *Zeitschrift für Buddhismus* 9.1931, S. 3–22.

2.2. Textzeugnisse: Dichter, Literaten und Künstler

Brecht, Bertold: »Gleichnis des Buddha vom brennenden Haus.« *Werke Band 12. Gedichte 2. Sammlungen 1938–1956.* Hg. von Werner Hecht, Jan Knopf, Werner Mittenzwei, Klaus-Detlef Müller. Berlin/Weimar/Frankfurt am Main 1988, S. 36–37.
Benn, Gottfried: »Pessimismus.« *Essays, Reden, Vorträge.* Stuttgart o.J., S. 356–361.
Döblin, Alfred: »Gotamo Buddha.« *Unser Dasein.* Olten/Freiburg im Breisgau 1964 (^{1}1932), 342–343.
–: »Buddho und die Natur« *Neue Rundschau,* November 1921.
Doderer, Heimito von: *Die Strudlhofstiege oder Melzer und die Tiefe der Jahre.* Wien 1951.
Emmel, Felix: »Die Seele Asiens.« *Neue Rundschau* 34.1923 (3), S. 195–212.
Gjellerup, Karl: *Der Pilger Kamanita.* Frankfurt am Main 1920 (39. bis 50. Tausend).
–: *Die Weltwanderer.* 2 Bände Jena ^{2}1914 (^{1}1910).
Hesse, Hermann: *Siddhartha.* Frankfurt am Main1922.
–: »Kurzgefaßter Lebenslauf.« Volker Michels (Hg): *Hermann Hesse – Leben und Werk im Bild. Mit dem »Kurzgefaßten Lebenslauf«.* Frankfurt am Main 1973.
–: *Gesammelte Werke 12. Schriften zur Literatur II.* Frankfurt am Main 1970.
–: *Aus Indien.* Frankfurt am Main 1980.
Hofmannsthal, Hugo von: »K. E. Neumanns Übertragung der buddhistischen heiligen Schriften« (1921). *Gesammelte Werke in Einzelausgaben. Prosa IV.* Frankfurt am Main 1955.
Hornstein, Ferdinand von: *Buddha. Legende in drei Akten.* München 1899.
Kaiser, Georg: »Buddha«. *Stücke, Erzählungen, Aufsätze, Gedichte.* Köln und Berlin 1966, S. 748.
Kapp, Julius (Hg): *Richard Wagner an Mathilde und Otto Wesendonck.* Leipzig 1915.
Kassner, Rudolf: »Der indische Idealismus. Eine Studie.« *Sämtliche Werke.* Erster Band. Pfullingen 1969, S. 429–490.
–: »Zen, Rilke und ich.« *Sämtliche Werke.* Zehnter Band. Pfullingen 1991, S. 499–510.
Kesting, Hanjo (Hg.): *Franz Liszt – Richard Wagner. Briefwechsel.* Frankfurt am Main 1988.
Kubin, Alfred: *Aus meinem Leben.* Wiesbaden 1970.
Mainländer, Philipp: *Buddha. Ein dramatisches Fragment.* Hg. von Hans Ludwig Held. Religiöse Kultur 8/9.1913.

Mauthner, Fritz: *Der letzte Tod des Gautama Buddha.* München/Leipzig 1913.

Rilke, Rainer Maria: »Buddha (Als ob er horchte).« *Gesammelte Gedichte.* Frankfurt am Main 1962, S. 252.

–: »Buddha (Schon von ferne fühlt).« *Gesammelte Gedichte,* S. 285.

–: »Buddha in der Glorie.« *Gesammelte Gedichte,* S. 398.

Pannwitz, Rudolf: *Die Krisis der europäischen Kultur.* Nürnberg 1917. Neudruck: 1947.

Vogl, Adolf: *Maja.* (Klavierauszug) Stuttgart 1905.

Vogrich, Max: *Der Buddha. Große Oper.* (Klavierauszug und Libretto) Leipzig 1901.

Wagner, Richard: *Die Musikdramen.* Hamburg 1971.

Widmann, Joseph Victor: *Buddha.* Bern [2]1912.

Zweig, Stefan: »Erhabenes Vermächtnis.« *Neue Freie Presse* (Wien) 26. September 1919.

2.3. Textzeugnisse: Buddhisten (und Theosophen)

Bohn, Wolfgang: »Nach fünf Jahren (Ein Rückblick auf die buddhistischen Strömungen der letzten Jahre.« *Zeitschrift für Buddhismus* 2.1920, S. 4–8.

Wolfgang Bohn: »Buddhistische Grenzfragen.« *Zeitschrift für Buddhismus,* 2.1920, S. 140–144.

–: *Die Selbstheilung der kranken Seele durch Erkenntnis und Vertiefung. Zweiter Teil: Die Lösung der Konflikte des Lebens und die Aufhellung des dunklen Zieles.* Leipzig 1922.

Carus, Paul: *Das Evangelium des Buddha.* Leipzig 1895.

Dahlke, Paul: *Buddhismus als Weltanschauung.* Breslau 1912.

–: *Was ist Buddhismus und was will er? Eine Einführung in die Gedankenwelt des Buddha Gotama.* Berlin o. J.

–: *Buddhismus als Religion und Moral.*

–: »Studien zum Weltkriege.« *Neubuddhistische Zeitschrift,* Winter 1917/1918.

–: »Wie wir uns das Leben im buddhistischen Hause denken.« *Neubuddhistische Zeitschrift,* Sommer 1920, S. 38–46.

–: *Heilkunde und Weltanschauung.* Stuttgart/Leipzig/Zürich 1928.

–: *Dhammapada. Die älteste buddhistische Spruchsammlung aus dem Pali übersetzt.* Heidelberg 1970.

Freydank, Bruno (Karl Seidenstücker): *Buddha und Christus. Eine buddhistische Apologetik.* Leipzig 1902.

–: *Die Greuel der «christlichen« Zivilisation,* Leipzig 1903.

Fischer, Kurt: »Über Kunst.« *Buddhistisches Leben und Denken* 1940, Nr. 1, S. 51–58.

Grimm, Georg: *Die Lehre des Buddho, die Religion der Vernunft.* Leipzig 1915. (*Die Lehre des Buddho. Die Religion der Vernunft und der Meditation.* Freiburg im Breisgau [20]1988).

–: *Die Wissenschaft des Buddhismus.* Leipzig 1923.

–: *Buddha und Christus.* Leipzig 1928.

–: *Ewige Fragen. Die religiösen Grundprobleme und ihre Lösung im indischen Geiste.* Weilheim/Obb. 1970 ([1]1936).

–: *Buddhistische Weisheit.* Gelnhausen [4]1961.

–: *Die Botschaft des Buddha.* Pfullingen/Württ. o. J.

Hecker Hellmuth (Hg.): *Der erste deutsche Bhikkhu. Das bewegte Leben des Nyanatiloka (1878–1975).* (Forschungsprojekt Buddhistischer Modernismus, Band 10). Konstanz 1995.

Herrigel, Eugen: *Zen in der Kunst des Bogenschießens.* Bern/München/Wien 1999 ([1]1951).

Hübbe-Schleiden, Wilhelm: *Das Dasein als Lust, Leid und Liebe. Die altindische Weltanschauung in neuzeitlicher Darstellung. Ein Beitrag zum Darwinismus.* Braunschweig 1891.

Lauppert, Norbert: *Die Mahatma-Briefe an A. P. Sinnett und A. O. Hume.* 3 Bände. Graz 1977, 1980, 1982.

Neumann, Karl Eugen: *Buddhistische Anthologie.* Texte aus dem Pali-Kanon zum ersten Mal übersetzt. Leiden 1892.

–: *Der Wahrheitspfad. Ein buddhistisches Denkmal.* Aus dem Pali in den Versmaßen des Originals übersetzt [...]. Leipzig 1893.

–: »Das buddhistische Kunstwerk« *Süddeutsche Monatshefte* 1904 (S. 131–137, S. 821–829), 1905 (S. 516–529), 1906 (S. 179–191). Gekürzter Nachdruck bei Hellmuth Hecker: *Buddhismus und Kunst.* Konstanz 1974 (Buddhistische Handbibliothek 10), S. 49–131.

–: *Übertragungen aus dem Pali-Kanon.* Gesamtausgabe in drei Bänden. Zürich/Wien 1957.

Olcott, Henry Steel: *Old Diary Leaves. The only authentic History of the Theosophical Society.* Fourth Series 1887–1892 (Adyar/Madras, 1931), S.433–436.

Petzold, Bruno: *Goethe und der Mahayana-Buddhismus.* Kyoto 1936 (Veröffentlichungen der Goethe Gesellschaft in Japan). Neuausgabe: Wien 1982.

–: *Die Quintessenz der T'ien-t'ai-(Tendai-)Lehre. Eine komparative Untersuchung.* Hg. von Horst Hammitzsch. Wiesbaden 1982 (Studien zur Japanologie 15).

Pfungst, Arthur: *Ein deutscher Buddhist.* Stuttgart [2]1901.

–: *Aus der indischen Kulturwelt.* Stuttgart 1904.

Schultze, Theodor: *Das Dhammapadam. Eine Verssammlung, welche zu den kanonischen Büchern der Buddhisten gehört.* Aus der englischen Übersetzung von Professor F. Max Müller in Oxford, Sacred Books of the East, vol. X., metrisch ins Deutsche übertragen. Mit Erläuterungen. Leipzig 1885.

–: *Der Buddhismus als Religion der Zukunft.* Leipzig 1894.

Schumacher, Wolfgang: *Arische Religion.* Berlin 1933, erweiterte Auflage 1934.

Seidenstücker, Karl: »Was bringt uns die Zukunft?« *Die Buddhistische Warte* 1.1907, S. 257–269.

–: *Pali-Buddhismus in Übersetzungen.* München 1911.

–: »Die Weltmission des Buddhismus und das Abendland« *Die Buddhistische Warte,* 3.1911, S. 2–34.

–: Karl Seidenstücker: »Der Buddhismus in Europa.« *Die Buddhistische Warte,* 3.1911, S.61–65.

–: *Handbuch zur Pali-Sprache.* Leipzig 1916–1923.

Sinnett, Alfred Percy: *Die esoterische Lehre oder Geheim-Buddhismus.* Leipzig 1884.

Sobczak, Robert: »Zwiegespräch zwischen einem Christen und einem Buddhisten.« *Die Buddhistische Welt* 4.1910/11, S. 246–257.

Strünckmann, Dr.: »Buddhismus und Christentum.« *Die Buddhistische Welt* 4.1910/11, S. 59–64.

Subhadra Bhikshu: *Buddhistischer Katechismus. Zur Einführung in die Lehre des Buddha Gotama. Nach den heiligen Schriften der Südlichen Buddhisten zum Gebrauche für Europäer zusammengestellt und mit Anmerkungen versehen.* Braunschweig 1888.

Vassettho [Wolfgang Bohn]: »Buddha und die soziale Frage.« *Die Buddhistische Welt* 4.1910, S. 9–13.

–: »Die irdische Erscheinung des Buddha.« *Zeitschrift für Buddhismus* 2.1920, S. 217–219.

3. SONSTIGE KONSULTIERTE ODER ZITIERTE WERKE

Baier, Karl: *Yoga auf dem Weg nach Westen.* Beiträge zur Rezeptionsgeschichte. Würzburg 1998.

Breton, André: *Die Manifeste des Surrealismus.* Reinbek 1977.

–: *Das Weite suchen. Reden und Essays.* Frankfurt am Main 1981.

Buber, Martin: *Schriften zur Philosophie.* Werke I. München/Heidelberg 1962.

Conze, Edward: »Spurious Parallels to Buddhist Philosophy.« *Thirty Years of Buddhist Studies.* Oxford 1968.

–: *The Memoirs of a Modern Gnostic.* 2 Bände. Sherborne 1979.

Eliade, Mircea: *Die Sehnsucht nach dem Ursprung.* Wien 1973.

Fromm, Erich: *Analytische Charakterkunde.* Gesamtausgabe II. Stuttgart 1980.

Grenet, Jacques: *China and the Christian Impact. A Conflict of Cultures.* Cambridge 1985.

Hearn, Lafcadio: *Buddha. Neue Geschichten und Studien aus Japan.* Frankfurt am Main (4.–6. Tausend) 1919.

Horstmann, Ulrich: *Das Untier.* Frankfurt am Main 1985.

Jackson, Peter und Morgan, David: *The Mission of Friar William of Rubruck.* London 1990.

Jaspers, Karl: *Wohin treibt die Bundesrepublik? Tatsachen, Gefahren, Chancen.* München 1966.

Jung, Carl Gustav: *Zivilisation im Übergang.* Gesammelte Werke 10. Olten/Freiburg im Breisgau (2. Auflage) 1981.

Kirfel, Willibald: »Was verdankt das ältere Abendland Indien?« H. O. Günther (Hg.): *Indien und Deutschland.* Frankfurt am Main 1956.

Kratz, Peter: *Die Götter des New Age. Im Schnittpunkt von »Neuem Denken«, Faschismus und Romantik.* Berlin 1994.

Löwith, Karl: *Mein Leben in Deutschland vor und nach 1933. Ein Bericht.* Stuttgart 1986.

Lopez, Donald S.: *Curators of the Buddha. The Study of Buddhism under Colonialism.* Chicago/London 1995.

Mach, Ernst: *Analyse der Empfindungen und das Verhältnis des Physischen zum Psychischen.* Nachdruck der 9. Auflage (Jena 1922) Darmstadt 1991.

Maraini, Fosco: *Geheimnis Tibet.* München/Wien o. J. [1953]

Meckel, Daniel L. und Robert L. Moore: *Self and Liberation. The Jung-Buddhism-dialogue.* Mahwah N. J. 1992.

Neumann, Angelo: *Erinnerungen an Richard Wagner.* Leipzig 1907.

Plessner, Hellmuth: *Die verspätete Nation. Über die politische Verfügbarkeit bürgerlichen Geistes.* Frankfurt am Main 1974.

Said, Edward W.: *Orientalismus.* Frankfurt am Main/Berlin/Wien 1981.

Sedlar, Jean W.: *India and the Greek World. A Study in Transmission of Culture.* Totowa N. J. 1980.

Spence, Jonathan D.: *The Memory Palace of Matteo Ricci.* London 1985.

Stirner, Max: *Der Einzige und sein Eigentum.* Hg. von Ahlrich Meyer. – Durchges. und verb. Ausg. Stuttgart 1991.

Suzuki, Daisetz T.: *Zen and Japanese Culture.* Princeton 1973.

Tischner, Rudolf: *Geschichte der Homöopathie.* Leipzig 1939.

Victoria, Brian: *Zen, Nationalismus und Krieg. Eine unheimliche Allianz.* Berlin 1999.

Wehr, Gerhard: *Karlfried Graf Dürckheim.* München 1988.

Weizsäcker, Carl Friedrich von: *Der Garten des Menschlichen. Beiträge zur geschichtlichen Anthropologie.* München/Wien 1977.

Zotz, Volker: *André Breton.* Reinbek 1990.

–: *Der Buddha im Reinen Land. Shin-Buddhismus in Japan.* München 1991.

–: *Geschichte der buddhistischen Philosophie.* Reinbek 1996.

–: »Rennyo nach 500 Jahren. Zur Aktualität eines buddhistischen Meisters der Muromachi-Zeit.« *Nachrichten der Gesellschaft für Natur- und Völkerkunde Ostasiens* 68.1998, S. 5-21.

Personenregister

Bildnachweis

Abb. 1 © Edition Lidiarte, Berlin / Abb. 2 Bildnis Kants aus der *Kritik der reinen Vernunft*, Verlag Otto Hendel, Halle a. d. Saale 1899 / Abb. 3 © Karlheinz Bernhard Grunwald / Abb. 4 aus *Bodhi Baum* 5.85 / Abb. 5 Titelei aus Neumanns *Die Reden Gotamo Buddhos*, R. Piper & Co., 3. Auflage, München 1922. / Abb. 6 Hermann Knackfuß *Völker Europas wahret eure heiligsten Güter* / Abb. 7 Umschlagillustration, Walter Markgraf *Der Pfad der Wahrheit*, Verlag Walter Markgraf, Breslau 1912. / Abb. 8/9 © Karlheinz Bernhard Grunwald / Abb. 10/11 Titelei und Porträt des Autors; Hermann Graf Keyserling *Das Reisetagebuch eines Philosophen*, 5. Auflage, Erster Band, Otto Reichl Verlag, Darmstadt 1921. / Abb. 12 Anzeige aus der *Zeitschrift für Buddhismus*, 2. Jahrgang, Juli/Aug./Sept. 1920 / Abb. 13 Nyanatiloka (Mitte) zusammen mit seinen Schülern Nyanamalito (links) und Nyanaponika. Galle, Februar 1937 (am Geburtstag von Nyanatiloka in einem Fotostudio). © Detlev Kantowsky / Abb. 14 Porträt Anagarika Govindas aus *Lotusblätter* 4.90/1.91 / Abb. 15 Titelei *Neu-Buddhistischer Katechismus*, o. J. / Abb. 16/17 © Karlheinz Bernhard Grunwald / Abb. 18 © Fritz Reg, aus *Lotusblätter* 2.91 / Abb. 19 Illustration aus Lafcadio Hearns *Buddha*, Rütten und Loening 1919, S. 179. / Abb. 20 © Karlheinz Bernhard Grunwald / Abb. 21 Titelillustration der Zeitschrift für Buddhismus, 2. Jahrgang, Juli/Aug./Sept. 1920. / Abb. 22 Porträt Bruno Petzolds o. J. /

Der Verlag dankt dem Autor und der *Buddhistischen Gesellschaft Berlin e.V.* für die zur Verfügung gestellten Buchausgaben und Fotos.